Wolfgang Schneider

Wie arbeite ich mit dem Commodore 128

Aus dem Programm
Mikrocomputer

Einführung in BASIC
von W. Schneider

BASIC für Fortgeschrittene
von W. Schneider

Strukturiertes Programmieren in BASIC
von W. Schneider

Einführung in die Anwendung des Betriebssystems CP/M
von W. Schneider

Turbo Pascal-Wegweiser für Mikrocomputer Grundkurs
von E. Kaier und E. Rudolfs

Turbo Pascal-Wegweiser für Mikrocomputer Aufbaukurs
von E. Kaier und E. Rudolfs

Wie arbeite ich mit dem Schneider CPC 464
von W. Schneider

Wie arbeite ich mit dem Commodore 128
von W. Schneider

Vieweg

Wolfgang Schneider

Wie arbeite ich mit dem Commodore 128

Mit 66 Bildern

Springer Fachmedien Wiesbaden GmbH

Das in diesem Buch enthaltene Programm-Material ist mit keiner Verpflichtung oder Garantie irgendeiner Art verbunden. Der Autor übernimmt infolgedessen keine Verantwortung und wird keine daraus folgende oder sonstige Haftung übernehmen, die auf irgendeine Art aus der Benutzung dieses Programm-Materials oder Teilen davon entsteht.

1986

ISBN 978-3-528-04472-5   ISBN 978-3-663-13877-8 (eBook)
DOI 10.1007/978-3-663-13877-8

Vorwort

Das Buch *Wie arbeite ich mit dem Commodore Homecomputer C128* richtet sich an diejenigen Benutzer eines Commodore Homecomputers, die geringe oder keine Erfahrungen mit Mikrocomputern besitzen, aber auch an diejenigen Benutzer, die möglichst *schnell* und *mühelos* an die Bedienung des Commodore Homecomputers mit seinen wichtigsten Zusatzgeräten, wie Bildschirm, Drucker und Diskettenlaufwerke, herangeführt werden möchten, ohne sich durch eine Vielzahl von Bedienungshandbüchern durchlesen zu müssen.

Die vom Hersteller mitgelieferten Bedienungshandbücher haben für den genannten Benutzerkreis den Nachteil, daß in ihnen *alle* Möglichkeiten aufgezeigt werden müssen, die das Mikrocomputersystem bietet. Dieser Vielfalt steht der Anfänger meist hilflos gegenüber. Bedienungshandbücher können i. a. auch nur *kurz* auf Einzelheiten eingehen, da sonst bei der Beschreibung aller Möglichkeiten der Umfang des Handbuches zu stark anwachsen würde. Außerdem werden in den Bedienungshandbüchern in der Regel Grundkenntnisse der Datenverarbeitung vorausgesetzt, denn man bedient sich bei den Beschreibungen der in der Datenverarbeitung üblichen *Fachsprache*.

Dieses Buch soll die Nachteile, die Bedienungshandbücher für den Anfänger aufweisen, überbrücken helfen, indem sich hier auf das *Wesentliche* konzentriert wird, dieses dafür aber um so ausführlicher behandelt wird.

Zunächst wird in einer kurzen Einleitung der *Aufbau von Datenverarbeitungsanlagen* erläutert. Dabei erlernt der Leser die wichtigsten Begriffe der Datenverarbeitung. Anschließend wird dieses Wissen auf den Commodore Homecomputer umgesetzt.

Mit diesem Wissen ausgestattet, wird dem Leser gezeigt, wie das *Commodore Homecomputer-System* zu *installieren* ist und wie es anschließend getestet werden kann. Bevor der Benutzer erlernt, wie Programme eingegeben und zum Ablauf gebracht werden, erhält er den dazu notwendigen *allgemeinen* Überblick über die *Programmierung* von Mikrocomputern und die Aufgaben von *Betriebssystemen*.

In aufeinander abgestimmten Schritten wird dann an einer Vielzahl von am eigenen Commodore Homecomputer nachvollziehbaren *Beispielen* gezeigt, wie *BASIC-Programme erstellt, geändert* und *zum Ablauf gebracht* werden. Es wird ausführlich dargelegt, wie ein *Drucker* angeschlossen wird und Programme und Ergebnisse programmgesteuert ausgedruckt werden. Es wird an vielen nachvollziehbaren Beispielen gezeigt, wie Programme und Daten auf *Kassetten* bzw. *Disketten* gespeichert und wieder abgerufen werden können, wie Dateien kopiert und gelöscht werden, Inhaltsverzeichnisse von Disketten ausgegeben werden u. dgl.

Abschließend wird der Sprachumfang des Commodore-BASIC eingehend erläutert. Er wird in zwei Arten dargeboten:

- nach Aufgabengebieten der Anweisungen geordnet
- alphabetisch geordnet

Die Spracherweiterungen des Commodore BASIC 7.0 des C 128 gegenüber dem Commodore BASIC 2.0 des C 64 beziehen sich hauptsächlich auf Farbe und Grafik, Sprites und Shapes, Musik und Fenstertechnik. Diese Gebiete wurden in zusätzlichen Kapiteln ausführlich behandelt.

Nach dem Durcharbeiten dieses Buches wird der Leser in der Lage sein, übliche Arbeiten am Commodore Homecomputer selbständig vorzunehmen und in weitergehenden Fragen Bedienerhandbücher gezielt einzusetzen.

Cremlingen, Winter 1985   *Wolfgang Schneider*

Inhaltsverzeichnis

1 Aufbau von Datenverarbeitungsanlagen

1.1 Allgemeines

Datenverarbeitungsanlagen, kurz DVA genannt, sollen die Arbeit des Menschen in fast allen Bereichen des täglichen Lebens erleichtern. Dazu muß eine DVA wesentliche Teile der Aufgaben übernehmen können, die früher vom Menschen ausgeführt wurden.

Beispiel 1.1

An dem Beispiel einer Fernmelderechnungsstelle soll gezeigt werden, welche Aufgaben eine DVA übernehmen kann und welche dem Menschen noch verbleiben. Dabei wird dem Bearbeiter ein „Intelligenzgrad" zugeordnet, den man auch von einer DVA erwarten kann: Er kann nur lesen, schreiben und mit Hilfe eines Taschenrechners rechnen.

Zur Bewältigung seiner Aufgabe benötigt der Bearbeiter neben den oben genannten Fähigkeiten noch:

- **Eine bzw. mehrere Listen mit allen notwendigen Daten.**

  Die Liste enthält in diesem Beispiel u.a.:
  - die Namen der Kunden, sowie eine zugehörige Kundennummer (KNR),
  - den zum Kunden gehörenden alten Zählerstand (AZ),
  - den zugehörigen neuen Zählerstand (NZ),
  - die Grundgebühren (GG) und
  - die Gebühren je Zählereinheit (GZE).

Aus diesen Angaben soll der Bearbeiter die Gebühren (GEB) der Kunden ermitteln und das Ergebnis in der Gebührenspalte der Liste niederschreiben.

Da der Bearbeiter jedoch nur lesen, schreiben und einen Taschenrechner bedienen kann, ist er dazu nicht ohne weiteres in der Lage. Er benötigt noch eine

- Arbeitsanweisung.

Diese Arbeitsanweisung könnte z.B. so aussehen:
1. *Nehme* den Kunden mit der KNR 1.
2. *Gib* dessen NZ in den Taschenrechner ein.
3. *Subtrahiere* von dem vorher eingegebenen Wert den AZ.
4. *Multipliziere* das Ergebnis mit den GZE.
5. *Addiere* zu dem Ergebnis die GG.
6. *Lies* das Ergebnis.
7. *Schreibe* das Ergebnis in die Gebührenspalte der Liste des zugehörigen Kunden.
8. *Gehe* zur nächsten KNR über.
9. *Beginne* die Arbeitsanweisung bei Punkt 2 usw.

Wie aus dieser Arbeitsanweisung ersichtlich wird, besteht sie aus einer Folge von *Befehlen* (Gib, Subtrahiere, Multipliziere, ... usw.). Eine solche Arbeitsanweisung, die aus einer Folge von Befehlen (Anweisungen) besteht, nennt man ein *Programm*.

> **Ein Programm** ist eine in einer beliebigen Sprache abgefaßte, vollständige Anweisung zur Lösung einer Aufgabe mittels einer DVA.
>
> Unter dem Begriff **Daten** versteht man u.a. die Zahlenwerte, mit denen die jeweilige Aufgabe zu lösen ist. [1]

Programme und Daten stellen *Informationen* für die DVA dar, die von ihr *verarbeitet* werden. Daraus resultieren Begriffe wie:

Informationsverarbeitung, Informationstechnik, Informatik usw. Die Arbeitsweise einer DVA ähnelt der Arbeitsweise des Bearbeiters.

1.2 Eingabeeinheiten

Eine DVA wird ebenso mit *Programmen* und *Daten* versorgt, wie der Bearbeiter im Fernmeldeamt. Diesen Vorgang nennt man bei der DVA einfach *Eingabe*. Sie erfolgt über *Eingabeeinheiten*, z.B. über eine Tastatur, einen Lochkartenleser, einen Lochstreifenleser oder einen Klarschriftleser.

1.3 Speicher

Programme und Daten müssen in einer DVA für die Zeit der Datenverarbeitung zur Verfügung stehen. Dazu müssen sie in der DVA in einem *Speicher* gespeichert werden. Während bei dem Bearbeiter im Fernmeldeamt zur langfristigen Speicherung der Daten ein Blatt Papier und zur kurzfristigen Speicherung das Gedächtnis genügte, müssen in einer elektronischen DVA elektronische Speicher verwendet werden.

Für die kurzfristige Speicherung werden heutzutage im allgemeinen Halbleiterspeicher eingesetzt. Derartige moderne Schreib-Lesespeicher [1] haben heute bereits eine Kapazität von 262 144 bit [1] (256 Kbit [1]) RAM [1]). Eine DVA kann selbstverständlich mehrere dieser Bausteine gleichzeitig enthalten. Eine wichtige Kennzahl für die Größe einer DVA ist die *Arbeitsspeicherkapazität*. Sie wird in Kbyte [1] angegeben. Kleine Mikrocomputer haben 1 K bis 64 Kbyte Speicherkapazität, größere DVAs mehrere Hundert Kbyte.

Die Information, die eine Speicherzelle (im allgemeinen 1 Byte) speichert, muß im gesamten Arbeitsspeicher wieder aufgefunden werden. Dazu ordnet man jeder Arbeitsspeicherzelle im Arbeitsspeicher eine *Adresse* [1] zu.

Der zur kurzfristigen Speicherung benutzte *Arbeitsspeicher* ist schnell, aber vergleichsweise teuer. Daher ist die Kapazität des Arbeitsspeichers aus Kostengründen begrenzt. Es ist somit nicht sinnvoll, Programme und Daten in großen Mengen *langfristig* im Arbeitsspeicher zu speichern, sondern den „wertvollen" Speicher nur *während* der *Verarbeitung* von Programmen zu benutzen (daher: *Arbeits*speicher).

Für große, langfristig zu speichernde Informationsmengen muß ein billigeres, aber im allgemeinen auch langsameres Speichermedium gewählt werden, wie z.B. Magnetbänder, Magnetplatten, Magnetkassetten, Magnetdisketten.

Man faßt diese Art Speicher mit dem Sammelbegriff „*externe Speicher*" zusammen.

---

[1] Nähere Erläuterung siehe Anhang A1.

Außerdem sind die RAM-Halbleiterspeicher „flüchtige" Speicher, d.h. sie speichern die Information nur so lange wie der Mikrocomputer mit Strom versorgt wird. Beim Ausschalten des Mikrocomputers gehen die gespeicherten Daten verloren. Die externen Speicher, wie Magnetkassetten und -disketten können Daten *praktisch* beliebig lange speichern. Sie dienen somit zur Sicherung der gespeicherten Daten. Ein weiterer Aspekt ist, daß ein leichter Austausch der Datenträger möglich ist. Wichtig für den Einsatz von Speichern ist die Kenntnis der *Zugriffszeit*[1]. Das ist die mittlere Zeit, die benötigt wird, um auf die Daten zuzugreifen, d. h. Daten vom Speichermedium in das *Rechenwerk* zu bringen.

1.4 Rechenwerk

Eine DVA benötigt, ähnlich wie der Bearbeiter im Fernmeldeamt, eine Einrichtung, die Berechnungen ausführt. Diese Einrichtung wird in einer DVA *Rechenwerk* genannt.

1.5 Steuerwerk

Eine DVA muß das Programm ausführen können, indem es einen Befehl nach dem anderen abarbeitet. Dazu muß sie geeignete Einrichtungen besitzen, die die notwendigen, einfachen Handgriffe des Bearbeiters, z.B. die Tastenbedienung des Tischrechners, ersetzen können. Für diese Aufgabe ist in einer DVA ein *Steuerwerk* (Leitwerk) vorgesehen. Das Steuerwerk „versteht" ca. 100 verschiedene *Befehle*[1] und führt sie aus. Die Zeit, die zur Ausführung der Befehle benötigt wird, bestimmt die *Verarbeitungsgeschwindigkeit* der DVA[1].

1.6 Ausgabeeinheit

Eine DVA muß die Ergebnisse der Verarbeitung auf Wunsch ausgeben können. Diesen Vorgang nennt man bei einer DVA einfach *Ausgabe*. Sie erfolgt über *Ausgabeeinheiten*. Dies sind z.B. Bildschirme, Drucker, Plotter[1].

Der Arbeitsspeicher sowie das Rechen- und Steuerwerk werden meist unter dem Begriff *Zentraleinheit* zusammengefaßt. Unter einem *Zentralprozessor* (engl. Central Processing Unit = CPU) versteht man hingegen nur die Zusammenfassung von Steuer- und Rechenwerk.

1.7 Struktur einer Datenverarbeitungsanlage

Aus den vorher genannten Komponenten ergibt sich beim Zusammenwirken die Struktur einer Datenverarbeitungsanlage (Bild 1.1):

Wie Bild 1.1 zeigt, stellen Datenverarbeitungs*anlagen* zwar die technischen Funktionseinheiten zur Verfügung, aber erst die Verbindung von DVA und Programm ergibt ein funktionsfähiges Datenverarbeitungs*system*, in dem die technischen Funktionseinheiten der DVA in gewollter, sinnvoller Weise selbsttätig die gestellte Aufgabe lösen und die eingegebenen Daten wunschgemäß verarbeiten.

---

[1] Nähere Erläuterung siehe Anhang A1.

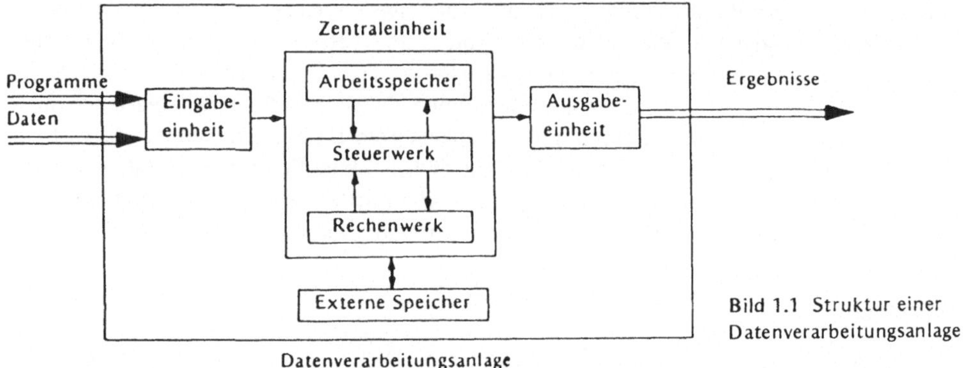

Bild 1.1 Struktur einer Datenverarbeitungsanlage

Die geistige Leistung, die dem Menschen verbleibt, liegt in der für die DVA verständlichen Beschreibung der Arbeitsanweisung, der *Anwender-Programmierung* der DVA. Diese Aufgabe kann von keiner Maschine übernommen werden.

Bei programmgesteuerten Datenverarbeitungssystemen wird somit bewußt eine Trennung zwischen Arbeitsanweisung (Anwenderprogramm oder Anwender-*Software*) und ausführender technischer Anlage (DVA oder *Hardware*) vorgenommen. Dadurch ist ein und dieselbe Anlage fähig, nicht nur eine einzige, sondern eine Vielzahl von verschiedenen Aufgaben auszuführen. Wenn eine DVA eine andere Aufgabe bearbeiten soll, braucht nur das Anwenderprogramm geändert bzw. ausgetauscht werden.

> **Unter Hardware versteht man alle technischen Funktionseinheiten einer DVA.**
>
> **Unter Software versteht man eine Folge von Anweisungen (Programme), die die Hardware zu einer gewünschten Tätigkeit veranlassen.**

Die Arbeitsanweisungen (Programme) müssen natürlich so formuliert werden, daß sie von der DVA verstanden werden. Die dazu geeigneten Sprachen nennt man Programmiersprachen (siehe Kap. 4).

2 Überblick über die Hardwareausstattung des Commodore C128 und seine Möglichkeiten

2.1 Betriebsarten

Der Commodore C 128 kann in folgenden drei Betriebsarten genutzt werden:

- C 64-Modus
- C 128-Modus
- CP/M-Modus

Sie sollen im folgenden kurz beschrieben werden.

2.1.1 C 64-Modus

Der C 64-Modus soll volle Kompatibilität zum kleineren gut eingeführten Commodore Homecomputer C 64 bieten, um ein Umsteigen auf den größeren C 128 Homecomputer zu erleichtern.

Die Kompatibilität betrifft sowohl die *Hardware*, d. h.

— alle an den C 64 anschließbaren peripheren Geräte lassen sich auch an den C 128 anschließen und im C 64-Modus betreiben.

als auch die *Software*, d. h.

— das im C 64 benutzte BASIC 2.0 findet im C 64-Modus Verwendung.

Somit ist die vollständige und reichhaltige C 64 Software auch auf dem C 128 einsetzbar.

Die größere Arbeitsspeicherkapazität des C 128 ist im C 64-Modus nicht nutzbar. Außerdem ist nach dem Umschalten des C 128 in den C 64-Modus ein Umschalten zurück in den C 128-Modus nicht mehr möglich.

2.1.2 C 128-Modus

Nach dem Einschalten des C 128 ist standardmäßig der C 128-Modus aktiv. Er hat gegenüber dem C 64-Modus folgende Vorteile:

- Umfangreicheres BASIC (Version 7.0).
- Die volle Speicherkapazität von 128 Kbyte wird genutzt.
- Darstellung von 80 Zeichen bei geeignetem Bildschirm.

2.1.3 CP/M-Modus

CP/M ist ein spezielles Betriebssystem. Der Vorteil des CP/M-Modus liegt in der umfangreichen verfügbaren Software, die unter Kontrolle des Betriebssystems CP/M 2.2 bzw. CP/M 3.0 läuft.

2.1.4 Umschaltung zwischen den Betriebsarten

- Umschalten von C 128-Modus in den C 64-Modus
  - Eingabe des Kommandos:

> GO64 ENTER

oder

  - Einschalten bei gedrückter Commodore-Taste C= .

Es folgt die Frage auf dem Bildschirm:

> ARE YOU SURE? (Sind Sie sicher?)

Drücken Sie die Tasten

> Y ENTER (Y steht für engl. Yes, d. h. ja).

Nach kurzer Zeit erscheint auf blauem Untergrund die Systemmeldung

```
COMMODORE 64 BASIC V2
64 K RAM SYSTEM 38911 BASIC BYTES FREE
READY
```

Systemmeldung im C 64-Modus

Eine Umschaltung zurück in den C 128-Modus ist unmöglich.

- Umschalten vom C 128-Modus in den CP/M-Modus.

Der CP/M-Modus ist *nur* möglich, wenn ein Diskettenlaufwerk angeschlossen ist und die CP/M-Systemdiskette eingelegt ist. Ist das Diskettenlaufwerk eingeschaltet und die CP/M-Systemdiskette eingelegt, wird *automatisch beim Einschalten* des C 128 der CP/M-Modus eingenommen. Von diesem Modus ist es unmöglich in den C 128-Modus zurückzukehren. Eine weitere Umschaltmöglichkeit bietet das Kommando BOOT (vgl. Kap. 13).

Der Homecomputer Commodore C 128 ist einerseits voll kompatibel zum bestehenden Homecomputer Commodore C 64. Er bietet hingegen im C 128-Modus mehr als der C 64. Einen ersten Überblick bezüglich der Hardware bieten die folgenden Abschnitte dieses Kapitels.

2.2 Zentraleinheit

Die Zentraleinheit besteht bekanntlich aus den wesentlichen Komponenten: Arbeitsspeicher, Steuerwerk und Rechenwerk (vgl. Bild 1.1).

Das *Steuer-* und *Rechenwerk* (Zentralprozessor) wird beim Commodore Homecomputer C 128 durch den Mikroprozessor Z 80 A und 8502 realisiert

Der *Arbeitsspeicher* besitzt eine Speicherkapazität von 128 Kbyte (RAM). Davon stehen im C 128-Modus ca. 120 Kbyte für den Anwender zur Verfügung (vgl. Systemmeldung

Bild 3.3). Im C 64-Modus stehen dem Anwender nicht ganz 40 Kbyte zur Verfügung (vgl. Systemmeldung in Abschnitt 2.1.4). Leider wird der Arbeitsspeicher im C 128-Modus in 2 Hälften derart aufgeteilt, daß die eine Hälfte die eigentlichen BASIC-Programme aufnimmt, die andere Hälfte die Daten. Wenn relativ kurze Programme große Datenfelder bearbeiten, kann dies dazu führen, daß im *Programmspeicher* noch Platz ist, dieser im *Datenspeicher* hingegen fehlt. Der Arbeitsspeicher wird somit nicht immer optimal genutzt.

Eine Arbeitsspeicherkapazitätserweiterung auf 256 Kbyte ist möglich.

2.3 Systemeinheit

Die Systemeinheit enthält im allgemeinen *in einem Gehäuse* neben der Zentraleinheit *weitere* wichtige Komponenten des Systems, wie z. B.:

— die Tastatur,
— die Stromversorgung,
— ein ROM[1] für ein einfaches grundlegendes *Betriebssystem*[1] (vgl. Abschnitt 5.1),
— ein ROM[1] für die *Programmiersprache*[1] (im allgemeinen BASIC, vgl. Kapitel 4, insbesondere Abschnitt 4.4),
— Kassetten- bzw. Diskettenlaufwerke zur *externen Speicherung* von Programmen und Daten, sowie
— *Interfaceschaltungen*[1] zum Anschluß externer Geräte wie z. B. den Bildschirm und den Drucker.

Beim Commodore Homecomputer C 128 ist die *Stromversorgung nicht* in die Systemeinheit integriert. Sie erhält den erforderlichen Strom über ein separates *Netzgerät*.

Das *Betriebssystem* sowie der *BASIC-Interpreter* für die Programmiersprache BASIC befinden sich in einem ROM in der Systemeinheit. Die Speicherkapazität des ROM's gibt einen Eindruck, wie bedienerfreundlich das Betriebssystem bzw. der BASIC-Interpreter ist.

● Im C 64-Modus steht ein 8 Kbyte Betriebssystem und ein 8 Kbyte BASIC-Interpreter zur Verfügung.
● Im C 128-Modus steht ein 16 Kbyte Betriebssystem und ein 32 Kbyte BASIC-Interpreter zur Verfügung. Dies kann als Hinweis dienen, daß der Commodore C 128 in dieser Betriebsart bedienungsfreundlich ist und ein umfangreiches BASIC bietet.

Ein Lautsprecher ist nicht in die Systemeinheit integriert. Zur Tonausgabe muß z. B. das zur Bildschirmausgabe angeschlossene Fernsehgerät dienen.

Außerdem enthält die Systemeinheit alle *Interface-Schaltungen*[1] zum Anschluß

— einer Stromversorgung,
— eines Bildschirms (3 Möglichkeiten: HF, Video, RGB),

---

[1] Näheres siehe Anhang A1.
[2] Näheres siehe Anhang A2.

— einer Datasette
— einem Diskettenlaufwerk (Floppy disc),
— einem Drucker (Printer),
— einer Anwender Ein-Ausgabeschnittstelle (User Port),
— einen Anschluß für Steckmodule,
— zwei Joystick-Eingänge[1].

2.4 Eingabetastatur

Alle Mikrocomputer besitzen im Gegensatz zu programmierbaren Taschenrechnern eine ASCII-Tastatur. ASCII[2] ist eine Abkürzung und steht für „American Standard Code of Information Interchange", was soviel bedeutet wie „Amerikanischer Normcode für Nachrichtenaustausch". Dieser Code verschlüsselt, vereinfacht gesagt, die *alphanumerischen*[1] Zeichen, d.h. die Ziffern, Buchstaben und Sonderzeichen, die auf der Tastatur zu finden sind, in einen dem Mikrocomputer verständlichen Code.

Die Anordnung der *Buchstabentasten* entspricht weitgehend der Anordnung der Tasten bei handelsüblichen Schreibmaschinen. Dieses wichtige Eingabemedium wird detailliert in Kap. 6 beschrieben werden. Daher soll an dieser Stelle die Angabe folgender allgemeiner Daten zur Eingabetastatur genügen: Die Tastatur des Commodore Homecomputers C 128 besitzt 92 Tasten. Sie lassen sich gruppieren in

- 49 Tasten der üblichen Schreibmaschinentastatur (ohne Leertaste),
- getrennter Ziffernblock (14 Tasten),
- 4 separate Cursorsteuertasten,
- 25 Sondertasten (nicht farblich von den anderen Tasten abgehoben).

Die Schreibmaschinentastatur ist mehrfach belegt, d.h. durch Drücken einer Taste lassen sich mehrere Zeichen codieren.

Alle Tasten sind mit einer „automatischen Zeichen-Wiederholfunktion" ausgestattet (REPEAT-Funktion), d.h., wenn eine Taste längere Zeit gedrückt wird, wird das zugeordnete Zeichen oder die zugehörige Funktion solange ausgegeben bzw. ausgeführt, bis die Taste wieder losgelassen wird. Dies ist vielfach praktisch, denn bei der Eingabe einer längeren Folge gleicher Zeichen muß man nicht ständig „tippen", sondern nur diese Taste entsprechend lange niederhalten (Die Kontrolle über die Zahl der ausgegebenen Zeichen erfolgt über die Bildschirmausgabe).

2.5 Bildschirm

Programme und Daten, die über die Tastatur eingegeben werden, sowie die Ergebnisse, die sich bei der Bearbeitung von Programmen ergeben, werden bei Mikrocomputern vorzugsweise auf einem Bildschirm ausgegeben.

---

[1] Näheres siehe Anhang A1.
[2] Näheres siehe Anhang A2.

Für den Commodore Homecomputer C 128 gibt es 3 Möglichkeiten:

● Anschluß eines Farbfernsehgerätes über eine Antennenbuchse.
● Anschluß eines Monitors[1] an einen Videoausgang.
● Anschluß eines Monitors[1] an einen RGB-Ausgang.

Die Bildqualität steigt in der angegebenen Reihenfolge.

Die Anschlüsse für die Bildschirmgeräte befinden sich auf der Rückseite der Systemeinheit (vgl. Abschnitte 3.1 und 3.2).

> **Der Commodore Homecomputer C 128 bietet hardware- und softwaremäßig die Möglichkeit, <u>Texte</u> auf dem Bildschirm in 25 Zeilen mit 4Ø oder 8Ø Zeichen pro Zeile darzustellen.**

Auf einem Fernsehbildschirm lassen sich 8Ø Zeichen pro Zeile nur mit schlechter Qualität darstellen. Daher eignet er sich als Ausgabegerät mit 4Ø Zeichen pro Zeile nur für einfache Anwendungsfälle (Schreiben einfacher Programme).

Für mehr professionelle Anwendungen, wie z. B. einer Textverarbeitung, sind 8Ø Zeichen pro Zeile zu empfehlen. Die angebotenen Monitoren sind i. a. in der Lage, 8Ø Zeichen pro Zeile in guter Qualität darzustellen.

Zur Planung der Ausgabe, bei der es auf die genaue Position der Zeichen ankommt, sind die Formblätter, die sich am Ende des Kapitels befinden, nützlich (vgl. Bilder 2.6 und 2.7 am Ende des Kapitels).

2.6 Datenrekorder

An die Systemeinheit des Commodore Homecomputers C 128 kann ein Datenrekorder (ein spezieller Magnetbandkassettenrecorder) angeschlossen werden. Er dient zur *externen Speicherung von Programmen und Daten.* Einmal entwickelte Programme können z. B. auf der Kassette gespeichert werden und brauchen, falls sie wieder benötigt werden, nicht noch einmal mühsam über die Tastatur eingegeben werden. Ebenso lassen sich auch an anderer Stelle entwickelte und auf einer Kassette gespeicherte Programme auf dem eigenen Mikrocomputer ohne eigene Programmierung einsetzen. Dies ist für einen reinen Benutzer eines Mikrocomputers ohne jegliche Programmierkenntnisse besonders interessant.

Einzelheiten zur Inbetriebnahme, Bedienung und Benutzung des Datenrekorders finden Sie in Kapitel 10.

Die Kassette als Speichermedium ist, wie man im praktischen Betrieb schnell feststellen wird, relativ langsam, aber preiswert, denn es kann im allgemeinen billiges Bandmaterial benutzt werden (Musikkassette).

---

[1] Näheres siehe Anhang A1.

2.7 Diskettenlaufwerke (Floppy-Disk-Laufwerke)

2.7.1 Allgemeines

Bei großen Datenmengen ist der Datenrecorder als externer Speicher vielfach zu langsam, weil immer erst die entsprechende Stelle auf dem Band der Kassette gesucht werden muß. Im Extremfall muß solange gewartet werden, bis das Band vom Anfang bis zum Ende durchgelaufen ist. Dies kann, je nach Bandlänge, einige Minuten dauern.

> **Die Floppy-Disk ist ein externer Speicher, bei dem die Daten hingegen in Bruchteilen von Sekunden aufgefunden werden können (Bild 2.1).**

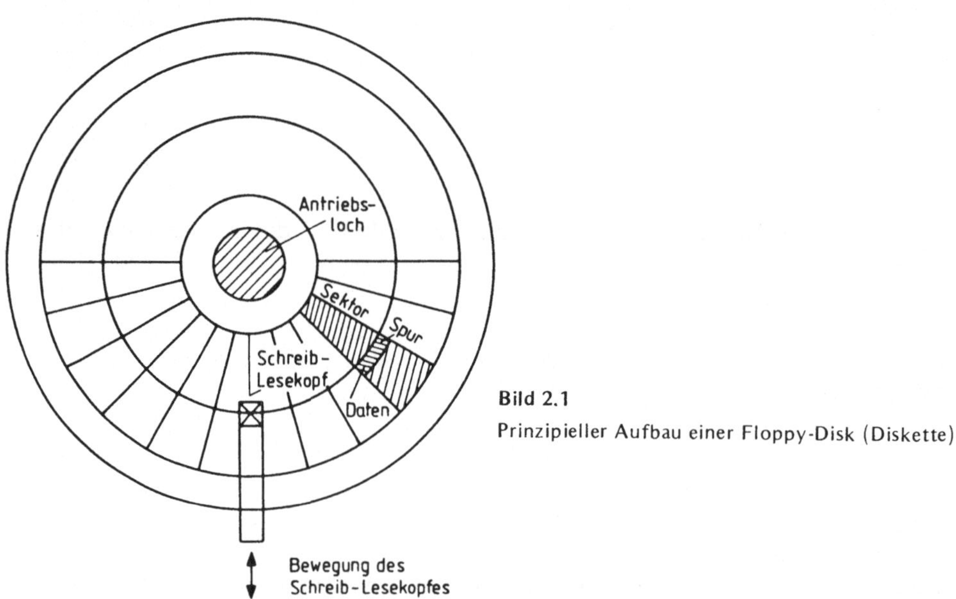

Bild 2.1
Prinzipieller Aufbau einer Floppy-Disk (Diskette)

Eine *Floppy-Disk*, kurz auch *Diskette* genannt, kann man sich wie eine Art Schallplatte vorstellen, jedoch ohne Rillen. Auf eine 0,08 mm dicke Polyesterscheibe (engl. disk) als Träger wird eine 0,002 mm dicke magnetisierbare Schicht aus Eisenoxid zusammen mit einem Bindemittel aufgebracht. Vor dem Trocknen wird das Eisen in einem Magnetfeld in einer Richtung magnetisiert. Nach dem Trocknen ist die Lage der magnetisierten Eisenteilchen fixiert. Sie bilden kleine Magnete (Länge 0,5 μm, Dicke 0,05 μm).

Mit Hilfe eines *Schreibkopfes* lassen sich diese Magnete in eine andere Richtung magnetisieren. Die Richtung der Magnete enthält die binäre Information $\emptyset$ bzw. 1.

Die Daten werden in konzentrischen Kreisen, sogenannten *Spuren*, auf der magnetisierbaren Scheibe gespeichert bzw. später wieder von der Scheibe gelesen. Dazu dient ein *Schreib-Lese-Kopf*, der quer zur Scheibe bewegt (positioniert) werden kann. Dieser Schreib-Lese-Kopf wird z. B. beim Lesen von Daten über der Spur positioniert, die die gewünschten *Daten* enthält. Anschließend muß nur noch abgewartet werden, bis die gewünschten Daten infolge der Drehung der Scheibe unter dem Schreib-Lese-Kopf erscheinen.

Wie beim Tonband ist es auch bei einer Floppy-Disk notwendig, den Schreib-Lese-Kopf auf die Oberfläche der Diskette zu pressen. Damit der Verschleiß der dünnen Magnetschicht nicht zu groß wird, wählt man einerseits kein starres Material für die Scheibe, sondern einen „flexiblen" Kunststoff (daher der englische Name „floppy"-disk), der jedoch keinesfalls „weich" ist. Andererseits wird der Schreib-Lese-Kopf nur angedrückt, wenn die Diskette mit Daten beschrieben wird oder Daten gelesen werden sollen.

Vielfach wird nicht nur eine Seite der Diskette zur Speicherung benutzt, sondern beide. Man unterscheidet somit *einseitig* (engl. single sided) bzw. *zweiseitig* (engl. double sided) beschreibbare Disketten.

Die Konzeption des Schreibkopfes legt die *Schreibdichte* fest, d.h. die Zahl der binären Informationen, die z. B. pro Spur gespeichert werden können. Dementsprechend unterscheidet man Laufwerke mit einfacher Schreibdichte (engl. single density) bzw. doppelter Schreibdichte (engl. double density).

Um zusammengehörige Daten auf der Diskette schnell ordnen zu können, wird die Diskette in <u>Sektoren</u> aufgeteilt. Dies geschieht softwaremäßig durch eine Codierung (Formatierung).

Vier Diskettengrößen finden heute breite Verwendung:[1]

- 8" (8 Zoll)[2] Normaldisketten,
- 5 1/4" (5 1/4 Zoll)[2] Minidisketten,
- 3 1/2" (3 1/2 Zoll)[2] Mikrodisketten,
- 3" (3 Zoll)[2] Mikrodisketten.

Für den Commodore Homecomputer C128 werden 5 1/4" Minidiskettenlaufwerke angeboten.

2.7.2 Aufbau von 5 1/4" Minidisketten

Die Diskette (vgl. Bild 2.1) wird von einer festen *Hülle* (engl. jacket) vor Staub, mechanischen Beschädigungen usw. geschützt. Die mit einer Hülle versehene Diskette hat folgendes Aussehen (vgl. Bild 2.2):

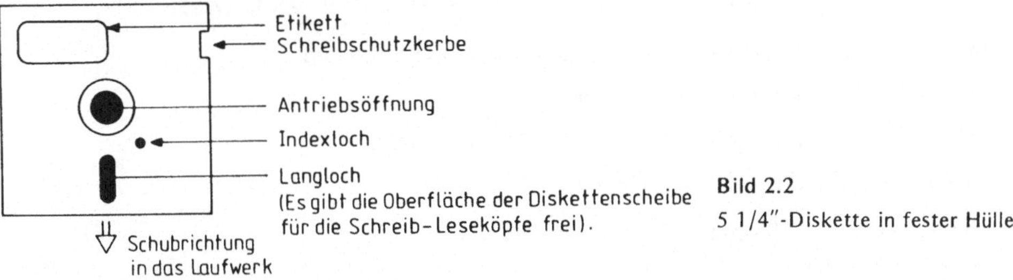

Bild 2.2
5 1/4"-Diskette in fester Hülle

---

[1] Weniger verbreitet sind 8" und 3" Disketten.

[2] " ist ein Längenmaß (Zoll, engl. inch). 1 Zoll entspricht 2,45 cm.

Der *Antrieb* des Minidiskettenlaufwerkes greift in das *Antriebsloch* der Minidiskette.
Zum Zugriff auf die auf der Diskette gespeicherten Daten dient eine Öffnung (*Langloch*).
Das Minidiskettenlaufwerk tastet außerdem eine sog. *Schreibschutzkerbe* ab.

- Ist die Schreibschutzkerbe offen, können Daten von der Diskette *gelesen* und auf sie *geschrieben* werden.
- Ist die Schreibschutzkerbe durch einen Aufkleber überdeckt, können von der Diskette *nur* Daten *gelesen* werden. Es können somit keine Daten auf die Diskette geschrieben werden. Man sagt: Die Diskette ist gegen ein Überschreiben durch andere Daten geschützt und somit die gespeicherten Daten auf der Diskette (sog. Schreibschutz).

2.7.3 Technische Daten der 5 1/4″ Minidisketten

Wichtige technische Angaben für Disketten sind:

- die Speicherkapazität und
- die Zugriffszeit zu den gespeicherten Daten.

Die Speicherkapazität hängt ab von

- der Anzahl der Spuren pro Diskette,
- der Zahl der Sektoren pro Spur und
- der Zahl der Bytes pro Sektor.

Die Zugriffszeit hängt ab von

- der Zeit, die der Schreib-Lese-Kopf benötigt, um sich von Spur zu Spur fortzubewegen,
- der Anzahl der Spuren auf einer Diskette und
- der Umdrehungsgeschwindigkeit der Diskette.

Für die 5 1/4″ Minidiskette und dem weit verbreiteten Commodore Laufwerk VC 1541 mit einfacher Schreibdichte gelten folgende Werte:

- Die Daten werden bei diesem Laufwerk auf einer 5 1/4″ Minidiskette in 35 *Spuren* pro Seite (Oberfläche) geschrieben (Spur 1 ganz außen, Spur 35 ganz innen).
- Jede Spur wird in Sektoren unterteilt.
  Die Spuren 1 bis 17 in 21 Sektoren (insgesamt 17 * 21 = 357 Sektoren).
  Die Spuren 18 bis 24 in 19 Sektoren (insgesamt 7 * 19 = 133 Sektoren).
  Die Spuren 25 bis 30 in 18 Sektoren (insgesamt 6 * 18 = 108 Sektoren).
  Die Spuren 31 bis 35 in 17 Sektoren (insgesamt 5 * 17 = 85 Sektoren).

Somit befinden sich auf der Diskettenoberfläche 683 Sektoren.

- Jeder Sektor kann 256 bytes speichern.

Daraus läßt sich die Speicherkapazität wie folgt ermitteln:

- Speicherkapazität pro Diskettenseite:

  683 Sektoren * 256 byte = 174 848 byte,
  d. h. ca. 170 Kbyte.

Um eine Vorstellung von dieser Speicherkapazität zu gewinnen, kann man sie mit der Speicherkapazität einer DIN-A4-Schreibmaschinenseite vergleichen. Geht man davon aus, daß man auf einer DIN-A4-Seite ca. 50 Zeilen mit ca. 65 Zeichen je Zeile unterbringen kann, so ist die

- Speicherkapazität je DIN-A4-Seite:

  50 Zeilen $*$ 65 Zeichen = 3250 Zeichen.

  Zur Speicherung von einem Zeichen wird 1 Byte benötigt. Somit läßt sich sagen, daß pro DIN-A4-Seite 3250 bytes gespeichert werden können.
- Speicherkapazität je Mikrodiskettenseite im Vergleich mit der Zahl der benötigten DIN-A4-Seiten:

  174 848 byte: 3250 byte = 53,8 DIN-A4-Seiten.

Auf einer Seite einer Mikrodiskette lassen sich somit ca. 54 vollbeschriebene DIN-A4-Seiten speichern.

Ein Teil dieser Speicherkapazität ist jedoch i. a. für den Anwender nicht verfügbar. Für das Inhaltsverzeichnis der Diskette, das auf der Diskette gespeichert wird, ist z. B. eine gewisse Speicherkapazität zu reservieren.

Insgesamt sind von den 683 Sektoren 644 Sektoren frei verfügbar.

Weitere technische Daten sind der folgenden Tabelle zu entnehmen.

Pufferspeicher im Diskettenlaufwerk:	2 Kbyte RAM
Maximale Zahl der zu speichernden Dateien:	144
Datenübertragungsgeschwindigkeit über den seriellen Bus:	400 Zeichen/s
Mittlere Zugriffszeit:	360 ms
Umdrehungen pro Minute:	300

2.7.4 Das Diskettenbetriebssystem

Die Daten werden wahlfrei in freie Sektoren der Diskette geschrieben. Sie bilden sog. random Dateien, d. h. Dateien mit wahlfreiem Zugriff durch eine *Adressierung der Sektoren*. Jeder Sektor läßt sich durch eine Spur- und Sektornummer eindeutig adressieren. Längere Folgen von Daten, z. B. Programme, die mehr als 256 bytes Speicherkapazität erfordern, benötigen mehrere Sektoren zur Speicherung. Die Zusammengehörigkeit der Daten zu einer *logischen* Einheit läßt sich über eine *Folge* von Spur- und Sektornummern festlegen, in denen die Daten *physikalisch* gespeichert sind. Das „Merken" und „Eingeben" dieser Nummern wäre für den Anwender mühselig. Diese Aufgabe wird dem Anwender daher von einem Diskettenbetriebssystem abgenommen (vgl. Kapitel 5 und 12). Der Anwender muß der Folge von Daten, der *Datei*, lediglich einen *Dateinamen* geben (vgl. Abschnitt 12.3). Wird dieser Dateiname zusammen mit einem entsprechenden Kommandoschlüsselwort über die Tastatur eingegeben, wird die Datei z. B.

— auf der Diskette gespeichert,
— von der Diskette in den Arbeitsspeicher geladen,
— gelöscht,
— umbenannt, usw.

Dem Anwender stehen zwei Betriebssysteme zur Verfügung: Das Commodore-DOS und CP/M.

● DOS ist eine Abkürzung für engl. *Disk Operating System*, d.h. Diskettenbetriebssystem. Dieses Betriebssystem steht mit den der Diskettenverwaltung dienenden Kommandos automatisch nach dem Anschluß des Diskettenlaufwerkes zur Verfügung. In Kapitel 12 wird ausführlich auf das DOS-Betriebssystem eingegangen.

● CP/M
Dies ist eine Abkürzung für *Control Program for Microprocessors*, d.h. Betriebssystem für Mikroprozessoren. Es wurde von der Firma Digital Research entwickelt. Im Laufe der Zeit entwickelte es sich zum Quasi-Standard für 8-Bit-Mikroprozessorsysteme. (Der Z80 Mikroprozessor im Commodore Homecomputer C 128 ist ein 8-Bit-Mikroprozessor). Ein Teil des CP/M-Betriebssystems muß von der zum Diskettenlaufwerk mitgelieferten *Systemdiskette* in den Arbeitsspeicher des Mikrocomputers geladen werden. Dadurch reduziert sich die freie Arbeitsspeicherkapazität. Weitere Einzelheiten sind in Kapitel 13 nachzulesen.

2.7.5 Formatieren von Disketten

> **Eine fabrikneue Diskette muß zunächst formatiert werden, bevor Daten und Programme darauf gespeichert werden können.**

Dies liegt daran, daß von den unterschiedlichen Computerherstellern für Disketten unterschiedliche Formate verwendet werden (z. B. eine unterschiedliche Zahl der Sektoren pro Spur, Sektoren mit 256 bzw. 512 bytes u. dgl.). Daher ist es nicht sinnvoll, Disketten schon fabrikmäßig zu formatieren, sondern dies dem Benutzer und seinem Mikrocomputer zusammen mit einem *Formatierungsprogramm* zu überlassen.

Wie die Minidisketten des Commodore C 128-Computersystems zu formatieren sind, wird detailliert in Abschnitt 11.3 beschrieben.

Zu den Formatierungsaufgaben gehört i. a.:

● das Anlegen eines Dateiinhaltsverzeichnisses auf der Diskette, d.h. es wird Speicherplatz reserviert für
— alle Dateinamen, deren Dateiinhalte auf der Diskette gespeichert werden,
— die benötigte Speicherkapazität u. dgl.

● das Prüfen auf defekte Spuren der Diskette.
Wird eine defekte Spur oder ein defekter Sektor erkannt, werden diese Spuren bzw. Sektoren so gekennzeichnet, daß auf dieser Spur keine Daten mehr gespeichert werden können.

2.7.6 Behandlung von Disketten

- Die ungeschützte Diskettenoberfläche darf nicht berührt werden.
- Die Diskette darf nicht gebogen werden.
- Die Diskette ist von magnetischen Feldern fernzuhalten (Lautsprecher, Fernseher, Netzteile, Verstärker).
- Die Diskette darf keiner direkten Sonnenbestrahlung (Hitze), extremer Kälte oder Feuchtigkeit ausgesetzt werden.
- Die Disketten sind vor Staub zu schützen (Behälter verwenden).
- Die Etiketten zur Beschriftung der Disketten sind bei einem Wechsel des gespeicherten Inhalts nicht einfach übereinanderzukleben (die Gesamtdiskettenstärke kann zu groß werden).

2.8 Drucker

Drucker zur Dokumentation der Programme bzw. der Ergebnisse, die sich bei der Bearbeitung eines Programmes ergeben, gehören in der Regel nicht zur Standardausstattung von Mikrocomputern. Sie lassen sich aber als Zubehör käuflich erwerben und an die Systemeinheit anschließen.

Die Systemeinheit besitzt zum Anschluß eines Druckers eine serielle Schnittstelle, die auch zum Anschluß des Diskettenlaufwerks benutzt wird. Sollen gleichzeitig ein Diskettenlaufwerk *und* ein Drucker angeschlossen werden, geschieht dies über ein serielles Kabel, wie es Bild 2.3 zeigt.

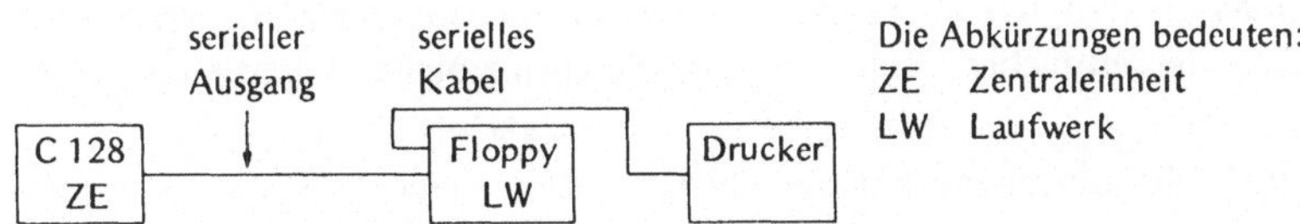

Bild 2.3 Anschluß des Druckers bei schon angeschlossenem Diskettenlaufwerk

Eine detaillierte Beschreibung des Druckeranschlusses finden Sie in Kap. 14.

2.9 Joystick

Der Joystick (Steuerknüppel) wird i. a. in Spielprogrammen eingesetzt, um die Bewegungsrichtung von Figuren vorzugeben. Es ist aber auch eine Steuerung des Cursors[1] auf dem Bildschirm möglich. Bild 2.4 zeigt einen Joystick.

Im Inneren des Joysticks befinden sich vier um $90°$ versetzte Druckkontakte. In Ruhestellung hält eine Feder die Kontakte offen. Drückt man den Joystick in eine Richtung,

---

[1] Vgl. Anhang A1

wird der Kontakt geschlossen. Das elektrische Signal wird vom Computer ausgewertet. Eine Figur wird z. B. in die gewünschte Richtung bewegt. Somit sind prinzipiell 4 Richtungen möglich. Teilweise erlauben die Joysticks auch 8 Richtungen. Dann sind auch schräge Bewegungen (Diagonale) möglich. Durch geschickte Anordnung der Kontakte werden in diesen Fällen zwei Kontakte gleichzeitig geschlossen.

Die Druckknöpfe (sog. „Feuerknöpfe") werden benutzt, um bestimmte Aktionen zum gewünschten Zeitpunkt ausführen zu lassen.

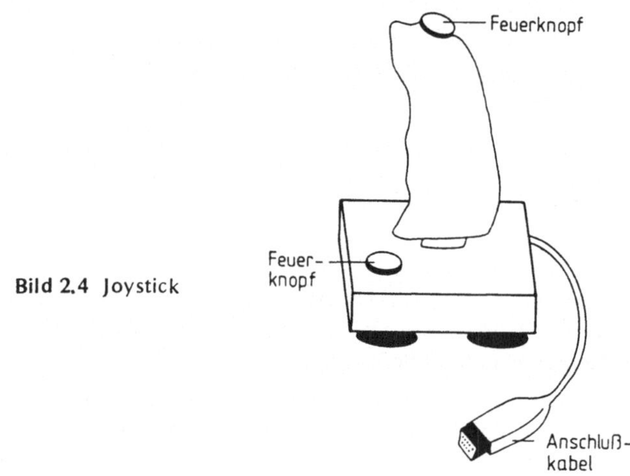

Bild 2.4 Joystick

2.10 Maus

Es ist oft mühselig, mit Hilfe der Cursor-Tasten den Cursor über den Bildschirm zu bewegen. Mit Hilfe eines kleinen Kästchens, der sog. Maus, die auf einer ebenen Fläche bewegt wird, ist dies viel einfacher. Bild 2.5 zeigt die prinzipielle Arbeitsweise einer Maus.

Eine Kugel wird durch die Bewegung auf der ebenen Fläche bewegt. Diese Bewegung wird auf zwei senkrecht zueinander stehenden Walzen übertragen. An jeder Walze ist eine Scheibe. An diesen Scheiben sind entweder

— elektrische Kontakte, die durch die Bewegung geöffnet und geschlossen werden, oder
— Löcher, die Licht von einer lichtemittierenden Diode (LED) zu einer Fotodiode durchlassen oder nicht.

Bild 2.5
Prinzipieller Aufbau einer Maus

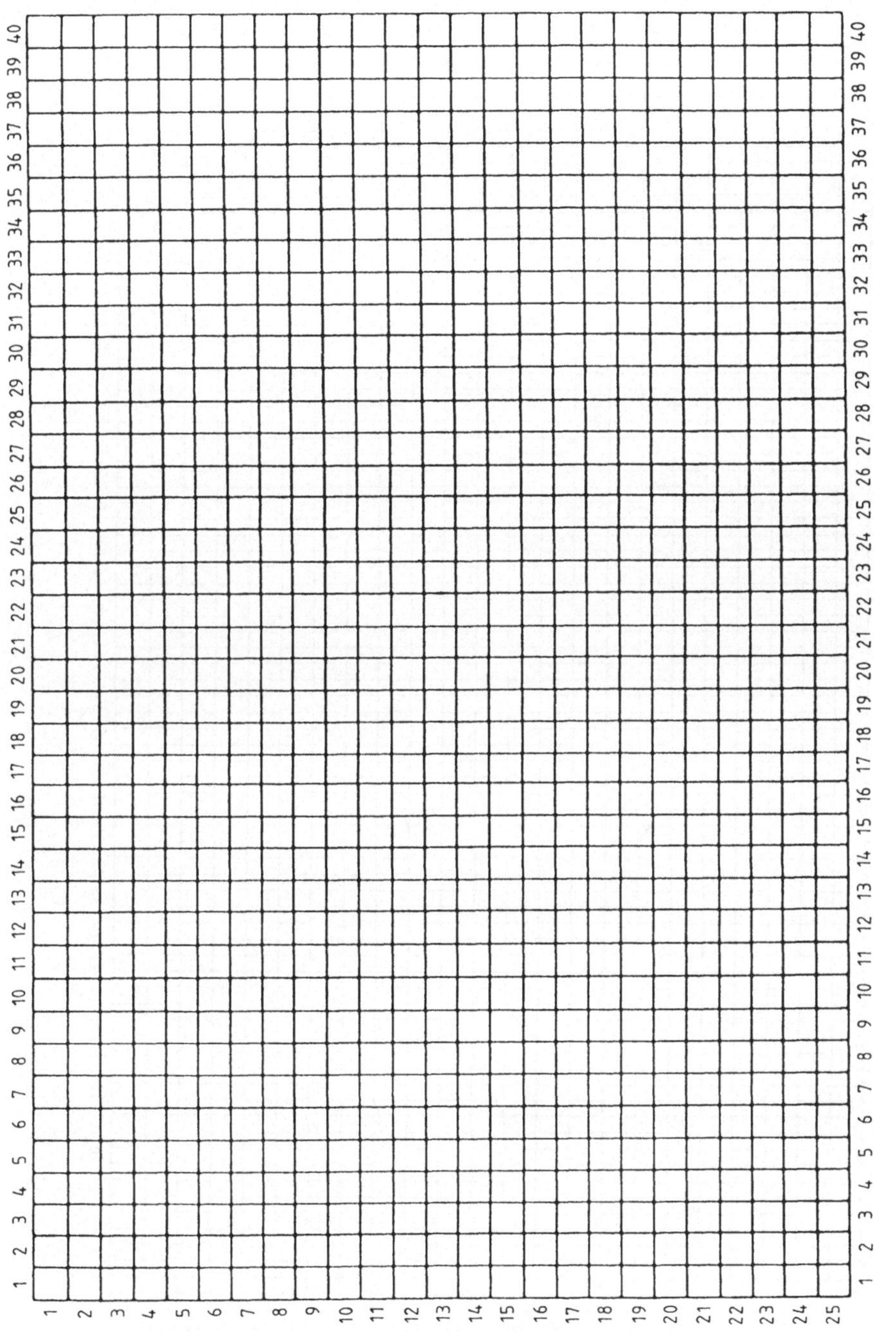

Bild 2.6 Bildschirmrasterung 4Ø Spalten, 25 Zeilen

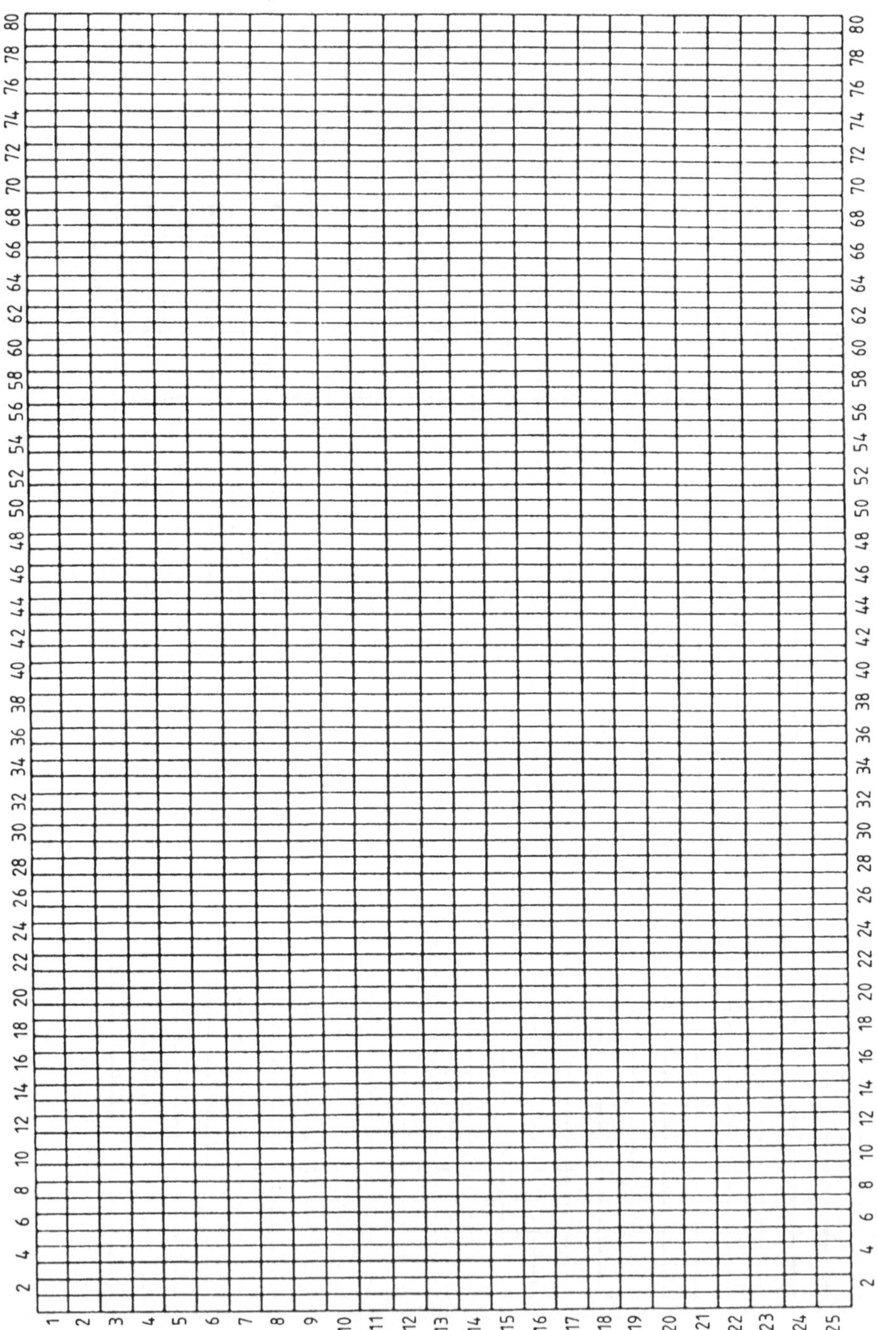

Bild 2.7 Bildschirmrasterung 8∅ Spalten, 25 Zeilen

Diese elektrischen Signale wertet ein Baustein im Computer hinsichtlich Bewegungsrichtung und Bewegungslänge aus und steuert entsprechend den Cursor auf dem Bildschirm.

Ist die gewünschte Cursorposition eingestellt, kann durch Drücken eines Knopfes an der Maus eine gewünschte Aktion erfolgen.

Cursorgesteuerte Programme lassen sich schnell und einfach mit einer Maus bedienen. Bei einem Textverarbeitungsprogramm kann z. B. ein Textelement schneller

— ausgewählt,
— gelöscht, oder
— kopiert werden.

Dies betrifft sowohl die Auswahl über den Cursor als auch die Ausführung über den Druckknopf.

3 Installation und Test von Systemeinheit und Bildschirm

3.1 Die Anschlüsse der Systemeinheit des Commodore Homecomputers C 128

Auf der Rückseite der Systemeinheit befinden sich folgende Anschlußbuchsen (siehe Bild 3.1):

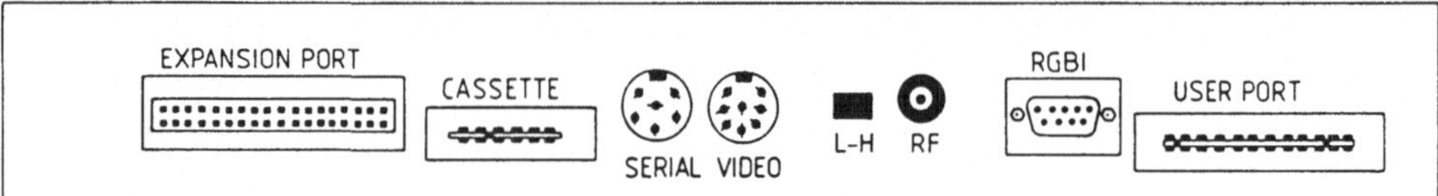

Bild 3.1   Rückansicht des Commodore Homecomputers C 128

Hierbei ist von links nach rechts:

Englisch	Deutsch	Erläuterung
EXPANSION PORT	Erweiterungs-anschluß	An diesem Erweiterungsanschluß steht der gesamte Systembus des Computers zur Verfügung. Er dient i.a. zum Anschluß von Software-Steckmodulen (sog. ROM-Cartridge).
CASSETTE	Kassetten-anschluß	Anschluß eines Kassettenlaufwerks (Datasette). Über diesen Anschluß werden • die Schreib- und Lesedaten bitseriell mit der Datasette ausgetauscht, • das Laufwerk mit der erforderlichen Betriebsspannung versorgt, • der Laufwerkmotor ein- bzw. ausgeschaltet, • die Lage der PLAY-Taste der Datasette abgefragt.
SERIAL	Serielle Schnittstelle	Die serielle Schnittstelle dient zum Anschluß von Peripheriegeräten, wie z.B. ein Diskettenlaufwerk, ein Drucker usw. Im C 64-Modus lassen sich z.B. ca. 300 Zeichen/s zum Diskettenlaufwerk VC 1541 übertragen, im C 128-Modus hingegen ca. 1500 Zeichen/s zum Diskettenlaufwerk VC 1571 und im CP/M-Modus sogar 3500 Zeichen/s.

VIDEO	Video Ausgang	Anschluß eines Bildschirms (Monitor). Das Video-Signal enthält die unmodulierte Bildinformation einschließlich der notwendigen Synchronsignale. Ein spezieller Monitor liefert bei diesem Signal ein Bild, das eine bessere Auflösung besitzt als das Bild beim Einsatz eines Fernsehgerätes als Bildschirm. Es erlaubt schon den Einsatz von 80 Zeichen/Zeile.
RF	Hochfrequenzausgang	Anschlußmöglichkeit für ein Fernsehgerät als Bildschirm über die Antennenbuchse des Fernsehgerätes. Die Auflösung ist vergleichsweise schlecht, da das Videosignal (vgl. Videoanschluß) mit Hilfe eines Modulators im Computer zu einem Fernsehsignal umgewandelt wird, das über die Antennenbuchse in das Fernsehgerät eingespeist wird. Hier wird das Hochfrequenzsignal (HF) wieder demoduliert. Anschließend steht das Videosignal zur Verfügung. Durch die an sich überflüssige Modulation und Demodulation des Videosignals leidet das Videosignal und damit die Bildqualität. Andererseits ist die Benutzung eines Fernsehgerätes i.a. die preiswerteste Methode, zu einem Bildschirm zu gelangen. Die Fernsehgeräte verfügen stets über einen Antenneneingang, in den seltensten Fällen jedoch über einen Videoeingang. Daher ist die Modulation unerläßlich. Durch die schlechte Bildqualität bedingt lassen sich auf dem Bildschirm des Fernsehgerätes nur 40 Zeichen/Zeile darstellen.
RGBI	RGB-Ausgang	Anschlußmöglichkeiten für einen RGB-Bildschirm. Der RGB-Ausgang stellt ein RGB-Signal zur Verfügung. Bei diesem Signal stehen die Farben rot, grün und blau einzeln zur Verfügung (daher RGB). Dies führt zur optimalen Farbreinheit und Schärfe. Das Videosignal ist demgegenüber ein zusammengesetztes Signal, bei dem durch entsprechende Umwandlungen Qualitätseinbußen hinzunehmen sind. Zur Nutzung der Bildqualität wird ein spezieller RGB-Monitor benötigt.

| USER PORT | Anwenderanschluß | Der Anwenderanschluß dient zum Anschluß von externen Schaltungen des Anwenders (universelle 8 bit Schnittstelle). Über diesen Anschluß können Daten ein- und ausgegeben werden. Er ist von BASIC aus programmierbar (PEEK/POKE). Mögliche Anschlüsse wären z.B.: Rechner-Rechner-Kopplung (Anschluß eines Modems). Centronics-Paralleldruckerschnittstelle. |

Auf der rechten Seite der Systemeinheit befinden sich weitere Anschlüsse sowie Schalter (siehe Bild 3.2).

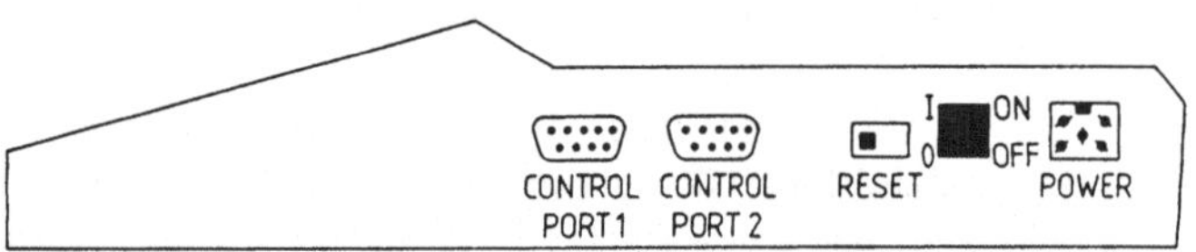

Bild 3.2 Rechte Seitenansicht des Commodore Homecomputers C 128

Hierbei ist von vorn nach hinten:

Englisch	Deutsch	Erläuterung
CONTROL PORT1 CONTROL PORT2	Steuereingang 1 bzw. 2	Diese beiden Eingänge dienen zum Anschluß sog. Joysticks (vgl. Abschnitt 2.9) bzw. Paddles[1]. Sie werden vor allem für Computer-Spiele benötigt.
RESET	Rücksetztaste	Durch Drücken dieser Taste läßt sich der Computer in den Zustand zurücksetzen, der nach dem Einschalten vorliegt, ohne jedoch den Computer tatsächlich aus- und wieder einschalten zu müssen.
I/0 bzw. ON/OFF	Ein-Ausschalter	Ein- und Ausschalter des Computers. Liegt der Kippschalter auf 0 bzw. OFF, ist der Computer ausgeschaltet, liegt er auf I bzw. ON, ist der Computer eingeschaltet.
POWER	Stromanschlußbuchse	An die Stromanschlußbuchse wird die Stromversorgung des Computers (Netzgerät) angeschlossen.

---

[1] Nähere Erläuterung siehe Anhang A1.

3.2 Anschluß eines Bildschirms an die Systemeinheit

3.2.1 Anschluß eines Farbfernsehgerätes

Zum Anschluß eines Farbfernsehgerätes an die Systemeinheit dient ein 75-Ohm-Kabel, das auf der einen Seite

- einen Antennennormstecker
und auf der anderen Seite

- einen Koaxialen Cinch-Stecker
besitzt.

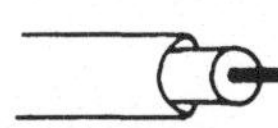

- Der Antennennormstecker wird in die Antennenbuchse des Farbfernsehgerätes gesteckt. Das Antennenkabel der Antenne muß selbstverständlich vorher aus der Antennenbuchse des Fernsehgerätes gezogen sein.
Bei modernen Fernsehgeräten ist i.a. nur *eine* Antennenbuchse vorgesehen, so daß ein Irrtum unmöglich ist. Vielfach ist die Antennenbuchse mit dem Symbol Ψ versehen.
- Der Koaxiale Cinch-Stecker wird in die RF-Buchse der Systemeinheit gesteckt (vgl. Bild 3.1).

3.2.2 Anschluß eines Monitors

Das am Monitor befindliche Kabel ist je nach Art des Monitors an die Video-Buchse bzw. RGBI-Buchse anzuschließen (siehe auch Gebrauchsanweisung für den Monitor).

3.3 Netzanschluß

3.3.1 Netzanschluß des Farbfernsehgerätes und der Systemeinheit

- Das Fernsehgerät muß ausgeschaltet und die Lautstärke zurückgedreht sein.
- Der Kippschalter auf der rechten Seite der Systemeinheit muß auf OFF (aus) stehen (vgl. Bild 3.2).
- Das Netzkabel des *Fernsehgerätes* ist in eine Steckdose des Stromnetzes zu stecken (220 V Wechselstrom).
- Das Netzkabel der *Systemeinheit* ist mit dem 5-poligen Stecker mit der Buchse POWER auf der rechten Seite der Systemeinheit zu verbinden (vgl. Bild 3.2) und auf der anderen Seite mit dem Netzstecker in eine Steckdose des Stromnetzes zu stecken.

3.3.2 Netzanschluß eines Monitors

Wegen der Vielzahl der anschließbaren Monitoren sei auf die jeweilige Gebrauchsanweisung verwiesen.

3.4 Einschalttest

3.4.1 Einschalttest beim Einsatz eines Fernsehgerätes

- Schalten Sie zunächst das Fernsehgerät ein.
  Wählen Sie dann mit Hilfe der verfügbaren Kanalschalter des Fernsehgerätes einen Kanal, der nicht zum Empfang von Fernsehsendungen benutzt wird. Dieser Kanal soll zum „Computer-Kanal" werden.
  Nach der Wahl eines freien Kanals wird der Bildschirm „flimmern" (d.h. es ist nichts zu sehen).

- Schalten Sie anschließend die Systemeinheit ein, indem Sie den Netzschalter POWER auf der rechten Seite der Systemeinheit auf ON (ein) stellen (vgl. Bild 3.2).
  Die rote Kontrolleuchte POWER rechts oberhalb der Tastatur der Systemeinheit leuchtet auf. Der Bildschirm „flimmert" i.a. immer noch.

- Nun muß an dem Fernsehgerät für den gewählten Kanal der UHF-Kanal 36 eingestellt werden.
  Dazu muß man i.a. eine Klappe über bzw. neben den Kanalschaltern des Fernsehgerätes öffnen (siehe Gebrauchsanleitung des Fernsehgerätes). Man wird dann entsprechend der Zahl der Kanalschalter mehrere Einstellmöglichkeiten (i.a. Rädchen o.ä.) finden. Für den dem Computer zugeordneten Kanalschalter wird diese Einstellmöglichkeit so lange verändert, bis folgende Systemmeldung auf dem Bildschirm erscheint:

```
COMMODORE BASIC V 7.Ø   122365 BYTES FREE
  (C)  1985  COMMODORE ELECTRONICS, LTD.
        (C)  1977  MICROSOFT CORP.
           ALL RIGHTS RESERVED
READY.
 ■
```

Bild 3.3
Systemmeldung im
C 128-Modus

Die Systemmeldung auf dem Bildschirm (vgl. Bild 3.3) besagt folgendes:

Zeile 1	Standardmäßig ist nach dem Einschalten das Commodore BASIC in der *Version 7.Ø* (kurz V 7.Ø) vorhanden. Es sind im Arbeitsspeicher für den Benutzer 122 365 Bytes frei verfügbar.
Zeilen 2—4	Hinweis auf das Copyright (C) der Firma Commodore und Microsoft.
Zeile 5	BASIC-*Systembereitschaftszeichen Ready* Der Computer meldet sich damit bereit, BASIC-Kommandos bzw. -Anweisungen entgegenzunehmen.
Zeile 6	Das hellgrün blinkende Rechteck kennzeichnet die augenblickliche *Position des Cursors.* Der Cursor ist eine Lichtmarke, die die Stelle kennzeichnet, an der das nächste Zeichen erscheinen wird, falls eine Zeichentaste der Tastatur gedrückt wird.

- Weitere Einstellungen
  Der Lautsprecher des Fernsehgerätes darf nicht brummen. Das eventuell leichte Brummen wird vermieden, wenn man den Lautstärkeregler des Fernsehgerätes so zurückdreht, daß das Brummen aufhört.
  Stellen Sie die Bildschirmausgabe (Systemmeldung) mit Hilfe der *Einstellmöglichkeiten an dem Fernsehgerät*
  — Colour,
  — Contrast (Symbol ◑) und
  — Brightness (Symbol ☼)
  so ein, daß die Schrift hellgrün auf schwarzem Untergrund erscheint. Der Rand erscheint ebenfalls hellgrün.

3.4.2 Einschalttest beim Einsatz eines Monitors

- Einschalten des Monitors (siehe Gebrauchsanweisung).
- Einschalten der Systemeinheit (siehe Abschnitt 3.4.1).
- Abwarten der Systemmeldung (siehe Bild 3.3).
- Einstellen der Bildschirmausgabe, so daß die Systemmeldung für den Betrachter optimal erscheint (Einstellmöglichkeiten lt. Gebrauchsanweisung in dem Bildschirm).

4 Allgemeiner Überblick über die Programmierung von Mikrocomputern

Bevor auf die spezielle Programmiersprache des Commodore Homecomputers C 128 eingegangen wird, soll dem Leser in einem allgemeinen Überblick der Sinn und Zweck sowie die Möglichkeiten von Programmiersprachen verständlich gemacht werden.

4.1 Allgemeines

Die Hardwareausstattung eines Mikrocomputers stellt nur die technischen Funktionseinheiten zur Verfügung. Aber erst die Verbindung von Mikrocomputer und Programm führt zu einem funktionsgerechten Datenverarbeitungssystem (siehe Abschnitt 1.7), d.h. das Programm veranlaßt die Hardware zu einer gewünschten Tätigkeit. Zur Formulierung von Programmen bedient man sich geeigneter Programmiersprachen.

4.2 Programmiersprachen

Zum Erstellen von Anwenderprogrammen lassen sich prinzipiell folgende Arten von Programmiersprachen verwenden:

- Maschinensprachen
- Assemblersprachen
- Problemorientierte Programmiersprachen

4.2.1 Maschinensprachen

In den Anfängen der Datenverarbeitung wurden die Arbeitsanweisungen für eine DVA in der Maschinensprache (Maschinencode) programmiert. Dabei handelt es sich in der Regel um eine *Codierung der Befehle* [1] *mit Hilfe von Binärziffern* [1], die von den digital arbeitenden Datenverarbeitungsanlagen ohne weitere Übersetzung verstanden werden und ohne menschliche Hilfe in Steuersignale umgesetzt werden können.

Beispiel 4.1

Am Beispiel einer Addition soll die Codierung in der Maschinensprache verdeutlicht werden.

In Worten ließe sich die Addition der Zahlen 8 und 1 wie folgt formulieren:

1. Lade in das Register [1] A (Akkumulator) [1] des Mikroprozessors den Zahlenwert 8.

2. Lade in das Register B des Mikroprozessors den Zahlenwert 1.

3. Addiere den Registerinhalt des Registers B zum Registerinhalt des Registers A und speichere das Ergebnis im Register A (Akkumulator).

---

[1] Nähere Erläuterung siehe Anhang A1.

Würde man zur Realisierung dieser Aufgabe den Mikroprozessor 8080/8085 von INTEL benutzen (entspricht dem Z 80), so würde das Programm in der Maschinensprache wie folgt aussehen:

Byte-Nr.	Maschinensprache (binär)	Erläuterung
1	00111110	Laden in das Register A des Mikroprozessors
2	00001000	den Zahlenwert 8
3	00000110	Laden in das Register B des Mikroprozessors
4	00000001	den Zahlenwert 1
5	10000000	Addition der Registerinhalte der Register A und B und Speicherung des Ergebnisses im Register A

Bei anderen Mikroprozessoren ist der verwendete binäre Code der Maschinensprache für die einzelnen Befehle wie auch die Zahl und die Art der Befehle, die verschiedene Mikroprozessoren verstehen, unterschiedlich.

> **Maschinensprachen werden heute nur noch selten benutzt. Dies liegt vor allem daran, daß die Darstellung der Befehle durch Binärziffern**
>
> - **relativ zeitaufwendig,**
> - **recht unübersichtlich und damit fehleranfällig und**
> - **schwer merkbar und somit schwer erlernbar ist.**

Eine gewisse *Vereinfachung* wird erreicht, wenn man Befehle und Zahlenwerte nicht als Binärziffern schreibt, sondern eine hexa*dezimale Schreibweise* wählt. Hier werden jeweils die ersten und letzten 4 Binärwerte eines Bytes zu einem Hexadezimalwert wie folgt zusammengefaßt:

Binär	Hexadezimal	Binär	Hexadezimal
0000	0	1000	8
0001	1	1001	9
0010	2	1010	A
0011	3	1011	B
0100	4	1100	C
0101	5	1101	D
0110	6	1110	E
0111	7	1111	F

Beispiel 4.2

Das vorangegangene Additionsprogramm ließe sich mit Hilfe der hexadezimalen Schreibweise wie folgt schreiben:

Byte-Nr.	Maschinensprache (Index H-hexadezimale Schreibweise)
1	$3E_H$
2	08_H
3	06_H
4	01_H
5	80_H

Ein derartiges Programm ist schon etwas übersichtlicher als ein Programm in Binärdarstellung. Außerdem ist die Eingabe einfacher und somit nicht mehr so fehleranfällig.

Mit wachsenden Aufgaben in der Datenverarbeitung wurde jedoch bald deutlich, daß nach einer noch einfacheren, schnelleren und wirtschaftlicheren Programmierung gesucht werden mußte.

4.2.2 Assemblersprachen

Mit der Entwicklung von Assemblersprachen wurde ein weiterer Schritt zur Vereinfachung der Programmierung getan.

> Die Assemblersprache ist eine symbolische Programmiersprache, bei der der Befehlsschlüssel nicht mehr aus einer Folge von Binär- bzw. Hexadezimalzeichen besteht, sondern aus einem leicht erlernbaren symbolischen Code. Speicherplatzadressen können ebenfalls durch einen symbolischen Namen gekennzeichnet werden.
>
> Zur Eingabe von Zahlenwerten kann die übliche Dezimalschreibweise verwendet werden.

Beispiel 4.3

Das schon besprochene Additionsprogramm ließe sich dann mit Hilfe der Assemblersprache des INTEL-Mikroprozessors 8080/8085 wie folgt schreiben:

Befehl-Nr.	Assemblersprache
1	MVI A, 8
2	MVI B, 1
3	ADD B

Die ersten drei Buchstaben der Assemblersprache geben den *symbolischen Befehlscode* an.

- MVI steht als Abkürzung für die englischen Worte: move immediate (deutsch: bewege, bringe, lade sofort). Auf diesen Befehlscode folgt der *Operand*, d.h. die Angabe, wohin (hier Register A bzw. B) ein Zahlenwert (hier 8 bzw. 1) zu bringen ist.
- ADD steht als Abkürzung für das englische Wort: *add* (deutsch: addiere). Auf diesen Befehlscode folgt ebenfalls der Operand, d.h. in diesem Falle die Angabe, welcher Registerinhalt (hier der Inhalt von Register B) zum Inhalt des Akkumulators (Register A) zu addieren ist und wo das Ergebnis abzuspeichern ist (Register A).

Wie dieses Beispiel zeigt, lassen sich diese Befehle einfacher merken als die Befehle im Maschinencode. Dadurch wird das Programm übersichtlicher, verständlicher, läßt sich schneller entwickeln usw.

Die Datenverarbeitungsanlage „versteht" jedoch nur den Maschinencode. Es muß also eine Einrichtung gefunden werden, die die Assemblersprache in die Maschinensprache überführt. Diesen Vorgang nennt man auch, da es sich um Sprachen handelt, *Übersetzung*. Sie läuft nach festen Regeln ab und kann deshalb mit Hilfe eines geeigneten *Programmes* von der DVA selbst vorgenommen werden.

> Das Übersetzungsprogramm, das die Assemblersprache in die Maschinensprache übersetzt, heißt Assembler.

Diesen Übersetzungsvorgang stellt Bild 4.1 grafisch dar.

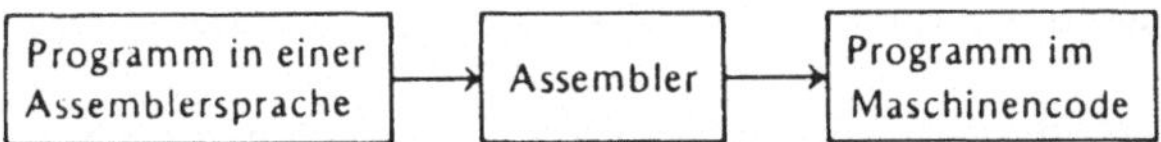

Bild 4.1 Übersetzung eines in einer Assemblersprache geschriebenen Programms in die Maschinensprache (Maschinencode)

> **Die Assemblersprache ist eine maschinenorientierte Programmiersprache, weil jeder Befehl der Maschinensprache durch einen symbolischen Ausdruck ersetzt wird.**

Dies hat Vor- und Nachteile.

Als Vorteil der Assemblersprache gegenüber der Maschinensprache wäre zu nennen:

> **Der Programmieraufwand ist weniger zeitaufwendig, da sich die Befehle leichter merken lassen. Außerdem wird das Programm übersichtlicher und somit weniger fehleranfällig.**

Folgende Nachteile wären jedoch immer noch anzuführen:

> **Da die Assemblersprache maschinenorientiert ist, hängt sie vom Typ der DVA ab, so daß zur Programmierung eines bestimmten Problems für verschiedene DVA-Typen unterschiedliche Programme geschrieben werden müssen.**

4.2.3 Problemorientierte Programmiersprachen

Den genannten Nachteil der Assemblersprachen vermeiden die problemorientierten Programmiersprachen. Ihre Entwicklung orientiert sich unabhängig von der jeweiligen Maschinensprache nur am Problem. Dadurch werden sie anlageunabhängig. Als Beispiel mögen die mathematisch-naturwissenschaftlich orientierten Programmiersprachen dienen. Sie beschreiben unabhängig von der Maschinensprache eine mathematische Aufgabe, wie aus der Mathematik gewohnt, mit Hilfe einer mathematischen Formel.

Beispiel 4.4

Um bei dem Beispiel einer Addition von zwei Zahlenwerten zu bleiben, kann das Additionsprogramm in einer problemorientierten Programmiersprache wie folgt formuliert werden:

$$8 + 1.$$

Wie schon dieses einfache Beispiel zeigt, ist die Zahl der Maschinencodebefehle im allgemeinen größer als die Zahl der verwendeten Sprachelemente bei problemorientierten Programmiersprachen.

> **Die problemorientierten Sprachen zeichnen sich aus durch:**
>
> - bessere Überschaubarkeit der Programme durch Anweisungen in der Fachsprache
> - geringen Zeitbedarf für die Programmierung
> - leichte Erlernbarkeit
> - Unabhängigkeit von dem Typ der Datenverarbeitungsanlage (sog. Portabilität)

Weit verbreitete problemorientierte Programmiersprachen sind:

Name	Bedeutung	Anwendungsbereich
ALGOL	Algorithmic Language	mathem.-naturwissenschaftlich
FORTRAN	Formula Translation	mathem.-naturwissenschaftlich
COBOL	Common Business Oriented Language	kommerziell
PL 1	Programming Language Nr. 1	kommerziell/mathem-naturwissenschaftlich
BASIC	Beginners All-Purpose Symbolic Instruction Code	Programmierung im Dialog mit der DVA.
APL	A Programming Language	Programmierung im Dialog mit der DVA.
PASCAL	Benannt nach dem Mathematiker Pascal.	Strukturierte Programmierung allgemeiner Probleme.

Eine z.B. als mathematische Formel dargestellte Anweisung kann eine Datenverarbeitungsanlage nicht direkt „verstehen" (vgl. Beispiel 4.4). Sie „versteht" nur die Maschinensprache. Daher ist eine Übersetzung von der mathematischen Formelsprache in die Maschinensprache nötig (vgl. Beispiel 4.1). Da die Übersetzung nach festen Regeln abläuft, kann die Datenverarbeitungsanlage auch hier die Übersetzung selbst durch Verwendung eines geeigneten Programms vornehmen.

> **Prinzipiell können zwei Arten von Übersetzerprogrammen unterschieden werden:**
>
> - Compiler und
> - Interpreter

Der Übersetzungsvorgang läßt sich grafisch wie folgt darstellen (s. Bild 4.2):

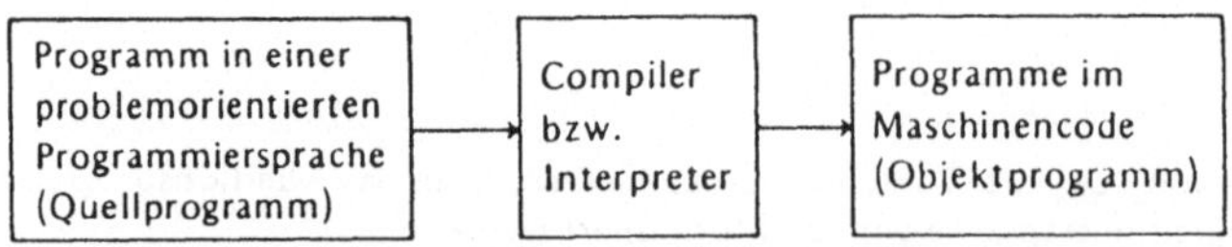

Bild 4.2 Übersetzung eines in einer problemorientierten Programmiersprache geschriebenen Programms in ein Maschinencodeprogramm

Die Vorteile des Einsatzes von problemorientierten Programmiersprachen wurden schon erwähnt. Es gibt jedoch nicht nur Vorteile, sondern auch Nachteile wie z.B.:

- Die Übersetzungszeit ist i.a. länger als die Übersetzungszeit eines entsprechenden speziellen Assemblerprogrammes.

- Die Ausführungszeit (Rechenlauf) ist i.a. länger als die Ausführungszeit eines entsprechenden speziellen Assemblerprogrammes.
- Die Programmierung eines Compilers ist aufwendiger als die eines Assemblers.
- Der Compiler (nicht das Anwenderprogramm) ist abhängig vom Typ der DVA.

4.3 Übersetzer

4.3.1 Compiler

> Compiler (engl. to compile, d.h. zusammensetzen) übersetzen in <u>einem</u> direkten
> Schritt einen Befehl der problemorientierten Programmiersprache nach dem anderen
> in den Maschinencode und speichern diese insgesamt im Arbeitsspeicher der DVA.

Das in der problemorientierten Programmiersprache geschriebene Programm nennt man auch kurz *Quellprogramm*, das in den Maschinencode übersetzte Quellprogramm nennt man hingegen kurz *Objektprogramm*.

Liegt das Objektprogramm nach der Übersetzung vollständig vor, kann es, versehen mit den notwendigen Eingabedaten, ausgeführt werden. An den *Übersetzungslauf* schließt sich somit der *Rechenlauf* an[1]. Weiter ist zu vermerken, daß der Compiler noch eine Prüfung auf formale Richtigkeit der Anweisungen des Quellprogrammes vornimmt (sog. Syntaxprüfung). Die gefundenen Fehler werden in einem *Übersetzerprotokoll* festgehalten, damit sie korrigiert werden können. Nach jeder Korrektur muß eine neue Übersetzung des gesamten Programms erfolgen.

Den vollständigen Ablauf zeigt Bild 4.3:

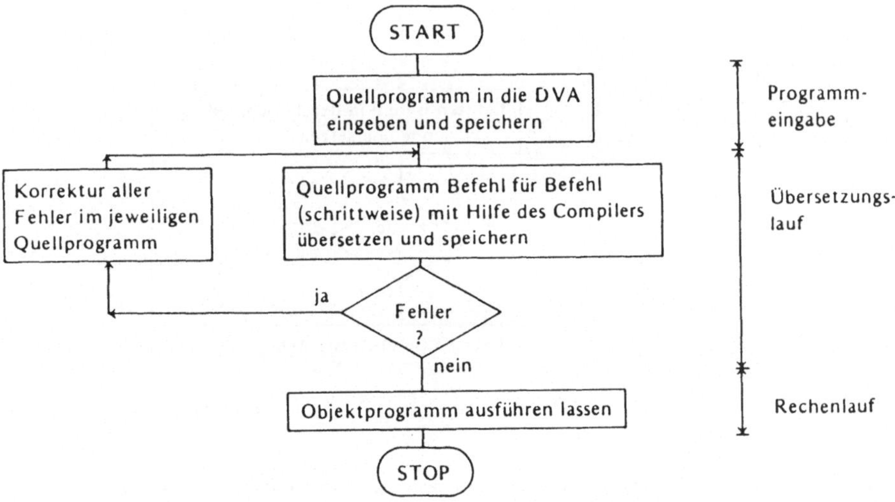

Bild 4.3 Übersetzung eines Quellprogrammes in ein Objektprogramm mit anschließender Ausführung

---

1) Auf das ebenfalls notwendige „binden" im sog. „Binderlauf" soll hier nicht näher eingegangen werden.

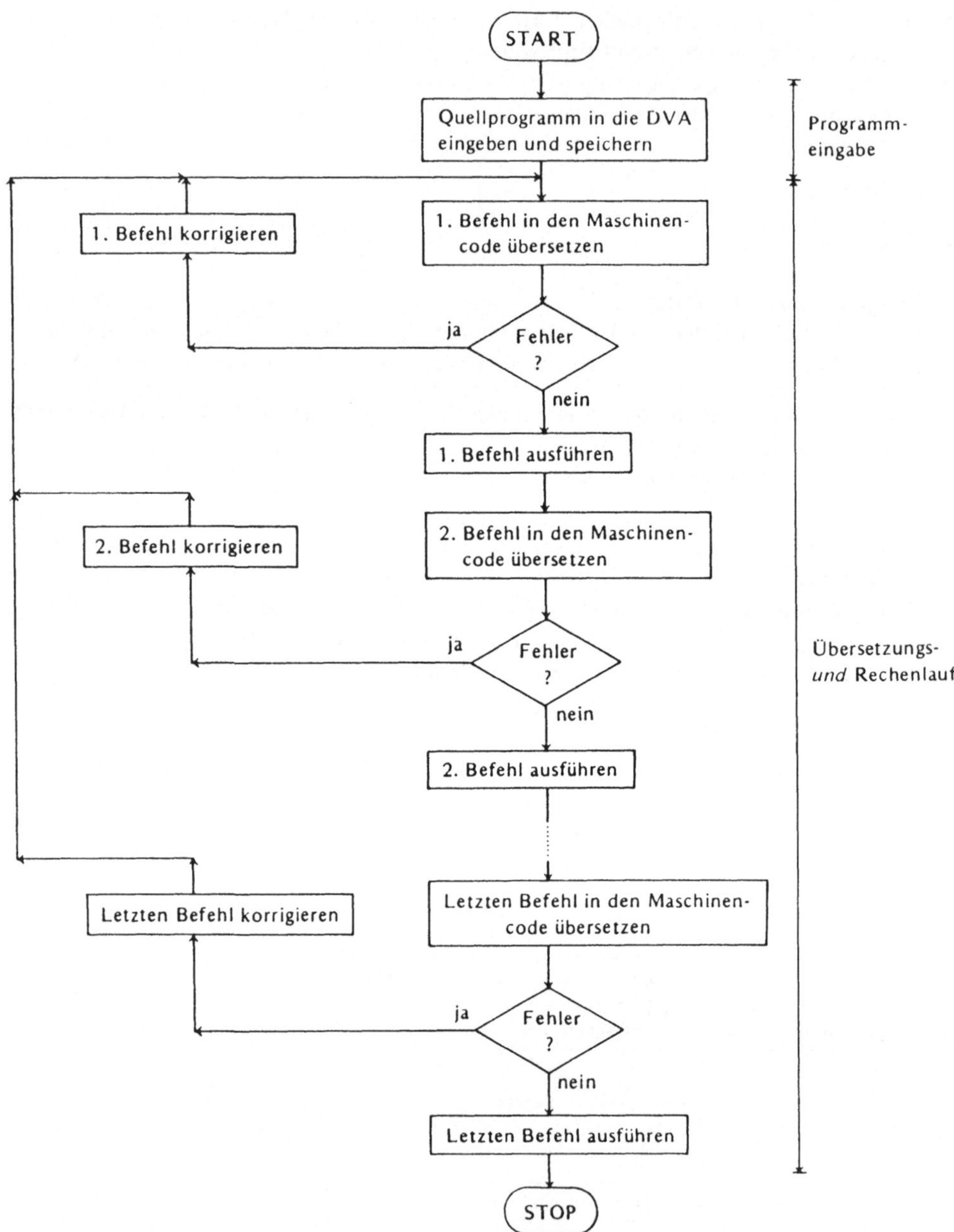

Bild 4.4 Übersetzung eines Quellprogrammes mit gleichzeitiger Ausführung bei Einsatz eines Interpreters

4.3.2 Interpreter

> Interpreter (engl.: to interprete, d.h. interpretieren, auslegen) übersetzen nach dem Start des Anwenderquellprogramms jeweils einen Befehl in den Maschinencode. Anschließend wird der Befehl sofort ausgeführt, sofern er formal richtig ist. Ansonsten wird eine Fehlermeldung ausgegeben. Der Fehler ist zu korrigieren.
>
> War der Befehl jedoch fehlerfrei formuliert, wird anschließend der nächste Befehl übersetzt und ausgeführt usw., bis das Ende des Quellprogramms erreicht ist.

Das Objektprogramm wird somit nicht gespeichert. Dies ist auch nicht nötig, da die einzelnen Befehle nach ihrer Übersetzung sofort ausgeführt werden.

In Bild 4.4 wird die Arbeitsweise eines Interpreters grafisch dargestellt.

4.3.3 Vor- und Nachteile von Interpreter und Compiler

- Nachteile von Interpretern gegenüber Compilern:
  Die Übersetzung eines Programmes mit Hilfe eines Compilers (Befehle analysieren und auf formale Fehler überprüfen) beansprucht ca. 90 % der gesamten Bearbeitungszeit eines Programmes, d.h. der eigentliche Rechenlauf benötigt nur ca. 10 % der gesamten Bearbeitungszeit. Da bei Interpretern das gesamte Programm nicht getrennt übersetzt und anschließend ausgeführt wird, ist die gesamte Ausführungszeit bei Einsatz von Interpretern stets wesentlich länger als bei *einem schon übersetzten*, d.h. im Maschinencode vorliegenden Programm, das nur noch ausgeführt werden muß (compiliertes Programm). Man sagt: Compiler sind schneller als Interpreter.

- Vorteil von Interpretern gegenüber Compilern
  Geht man davon aus, daß eine DVA eine bestimmte Arbeitsspeicherkapazität aufweist und daß das Compiler- bzw. Interpreterprogramm etwa gleich umfangreich ist, so steht für Quellprogramme (Programme in einer problemorientierten Programmiersprache) bei einer Übersetzung mit Hilfe eines Interpreters mehr freier Speicherplatz zur Verfügung als bei der Übersetzung mit Hilfe eines Compilers, da während der Übersetzung mit Hilfe eines Compilers gleichzeitig das Maschinencodeprogramm (Objektprogramm) und das Quellprogramm im Arbeitsspeicher gespeichert werden muß (vgl. Bild 4.5).

Diesem Problem sucht man zu begegnen, indem man schon übersetzte *Teile* des Objektprogramms auf einem externen Speicher (Diskette) auslagert. Dies geht dann jedoch zu Lasten der Übersetzungszeit.

Das gesagte gilt selbstverständlich nur für die Übersetzung. Während des Rechenlaufes wird nur das übersetzte Programm (Objektprogramm) im Arbeitsspeicher benötigt.

Speicherbelegung bei   Speicherbelegung bei
Einsatz eines Compilers   Einsatz eines Interpreters

Compiler
Quellprogramm
Objektprogramm
freier Speicherplatz

Interpreter
Quellprogramm
freier Speicherplatz

Bild 4.5

Speicherbelegung bei Einsatz von Compilern bzw. Interpretern zur Übersetzung von Quellprogrammen

Der Einsatz von Interpretern eignet sich außerdem durch die schrittweise Ausführung der einzelnen Befehle besonders gut für den interaktiven *Dialogbetrieb* zwischen der DVA und dem Benutzer der DVA.

Der Benutzer der DVA hat die Möglichkeit, über geeignete Eingaben jederzeit in den Ablauf des Programmes eingreifen sowie auf Anforderungen der DVA reagieren zu können.

Betrachtet man die in Abschnitt 4.2.3 angegebenen problemorientierten Programmiersprachen hinsichtlich ihrer Übersetzer, so kann man feststellen:

FORTRAN, ALGOL, COBOL und PL1 benutzen überwiegend Compiler zur Übersetzung, APL und BASIC überwiegend Interpreter.

Dies ist jedoch nicht zwingend. Es gibt z.B. auch BASIC-Compiler.

4.4 Das Commodore BASIC V 2.∅ und V 7.∅ – die Programmiersprache des Commodore Homecomputers C 128

Die Programmiersprache BASIC besitzt viele Dialekte. Allein zwei Versionen sind im Commodore Homecomputer C 128 installiert. Es handelt sich um die Versionen

- BASIC V 2.∅
  Das ist das Commodore-Standard-BASIC, das im C 64-Modus verfügbar ist. Diese BASIC-Version erfordert 8 Kbyte Speicherkapazität in einem ROM und ist somit nicht besonders umfangreich.

- BASIC V 7.∅
  Dies Commodore-BASIC enthält zum einen das Commodore-Standard-BASIC V 2.∅ vollständig, geht aber durch zusätzliche Möglichkeiten weit über die Version 2.∅ hinaus. Dies zeigt insbesondere die erforderliche Speicherkapazität von 32 Kbyte in einem ROM, die somit den vierfachen Umfang der Version 2.∅ besitzt. Insbesondere die Ton-, Farb- und Grafikfähigkeit entspricht den heutigen Erwartungen. Diese BASIC-Version ist im C 128-Modus verfügbar.

Anzumerken ist, daß BASIC-Programme nur mit Hilfe der ASCII-Tastatur erstellt werden dürfen, d.h. die Umschalttaste ASCII/DIN darf nicht gedrückt sein (vgl. Kapitel 6).

Den gesamten Sprachumfang der Commodore-BASIC-Versionen V 2.∅ und V 7.∅ finden Sie in einer *alphabetischen Liste der Schlüsselworte* in Kapitel 15. In dieser Liste befinden sich auch die Hinweise, in welchen Kapiteln näheres zu finden ist.

> **Das Commodore-BASIC enthält auch BASIC-Kommandos, die organisatorische Aufgaben übernehmen und die die Arbeit mit dem Computer erleichtern. Sie müssen ihren Aufgaben nach dem Betriebssystem des Rechners zugeordnet werden.**
>
> **Andererseits besteht der größere Teil des Sprachumfangs aus BASIC-Anweisungen, den Elementen eines BASIC-Programmes.**

Um den Unterschied zwischen BASIC-*Anweisungen* und BASIC-*Kommandos* besser zu verstehen, müssen zunächst einmal die Aufgaben eines Betriebssystems in allgemeiner Form erläutert werden. Dies geschieht im folgenden Kapitel.

5 Allgemeiner Überblick über die Aufgaben von Betriebssystemen bei Mikrocomputern

5.1 Allgemeines

Nach den bisherigen Ausführungen stehen dem Benutzer (Anwender) eines Mikrocomputers die *Hardware* und gewisse *Anwenderprogramme* zur Verfügung. Falls diese Anwenderprogramme in einer problemorientierten Programmiersprache vorliegen, können *Übersetzerprogramme* eingesetzt werden, um das sog. *Quellprogramm* in der problemorientierten Programmiersprache in ein *Objektprogramm* (Maschinensprache) zu übersetzen.

Der Mikrocomputer verarbeitet nun die Daten mit Hilfe des vorgegebenen Programms und gibt die Ergebnisse (Ausgabedaten) aus.

Bei diesem Zusammenspiel ergeben sich eine Vielzahl von *organisatorischen Problemen:*

- Wie erkennt die Hardware, daß Programme und Daten eingegeben werden sollen?
- Wie erkennt die Hardware, von welchem Eingabegerät die Programme und Daten eingegeben werden sollen, falls mehrere Alternativen bestehen?
- Woraus entnimmt die Hardware, auf welchem Ausgabegerät Daten und Meldungen auszugeben sind (z.B. Bildschirm oder Drucker)?
- Wie entscheidet und merkt sich die Hardware, wo die Programme und Daten im Arbeitsspeicher gespeichert werden sollen (Arbeitsspeicheradressen)?
- Wie entscheidet und merkt sich die Hardware, wo die Programme und Daten auf externen Speichern abgespeichert werden sollen?
- Wie erkennt die Hardware, daß ein Programm zum Rechenlauf gestartet werden soll?

Diese Aufzählung von organisatorischen Fragen ließe sich noch um viele Fragen ergänzen.

All diese komplexen organisatorischen Probleme werden nicht nur von der Hardware des Mikrocomputers, z.B. vom Steuerwerk der DVA, gelöst. Da es für jedes dieser organisatorischen Probleme einen Lösungsalgorithmus gibt, lassen sich für diese Algorithmen auch Programme schreiben.

> Das Hilfsprogramm, das den komfortablen Betrieb zwischen der Hardware des Mikrocomputers, dem Anwenderprogramm und dem Benutzer organisiert, nennt man Betriebssystem (Organisationsprogramm, engl. Operating System, kurz OS).

Wenig komplexe Betriebssysteme nennt man vielfach auch *Monitor*. Der Monitor ermöglicht zumindest die wichtigsten Grundfunktionen, d.h. Programme und Daten in den Arbeitsspeicher einlesen (laden) und speichern.

5.2 Elementare Aufgaben

Betriebssysteme stellen ihre Leistung dem Anwender zur Verfügung, indem sie ihm viele Routineaufgaben abnehmen. *Elementare* Aufgaben für Betriebssysteme eines jeden Mikrocomputers sind:

- die Ablaufsteuerung,
- die Ein-Ausgabesteuerung und
- die Speicherplatzverwaltung.

5.2.1 Ablaufsteuerung

- Die Programm- bzw. Kommandobearbeitung muß vom Anwender gezielt *eingeleitet* werden können. Nach *Beendigung* der Programmbearbeitung muß der Anfangszustand wieder eingenommen werden. Dies muß für den Anwender zu erkennen sein (hier: Systembereitschaftsmeldung Ready, vgl. Bild 3.3).

- Ein laufendes Programm muß auch vom Anwender vor Beendigung des Programms abgebrochen oder angehalten werden können. Dazu muß das Betriebssystem die Tastatur in gewissen Abständen nach einem entsprechenden Kommando abfragen (z.B. Drücken der Taste $\boxed{\text{RUN/STOP}}$ bzw. $\boxed{\text{RUN/STOP}}$ und $\boxed{\text{RESTORE}}$, vgl. Kapitel 6 oder die Taste RESET , vgl. Bild 3.2).

- Auch andere über die Tastatur eingegebene *Kommandos* müssen *interpretiert* und *ausgeführt* bzw. zur Ausführung weitergeleitet werden. Die korrekte Ausführung muß erkannt und dies dem Benutzer mitgeteilt werden. *Eingabefehler* oder sonstige Fehler sollten ebenfalls erkannt und dem Benutzer *gemeldet* werden.

> **Die Ablaufsteuerung bildet die organisatorische Schnittstelle zwischen dem Benutzer des Mikrocomputers und dem Microcomputer selbst.**

5.2.2 Ein- und Ausgabesteuerung

Ein- und Ausgabegeräte (E/A-Geräte) bieten die Daten oft in verschiedener Form (Codes) an (z.B. Daten von der Tastatur im 8-bit ASCII-Code (vgl. Anhang A2), Daten von Lochstreifen im 5-bit Baudot-Code, Daten von der Lochkarte im Hollerith-Code). Dadurch ist es vielfach nötig, die Form der Daten der Ein- und Ausgabegeräte an die *interne* Form der Daten in der DVA anzupassen, d.h. *umzucodieren*.

Ein- und Ausgabegeräte liefern Daten außerdem z.T. *parallel*, z.T. *seriell*. Auch hier ist eine Anpassung nötig.

Weiterhin werden die Daten von den E/A-Geräten in unterschiedlichen Geschwindigkeiten geliefert bzw. benötigt. Daher ist eine *Geschwindigkeitsanpassung* erforderlich.

Bei manchen Daten können Übertragungsfehler erkannt und z.T. korrigiert werden.

Aufgaben der geschilderten Art übernimmt die Ein- und Ausgabesteuerung.

5.2.3 Speicherplatzverwaltung

Programme und Daten müssen während der Bearbeitung im Arbeitsspeicher zur Verfügung stehen (vgl. Abschnitt 1.3).

> Um den Anwender von der Aufgabe zu entlasten, die Adressen ausdrücklich anzugeben, wo die Programme und Daten im Arbeitsspeicher zu finden sind, wird die gesamte Verwaltung des Arbeitsspeichers vom Betriebssystem vorgenommen, d.h. das Betriebssystem legt die Programme und Daten in bestimmten Arbeitsspeicherbereichen ab und „merkt" sich die Adressen.

Zur Aufgabe der Speicherverwaltung gehört ebenfalls die Umcodierung der symbolischen Arbeitsspeicheradressen (Variablennamen) einer problemorientierten Programmiersprache in die in einer Maschinensprache notwendigen absoluten binär codierten Arbeitsspeicheradressen.

> Werden externe Speicher eingesetzt, gilt entsprechendes auch für die Verwaltung der externen Speicher.

Hierbei kann man sich vorstellen, daß die Verwaltung des Speicherplatzes auf einer Magnetbandkassette einfacher ist als die Verwaltung des Speicherplatzes auf einer Diskette. Während auf einer Magnetbandkassette Programme und Daten nur hintereinander (seriell) aufgezeichnet werden können, ist die Speicherung auf Disketten in beliebigen Sektoren auf beliebigen Spuren möglich (vgl. Abschnitt 2.7). Der Verwaltungsaufwand zur Speicherung von Programmen und Daten auf Disketten wird daher größer sein als der zur Speicherung von Programmen und Daten auf Magnetbandkassetten.

5.2.4 Zusammenarbeit zwischen Ablaufsteuerung, Ein- und Ausgabesteuerung und Speicherverwaltung

Die drei elementaren Aufgaben für Betriebssysteme stehen nicht beziehungslos zueinander, sondern stehen im allgemeinen in folgender Verbindung zueinander (vgl. Bild 5.1).

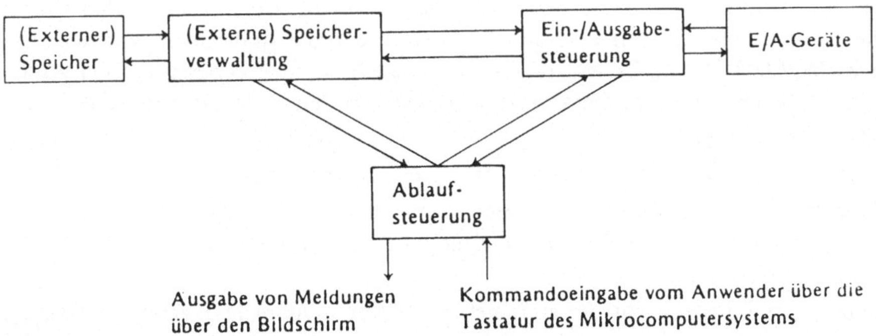

Bild 5.1 Elementare Grundstruktur eines Mikrocomputer-Betriebssystems

Wie Bild 5.1 zeigt, müssen vom Anwender zunächst *Kommandos* über die Tastatur eingegeben werden. Die Ablaufsteuerung untersucht diese auf formale Eingabefehler und gibt, falls erforderlich, eine Fehler*meldung* aus. Ist das Kommando korrekt, erfolgt dessen Bearbeitung. Ist dies z.B. vom Umfang der Aufgabe her nicht innerhalb der Ablaufsteuerung möglich, wird die Bearbeitung an die Ein-Ausgabesteuerung bzw. an die Speicherverwaltung weitergegeben.

Nach der Bearbeitung geben diese Meldungen ab, z.B. daß die Bearbeitung erfolgreich abgeschlossen wurde bzw. daß die Bearbeitung nicht ausgeführt werden konnte. Über die Ablaufsteuerung erfährt dies auch der Benutzer. Im Fehlerfall wird eine Fehlermeldung ausgegeben, die die Art des Fehlers genauer angibt.

Im Falle der externen Speicher wird nicht nur die externe Speicherplatzverwaltung von der Ablaufsteuerung angesprochen, sondern auch die Ein-Ausgabesteuerung, denn die externen Speicher stellen für den Mikrocomputer auch Ein-Ausgabegeräte dar.

5.2.5 Weitere Aufgaben von Betriebssystemen

Der Bedienungskomfort, den Mikrocomputersysteme heute bieten, hängt entscheidend von der Qualität des verwendeten Betriebssystems ab. Heute nehmen Betriebssysteme auch folgende Aufgaben wahr:

● Editieren von Programmen

Mit Hilfe eines EDITORs lassen sich Anwenderprogramme mehr oder weniger komfortabel über die Eingabetastatur

– erstellen und
– ändern (korrigieren).

Da die Erfahrung zeigt, daß neu erstellte, längere Programme stets eine Vielzahl von Fehlern enthalten, ist es wichtig, auf einfache Weise mit Hilfe sogenannter EDITOR-Kommandos Programme korrigieren zu können. Entsprechendes gilt, wenn man Programme erweitern und ergänzen möchte.

Prinzipiell unterscheidet man

– Bildschirm-Editoren (engl.: Screen-EDITOR) und
– Zeilen-Editoren (engl.: Line-EDITOR).

Bei einem Bildschirm-EDITOR fährt man mit Hilfe der Cursor-Tasten den Cursor an die zu ändernden Stellen und nimmt anschließend die Änderungen vor, während beim Zeilen-EDITOR die Zeilen- und teilweise auch die Spaltennummern der zu ändernden Stelle über die Eingabetastatur angegeben werden muß, um anschließend die Änderung vorzunehmen.

Das Arbeiten mit dem Bildschirm-EDITOR ist für den Anwender bequemer.

Vielfach treten auch Mischformen auf. Hier ist die zu ändernde Zeilennummer über die Eingabetastatur anzugeben, innerhalb der Zeile wird jedoch die zu ändernde Spalte mit dem Cursor gekennzeichnet.

Einzelheiten zum Editieren von Programmen beim Commodore Homecomputer C 128 werden im Kapitel 9 behandelt.

- Programmierhilfen

  Vorteilhaft sind auch Programmierhilfen, z.B. Kommandos, die automatisch die in BASIC erforderlichen Anweisungsnummern erzeugen bzw. umnumerieren (vgl. Kommando AUTO und RENUM in Abschnitt 7.1).

- Auskunft über den Systemzustand

  Es ist vielfach hilfreich, wenn das Mikrocomputersystem über seinen aktuellen Systemzustand informiert, wie z.B. über

  die aktuelle freie Arbeitsspeicherkapazität

  -- die aktuelle freie Externspeicherkapazität

  - über angeschlossene externe Geräte u.dgl.

- Programmlaufverfolgung

  Zur Fehlerverfolgung in komplizierten Programmen ist es hiflreich, mit Hilfe besonderer Kommandos alle durchlaufenen Anweisungen eines Programmes auflisten lassen zu können, um so die Fehlerstelle besser lokalisieren zu können. Dies gilt insbesondere für stark verschachtelte Programmschleifen (vgl. Kommandos TRON und TROFF in Abschnitt 7.1, Punkt 6 und 7).

- Behandlung von Dateien

  Dateien auf externen Speichern sollen nicht nur hinsichtlich ihres Speicherplatzes verwaltet und wiedergefunden werden, sondern eventuell auch

  -- verkettet

  — kopiert

  — umbenannt oder

  — gelöscht

  werden. Diese Aufgabe muß ein Betriebssystem ebenfalls leisten, indem es einfache Kommandos zur Verfügung stellt (vgl. Kap. 12).

- HELP-Routinen

  Hilfsroutinen (engl. HELP-Routinen) *helfen* dem Anwender. Auf dessen Wunsch werden ihm über den Bildschirm Auskünfte gegeben wie z.B.

  — über die allgemeine Struktur von Betriebssystem-Kommandos bzw.

  — über die allgemeine Struktur von BASIC-Anweisungen.

  Somit kann vielfach während der Arbeit mit dem Mikrocomputer das Nachblättern in Handbüchern entfallen, d.h. das Mikrocomputersystem informiert über sich selbst.

5.3 Speicherung von Betriebssystemen

Kleinere Betriebssysteme werden vielfach im Maschinencode oder der zugehörigen Assemblersprache geschrieben. Sie werden in *Festwertspeichern* (ROM) abgelegt. Somit ist die Software hardwaremäßig festgelegt. Diese Form, die zwischen Hard- und Software liegt, nennt man auch *Firmware*. Diese Art der Speicherung ist vergleichsweise einfach und damit billig. Würde man eine andere dauerhafte Speicherung, z.B. auf einer Diskette vorsehen, so wäre dies bei billigen Mikrocomputern aufwendiger, denn die Diskettenlaufwerke benötigen für ihren eigenen Betrieb schon ein aufwendiges Betriebssystem. Dies lohnt sich aber erst ab einer höheren Ausbaustufe eines Mikrocomputersystems, da dann umfangreichere Betriebssysteme sinnvoll werden. Sie sind teilweise wegen der Komplexität in höheren Programmiersprachen formuliert.

5.4 Die Kommandosprache

> **Um das Betriebssystem zu den verschiedensten Tätigkeiten gezielt zu veranlassen, bedient man sich der <u>Kommandosprache</u>.**

Die gewünschten *Kommandos* lassen sich über die Tastatur entweder

durch Drücken *spezieller Tasten* eingeben oder aber

durch kurze *Kommandoworte*, d.h. durch Drücken einer Folge von Buchstaben-Tasten, die dem Kommando entsprechen.

Weiterhin kann der Benutzer Kommandotasten selbst definieren (vgl. Abschnitt 7.1).

Beispiel 5.1

Durch Drücken der Tastenfolge R, U und N mit anschließendem Drücken der ENTER - bzw. RETURN -Taste (vgl. Kapitel 6), kann der Mikrocomputer veranlaßt werden, ein im Arbeitsspeicher gespeichertes Programm ablaufen zu lassen.

Für viele der heute angebotenen Mikrocomputer wird von Haus aus ein Betriebssystem mitgeliefert, das sich von dem anderer Hersteller unterscheidet. Vielfach ist es sogar so, daß bei einem Modellwechsel oder bei einer Erweiterung der Modellpalette schon bei einem Hersteller unterschiedliche Betriebssysteme verwendet werden.

Insgesamt führt dies dazu, daß einerseits

- für gleiche Betriebssystemfunktionen von der Schreibweise her unterschiedliche Kommandos eingegeben werden müssen,
- bzw. manche Betriebssystemfunktionen fehlen bzw. zusätzlich vorhanden sind.

Der Anwender muß sich daher bei jedem Mikrocomputer neu in die Anwendung des jeweiligen Betriebssystems und seiner Kommandosprache einarbeiten. Dazu dient in diesem Buch das folgende Kapitel 7, das einen Überblick über die wichtigsten BASIC-Betriebssystemkommandos des Commodore Homecomputers C 128 gibt.

Kommandos sind von Anweisungen zu unterscheiden. *Anweisungen* sind *Teile* eines Programmes, während die Programmerstellung, der Programmablauf, kurz der ganze Betrieb des Computers von *Kommandos* gesteuert wird.

> **Äußerlich unterscheiden sich Kommandos von Anweisungen dadurch, daß sie keine Anweisungsnummern vor dem Schlüsselwort benötigen.**

5.5 Dialog zwischen Mikrocomputer und Mikrocomputerbenutzer

Während der gesamten Arbeit am Mikrocomputer führt der Benutzer eine Art Dialog mit dem Mikrocomputer (genauer: mit seinem Betriebssystem). Diesen Dialog sollen folgende Schritte zeigen, die *in der Regel* aufeinander folgen, wenn ein Programmierer ein Programm von einem Mikrocomputer bearbeiten lassen will (vgl. Abschnitte 5.2.1 und 5.2.4):

SCHRITT 1: *Einschalten des Mikrocomputers durch den Benutzer*
Der Benutzer schaltet den Mikrocomputer ein (siehe Abschnitt 3.4).

SCHRITT 2: *Bereitmeldung des Mikrocomputers (Systembereitschaftszeichen)*
Der Mikrocomputer meldet mit einer Anzeige auf dem Bildschirm, daß er zur Bearbeitung von Kommandos bzw. zur Programmeingabe bereit ist, beim Commodore Homecomputer C 128 z.B. durch das Wort Ready (siehe Abschnitt 3.4).

SCHRITT 3: *Eingabe des Programmes vom Benutzer*
Das Programm wird über die Tastatur Anweisung für Anweisung vom Benutzer eingegeben. Damit der Mikrocomputer weiß, wann eine eingegebene Anweisung zu Ende ist und wann eine neue Anweisung beginnt, muß nach jeder Anweisung eine spezielle Taste betätigt werden. Beim Commodore C 128 ist dies die Eingabetaste ENTER bzw. RETURN (vgl. Kapitel 6). Damit wird die eingegebene Programmzeile im Arbeitsspeicher des Mikrocomputers gespeichert. Der Cursor geht zum Anfang der nächsten Programmzeile, die anschließend eingegeben werden kann. Jedes Programm muß mit Hilfe einer Programm-Ende-Anweisung abgeschlossen sein.[1] Mit Hilfe dieser Anweisung wird dem Mikrocomputer mitgeteilt, wann das Programm zu Ende ist und die Programmbearbeitung eingestellt werden kann.

SCHRITT 4: *Programmlauf (Rechenlauf) des Mikrocomputers*
Nachdem das Programm im Speicher des Mikrocomputers vorliegt, kann das Programm ausgeführt werden. Mit Hilfe eines RUN-Kommandos (vgl. Beispiel 5.1) gibt der Benutzer dem Mikrocomputer zu erkennen, daß das eingegebene Programm ausgeführt werden soll. Der Mikrocomputer bearbeitet nun eine Anweisung nach der anderen z.B. mit Hilfe des Interpreters, d.h. er übersetzt jede einzelne Anweisung und führt sie anschließend sofort aus (siehe Abschnitt 4.3.2).

Stellt der Mikrocomputer während der Übersetzung formale Fehler in der Programmzeile fest, so wird eine Fehlermeldung ausgegeben und der Programmlauf abgebrochen. Der Mikrocomputer meldet sich anschließend mit einer Systembereitschaftsmeldung, d.h. er wartet auf neue Kommandos, z.B. zur Korrektur der Programmzeile (beim Commodore C 128 ist das Systembereitschaftszeichen z.B. Ready).

Nach Abschluß der Korrektur muß der Rechenlauf mit Hilfe des RUN-Kommandos erneut gestartet werden.

SCHRITT 5: *Eingabe der Daten vom Benutzer*
Wenn der Mikrocomputer eine Eingabe-Anweisung für Daten (siehe z.B. INPUT-Anweisung in Kapitel 15) während des Rechenlaufes bearbeitet, gibt er auf dem Bildschirm ein Fragezeichen (?) aus. Der Mikrocomputer erwartet nun, daß der Benutzer die erforderlichen Daten, z.B. durch Kom-

---

[1] Bei einigen BASIC-Versionen kann die Programm-Ende-Anweisung entfallen.

mas getrennt, über die Tastatur eingibt. Sind alle Daten eingegeben, wird die ENTER -Taste ⏎ gedrückt (vgl. Kapitel 7). Damit ist der Eingabevorgang der Daten beendet. Der Mikrocomputer verarbeitet anschließend diese Werte programmgemäß.

SCHRITT 6: *Ausgabe der Ergebnisse durch den Mikrocomputer*
Nach bzw. während des Rechenlaufes werden die Ergebnisse der Programmbearbeitung programmgesteuert von dem Mikrocomputer auf dem Bildschirm, Drucker o.ä ausgegeben.

SCHRITT 7: *Warten des Mikrocomputers auf neue Aufgaben*
Nach der Ausgabe der Ergebnisse teilt der Mikrocomputer dem Benutzer z.B. durch das Systembereitschaftszeichen Ready mit, daß er das Problem für gelöst hält und auf neue Aufgaben wartet.

Soll nun das gleiche Programm noch einmal mit anderen Daten bearbeitet werden, so wiederholen sich die Schritte 4 bis 7.

Soll ein neues Programm eingegeben werden, so wird z.B. der Arbeitsspeicher mit dem alten Programm gelöscht (siehe Abschnitt 7.1, Kommando NEW) und es wiederholen sich die Schritte 2 bis 7.

Die gesamte Vorgehensweise wird noch einmal an einem Beispiel ausführlich in Kapitel 8 behandelt.

Nach den allgemeinen Ausführungen soll jedoch zunächst im folgenden Kapitel 6 auf die Tastatur des Commodore C 128 eingegangen werden und dann in Kapitel 7 auf die speziellen Kommandos des Betriebssystems des Commodore C 128, da sie zur Programmbearbeitung benötigt werden (vgl. Kapitel 8 und folgende Kapitel).

6 Die Tastatur des Commodore Homecomputers C 128

Die Tastatur des Commodore Homecomputers C 128 besteht aus 92 Tasten. Diese Tasten sind i.a. mehrfach mit Zeichen bzw. Funktionen belegt.

> Welches Zeichen beim Drücken einer Taste ausgewählt wird, wird mit Hilfe von Umschalttasten gesteuert.

Die Tastatur soll im folgenden mit all ihren Möglichkeiten ausführlich besprochen werden, da sie die wichtigste Eingabeeinheit darstellt (vgl. Abschnitt 1.2).

Zunächst soll die *Tastatur im C 64-Modus* besprochen werden, die auch Bestandteil im C 128-Modus ist (vgl. Abschnitt 6.1). *Anschließend* sollen die zusätzlichen *Tasten im C 128-Modus* besprochen werden (vgl. Abschnitt 6.2). Diese Tasten können nicht im C 64-Modus benutzt werden.

6.1 Die Tastatur im C 64-Modus

Die Tastatur im C 64-Modus besteht aus einer weitgehend normalen Schreibmaschinentastatur und einer Reihe von speziellen Tasten.

6.1.1 Die Schreibmaschinentastatur

6.1.1.1 Der Normalbetrieb

> Der Normalbetrieb ist nach dem Einschalten des Computers automatisch eingestellt. Dies ist der sog. Großschrift/Grafikbetrieb.

Beim Normalbetrieb werden beim Drücken

- der Buchstabentasten die *Großbuchstaben* ausgegeben, die zu den auf den Tasten angegebenen Großbuchstaben gehören.

  > Dies ist der sog. Großschriftbetrieb.

- der Ziffern- bzw. Sonderzeichentasten die Zeichen der *unteren Tastenbelegung* ausgegeben.

Die Belegung der Tasten im Normalbetrieb zeigt Bild 6.1.

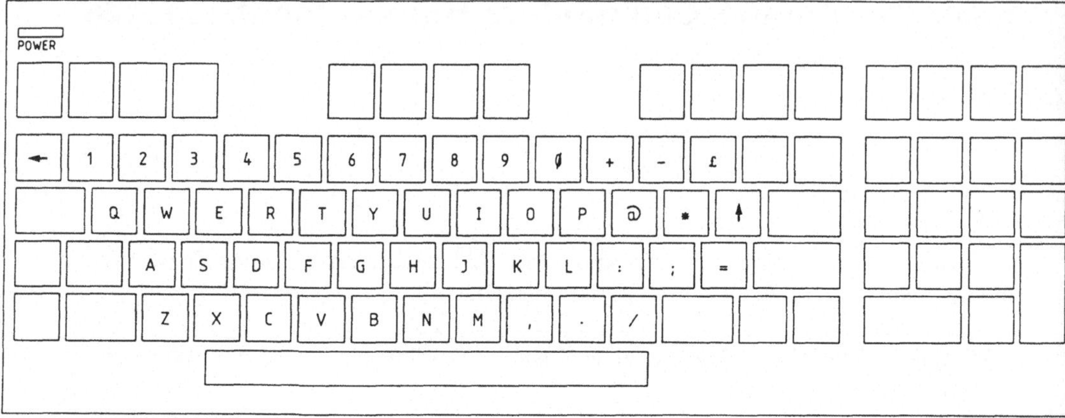

Bild 6.1 Tastaturbelegung im Normalbetrieb

Beispiel 6.1

Schalten Sie das Gerät ein. Auf dem Bildschirm erscheint die bekannte Systemmeldung (vgl. Bild 3.3).

- Drücken Sie die Taste $\boxed{\text{A}}$.

  An der Stelle, wo vorher auf dem Bildschirm der Cursor stand (viereckige blinkende hellgrüne Lichtmarke), erscheint ein großes A.

- Drücken Sie anschließend die Taste $\boxed{\begin{smallmatrix}!\\1\end{smallmatrix}}$.

  An der Stelle, wo vorher auf dem Bildschirm der Cursor stand, erscheint das Zeichen der *unteren Tastenbelegung*, d.h. die Ziffer 1.

Lassen Sie das Gerät bis zum nächsten Beispiel eingeschaltet.

6.1.1.2 Der mit Hilfe der $\boxed{\text{SHIFT}}$-Taste temporär umgeschaltete Normalbetrieb

Temporär umgeschaltet bedeutet, daß die Umschaltung nur für eine begrenzte Zeit erfolgt, i.a. nur für die Zeit, die zum Drücken einer Taste benötigt wird.

> **Die temporäre Umschaltung erfolgt mit Hilfe der Umschalttaste $\boxed{\text{SHIFT}}$.**

Die $\boxed{\text{SHIFT}}$-Taste befindet sich zweimal auf der Tastatur (links und rechts außen in der letzten Tastenreihe, vgl. Bild 6.2).

Sind *oben auf* den Tasten zwei schwarze Zeichen angegeben, so wird im temporär umgeschalteten Normalbetrieb mit Hilfe der SHIFT-Taste auf die *obere Tastenbelegung* umgeschaltet (*Sonderzeichen* wie ! # usw.).

Die weitaus meisten Tasten, i.a. die Buchstabentasten, werden hingegen auf die *Grafikzeichen* umgeschaltet, die rechts auf der *Vorderseite* der Tasten angegeben sind (hellgraue Farbe).

> **Dies ist der sogenannte Grafikbetrieb.**

Aus diesem Grund wird der Normalbetrieb insgesamt auch *Großschrift/Grafikbetrieb* genannt.

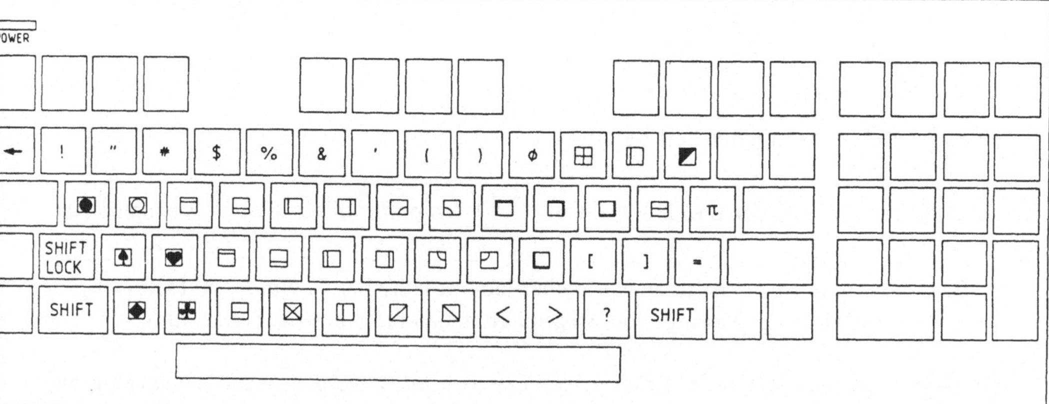

Bild 6.2 Tastaturbelegung im Normalbetrieb bei gleichzeitigem Drücken der [SHIFT]-Taste

Beispiel 6.2

- Drücken Sie die Umschalttaste [SHIFT] ,und halten Sie diese gedrückt, bis Sie die Buchstabentaste A gedrückt haben.
  An der Stelle, wo vorher auf dem Bildschirm der Cursor stand, erscheint das Zeichen [♠].
- Drücken Sie anschließend *nur* die Buchstabentaste [A] .
  Auf dem Bildschirm erscheint der große Buchstabe A. Dies zeigt, daß die Umschaltung nicht dauerhaft ist.
- Drücken Sie nun erneut die Umschalttaste [SHIFT] und die Taste [!/1] .

  Auf dem Bildschirm erscheint das Zeichen der *oberen Tastenbelegung*, d.h. das Ausrufungszeichen.

Lassen Sie das Gerät bis zum nächsten Beispiel eingeschaltet.

6.1.1.3 Der dauerhaft umgeschaltete Normalbetrieb

Möchte man viel mit Grafikzeichen arbeiten, so ist eine *dauerhafte* Umschaltung auf den Grafikbetrieb sinnvoll. Dazu dient die [SHIFT LOCK]-Taste (vgl. Bild 6.2). Ist diese Taste gedrückt, werden die gleichen Zeichen ausgewählt, wie beim ständigen Drücken der [SHIFT]-Taste. Durch erneutes Drücken der [SHIFT LOCK]-Taste wird die dauerhafte Umschaltung wieder verlassen.

Beispiel 6.3

- Drücken Sie die Taste [A] .
  Auf dem Bildschirm erscheint der große Buchstabe A.
- Drücken Sie die Taste [SHIFT LOCK] . Lassen Sie diese anschließend wieder los.
- Drücken Sie anschließend die Taste [A] .
  Auf dem Bildschirm erscheint das Zeichen [♠].
- Drücken Sie nun die Taste [!/1] .

  Auf dem Bildschirm erscheint die obere Tastenbelegung, d.h. das Ausrufungszeichen ! .

- Drücken Sie erneut die Taste [A] .
  Auf dem Bildschirm erscheint das Zeichen [♠] . Dies zeigt, daß die Umschaltung auf Großbuchstaben dauerhaft ist.

- Drücken Sie die Taste $\boxed{\text{SHIFT LOCK}}$. Lassen Sie diese anschließend wieder los.

- Drücken Sie die Taste $\boxed{\text{A}}$.
  Auf dem Bildschirm erscheint der große Buchstabe A. Die dauerhafte Umschaltung ist somit auf diese Weise rückgängig gemacht worden.

Vergleichen Sie das Ergebnis mit Beispiel 6.2.

6.1.1.4 Der mit Hilfe der Commodore-Taste $\boxed{\text{C=}}$ temporär umgeschaltete Normalbetrieb

> **Beim temporär umgeschalteten Normalbetrieb mit Hilfe der Commodore-Taste $\boxed{\text{C=}}$ werden mit Hilfe der Tastatur überwiegend Grafiksymbole erzeugt (vgl. Bild 6.3).**

Die Grafiksymbole, die beim Drücken der Tasten erzeugt werden, wenn gleichzeitig die Umschalttaste $\boxed{\text{C=}}$ gedrückt ist (Taste ganz unten links), sind auf der *Vorderseite* der Tasten *links* (hellgraue Farbe) angegeben.

Sind auf der Vorderseite vorne links keine Zeichen angegeben, so werden die Zeichen der oberen Tastaturbelegung ausgegeben.

Betätigt man hingegen die Tasten mit den Zahlen von 1 bis 8, so wird die Farbe der ausgegebenen Zeichen geändert. Die entsprechende Zeichenfarbe wurde in Bild 6.3 angegeben.

Die Belegung der Tasten im temporär umgeschalteten Normalbetrieb mit Hilfe der Commodore-Taste $\boxed{\text{C=}}$ zeigt Bild 6.3.

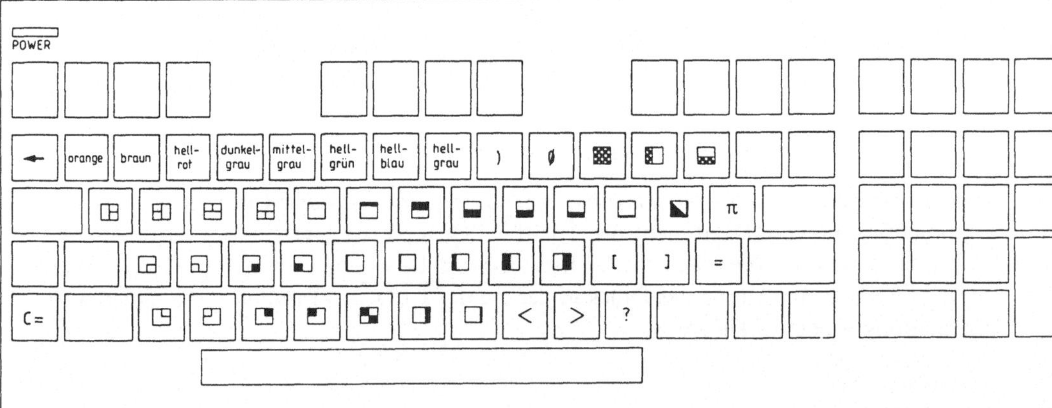

Bild 6.3 Tastaturbelegung im Normalbetrieb bei gleichzeitigem Drücken der Commodore-Taste $\boxed{\text{C=}}$

Beispiel 6.4

- Drücken Sie die Taste $\boxed{\text{A}}$.
  Auf dem Bildschirm erscheint der große Buchstabe A.
- Drücken Sie die Taste $\boxed{\text{C=}}$ und die Taste $\boxed{\text{A}}$.
  Auf dem Bildschirm erscheint das Zeichen $\boxed{\ }$.
- Drücken Sie die Taste $\boxed{\text{C=}}$ und die Taste $\boxed{\genfrac{}{}{0pt}{}{?}{/}}$.

Auf dem Bildschirm erscheint die obere Tastaturbelegung, das Fragezeichen ? .

- Drücken Sie die Taste $\boxed{\text{C=}}$ und die Taste $\boxed{\begin{smallmatrix}'\\7\end{smallmatrix}}$.
  Der Cursor blinkt nun hellblau.

- Drücken Sie die Taste $\boxed{\text{A}}$.
  An der Stelle des Cursors erscheint ein blaues A. Die Farbe des Zeichens wurde somit verändert. Diese Änderung bleibt bestehen, bis die Zeichenfarbe erneut verändert wird (der Cursor blinkt noch immber blau).

6.1.1.5 Dauerhafte Umschaltung vom Normalbetrieb in den Kleinschrift/Großschrift-Betrieb mit Hilfe der Tasten $\boxed{\text{C=}}$ und $\boxed{\text{SHIFT}}$

Im Normalbetrieb war es nicht möglich, kleine Buchstaben mit Hilfe der Tastatur auszugeben. Dies wird erst möglich durch eine dauerhafte Umschaltung auf den Kleinschrift/Großschrift-Betrieb. Dazu müssen die Tasten $\boxed{\text{C=}}$ und $\boxed{\text{SHIFT}}$ gleichzeitig gedrückt werden.

Beim Drücken der Buchstabentasten werden auf dem Bildschirm kleine Buchstaben ausgegeben (auch vorher auf dem Bildschirm ausgegebene Großbuchstaben werden umgewandelt).

Bild 6.4 zeigt die Tastaturbelegung im Kleinschrift/Großschrift-Betrieb.

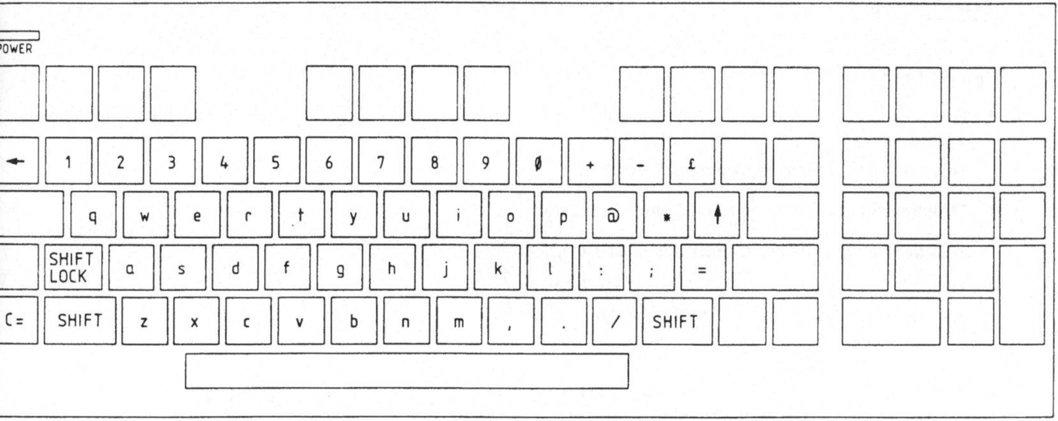

Bild 6.4 Tastaturbelegung im Kleinschrift/Großschrift-Betrieb

Die Ziffern- und Zeichentasten erzeugen die gleichen Zeichen wie im Normalbetrieb (vgl. Bild 6.4 mit Bild 6.1).

6.1.1.6 Der temporär umgeschaltete Kleinschrift/Großschrift-Betrieb mit Hilfe der $\boxed{\text{SHIFT}}$-Taste

Drückt man nach der dauerhaften Umschaltung auf den Kleinschrift/Großschrift-Betrieb ($\boxed{\text{C=}}$ und $\boxed{\text{SHIFT}}$) erneut die $\boxed{\text{SHIFT}}$-Taste, so werden beim Drücken der Buchstabentasten große Buchstaben auf dem Bildschirm ausgegeben (vgl. Bild 6.5). In den anderen Fällen werden von den Tasten die Zeichen der *oberen* Tastaturbelegung ausgegeben.

Falls keine obere Tastaturbelegung vorhanden ist, werden Grafiksymbole ausgegeben, die nicht auf den Tasten angegeben sind.

Bild 6.5 zeigt die Tastaturbelegung im temporär umgeschalteten Kleinschrift/Großschrift-Betrieb mit Hilfe der [SHIFT]-Taste.

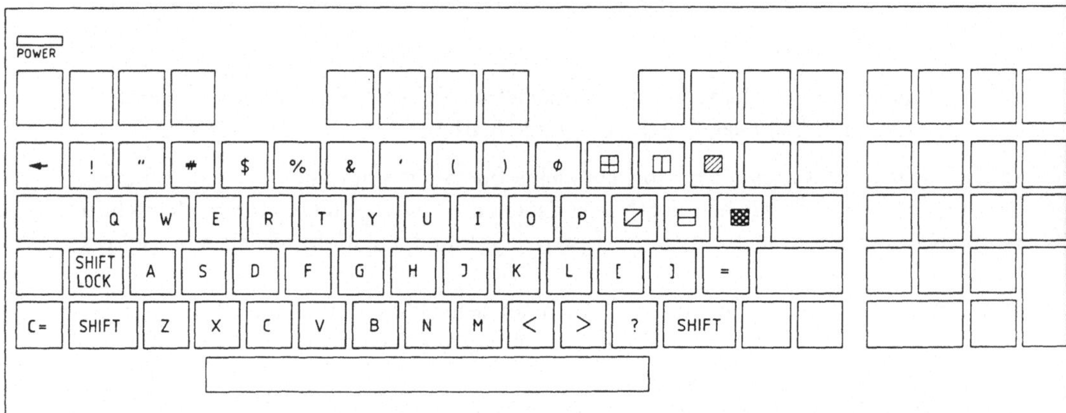

Bild 6.5 Tastaturbelegung im Kleinschrift/Großschrift-Betrieb bei gleichzeitigem Drücken der [SHIFT]-Taste

Beispiel 6.5

● Drücken Sie im Kleinschrift/Großschrift-Großbetrieb ([C=] + [SHIFT]) die Taste [SHIFT] und die Taste [A].
  Auf dem Bildschirm erscheint das Zeichen A.

● Drücken Sie die Taste [SHIFT] und die Taste [!/1].
  Auf dem Bildschirm erscheint das Ausrufungszeichen ! .

● Drücken Sie die Taste [SHIFT] und die Taste [£].
  Auf dem Bildschirm erscheint das Grafikzeichen ▨.

6.1.1.7 Der temporär umgeschaltete Kleinschrift/Großschrift-Betrieb mit Hilfe der Commodore-Taste [C=]

In diesem Fall verhält sich der Kleinschrift/Großschrift-Betrieb wie der Normalbetrieb (Großschrift/Grafik-Betrieb), vgl. Bild 6.3.

Die dauerhafte Umschaltung zurück in den Normalbetrieb erfolgt durch erneutes Drücken der Tasten [C=] und [SHIFT].

6.1.1.8 Wahl der Tastaturbelegung

● Der C 64-*Normalbetrieb* (Großschrift/Grafik) ist gut geeignet zum Schreiben von BASIC-Programmen, da die meisten Zeichen *ohne Umschaltung* einzugeben sind. Insbesondere für die Schlüsselworte von Anweisungen wählt man gern Großbuchstaben. Dies ist jedoch nicht unbedingt erforderlich.

- Der C 64-*Kleinschrift/Großschrift-Betrieb* erscheint insbesondere geeignet zur Textverarbeitung, da bei Texten weitaus die meisten Buchstaben klein zu schreiben sind. Sie sind in dieser Betriebsart ohne Umschaltung einzugeben.

6.1.2 Die Leertaste

Die Leertaste befindet sich in der untersten Reihe der Schreibmaschinentastatur. Sie fällt durch ihre Größe auf. Sie enthält außerdem keine Aufschrift.

> **Mit Hilfe der Leertaste können sog. Leerzeichen (engl. blank, space) auf dem Bildschirm ausgegeben werden.**

Ein Leerzeichen ist ein Zeichen, das ,leer' ist, d.h. es wird kein sichtbarer Ausdruck erzeugt. Die Position, an der ein sichtbares Zeichen stehen könnte, bleibt leer.

Leerzeichen werden i.a. zur Trennung von Worten, Zeichen usw. verwendet.

Die Leertaste ist nicht doppelt belegt, d.h. sie kann ohne jegliche Umschaltung in allen Betriebsarten verwendet werden.

> **In der Darstellung dieses Buches wird für ein Leerzeichen teilweise das Symbol ⊔ verwendet, wenn ausdrücklich dargelegt werden soll, daß eine <u>bestimmte</u> Anzahl von Leerstellen zur Trennung z.B. von Worten einzugeben ist.**

6.1.3 Wiederholungsfunktion (REPEAT-Funktion)

Alle Tasten der Schreibmaschinentastatur beinhalten eine Wiederholungsfunktion. Dies bedeutet, daß ein Zeichen so lange wiederholt ausgegeben wird, wie die zugehörige Taste gedrückt gehalten wird.

6.1.4 Die Cursortasten

Unter einem Cursor versteht man eine Lichtmarke auf dem Bildschirm (in diesem Fall ein hellgrün blinkendes Rechteck), die anzeigt, an welcher Stelle auf dem Bildschirm das Zeichen ausgegeben wird, das als nächstes über die Tastatur eingegeben wird.

> **Mit Hilfe der Cursortasten läßt sich der Cursor auf dem Bildschirm bewegen.**

Die Cursortasten befinden sich rechts unten in der C 64-Tastatur (vgl. Bilder 6.6 und 6.7).

CRSR ist eine Abkürzung für <u>Cursor</u>.

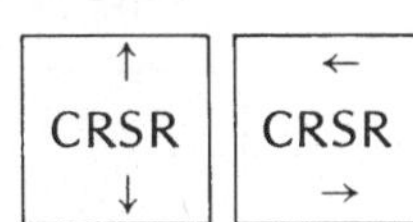

Bild 6.9 Cursortasten

Der Cursor läßt sich mit Hilfe dieser Tasten wie folgt steuern:

Nr.	Taste	Bedeutung
1	CRSR (←/→)	Der Cursor bewegt sich bei einmaligem Betätigen um eine Position innerhalb der Zeile nach rechts. Ist der Cursor am rechten Bildschirmrand angelangt, so springt er beim nächsten Tastendruck zum Anfang der nächsten Zeile.
2	CRSR (↑/↓)	Der Cursor bewegt sich bei einmaligem Betätigen auf die eine Zeile darunter befindliche Position. Ist der Cursor am unteren Bildschirmrand angelangt, so springt er beim nächsten Tastendruck erneut zur nächsten Zeile. Die oberste Zeile verschwindet hingegen vom Bildschirm (der Bildschirminhalt „rollt").
3	SHIFT + CRSR (←/→)	Der Cursor bewegt sich bei einmaligem Betätigen um eine Position innerhalb der Zeile nach links. Ist der Cursor am linken Bildschirmrand angelangt, so springt er beim nächsten Tastendruck zum Ende der vorhergehenden Zeile.
4	SHIFT + CRSR (↑/↓)	Der Cursor bewegt sich bei einmaligem Betätigen auf die eine Zeile darüber befindliche Posiiton. Ist der Cursor am oberen Bildschirmrand angelangt, bleibt er trotz erneuter Betätigung am oberen Bildschirmrand stehen. (Der Bildschirminhalt „rollt" nicht nach unten).
5	CLR HOME	Wird diese Taste gedrückt (vgl. Bild 6.7), so bewegt sich der Cursor zur äußerst linken oberen Ecke des Bildschirms (Zeile 1, Spalte 1), der sog. HOME-Position (Ausgangslage).
6	SHIFT + CLR HOME	Werden diese Tasten gedrückt, so wird der Bildschirm gelöscht (engl. clear, Abkürzung clr – säubern, löschen). Der Cursor wird außerdem in die äußerst linke obere Ecke des gelöschten Bildschirms gesetzt (HOME)-Position).

Beispiel 6.6

Drücken Sie je zehnmal die Tasten

| CRSR | und | CRSR | und | SHIFT | + | CRSR | und | SHIFT | + | CRSR | .

Der Cursor beschreibt auf dem Bildschirm ein Viereck, das im Uhrzeigersinn durchlaufen wird.

> **Die Cursortasten sind wie die Tasten der Schreibmaschinentastatur mit einer Wiederholungsfunktion ausgestattet (vgl. Abschnitt 6.1.3).**

Beispiel 6.7

Halten Sie die Taste | CRSR | längere Zeit gedrückt. Der Cursor bewegt sich nach kurzer Zeit so lange nach unten, wie Sie die Taste gedrückt halten. Dies gilt auch für die anderen Cursor-Tasten. Auf diese Weise kann man den Cursor bequem mit Hilfe der Cursor-Tasten über den Bildschirm zu einer gewünschten Position bewegen.

Es sei darauf hingewiesen, daß im C128-Modus vier separate Cursor-Tasten vorhanden sind (vgl. Abschnitt 6.2 Pkt. 3). Dies vereinfacht die Cursorpositionierung, da nicht noch zusätzlich die | SHIFT | -Taste gedrückt werden muß.

6.1.5 Die Korrektur-Tasten

Eingaben über die Tastatur lassen sich nie vollkommen fehlerfrei erstellen. Daher müssen Eingaben korrigiert werden können.

> **Um Korrekturen einfach vornehmen zu können, bedient man sich für die häufigsten Korrekturwünsche spezieller Korrektur-Tasten.**

Die Korrektur-Taste | INST DEL | befindet sich rechts oben im Schreibmaschinentastaturblock (vgl. Bild 6.7).

Die Betätigung der Taste [INST DEL] hat folgende Wirkung:

Nr.	Taste	Bedeutung
1	[INST DEL]	Rückschritt-Löschtaste DEL DEL ist eine Abkürzung für engl. _del_ete, d.h. löschen.
		Durch das einmalige Drücken dieser Taste wird das Zeichen, das sich direkt links neben dem Cursor befindet, gelöscht (vgl. Abschnitt 9.1.5 und Beispiel 6.8).
		Alle auf den Cursor folgenden Zeichen der Eingabezeile werden anschließend um eine Position nach links verschoben, so daß die durch das Löschen entstehende Lücke aufgefüllt wird. Der Cursor steht weiterhin auf dem Zeichen, auf das er vor dem Löschvorgang gesetzt wurde.
2	[SHIFT] + [INST DEL]	Einfügetaste INST INST ist eine Abkürzung für engl. _in_sert, d.h. einfügen.
		Durch das einmalige Drücken dieser Taste wird an der Stelle, an der sich der Cursor z.Z. befindet, eine Leerstelle dadurch erzeugt, daß alle Zeichen rechts vom Cursor um eine Stelle nach rechts rücken.
		Durch Drücken einer Zeichentaste kann in diese Leerstelle ein beliebiges Zeichen eingefügt werden (vgl. Abschnitt 9.1.5 und Beispiel 6.8).

Bild 6.7 zeigt die Steuertasten im C 64-Modus.

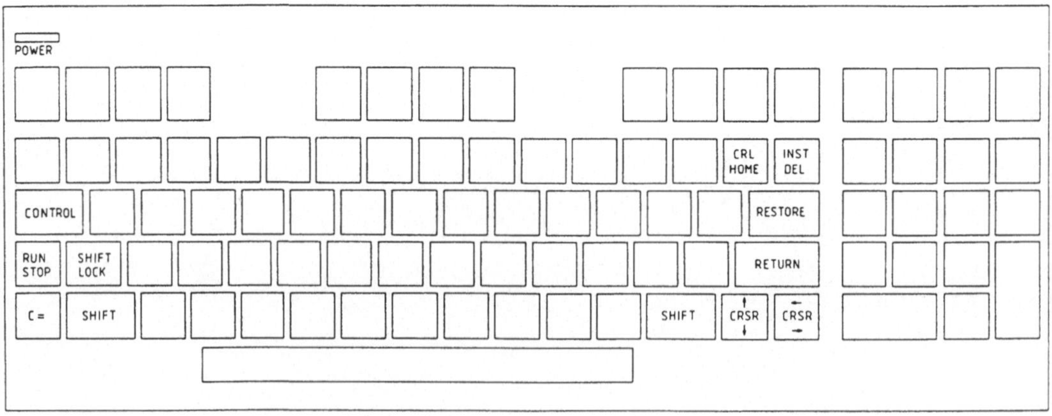

Bild 6.7 Die Steuertasten im C 64-Modus

Durch mehrfaches Drücken der Korrektur-Taste können auch mehrere Zeichen gelöscht bzw. eingefügt werden.

Beispiel 6.8

- Drücken Sie die Zifferntasten von $\boxed{1}$ bis $\boxed{\emptyset}$.
  Auf dem Bildschirm stehen in einer Zeile die Ziffern von 1 bis $\emptyset$.
  Der Cursor steht hinter der Null.
  1234567890□

- Wenn Sie einmal die Taste $\boxed{\begin{array}{c}\text{INST}\\\text{DEL}\end{array}}$ drücken, wird die $\emptyset$ gelöscht.
  123456789□

- Bewegen Sie den Cursor um vier Stellen nach links. Drücken Sie dazu die $\boxed{\text{SHIFT}}$ -Taste und vier-
  mal die Taste $\boxed{\text{CRSR}}$.
  Der Cursor steht bei der Sechs.
  12345$\boxed{6}$789

- Drücken Sie anschließend die $\boxed{\begin{array}{c}\text{INST}\\\text{DEL}\end{array}}$ -Taste. Die links vom Cursor stehende 5 wird auf diese Weise
  gelöscht. Die Ziffern, die sich rechts von der gelöschten Ziffer 5 befinden, werden um eine Stelle
  nach links verschoben. Es ergibt sich folgendes Bild:
  1234$\boxed{6}$789

- Drücken Sie anschließend noch einmal die $\boxed{\begin{array}{c}\text{INST}\\\text{DEL}\end{array}}$ -Taste, wird die links vom Cursor stehende Ziffer 4 gelöscht. Die rechts von der gelöschten Ziffer stehenden Ziffern werden um eine Stelle nach
  links verschoben. Es ergibt sich folgendes Bild:
  123$\boxed{6}$789

- Drücken Sie die Taste $\boxed{\text{SHIFT}}$, halten diese gedrückt und drücken zusätzlich die Taste $\boxed{\begin{array}{c}\text{INST}\\\text{DEL}\end{array}}$. Es
  ergibt sich folgendes Bild:
  123□6789
  Der Cursor befindet sich noch immer an der Stelle, wo er sich vorher befand. Die rechts davon
  stehende Zeichenfolge wurde jedoch um eine Stelle nach rechts verschoben.

- Drücken Sie die Zifferntaste $\boxed{4}$. Es ergibt sich folgendes Bild:
  1234$\boxed{6}$789
  Auf diese Weise wird das gedrückte Zeichen, die 4, eingefügt.

- Drücken Sie noch einmal die Tasten $\boxed{\text{SHIFT}}$ und $\boxed{\begin{array}{c}\text{INST}\\\text{DEL}\end{array}}$ und anschließend die Taste $\boxed{5}$.
  Auf diese Weise wird auch die Ziffer 5 in die Ziffernfolge eingefügt. Es ergibt sich folgendes Bild:
  12345$\boxed{6}$789

Auf die Benutzung der Korrekturtasten bei der Korrektur von BASIC-Programmen wird eingehend in Kapitel 9 eingegangen.

6.1.6 Die Sondertasten

Diese Tasten lassen sich keiner größeren Gruppe zuordnen. Deshalb werden sie hier Sondertasten genannt. Die Lage der Tasten finden Sie in Bild 6.7:

Nr.	Taste	Bedeutung
1	RETURN	**Eingabetaste RETURN** Bei Mikrocomputern wird die Eingabetaste immer dann gedrückt, wenn eine *Eingabe beendet* wird (d.h. ein Kommando oder eine Anweisung). Daher wird diese Taste bei Mikrocomputern auch Eingabetaste genannt. Durch das Drücken der RETURN-Taste wird das über die Tastatur Eingegebene in den Arbeitsspeicher des Mikrocomputers gebracht. Der Cursor springt anschließend zum Anfang der nächsten Zeile. Da diese Taste recht häufig benötigt wird, sticht sie durch ihre Größe hervor. In diesem Buch wird das erforderliche Drücken der RETURN-Taste der Kürze wegen auch mit dem Symbol ↵ gekennzeichnet. Es soll den Sprung zum Anfang der nächsten Zeile symbolisieren.
2	RUN STOP	**Unterbrechungstaste** Mit Hilfe der RUN STOP -Taste kann der Mikrocomputer veranlaßt werden, seine laufende Funktion zu *unter*brechen. Dies drückt der Begriff STOP auf der Taste aus.
3	SHIFT + RUN STOP	**Starttaste** Werden diese beiden Tasten gedrückt, wird im C 64-Modus das erste Programm von der Kassette, die sich in der Datasette befindet, in den Arbeitsspeicher des Mikrocomputers geladen *und* gestartet (dies drückt der Begriff RUN auf der Taste aus).
4	RUN STOP + RESTORE	Werden diese beiden Tasten gedrückt, werden wichtige Register im Mikrocomputer zurückgesetzt. Das Programm wird jedoch nicht im Arbeitsspeicher gelöscht. Es kann anschließend z.B. mit dem LIST-Kommando (vgl. 7.1 Pkt. 6) wieder auf dem Bildschirm aufgelistet werden.

5	[CONTROL]	**Farbumschalttaste**

Mit Hilfe der [CONTROL] **-Taste kann die Farbe der auf dem Bildschirm ausgegebenen Zeichen verändert werden und der Revers Modus ein- bzw. ausgeschaltet werden.**

Dazu muß die [CONTROL]-Taste zusammen mit den Zifferntasten von 1 bis Ø gedrückt werden. An den Stirnseiten dieser Tasten sind die Farben in Kurzform angegeben.

Es gilt:

Tasten	Zeichenfarbe
[CONTROL] + [Blk]	schwarz (engl. black)
[CONTROL] + [Wht]	weiß (engl. white)
[CONTROL] + [Red]	rot (engl. red)
[CONTROL] + [Cyn]	cyan (engl. cyan); eine Art türkis
[CONTROL] + [Pur]	purpur (engl. purple)
[CONTROL] + [Grn]	grün (engl. green)
[CONTROL] + [Blu]	blau (engl. blue)
[CONTROL] + [Yel]	gelb (engl. yellow)
[CONTROL] + [Rvs On]	Inversere Darstellung (engl. reverse) *ein*schalten, d.h. die Zeichen- und die Hintergrundfarbe werden vertauscht.
[CONTROL] + [Rvs OFF]	Inverse Darstellung *aus*schalten.

Beispiel 6.9

● Drücken Sie die Tasten [CONTROL] und [YEL] sowie anschließend die Taste [A]. Auf dem Bildschirm erscheint ein gelbes A auf schwarzem Untergrund.

● Drücken Sie die Tasten [CONTROL] und [Rvs On] sowie anschließend die Taste [A].

Auf dem Bildschirm erscheint ein schwarzes A auf gelbem Untergrund. Dies ist die sog. inverse (umgekehrte Darstellung) des Zeichens in bezug auf die Zeichen- und Hintergrundfarbe.

In diesem Zusammenhang soll noch einmal darauf hingewiesen werden, daß weitere acht Farben mit Hilfe der Commodore-Taste [C=] zusammen mit den Zifferntasten einstellbar sind. Auch hier ist auf der Vorderseite der Zifferntaste die Farbe in Kurzform vermerkt.

Es gilt die untere Farbe wie folgt:

Tasten	Zeichenfolge
C= + Orng	orange (engl. orange)
C= + Brn	braun (engl. brown)
C= + LRed	hellrot (engl. light red)
C= + DGry	dunkelgrau (engl. deep grey)
C= + MGry	mittelgrau (engl. middle grey)
C= + LGrn	hellgrün (engl. light green)
C= + LBlu	hellblau (engl. light blue)
C= + LGry	hellgrau (engl. light grey)

Im C128-Modus sind noch weitere Funktionen möglich, wenn die CONTROL-Taste und eine Buchstabentaste gedrückt wird. Diese Funktionen können auch im Programm genutzt werden. Dazu muß der den Buchstaben zugeordnete CHR$-Code wie folgt in einer PRINT-Anweisung eingesetzt werden:

PRINT CHR$(CHR$-Code)

Die zusammen mit der CONTROL-Taste zu drückenden Buchstabentasten bzw. die zugeordneten CHR$-Codes lauten:

Taste	CHR$-Code	Wirkung
G	7	Klingelton ausgeben (Piepston).
I	9	Tabulatorsprung zur nächsten Tabulatormarke.
X	24	Setzen oder löschen einer Tabulatormarke.
J	10	Zeilenvorschub.
K	11	Umschaltung von Klein/Groß- und Groß/Grafik-Betrieb verhindert.
L	12	Umschaltung von Klein/Groß- und Groß/Grafik-Betrieb erlaubt.
C	27	Code für das Drücken der ESC-Taste. Damit sind auch diese Funktionen programmierbar (s. Abschn. 6.2 Pkt. 12).

6.2 Zusätzliche Tasten im C128-Modus

Die im C128-Modus zusätzlich verfügbaren Tasten sind aus Bild 6.8 ersichtlich und sollen im folgenden besprochen werden.

Nr.	Taste	Bedeutung
1	Ziffernblock (Zehnerblock)	**Die Ziffern im Ziffernblock sowie die Zeichen $\boxed{+}$, $\boxed{-}$ und $\boxed{.}$ haben die gleiche Bedeutung wie diese Zeichen in der Schreibmaschinentastatur im C64-Modus.** Sie sind somit *doppelt* vorhanden und dienen nur dem Eingabekomfort für diejenigen, die es gewohnt sind, Zahlen über einen derartigen Ziffernblock einzugeben. (Achtung: der Ziffernblock ist im C64-Modus nicht bedienbar!)
2	$\boxed{\text{ENTER}}$	**Eingabetaste** Die $\boxed{\text{ENTER}}$-Taste im Ziffernblock hat die gleiche Bedeutung wie die $\boxed{\text{RETURN}}$-Taste in der Schreibmaschinentastatur im C64-Modus, d.h. es wird beim Drücken dieser Taste die Eingabe beendet und das Eingegebene in den Arbeitsspeicher des Mikrocomputers gebracht. **In diesem Buch wird zur Kennzeichnung des Eingabeschlusses nur $\boxed{\text{ENTER}}$ bzw. die Kurzform $\boxed{\hookleftarrow}$ benutzt. Es kann jedoch auch anstelle dieser Taste die $\boxed{\text{RETURN}}$-Taste gedrückt werden.**
3	$\boxed{\uparrow}$ $\boxed{\downarrow}$ $\boxed{\leftarrow}$ $\boxed{\rightarrow}$	**Separater-Cursor-Tastenblock** Diese Cursor-Tasten haben die gleiche Funktion wie die Cursortasten $\boxed{\overset{\leftarrow}{\underset{\rightarrow}{\text{CRSR}}}}$ und $\boxed{\overset{\uparrow}{\underset{\downarrow}{\text{CRSR}}}}$ in der Schreibmaschinentastatur im C64-Modus. Der Vorteil ist, daß die obere Tastenfunktion dieser Tasten im C128-Modus ohne zusätzliches Drücken der $\boxed{\text{SHIFT}}$-Taste möglich ist, da für jede Cursorrichtung eine eigene Taste vorhanden ist.
4	$\boxed{\frac{\text{F1}}{\text{F2}}}$ bis $\boxed{\frac{\text{F7}}{\text{F8}}}$	**Funktionstasten** Nach dem Einschalten des Computers sind den Funktionstasten automatisch folgende acht Funktionen zugeordnet (Ausgabe von Schlüsselwörtern auf dem Bildschirm mit gleichzeitiger Ausführung des Kommandos, wenn es mit $\boxed{\text{ENTER}}$ abgeschlossen ist).

Taste	Funktion
F1 / F2	Ausgabe des Schlüsselwortes GRAPHIC Festlegung des Bildschirmmodus für Text bzw. Grafik (vgl. Abschnitt 16.5.2).
SHIFT + F1 / F2	Ausgabe des Schlüsselwortes DLOAD" Dieses Kommando dient zum Laden von Programmen vom Diskettenlaufwerk (vgl. Kapitel 12).
F3 / F4	Sofortige Ausführung des Kommandos DIRECTORY ENTER Es wird bei einem angeschlossenen Diskettenlaufwerk das Disketteninhaltsverzeichnis der eingelegten Diskette ausgegeben (vgl. Kapitel 12).
SHIFT + F3 / F4	SCNCLR ENTER Löschen des Grafikbildschirms (sofortige Ausführung des Kommandos, vgl. Abschn. 16.5.3).
F5 / F6	Ausgabe des Schlüsselwortes DSAVE" Dieses Kommando dient zum Speichern von im Arbeitsspeicher befindlichen Programmen auf eine Diskette (vgl. Kap. 12).
SHIFT + F5 / F6	RUN ENTER Sofortige Ausführung des im Arbeitsspeicher befindlichen Programms (vgl. Abschnitt 7.2).
F7 / F8	LIST ENTER Sofortiges Listen des im Arbeitsspeicher befindlichen Programms (vgl. Absch. 7.1).
SHIFT + F7 / F8	MONITOR ENTER Sofortiger Aufruf des Maschinensprache-Monitors.

Die Bedeutung der Kommandos bzw. Schlüsselwörter wird in den angegebenen Kapiteln bzw. Abschnitten ausführlich besprochen.

Die automatisch beim Einschalten voreingestellten Funktionen der Funktionstasten können mit Hilfe des KEY-Kommandos (vgl. Abschn. 7.1) jederzeit individuell geändert werden. Der Anwender hat somit die Möglichkeit, die von ihm häufig benutzten Schlüsselwörter mit *einem* Tastendruck einzugeben.

5	NO SCROLL	**Bildschirmrolltaste** Auf dem Bildschirm lassen sich nur 25 Zeilen darstellen. Ist ein Programm z.B. beim Listen bzw. eine Datenausgabe auf dem Bildschirm länger, so werden die neuen Zeilen unten nachgeschoben, während die alten oben verschwinden. Man sagt, der Bildschirminhalt „rollt" (vergleichbar mit dem Abrollen einer Papierrolle). Da das Bildschirmrollen (engl. scroll) relativ schnell erfolgt, besteht der Wunsch, das Bild zum Stillstand bringen zu können. Dazu dient die Taste NO SCROLL. Das einmalige Drücken dieser Taste unterdrückt das Bildschirmrollen. Nochmaliges Drücken führt zum Weiterrollen des Bildschirminhaltes.
6	40/80 DISPLAY	**Bildschirmzeichentaste** Mit Hilfe dieser Taste läßt sich einstellen, ob 40 oder 80 Zeichen pro Zeile auf dem Bildschirm (engl. display) dargestellt werden sollen. Ist die Taste *nicht* gedrückt, werden 40 Zeichen dargestellt, ist sie hingegen gedrückt, werden 80 Zeichen dargestellt. Die Entscheidung *muß vor* dem Einschalten der Systemeinheit getroffen werden. Soll nach dem Einschalten eine derartige Umschaltung vorgenommen werden, so ist nach dem Umschalten die RESET-Taste (vgl. Bild 3.2) zu drücken (Kaltstart). Dabei wird der Arbeitsspeicher gelöscht. Voraussetzung für eine 80-Zeichen-Darstellung ist selbstverständlich der Anschluß eines Bildschirmes, auf dem 80 Zeichen dargestellt werden können.
7	LINE FEED	**Zeilenvorschubtaste** Der Cursor wird beim Betätigen dieser Taste eine Zeile (engl. line) tiefer gesetzt (die Spaltenposition bleibt dabei erhalten).
8	HELP	**Korrekturhilfstaste** Bei Fehlern in einem BASIC-Programm werden diese Fehler beim Ablauf des Programms durch eine Fehlermeldung auf dem Bildschirm gekennzeichnet (Syntax error). Drückt man die HELP-Taste, so erhält man eine zusätzliche Hilfe (engl. help) zur Fehlerkorrektur. Die fehlerhafte Anweisung wird auf dem Bildschirm wie folgt ausgegeben: ● Beim 40-Zeilen-Bildschirm werden die Zeichen ab der fehlerhaften Stelle *invers* dargestellt (Umkehrung von Zeichen- und Hintergrundfarbe). ● Beim 80-Zeichen-Bildschirm werden die Zeichen ab der fehlerhaften Stelle *unterstrichen* dargestellt.

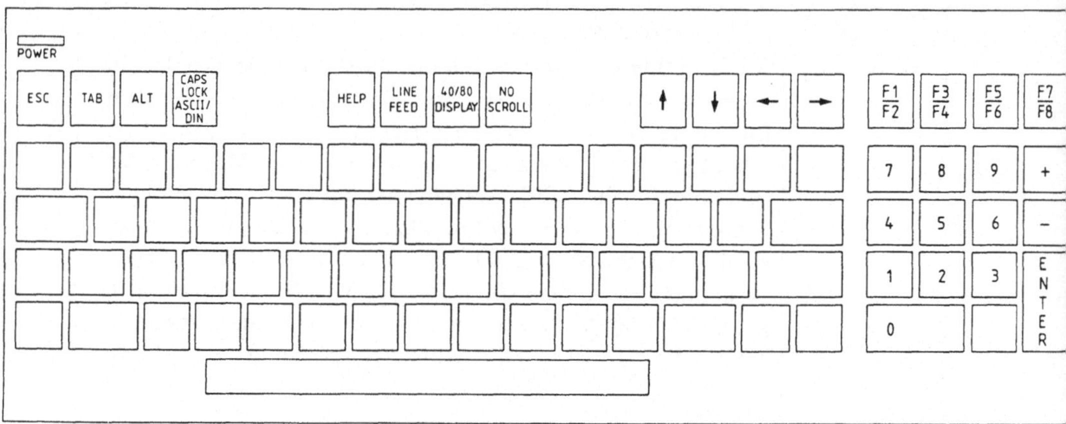

Bild 6.8 Zusätzliche Tasten im C128-Modus

Bild 6.9 Belegung der Tastatur bei gedrückter ASCII/DIN -Taste

9	CAPS LOCK ASCII/ DIN	**Umschalttaste für die deutsche Tastenanordnung nach DIN** Die Aufschrift CAPS LOCK ist *nur* für amerikanische Geräte gedacht. Für deutsche Geräte ist hingegen nur die Funktion ASCII/DIN wesentlich. Mit Hilfe dieser Taste kann zwischen der amerikanischen Tastenanordnung (ASCII-Norm) und der deutschen Tastenanordnung (DIN-Norm) umgeschaltet werden. • Ist diese Taste gedrückt, so ist die DIN-Tastatur eingeschaltet. • Ist diese Tast nicht gedrückt, ist die ASCII-Tastatur eingeschaltet. Die Zeichen nach DIN sind hellgrau auf der Oberseite der Tasten angegeben. Die Belegung der Schreibmaschinentastatur nach DIN zeigt auch Bild 6.9. Die Änderungen gegenüber der amerikanischen Tastatur sind stärker umrandet. Insbesondere ist zu erwähnen, daß die Tasten Z und Y in der Lage getauscht wurden und daß die Zeichen Ä , Ö und Ü verfügbar sind. Möchte man die Tastenanordnung nach DIN auch für kleine Buchstaben, so ist vorher eine Umschaltung mit Hilfe der Tasten C= + SHIFT erforderlich. Diese Umschaltung ist auch erforderlich, um die obere Tastaturbelegung im DIN-Zeichensatz zu erreichen (z.B. das Fragezeichen ?). Zusätzlich ist in diesem letzteren Fall die SHIFT-Taste gedrückt zu halten.
10	ALT	**Alternativer Zeichensatz** Mit Hilfe der ALT-Taste kann der Tastatur ein *selbstgewählter* alternativer Zeichensatz zugeordnet werden. Die Zeichen, die den Tasten zuzuordnen sind, müssen selbstverständlich vorher definiert werden. Da dies selten vorkommen wird, soll an dieser Stelle nicht näher darauf eingegangen werden.
11	TAB	**Tabulatortaste** Mit Hilfe der TAB-Taste können Tabulatormarken angesprungen werden. Es vereinfacht das Erstellen von Tabellen. Die Tabulatormarken sind nach dem Einschalten automatisch alle acht Spalten gesetzt. Beim Drücken der TAB-Taste springt der Cursor somit in Schritten von 8 Spalten von Tabulatormarke zu Tabulatormarke. Am Zeilenende angelangt, kann der Cursor mit Hilfe der TAB-Taste nicht weiter fortbewegt werden.

			Setzen von selbstdefinierten Tabulatormarken: ● Cursor zu der Spalte bewegen, an der eine Tabulatormarke gesetzt werden soll. ● SHIFT + TAB -Taste drücken. Löschen von Tabulatormarken: ● Cursor mit Hilfe der Taste TAB zur zu löschenden Tabulatormarke führen. ● SHIFT + TAB -Taste drücken.
12		ESC	**ESC-Taste** Mit Hilfe der ESC -Taste läßt sich die Darstellungsart des Cursors, die Bildschirmdarstellung, das Edieren u.dgl. beeinflussen, wenn *anschließend* eine Buchstabentaste gedrückt wird. Eine Übersicht gibt folgende Liste:

Taste	Wirkung
A	Einschalten des automatischen Einfügemodus (engl. Auto-Insert). Es werden so lange Zeichen eingefügt, bis der Einfügemodus beendet wird.
C	Ausschalten des automatischen Einfügemodus.
B	Die aktuelle Cursor-Position bestimmt den unteren Rand eines Bildschirmfensters (genauer: die untere rechte Ecke).
T	Die aktuelle Cursor-Position bestimmt den oberen Rand eines Bildschirmfensters (genauer: die obere linke Ecke).
D	Löschen der aktuellen Bildschirmzeile (Zeile, in der der Cursor steht). Die folgende Zeile „rollt" entsprechend nach oben.
I	Einfügen einer Zeile *vor* (d.h. oberhalb) der aktuellen Bildschirmzeile.
J	Cursor an den Anfang der aktuellen Zeile setzen.
K	Cursor an das Ende der aktuellen Zeile setzen.
P	Löschen der aktuellen Zeile vom Zeilenanfang bis zum Cursor.
Q	Löschen der aktuellen Zeile vom Cursor bis zum Zeilenende.

		@	Löschen des Bildschirms ab der aktuellen Cursorposition.
		E	Blinken des Cursors ausschalten (konstanter Cursor).
		F	Blinken des Cursors wieder einschalten.
		L	Bildschirmrollen (scrolling) zulassen.
		M	Bildschirmrollen (scrolling) verhindern.
		V	Bildschirmrollen um eine Zeile nach oben.
		W	Bildschirmrollen um eine Zeile nach unten.
		Y	Tabulatormarken im Abstand von 8 Spalten setzen.
		Z	Alle gesetzten Tabulatormarken löschen.
		G	Klingeln durch Drücken der Tasten CTRL G zulassen.
		H	Klingeln durch Drücken der Tasten CTRL G nicht zulassen.
		Für Bildschirme mit 80 Spalten pro Bildschirmzeile lassen sich noch folgende Einstellungen vornehmen:	
		N	Bildschirmumschaltung von Invers- auf Normaldarstellung.
		R	Bildschirmumschaltung von Normal- auf Inversdarstellung.
		X	Bildschirmumschaltung von 40 Zeichen pro Zeile auf 80 Zeichen pro Zeile *und* umgekehrt.
		S	Blockdarstellung des Cursors einschalten.
		U	Strichdarstellung des Cursors einschalten.

7 Die wichtigsten BASIC-Betriebssystemkommandos des Commodore Homecomputers C 128

Da die BASIC-Betriebssystemkommandos zusammen mit dem BASIC-Interpreter für BASIC-Anweisungen im gleichen ROM integriert sind, stehen sie dem Anwender wie der BASIC-Interpreter *sofort nach dem Einschalten* des Homecomputers zur Verfügung.

Bevor gezeigt wird, wie man BASIC-Programme in den Mikrocomputer eingibt, diese korrigiert, ändert, zum Ablauf bringt, dauerhaft speichert usw., ist es sinnvoll, die wichtigsten BASIC-Kommandos, die dazu häufig benötigt werden, kennenzulernen.

BASIC-Kommandos werden in der folgenden Beschreibung nach ihren Einsatzgebieten getrennt besprochen.

7.1 Kommandos, die bei der Programmerstellung helfen

Nr.	Schlüssel-wort	Erläuterung
1	NEW	**Mit Hilfe des NEW-Kommandos wird das im Arbeitsspeicher befindliche Programm sowie alle Werte von Variablen gelöscht.**
		Die allgemeine Form ist:
		NEW ⏎
		Das NEW-Kommando ist sowohl im C 64 als auch im C 128-Modus verfügbar. Der Bildschirm wird dabei nicht gelöscht.
		Das Kommando wirkt *fast* wie ein 'Rücksetzen' des Rechners, d.h. wie ein 'Warmstart' (vgl. RESET-Taste Bild 3.2). Es ist daher mit Vorsicht zu verwenden.
		Dieses Kommando sollte man stets eingeben, bevor ein *neues* Programm in den Arbeitsspeicher eingegeben bzw. geladen wird. Nach dem Einschalten des Mikrocomputers ist dies jedoch nicht erforderlich.
		In Verbindung mit einer Anweisungsnummer ist NEW auch als *Anweisung* in einem Programm verwendbar. Setzt man diese Anweisung an das Ende eines Programms, so löscht sich das Programm nach seiner Ausführung selbst und der Arbeitsspeicher ist frei für neue Programme.

2	CLR	Das CLR-Kommando ist im C 64- und C 128-Modus verfügbar.
		Mit Hilfe des CLR-Kommandos werden alle Werte von Variablen gelöscht, nicht hingegen das im Arbeitsspeicher befindliche Programm. Die allgemeine Form ist: CLR ⏎ Dieses Kommando ist in Verbindung mit einer Anweisungsnummer auch als Anweisung in einem Programm verwendbar.
3	AUTO	**Mit Hilfe des AUTO-Kommandos werden die über die Tastatur einzugebenden Anweisungen eines Programms automatisch durchnumeriert.**
		Das AUTO-Kommando ist *nur* im C 128-Modus verfügbar. Jedesmal wenn die „Eingabetaste" ENTER ⏎ am Ende einer eingegebenen Anweisung gedrückt wird, erscheint in der nächsten Zeile automatisch die Anweisungsnummer der nächsten einzugebenden Anweisung eines BASIC-Programms. Unter einer Anweisungsnummer versteht man eine Ziffernfolge zur Numerierung der Anweisungen (Reihenfolge der Ausführung). Die Programmierarbeit wird durch das AUTO-Kommando erleichtert, da die Anweisungsnummern nicht mehr selbst eingegeben werden müssen.
		Die allgemeine Form des AUTO-Kommandos ist: AUTO⌴Schrittweite ⏎
		Die Eingabe des Kommandos wird quittiert durch das Systembereitschaftszeichen READY. Anschließend ist die erste Anweisungsnummer mit der zugehörigen Anweisung einzugeben. Wird diese Anweisung durch das Drücken der ENTER -Taste abgeschlossen, erscheint in der folgenden Zeile *automatisch* eine Anweisungsnummer, die um den Wert der im AUTO-Kommando angegebenen *Schrittweite* gegenüber der vorherigen Anweisungsnummer erhöht ist. Dies geht so lange, bis nach der Ausgabe einer *weiteren* Anweisungsnummer die ENTER -Taste gedrückt wird und das AUTO-Kommando ohne Schrittweite eingegeben wird.

		Beispiel 7.1
		Eingabe des Kommandos AUTO 5 ENTER Ausgabe des Systembereitschaftszeichens READY. Eingabe der Anweisung 2Ø␣REM␣1 ENTER Anschließend erscheint automatisch die Anweisungsnummer 25. Weitere Eingabe über die Tastatur: REM␣2 ENTER Darauf folgt wieder die automatische Ausgabe der Anweisungsnummer 3Ø. Drücken Sie nun die ENTER -Taste. Der Cursor springt in die nächste Zeile, ohne weitere Ausgabe einer Anweisungsnummer. Der Abschluß erfolgt durch Eingabe des Kommandos AUTO ENTER über die Tastatur.
4	RENUMBER	Das RENUMBER-Kommando ist *nur* im C 128-Modus verfügbar.
		Mit Hilfe des RENUMBER-Kommandos werden die Anweisungen eines Programmes neu durchnumeriert.
		Dies ist häufig nötig, wenn Anweisungen in ein bestehendes Programm eingefügt bzw. Anweisungen gelöscht wurden und man — weiteren Platz für weitere Anweisungen schaffen möchte bzw. — einfach nur eine gleichmäßige Durchnumerierung im Programm aus optischen Gründen schaffen möchte. Wird nur das Schlüsselwort RENUMBER ↵ eingegeben, wird standardmäßig als erste neue Anweisungsnummer 1Ø gewählt, die der ersten Anweisung des Programms zugeordnet wird. Die folgenden Anweisungen erhalten Anweisungsnummern, die schrittweise um 1Ø höher sind (Schrittweite 1Ø).
		Möchte man ein Programm nach eigenen Wünschen neu durchnumerieren, so ist das Kommando wie folgt zu erweitern: RENUMBER ␣ neue Anw.nr., Schrittweite, alte Anw.nr. ↵
		Die *neue Anweisungsnummer* gibt den Anfangswert der Neunumerierung an. Die *alte Anweisungsnummer* gibt an, ab welcher Anweisungsnummer im alten Programm mit der Neunumerierung begonnen werden soll. Die *Schrittweite* bestimmt den Abstand zwischen den Anweisungsnummern im neu durchzunumerierenden Programm. Die Anweisungsnummern dürfen zwischen 1 und 65535 liegen.

			Beispiel 7.2
			Die eingegebenen Programmzeilen des Beispiels 7.1 2∅ REM 1 25 REM 2 werden nach Eingabe des Kommandos RENUMBER 〔↵〕 wie folgt neu numeriert: 1∅ REM 1 20 REM 2 Ein Beispiel für ein Kommando zur Umnumerierung nach eigenen Wünschen ist folgendes Kommando: RENUMBER 1000, 20, 100 Die Anweisungen eines alten Programms werden ab Anweisungsnummer 1∅∅ wie folgt neu durchnumeriert: Der Anweisung mit der alten Anweisungsnummer 1∅∅ wird die neue Anweisungsnummer 1∅∅∅ zugeordnet. Für die darauf folgenden Anweisungen gilt als neue Schrittweite 2∅.
			Es ist wichtig zu wissen, daß bei der Neunumerierung der Anweisungen eines Programms auch die Sprungziele in den Anweisungen entsprechend geändert werden, d.h. alle GOTO-, GOSUB ON...GOTO und IF...THEN...ELSE-Anweisungen werden hinsichtlich ihrer Anweisungsnummern aktualisiert.
5	DELETE		Das DELETE-Kommando ist nur im C 128-Modus verfügbar.
			Mit Hilfe des DELETE-Kommandos können eine oder mehrere Anweisungen eines Programms gelöscht werden.
			Dieses Kommando ist somit bei Programmänderungen sinnvoll einsetzbar.
			Die allgemeine Form des DELETE-Kommandos ist: 〔 **DELETE Anw.-Nr. 1 — Anw.-Nr. 2** ↵ 〕
			Dabei ist Anw.-Nr. 1 die erste und Anw.-Nr. 2 die letzte Anweisungsnummer der zu löschenden Anweisungsgruppe (einschließlich). Wird allein die Anw.-Nr. 1 angegeben, so wird nur die damit gekennzeichnete Anweisung gelöscht. Wird die Anw.-Nr. 1 nicht angegeben, so werden *alle* Anweisungen *bis* zur Anw.-Nr. 2 einschließlich gelöscht. Wird eine nicht vorhandene Anweisungsnummer angegeben, wird leider keine Fehlermeldung ausgegeben.

[1]) Nähere Erläuterung siehe Anhang A1.

			Beispiel 7.3
			DELETE 1∅∅ Dieses Kommando löscht die Anweisung mit der Anweisungsnummer 1∅∅. Nach der Ausführung meldet sich das System mit dem Systembereitschaftszeichen Ready, d.h. das Kommando wurde ausgeführt.
			DELETE 1∅∅–2∅∅ Dieses Kommando löscht alle Anweisungen, die Anweisungsnummern zwischen 1∅∅ und 2∅∅ *einschließlich* aufweisen.
			DELETE – 1∅∅ Dieses Kommando löscht alle Anweisungen, die Anweisungsnummern *bis* zur Anweisungsnummer 1∅∅ *einschließlich* aufweisen.
6	LIST		**Mit Hilfe des LIST-Kommandos wird ein Programm, das sich gerade im Arbeitsspeicher des Mikrocomputers befindet, auf das gerade aktivierte Ausgabegerät, d.h. auf den Bildschirm bzw. Drucker ausgegeben.**

Es dient zur Kontrolle von eingegebenen bzw. gespeicherten Programmen und wird dadurch häufig bei der Korrektur von Programmen benötigt.

Die allgemeine Form ist:

> **LIST Anw.-Nr. 1 – Anw.-Nr. 2** | ↵ |

Folgt auf das Schlüsselwort LIST keine weitere Angabe, so wird das *gesamte* gespeicherte Programm auf dem Bildschirm aufgelistet.

Ist das Programm länger als eine Bildschirmseite (25 Zeilen), so werden von unten stets neue Programmzeilen auf dem Bildschirm ausgegeben, während oben entsprechend Programmzeilen verschwinden. Man erhält den Eindruck, als ob die Ausgabe nach oben aus dem Bildschirm herausrollt (engl.: scrolling)[1].

Am Schluß sind nur die letzten 25 Zeilen auf dem Bildschirm zu sehen. Dies erschwert die Kontrolle eines längeren Programms. Daher gibt es die Möglichkeit, einen *Bereich* des Programms gezielt auf dem Bildschirm ausgeben zu lassen.

Dabei kann die erste oder zweite Anweisungsnummer (hier in Kurzform Anw.-Nr. genannt) entfallen.

- Sind beide Anweisungsnummern angegeben, werden alle Programmanweisungen von der ersten angegebenen Anweisungsnummer 1 bis zur zweiten angegebenen Anweisungsnummer 2 *einschließlich* ausgegeben.
- Entfällt die Anweisungsnummer 2, werden alle Programmanweisungen ab der ersten angegebenen Anweisungsnummer 1 einschließlich ausgegeben.
- Entfällt die Anweisungsnummer 1, werden alle Programmanweisungen vom Anfang des Programms bis zur Anweisungsnummer 2 einschließlich ausgegeben.
- Wird nur eine Anweisungsnummer *ohne* Bindestrich angegeben, wird allein diese Anweisung auf dem Bildschirm ausgegeben.

---

[1] Nähere Erläuterung siehe Anhang A1.

			Durch *einmaliges* Drücken der RUN/STOP -Taste kann die rollende Ausgabe ebenfalls *unterbrochen* werden (vgl. Abschnitt 6.1.6 Pkt. 2).

Beispiel 7.4

LIST ⊔1∅–2∅∅.

Die Anweisungen mit den Anweisungsnummern 1∅ bis 2∅∅ werden auf dem Bildschirm ausgegeben.

LIST ⊔–2∅∅

Alle Anweisungen mit Anweisungsnummern unter 2∅∅ werden in aufsteigender Reihenfolge auf dem Bildschirm ausgegeben.

LIST ⊔2∅∅–

Alle Anweisungen *ab* Anweisungsnummer 2∅∅ werden in aufsteigender Reihenfolge bis zum Programmende auf dem Drucker ausgegeben.

LIST 2∅∅

Es wird *nur* die Anweisung mit der Anweisungsnummer 2∅∅ auf dem Drucker ausgegeben.

7	TRON		Das TRON-Kommando ist nur im C 128-Modus verfügbar.

Mit Hilfe des TRON-Kommandos kann zum Zwecke des Programmtests eine Programmlaufverfolgung eingeschaltet werden (engl.: Trace On).

Mit Hilfe des TRON-Kommandos werden die Anweisungsnummern der gerade bearbeiteten Anweisungen auf dem Bildschirm ausgegeben. Um Anweisungsnummern von normalen Ergebnissen, die ja ebenfalls ausgegeben werden, unterscheiden zu können, werden die ausgegebenen Anweisungsnummern automatisch in eckige Klammern gesetzt.

8	TROFF		Das TROFF-Kommando ist nur im C 128-Modus verfügbar.

Mit Hilfe des TROFF-Kommandos kann das Kommando TRON wieder rückgängig gemacht werden (engl.: "Trace Off", d.h. Programmlaufverfolgung abschalten).

9	KEY		Das KEY-Kommando ist nur im C 128-Modus möglich. Es hat zwei Aufgaben:

● Wird nur das Schlüsselwort KEY wie folgt eingegeben

KEY ⏎

wird die augenblickliche Belegung der Funktionstasten mit Zeichenketten auf dem Bildschirm ausgegeben (vgl. Abschn. 6.2 Pkt 4).

<table>
<tr><td></td><td></td><td>

Aufgrund des Kommandos ergibt sich folgende Bildschirmausgabe:

KEY 1, "GRAPHIC"
KEY 2, "DLOAD" + CHR$(34)

.
.
.

usw (vgl. Abschnitt 6.2 Pkt. 4).
Dies bedeutet z.B., daß die Funktionstaste [F1]
mit der Zeichenkette GRAPHIC belegt ist usw.

</td></tr>
<tr><td></td><td></td><td>

● **Das Schlüsselwort KEY kann auch dazu dienen, die Belegung der Funktionstasten mit Zeichenketten zu verändern. Dazu dient das Kommando**

> **KEY n, "Zeichenkette"** [↵]

Hierbei ist n eine Ziffer zwischen 1 und 8, die die Funktionstasten F1 bis F8 kennzeichnet.

Die "Zeichenkette" ist die Folge von Zeichen, die beim Betätigen der im Kommando angegebenen Funktionstaste auf dem Bildschirm ausgegeben werden soll.

Beispiel 7.5

Beim Drücken der Taste [F1] soll anstelle der Zeichenfolge GRAPHIC die Zeichenfolge "AUTO" auf dem Bildschirm ausgegeben werden. Dazu wird das Kommando

> KEY 1, "AUTO" [↵]

eingegeben.
Drücken Sie anschließend zur Kontrolle die Taste [F1] .
Auf dem Bildschirm erscheint der Text:
AUTO

</td></tr>
<tr><td>10</td><td>HELP</td><td>

Mit Hilfe des Kommandos HELP, das nur im C-128-Modus möglich ist, kann nach einer Fehlermeldung des Interpreters die fehlerhafte Anweisung auf dem Bildschirm dargestellt werden. Die fehlerhafte Stelle, die vom Interpreter festgestellt wurde, wird *invers* ausgegeben, d.h. die Vordergrund- und Hintergrundfarbe wird ausgetauscht (dies gilt für die Darstellung mit 40 Zeichen/Zeile. Bei 80 Zeichen/Zeile wird hingegen der fehlerhafte Teil unterstrichen).

</td></tr>
</table>

7.2 Kommandos, die den Programmablauf steuern

Nr.	Schlüssel- wort	Erläuterungen
1	RUN	**Mit Hilfe des RUN-Kommandos wird ein Programm, das sich gerade im Arbeitsspeicher befindet, zur Ausführung gebracht.** Die allgemeine Form des Kommandos ist: ┌─────────────────────┐ │ **RUN Anw.-Nr.** | ↵ | │ └─────────────────────┘ Wird hinter dem Schlüsselwort RUN keine Anweisungsnummer angegeben, beginnt die Programmausführung mit der Anweisung, die die niedrigste Anweisungsnummer aufweist. **Folgt dem Schlüsselwort RUN jedoch eine Anweisungsnummer, so beginnt die Programmausführung mit der Anweisung, die diese Anweisungsnummer angibt.** Die Programmausführung wird beendet, wenn ● ein STOP bzw. END-Anweisung bearbeitet wurde ● keine ausführbaren Anweisungen mehr vorhanden sind. ● fehlerhafte Anweisungen bearbeitet wurden. Beispiel 7.6 Das Betriebssystem meldet sich mit der Meldung Ready bereit zur Bearbeitung von Kommandos. Sie geben folgende Anweisung ein: 1Ø ⌴ PRINT ''HALLO'' Dieses Programm, das nur aus einer Anweisung besteht, hat zur Aufgabe, den Text HALLO auf dem Bildschirm auszugeben. Das Programm wird ausgeführt, wenn die drei Buchstabentasten R, U und N gedrückt werden. Das so eingegebene Kommando wird jedoch erst durch das Drücken der ENTER-Taste | ↵ | an den Mikrocomputer übergeben und ausgeführt. Nach Ausführung des Programms erscheint der Text HALLO auf dem Bildschirm sowie anschließend ''Ready'' als Zeichen, daß ein neues Kommando eingegeben werden kann (Systembereitschaftszeichen).

2	CONT	**Mit Hilfe des Kommandos CONT kann die Programm- bzw. Kommandoausführung an der Stelle fortgesetzt werden, an der eine Programmunterbrechung auftrat.**
		Die Programm- bzw. Kommandoausführung kann wie folgt *unterbrochen* werden: ● vom Anwender veranlaßt durch Drücken der RUN/STOP - Taste, vgl. Abschnitt 6.1.6 Nr. 2. ● durch eine programmgesteuerte, vom Anwender gewollte Unterbrechung im Programmlauf durch Verwendung der *Anweisung* STOP im Programm (vgl. Kap. 15). Die Programmablaufunterbrechung wird durch Eingabe des Kommandos CONT aufgehoben. Die Programmausführung wird an der Stelle fortgesetzt, wo das Programm unterbrochen wurde. Der Programmlauf läßt sich durch Eingabe des Kommandos CONT jedoch nicht fortsetzen, wenn die Programmlaufunterbrechung aufgrund einer Fehlermeldung erfolgte.

Eine alphabetische Zusammenstellung der besprochenen Kommandos und ihren Einsatz bezüglich der Betriebsart zeigt folgende Tabelle:

	C 64	C 128
AUTO		x
CLR	x	x
CONT	x	x
DELETE		x
HELP		x
KEY		x
LIST	x	x
NEW	x	x
RENUMBER		x
RUN	x	x
TRON		x
TROFF		x

Die *Kassetten* und *Disketten BASIC-Kommandos*, die zum Betreiben des Datenrekorders bzw. des Diskettenlaufwerkes benötigt werden, sollen nicht an dieser Stelle besprochen werden. Sie werden im Zusammenhang mit der Inbetriebnahme des Kassettenlaufwerkes bzw. Diskettenlaufwerkes *ausführlich* besprochen (vgl. Kapitel 10 und 12).

8 Eingabe von BASIC-Programmen in den Arbeitsspeicher des Mikrocomputers und deren Start

In diesem Kapitel soll zunächst darüber gesprochen werden, wie BASIC-Programme über die Eingabetastatur in den Arbeitsspeicher des Commodore Homecomputers C 128 eingegeben werden müssen. Dies bedeutet nicht, daß an dieser Stelle auf das *Programmieren* in der Programmiersprache BASIC eingegangen wird[1]). Es soll nur die *Bedienung* des Commodore Homecomputers C 128, insbesondere der Umgang mit der Eingabetastatur, geübt werden. Außerdem ergibt sich dabei die Problematik, wie Falscheingaben in einzelnen Eingabezeilen bzw. im geamten Programm *korrigiert* werden können.

Die Eingabe eines *einfachen Testprogrammes* und sein erfolgreicher Lauf nach dem Start des Programmes kann als zusätzlicher Test dienen, ob der Commodore Homecomputer C 128 nebst der notwendigen Firmware richtig funktioniert.

Als Beispiel soll ein BASIC-Programm dienen, das in der Lage ist, zwei eingegebene Zahlen zu addieren und das Ergebnis auszugeben.

8.1 Eingabe einer Anweisung eines Programmes

Schalten Sie den Commodore Homecomputer C 128 ein und warten Sie, bis das Systembereitschaftszeichen Ready auf dem Bildschirm erscheint.

Beispiel 8.1

Geben Sie dann folgende BASIC-Anweisung ein:

1Ø ⌴INPUT⌴ A, B ⏎

Auf die Beschreibung der einzelnen Bestandteile dieser Anweisung wird im folgenden näher eingegangen.

8.1.1 Eingabe der Anweisungsnummer

> **Jede BASIC-Anweisung beginnt mit einer Anweisungsnummer.**

Die einzelnen Anweisungen eines Programmes werden, bei der niedrigsten Anweisungsnummer beginnend, in aufsteigender Reihenfolge nacheinander bearbeitet.

Im Beispiel 8.1 ist die Anweisungsnummer 1Ø.

---

[1]) Siehe dazu in der Reihe: Programmieren von Mikrocomputern, Band 1 Einführung in BASIC und Band 3 BASIC für Fortgeschrittene bzw. Band 13 Strukturiertes Programmieren in BASIC von W. Schneider, erschienen im Vieweg Verlag.

8.1.2 Eingabe des Schlüsselwortes

Auf die Anweisungsnummer 1∅ folgt das Zeichen ␣ .

Das Zeichen ␣ in der Anweisung steht *stellvertretend* für das Leerzeichen (engl.: blank oder space). Auf dem Bildschirm wird ein „leeres Zeichen", d.h. kein Zeichen ausgegeben, wenn die „Leerzeichentaste" gedrückt wird. Dies ist die lange Taste am unteren Ende der Tastatur (Abschnitt 6.1.2 und Bild 6.1). Das Leerzeichen wird verwendet, um Zeichenketten voneinander zu trennen, wie dies auch in der BASIC-Anweisung deutlich wird.

Das Leerzeichen trennt die Anweisungsnummer vom folgenden Schlüsselwort INPUT.

Drücken Sie daher die Leerzeichentaste. Sie werden sehen, daß der Cursor um eine Position weiter nach rechts rückt, ohne ein sichtbares Zeichen auszugeben.

Nach dem Leerzeichen muß das Schlüsselwort INPUT Buchstabe für Buchstabe eingegeben werden.

Die BASIC-Schlüsselwörter geben an, was der Mikrocomputer im einzelnen ausführen soll.

Im Falle des Schlüsselwortes INPUT fordert der Mikrocomputer den Benutzer auf, Daten in den Mikrocomputer einzugeben (vgl. INPUT-Anweisung, Kapitel 15).

BASIC-Schlüsselwörter sollten aus Großbuchstaben zusammengesetzt sein.

Beim Drücken der Buchstabentaste ⎡I⎤ werden Sie feststellen, daß ein großes I auf dem Bildschirm ausgegeben wird.

Nach dem Einschalten des Mikrocomputers werden bekanntlich standardmäßig beim Betätigen der Buchstabentasten große Buchstaben ausgegeben (vgl. 6.1.1.1).

8.1.3 Eingabe der Eingabevariablennamen

Durch ein Leerzeichen getrennt folgt nun die genauere Angabe, was für Daten einzugeben sind. Die Zeichenfolge A, B besagt, daß für die Variablen A und B Daten einzugeben sind. Geben Sie diese *Variablenliste* ebenfalls mit Hilfe der Eingabetastatur ein.

Die Buchstaben werden standardmäßig, ebenfalls groß geschrieben. Das trennde Komma ist ebenfalls ohne Umschaltung einzugeben.

Überprüfen Sie nun noch einmal die erste BASIC-Eingabezeile auf ihre Richtigkeit. Falls Sie Fehler entdecken, schauen Sie sich bitte das nächste Kapitel an (Kapitel 9). Dort wird beschrieben, wie man Fehler in einer BASIC-Anweisungszeile korrigieren kann, *bevor* sie durch Drücken der ⎡ENTER⎤ -Taste ⎡←⎤ *abgeschlossen* wird.

8.1.4 Abschluß der Anweisung

Falls Sie keinen Fehler feststellen können, schließen Sie die BASIC-Anweisung durch Drücken der ⎡ENTER⎤ bzw. ⎡RETURN⎤ -Taste ⎡←⎤ ab (vgl. Abschnitt 6.1.6 Pkt. 1 bzw. 6.2 Pkt. 2)

> **Der Cursor springt nach dem Drücken der ENTER bzw. RETURN -Taste zum Anfang der nächsten Bildschirmzeile.**

Intern geschieht im Mikrocomputersystem noch etwas Zusätzliches.

In dem Moment, in dem die ENTER bzw. RETURN -Taste ↵ gedrückt wird, wird die eingegebene BASIC-Anweisung in der eingegebenen Form von einem Zwischenspeicher zum Arbeitsspeicher des Mikrocomputers übergeben.

> **Damit ist die Eingabe einer BASIC-Anweisungszeile abgeschlossen und es kann in der neuen Zeile damit begonnen werden, eine weitere BASIC-Anweisung einzugeben.**

Eine zusätzliche Anmerkung soll hier jedoch noch gemacht werden:

Eine BASIC-Anweisungszeile darf maximal aus 255 Zeichen bestehen (einschließlich des Codes, der beim Drücken der ENTER -Taste gesendet wird). Somit darf eine BASIC-Anweisung auch über mehrere Bildschirmzeilen geschrieben werden.

Da eine Bildschirmzeile standardmäßig nach dem Einschalten 4Ø Zeichen aufnimmt, sollte man maximal 6 Bildschirmzeilen für eine BASIC-Anweisung verwenden (24Ø Zeichen), da sonst das Auszählen der exakten Zahl der Zeichen mühselig wird.

8.2 Eingabe weiterer Anweisungen

Nun soll mit der Eingabe des einfachen Programmbeispiels fortgefahren werden.

Beispiel 8.2

Geben Sie dazu folgende BASIC-Anweisungen ein:

```
2Ø ⊔ C = A + B  ↵
3Ø ⊔ PRINT ⊔ A, B, C  ↵
```

Mit Hilfe der BASIC-Anweisung mit der Anweisungsnummer 2Ø werden die zwei eingegebenen Werte, für die die Variablen A und B stellvertretend stehen, addiert und das Ergebnis der Variablen C zugeordnet.

Auch bei dieser Anweisung muß keine Umschalttaste, z. B. für die Zeichen = und + , betätigt werden.

Mit Hilfe der BASIC-Anweisung mit der Anweisungsnummer 3Ø werden die Werte, für die die Variablen A, B und C stellvertretend stehen, auf dem Bildschirm ausgegeben (das englische Schlüsselwort PRINT bedeutet drucken, ausgeben, siehe auch PRINT-Anweisung in Kap. 15).

Auch bei dieser Anweisung ist es nicht erforderlich, eine Umschalttaste zu benutzen.

Dieses Programm ist in der Lage, für zwei beliebige Eingabewerte die Summe zu errechnen und die Eingabewerte sowie das Ergebnis auf dem Bildschirm auszugeben.

8.3 Starten von BASIC-Programmen

Das BASIC-Programm soll nun Anweisung für Anweisung vom Mikrocomputer bearbeitet werden. Dazu muß es zunächst gestartet werden.

Ein BASIC-Programm wird durch das Kommando
RUN ⏎

gestartet (engl.: run, d.h. laufen, hier ablaufen lassen von Programmen, vgl. Abschnitt 7.2).

Die Eingabe erfolgt über die Schreibmaschinentastatur. Dazu werden die einzelnen Buchstaben R, U und N gedrückt. Zum Abschluß des Kommandos, das zur *Ausführung* des Kommandos führt, wird die ENTER bzw. RETURN -Taste ⏎ gedrückt.

Den gleichen Effekt erzielt man durch Drücken der Funktionstaste F6 (vgl. Abschnitt 6.2. Pkt 4).

8.4 Dateneingabe

Haben Sie das Programm auf diese Art gestartet, muß ein Fragezeichen auf dem Bildschirm erscheinen. Dieses Fragezeichen fordert zur Dateneingabe auf (hier zur Dateneingabe für die Variablen A und B infolge der INPUT-Anweisung).

Falls dies nicht der Fall ist, haben Sie Fehler in diesem kurzen Programm. Diese Fehler gilt es zu entdecken und zu korrigieren. (Lesen Sie dazu Abschnitt 8.7 und Kapitel 9).

Das Programm wartet so lange mit der weiteren Ausführung des Programmes, bis die Daten eingegeben sind.

Beispiel 8.3

Wollen Sie z. B. den Wert 1,1 für die Variable A und den Wert 2,2 für die Variable B eingeben, so muß die Dateneingabe folgendermaßen aussehen:

1.1, 2.2 ⏎

Bei der Eingabe von Zahlenwerten ist folgendes zu berücksichtigen:

- Die einzelnen Zahlenwerte sind durch Kommas zu trennen.
- Dezimalzahlen werden anstelle eines Dezimalkommas mit einem Dezimal*punkt* versehen.
- Die gesamte Eingabe ist durch Drücken der ENTER bzw. RETURN -Taste abzuschließen. Das Drücken dieser Taste bewirkt, daß dem Mikrocomputer die Zahlen zur Bearbeitung übergeben werden. Anschließend wird die nächste Anweisung des Programmes bearbeitet usw.

8.5 Datenausgabe

Beispiel 8.4

Wurden die Daten formatgerecht eingegeben, erscheint auf dem Bildschirm infolge der BASIC-PRINT-Anweisung (Anweisungsnummer 3Ø) die Ausgabe für die Werte A, B und C in folgender Form:

```
1     5      10      15    20              30              40
|||||||||||||||||||||||||||||||||||||||||||||||||||||||||||||     Spaltenposition

  1..1         2..2        3..3                                   Zeile 1
|||||||||||||||||||||||||||||||||||||||||||||||||||||||||||||

|||||||||||||||||||||||||||||||||||||||||||||||||||||||||||||     Zeile 2
```

Für jede auszugebende Zahl werden, wie die Ausgabe zeigt, 1Ø Spalten innerhalb einer Zeile reserviert. Es können daher in diesem Ausgabeformat nur vier *Zahlenwerte pro Zeile* ausgegeben werden.

Vor jeder Zahl wird eine Position für ein mögliches Vorzeichen reserviert. Das positive Vorzeichen wird jedoch nicht mit ausgegeben, so daß hier anstelle des Vorzeichens ein Leerzeichen tritt. Dies ist der Grund, daß die Werte nicht ganz linksbündig in den Datenfeldern mit je 10 Spalten ausgegeben werden.

8.6 Ausgabe des eingegebenen Programmes (Programmlisting)

Beispiel 8.5

Geben Sie buchstabenweise das Kommando

LIST [↵]

ein. Das eingegebene Programm wird auf dem Bildschirm zur Kontrolle aufgelistet (vgl. Abschnitt 7.1, Pkt. 5).

Beispiel 8.6

Der Eingabeaufwand zur Ausgabe des Programmlistings wird erheblich reduziert, wenn einfach die Funktionstaste

[F 7]

gedrückt wird. Selbst das Drücken der [ENTER]-Taste [↵] ist nicht mehr erforderlich (vgl. Abschnitt 6.2 Pkt. 4).

8.7 Neustart von BASIC-Programmen

> **Der große Vorteil von Programmen ist, daß selbst umfangreiche und schwierige Rechnungen auf einfache Weise beliebig oft wiederholt werden können.**

Die Erstellung und Eingabe eines BASIC-Programmes ist zwar zeitaufwendig. Wenn es jedoch erstellt ist, lassen sich, wie diese Beispiele zeigen, beliebig viele Additionen ohne zusätzlichen Aufwand ausführen.

> **Dazu muß das Programm nur neu durch Eingabe von RUN [↵] gestartet werden.**

Anschließend sind nur noch die zu addierenden Zahlen, durch Kommas getrennt, einzugeben und durch Drücken der $\boxed{\text{ENTER}}$ -Taste $\boxed{\leftarrow}$ an den Mikrocomputer zu übergeben.

Der Eingabeaufwand zum Neustart von BASIC-Programmen läßt sich reduzieren, wenn gleichzeitig die Tasten

$\boxed{\text{SHIFT}}$ und $\boxed{\text{F 5}}$ gedrückt werden. Dies ist eigentlich die Funktionstaste $\boxed{\text{F 6}}$.

Beispiel 8.7

Drücken Sie gleichzeitig die Tasten

$\boxed{\text{SHIFT}}$ und $\boxed{\text{F 5}}$

Auf dem Bildschirm erscheint das Schlüsselwort

RUN

Da das im Arbeitsspeicher stehende Additionsprogramm dabei gleichzeitig neu gestartet wird, wird auch das

?

ausgegeben, das zur erneuten Dateneingabe auffordert.

Geben Sie nun zwei beliebige Zahlen, durch ein Komma getrennt, ein und schließen Sie die Eingabe durch Drücken der $\boxed{\text{ENTER}}$ -Taste ab, z. B.:

$-12.345, -67.890$ $\boxed{\leftarrow}$

Auf dem Bildschirm erscheint die Ausgabe:

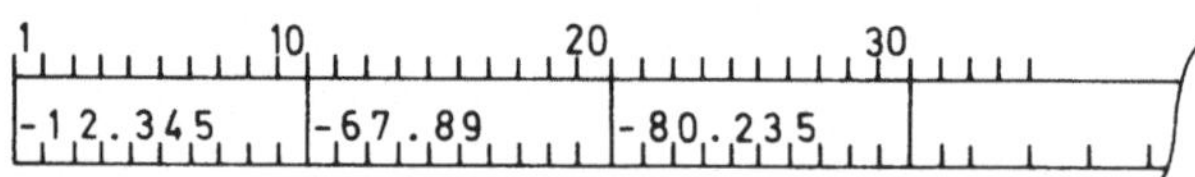

Die Zahlen stehen nun infolge des negativen Vorzeichens linksbündig in den Datenfeldern. Die letzte Null der eingegebenen Zahl $-67.89\emptyset$ wird nicht ausgegeben.

8.8 Fehler im Programm

Es soll nun ein mit Fehlern behaftetes Programm eingegeben werden, um die verschiedenen Fehlerarten und Fehlermeldungen kennenzulernen. Zur Demonstration wird ein fehlerhaftes Additionsprogramm benutzt, da hier die Fehler auch für Laien erkenntlich sind (Vergleich mit dem richtigen Programm).

Beispiel 8.8

Nehmen wir an, folgendes mit Fehlern behaftetes Programm sei eingegeben worden:

$1\emptyset \sqcup$ INPAT $\sqcup$ A, B $\boxed{\leftarrow}$
$2\emptyset \sqcup$ C = A + BN $\boxed{\leftarrow}$
$3\emptyset \sqcup$ PRINT $\sqcup$ AB, C $\boxed{\leftarrow}$

8.8.1 Syntaxfehler

In längeren Programmen kommt es trotz sorgfältiger Überprüfung leicht vor, daß BASIC-Anweisungen formal falsch sind, d.h. sie entsprechen nicht der Form, wie BASIC-Anweisungen zu schreiben sind.

> **Wenn gegen die formalen BASIC-Regeln verstoßen wird, spricht man von Syntaxfehlern.**

Startet man ein Programm, so werden während des Programmlaufs alle Anweisungen auf formale Richtigkeit überprüft. Ist eine Anweisung falsch, wird eine Fehlermeldung ausgegeben.

Beispiel 8.9

Beim Start des fehlerhaften Beispielprogrammes 8.8 wird z.B. folgende Meldung auf dem Bildschirm ausgegeben:

```
Syntax Error in 10
READY
```

Es wird vom Übersetzer ein Syntaxfehler, d.h. ein Fehler, der gegen die BASIC-Schreibregeln verstößt, in der Anweisung mit der Anweisungsnummer 10 bemerkt (engl.: error, d.h. Fehler).

Die Aufgabe besteht nun darin, den Fehler in Zeile 10 zu entdecken und zu beseitigen.

Die *Fehlererkennung* und *-beseitigung* wird vereinfacht, wenn die fehlerhafte Anweisung auf dem Bildschirm ausgegeben wird.

Dies wird bereits durch Eingabe des Kommandos

LIST ⌴ 10 ⏎

(vgl. Abschnitt 7.1) erreicht.

Wie man sieht, liegt der formale Fehler im Schlüsselwort. Es heißt INPUT und nicht INPAT.

Die Fehlerkorrektur von BASIC-Programmen wird in *allgemeiner* Form im nächsten Kapitel (Kapitel 9) besprochen.

In diesem speziellen Fall wird wie folgt korrigiert:

Beispiel 8.10

Der Cursor steht unter dem Systembereitschaftszeichen READY.

Der Cursor wird nun mit den Cursor-Steuertasten ↑ und → zum A in der Anweisung mit der Anweisungsnummer 10 geführt. Die Bildschirmausgabe ist:

10 ⌴ INP A T ⌴ A, B

Anschließend wird die Taste U gedrückt. Dadurch wird das A durch das U ersetzt. Die Bildschirmausgabe ist:

10 ⌴ INP U T ⌴ A, B

Die Korrektur ist durch Drücken der ENTER -Taste ⏎ abzuschließen. Der Cursor springt daraufhin zum Anfang der nächsten Zeile.

Jetzt wird das in der ersten Anweisung korrigierte Programm noch einmal durch Eingabe des LIST-Kommandos kontrolliert. Ist die fehlerhafte Anweisung richtig korrigiert, wird das Programm mit Hilfe des RUN-Kommandos neu gestartet.

8.8.2 Logische Fehler

Ist die Korrektur der ersten Anweisung richtig vorgenommen worden, erscheint nach dem Start des Programmes auf dem Bildschirm ein Fragezeichen (?). Dieses Fragezeichen deutet bekanntlich darauf hin, daß eine Eingabe von Daten erwartet wird (vgl. Abschnitt 8.4).

Beispiel 8.11

Geben Sie z. B. den Wert 1,1 für die Variable A und den Wert 2,2 für die Variable B wie folgt formatgerecht ein:

1.1, 2.2 ⏎

Auf dem Bildschirm werden die beiden Werte $\emptyset$ und 1.1 ausgegeben.

Dies ist *offensichtlich falsch*. Zu erwarten wären die Werte 1.1, 2.2 und 3.3 für die Variablen A, B und C (vgl. Bsp. 8.4 in Abschnitt 8.5).

Es erscheint jedoch *keine Fehlermeldung*, sondern das Systembereitschaftszeichen Ready. Dies ist ein Zeichen dafür, daß *keine formalen Fehler* beim Übersetzen der BASIC-Anweisungen festgestellt wurden (Syntaxfehler). Es muß sich somit um einen logischen Fehler handeln.

> **Ist das Programm in seinem Algorithmus falsch, d.h. führt es nicht das aus, was es eigentlich ausführen soll, sondern etwas anderes, so spricht man von logischen Fehlern.**

Dies liegt jedoch nicht am Mikrocomputer, sondern an *logischen Fehlern im Programm*.

Diese Art Fehler sind oft sehr schwer zu finden. In diesem Fall ist es jedoch einfach, da die logischen Fehler in das Programm hineingebracht wurden, um die verschiedenen Fehlertypen und die zugehörigen typischen Fehlermeldungen kennenzulernen.

Wie kommt es nun zu dem angegebenen falschen Ergebnis?

Beispiel 8.12

- In der Anweisung mit der Anweisungsnummer 1$\emptyset$, die korrigiert wurde, wird der Variablen A der Wert 1.1 und der Variablen B der Wert 2.2 zugeordnet.

- In der Anweisung mit der Anweisungsnummer 2$\emptyset$ wird die Summe der Variablen A und BN gebildet. Der Wert der Variablen A ist nach der Eingabe 1.1. Der Variablen BN wurde jedoch weder durch eine Eingabe, noch durch eine Rechnung ein Wert zugeordnet. Sie nimmt daher den Wert Null an (gelöschter Speicherinhalt). Somit wird der Variablen C der Wert 1.1 + $\emptyset$ = 1.1 zugeordnet.

  Die Variablennamen B und BN sind somit zwei *verschiedene* Variablennamen, denen unterschiedliche Werte zugeordnet sein können.

- In der Anweisung mit der Anweisungsnummer 3$\emptyset$ sollen die Werte der Varaiblen AB und C ausgegeben werden. Der Variablen AB wurde bislang durch das Programm kein Wert zugeordnet. Somit nimmt sie automatisch den Wert $\emptyset$ an (gelöschter Speicherinhalt). Der Wert der Variablen C errechnet sich, wie der vorhergehende Abschnitt zeigte, zu 1.1. Diese beiden Werte werden auf dem Bildschirm ausgegeben.

Damit das Programm wie gewünscht abläuft, muß folgendes korrigiert werden:

Beispiel 8.13

- Anweisungsnummer 2∅:

  Das N hinter dem B muß *gelöscht* werden.

  Der Weg ist folgender (vgl. auch Abschnitt 9.1.4)
  - Eingabe des Kommandos LIST [↵]

    Das Programm wird dadurch zur Korrektur ausgegeben. Der Cursor steht unter dem Schlüsselwort READY.
  - Der Cursor wird mit Hilfe der Cursortasten [↑] und [→] zum Buchstaben N in der Anweisung mit der Anweisung mit der Anweisungsnummer 2∅ bewegt.

    2∅ C = A + B [N]
  - Drücken Sie die Leertaste. Der Buchstabe N wird durch ein Leerzeichen *ersetzt*.
  - Drücken der [ENTER] -Taste [↵] (Abschluß der Korrektur).
  - Das auf das B folgende N muß in der Anweisung mit der Anweisungsnummer 2∅ gelöscht sein.
- Anweisungsnummer 3∅:

  Zwischen den Buchstaben A und B muß ein Komma *eingefügt* werden.

  Der Weg ist folgender (siehe auch Abschnitt 9.1.3):

  Der Cursor steht am Zeilenanfang der Anweisung

  [3] ∅ PRINT AB, C
  - Der Cursor wird mit Hilfe der Cursortaste [→] zum B in der Anweisung mit der Anweisungsnummer 3∅ bewegt (Stelle, wo das Komma eingefügt werden soll).

    3∅ ␣ PRINT A [B] , C
  - Drücken der Tasten [SHIFT] und [INST/DEL] .

    Dadurch wird Platz zum Einfügen eines Zeichens geschaffen.

    3∅ ␣ PRINT A ☐ B, C
  - Komma-Taste [,] drücken (das Komma einfügen).
  - [ENTER] -Taste [↵] drücken (die Korrektur abschließen).
  - Das Komma muß in der Anweisung mit der Anweisungsnummer 3∅ zwischen den Variablen A und B eingefügt sein.
- Cursor mit Hilfe der Cursor-Tasten unter das Schlüsselwort READY führen.
- Nun kann das Programm gestartet werden (Eingabe des RUN-Kommandos). Bei richtiger Korrektur und Eingabe der Daten erscheinen die erwarteten Ergebnisse (vgl. Abschnitt 8.5).

8.8.3 Dateneingabefehler

> **Werden die Eingabedaten nicht formatgerecht eingegeben, wird eine Fehlermeldung auf dem Bildschirm ausgegeben.**

Dies zeigen folgende Beispiele:

Beispiel 8.14

● Starten Sie das Programm mit Hilfe des RUN-Kommandos.
  Trennen Sie bei der Dateneingabe die beiden Zahlen nicht durch Kommas, wie z.B.:

  1.1 2.2 ⏎

  so erscheint die Fehlermeldung:

```
? Redo from start
? □ .
```

Das letzte Fragezeichen fordert zur *erneuten Dateneingabe* auf. Das Programm muß somit nicht erneut gestartet werden. Geben Sie zur Beendigung des Programms die Daten richtig ein.

Beispiel 8.15

● Starten Sie das Programm erneut durch Eingabe des RUN-Kommandos.
● Geben Sie weniger Werte ein als Varaiblennamen in der Variablenliste der INPUT-Anweisung stehen, wie z.B.:

  1.1 ⏎

● Auf dem Bildschirm erscheint die Meldung:

```
??
```

d.h. es wird zur weiteren formatgerechten Werteeingabe aufgefordert.
● Geben Sie zur Beendigung des Programms die Daten richtig ein, z.B.

  2.2 ⏎

Beispiel 8.16

● Starten Sie das Programm mit RUN.
● Geben Sie mehr Werte ein als Variablen in der Variablenliste der INPUT-Anweisung stehen, wie z.B.:

  1.1 , 2.2 , 3.3 ⏎

● Auf dem Bildschirm erscheint die Fehlermeldung:

```
? EXTRA IGNORED
1.1       2.2       3.3
```

Es wird somit darauf hingewiesen, daß die zuviel eingegebene Zahl 3.3 ignoriert wurde (engl.: extra ignored). Der Algorithmus wird jedoch mit den notwendigen ersten beiden Zahlen ausgeführt.

9 Korrigieren von BASIC-Programmen

Niemand ist in der Lage, längere Programme vollständig fehlerfrei in den Mikrocomputer einzugeben. Es muß somit die Möglichkeit bestehen, Fehler zu korrigieren.

Die üblichen Korrekturwünsche lassen sich wie folgt zusammenfassen:

1	Ersetzen eines oder mehrerer Zeichen durch entsprechend viele andere Zeichen.
2	Anhängen eines oder mehrerer Zeichen an andere Zeichen.
3	Einfügen eines oder mehrerer Zeichen zwischen zwei anderen Zeichen.
4	Löschen eines oder mehrerer Zeichen zwischen zwei anderen Zeichen.
5	Ersetzen ganzer Zeilen.
6	Einfügen ganzer Zeilen.
7	Löschen ganzer Zeilen.
8	Löschen des gesamten Programmes.

Weiter muß man unterscheiden, ob die Fehler in *abgeschlossenen* BASIC-Anweisungen enthalten sind oder nicht (d. h. ob die Anweisungen bereits durch Drücken der ENTER -Taste ⏎ abgeschlossen wurden oder nicht). Nicht abgeschlossene Anweisungen befinden sich noch im Zwischenspeicher, abgeschlossene Anweisungen schon im Arbeitsspeicher des Mikrocomputers. Dieser Unterschied führt teilweise zu unterschiedlichen Korrekturmöglichkeiten.

Für alle Korrekturen gilt:

> Soll eine korrigierte Anweisung in den Arbeitsspeicher des Mikrocomputers mit Hilfe der ENTER -Taste ⏎ übergeben werden, muß der Cursor nicht unbedingt wieder an das Ende der Anweisung bewegt werden, sondern es kann sofort die ENTER -Taste ⏎ gedrückt werden.

9.1 Korrigieren nicht abgeschlossener BASIC-Anweisungen

Vielfach merkt man schon während der Eingabe einer BASIC-Anweisung, daß man sich verschrieben hat. Die BASIC-Anweisung wurde somit *noch nicht* durch Drücken der ENTER -Taste ⏎ *abgeschlossen*. Der Korrekturwunsch kann sich somit nur auf *Zeichen* innerhalb der Eingabezeile beziehen, d. h. auf die Korrekturwünsche 1 bis 4 in der obigen Tabelle. Sie sollen im folgenden besprochen werden.

9.1.1 Ersetzen von Zeichen

Der Cursor gibt bekanntlich die Position an, an der das nächste eingegebene Zeichen ausgegeben wird.

> **Zum Ersetzen eines Zeichens durch ein anderes Zeichen steuert man daher den Cursor an die Stelle, an der ein Zeichen durch ein anderes ersetzt werden soll.**

Zur Korrektur *innerhalb einer Zeile* werden dazu folgende Cursor-Steuertasten benötigt:

Symbol	Erläuterung
$\leftarrow$	Der Cursor bewegt sich pro Tastendruck um eine Spalte nach links. Ist der Cursor am linken Bildschirmrand angelangt, so springt er beim nächsten Tastendruck zum Ende der *vorhergehenden* Zeile.
$\rightarrow$	Der Cursor bewegt sich pro Tastendruck um eine Spalte nach rechts. Ist der Cursor am rechten Bildschirmrand angelangt, so springt er beim nächsten Tastendruck zum Anfang der *nächsten* Zeile.

> **Nach der Positionierung des Cursors mit Hilfe der Cursor-Tasten auf das zu ersetzende Zeichen drückt man auf die Taste mit dem Ersatzzeichen.**

An der Stelle des Bildschirms, wo vorher das *zu ersetzende Zeichen* stand, steht nun das *Ersatzzeichen.*

Beispiel 9.1

Sie sind gerade bei der Eingabe Einer BASIC-Anweisung bis an folgende Stelle gelangt:
1∅ ⌴ IMPUT ⌴ A, B □

Der Cursor □ steht am Ende der Anweisung. Nun wird bemerkt, daß das Schlüsselwort nicht IMPUT, sondern INPUT heißt.

Das M muß durch ein N ersetzt werden.

Dazu drückt man zunächst achtmal die „Cursor-links-Taste" $\boxed{\leftarrow}$. Der Cursor steht nun wie folgt bei dem M (zu ersetzendes Zeichen)
1∅ ⌴ I $\boxed{M}$ PUT ⌴ A, B

Anschließend drückt man die Taste N (Ersatzzeichen). Es erscheint auf dem Bildschirm die korrigierte Anweisung
1∅ ⌴ IN $\boxed{P}$ UT ⌴ A, B

> **Wurden alle Zeichen in einer BASIC-Anweisung wunschgemäß ersetzt, kann die Korrektur durch Drücken der $\boxed{\text{ENTER}}$ -Taste abgeschlossen werden. Die Anweisung wird dadurch korrigiert in den Arbeitsspeicher übertragen.**

9.1.2 Anhängen von Zeichen

Möchte man hingegen nach dem Ersetzen von Zeichen noch etwas an die BASIC-Anweisung *anfügen*, so muß der Cursor durch entsprechend häufiges Betätigen der „Cursor-Rechts-Taste" $\boxed{\rightarrow}$ hinter das letzte Zeichen der Anweisung bewegt werden. Anschließend werden die anzuhängenden Zeichen eingegeben.

Beispiel 9.2

Der Cursor stehe beim Buchstaben P der folgenden Anweisung

1∅ ⌣ IN $\boxed{P}$ UT ⌣ A, B

Es soll noch

,C

an die Anweisung angehängt werden. Betätigen Sie dazu siebenmal die Cursor-rechts-Taste $\boxed{\rightarrow}$. Der Cursor befindet sich anschließend hinter dem B der betrachteten Anweisung wie folgt:

1∅ ⌣ INPUT ⌣ A, B □

Nun kann an die BASIC-Anweisung wie gewünscht etwas angehängt werden, z. B.

1∅ ⌣ INPUT ⌣ A, B, C □

Ist die BASIC-Anweisungszeile wunschgemäß ergänzt, kann sie durch Drücken der $\boxed{\text{ENTER}}$ -Taste $\boxed{\leftarrow}$ abgeschlossen und somit korrigiert in den Arbeitsspeicher übertragen werden.

9.1.3 Einfügen von Zeichen

Manchmal werden in einer Anweisung ein oder mehrere Zeichen vergessen einzugeben. Diese Zeichen müssen später eingefügt werden können.

Der Einfügevorgang läuft folgendermaßen ab:

- Der Cursor wird an die Stelle bewegt, wo ein Zeichen einzufügen ist.
- Die Tasten $\boxed{\text{SHIFT}}$ und $\boxed{\text{INST/DEL}}$ werden gleichzeitig gedrückt (vgl. Abschnitt 6.1.5 und Bsp. 8.13). Dadurch wird Platz zum Einfügen eines Zeichens geschaffen.

  Das Zeichen, das an der Position des Cursors stand und alle rechts folgenden Zeichen werden dabei um eine Position nach rechts verschoben.

- Anschließend wird die Taste des einzufügenden Zeichens gedrückt.
- Das Zeichen ist eingefügt.
- Der Cursor wird dabei um eine Position weiter nach rechts gerückt.
- Es könnte nun auf diese Weise an dieser Stelle ein weiteres Zeichen eingefügt werden.

  So lassen sich auf einfache Weise auch *mehrere* Zeichen zwischen zwei Zeichen einfügen.

Beispiel 9.3

Sie haben folgende BASIC-Anweisung eingegeben:

1∅ ⌣ INPUTA, B □

Hinter dem T von INPUT bzw. vor der Variablen A fehlt das Leerzeichen ⌣. Es muß eingefügt werden. Zunächst wird der Cursor, der bei einer Eingabe i. a. hinter dem letzten Zeichen der Anweisung steht, an die Stelle bewegt, wo das Leerzeichen einzufügen ist, d. h. an die Stelle, wo z. B. das A steht.

1∅ ⌣ INPUT $\boxed{A}$, B

Dann werden die Tasten $\boxed{\text{SHIFT}}$ und $\boxed{\text{INST/DEL}}$ gleichzeitig gedrückt.

Es ergibt sich folgendes Bild:

1Ø ⌴ INPUT ☐ A, B

Anschließend wird die Taste des einzufügenden Zeichens, hier die Leerzeichentaste, gedrückt. Es ergibt sich folgendes Bild:

1Ø ⌴ INPUT ⌴ $\boxed{\text{A}}$, B

Damit ist das Einfügen des Leerzeichens abgeschlossen. Durch Drücken der $\boxed{\text{ENTER}}$ -Taste wird die korrigierte Anweisung in den Arbeitsspeicher übertragen.

Ist eine Bildschirmzeile schon voll und sollen dennoch einige Zeichen in dieser Zeile eingefügt werden, so verschwinden entsprechend viele am rechten Rand stehende Zeichen dieser Zeile. Sie erscheinen dafür links unten in der nachfolgenden Zeile (Zeilenüberlauf). Dies ist erlaubt (max. Obergrenze 255 Zeichen).

9.1.4 Löschen von Zeichen mit Hilfe der Rückschritt-Lösch-Taste $\boxed{\text{DEL}}$

Häufig merkt man sofort *nach der Eingabe des letzten Zeichens*, daß dieses Zeichen fälschlicherweise eingegeben wurde.

Aus diesem Grunde gibt es eine spezielle „Rückschritt-Lösch-Taste" mit der Aufschrift $\boxed{\text{DEL}}$ (vgl. Abschnitt 6.1.5).

> **Das Betätigen der „Rückschritt-Lösch-Taste" bewirkt, daß das Zeichen, das sich links vom Cursor befindet, gelöscht wird.**

Die „Rückschritt-Lösch-Taste" kann nicht nur zum Löschen des *letzten* eingegebenen Zeichens verwandt werden. Bewegt man den *Cursor* nach links zu einem bestimmten Zeichen, so wird beim anschließenden Betätigen der „Rückschritt-Lösch-Taste" auch hier das sich *links* vom Cursor befindliche Zeichen gelöscht. Alle rechts vom gelöschten Zeichen stehenden Zeichen werden um eine Stelle nach links verschoben, um den durch das Löschen entstandenen Leerraum aufzufüllen.

Durch mehrfaches Betätigen der „Rückschritt-Lösch-Taste" können auch mehrere Zeichen gelöscht werden.

Beispiel 9.4

Sie haben folgende BASIC-Anweisung eingegeben.

1Ø ⌴ INPUT ⌴ A, B, C ☐

Die beiden letzten Zeichen wurden zuviel eingegeben.

Durch zweimaliges Betätigen der „Rückschritt-Lösch-Taste" $\boxed{\text{DEL}}$ werden die beiden letzten Zeichen gelöscht.

9.2 Korrigieren von schon erstellten BASIC-Programmen

9.2.1 Auflisten der Programmzeilen eines BASIC-Programmes

Vor der Besprechung der Korrektur von schon erstellten BASIC-Programmen soll noch einmal angesprochen werden, wie man sich das im Arbeitsspeicher stehende Programm vollständig oder bereichsweise auf dem Bildschirm auflisten lassen kann. Dieser Schritt ist i.a. vor einer Korrektur notwendig, denn es müssen zunächst die Fehler gefunden werden, die anschließend korrigiert werden sollen. Dazu benötigt man ein ‚Listing' des Programms.

Nach der Besprechung des LIST-Kommandos wird darauf eingegangen, welche Korrekturwünsche in schon erstellten BASIC-Programmen bestehen und wie diese Korrekturen durchgeführt werden.

Zum Auflisten von ganzen Programmen bzw. Bereichen von Programmen dient das Kommando LIST (vgl. Abschnitt 7.1, Punkt 5).

Kommando	Erläuterung
LIST ↵	Bei kurzen Programmen, d.h. wenn die Zahl der Anweisungen die Zahl der Bildschirmzeilen nicht übersteigt, kann das gesamte Programm aufgelistet werden. Dazu gibt man einfach die Buchstabenfolge LIST ein und drückt anschließend die ENTER - Taste ↵ . Das im Arbeitsspeicher befindliche Programm wird aufgelistet.
LIST ␣ n1 − n2 ↵	Bei längeren Programmen muß man sich den gewünschten Programmbereich mit dem nebenstehenden allgemeinem LIST-Kommando ausgeben lassen (vgl. Abschnitt 7.1, Punkt 5). Die Anweisungsnummer n1 gibt dabei die untere Grenze, die Anweisungsnummer n2 die obere Grenze des auszugebenden Programmbereiches an, d.h. es werden alle Anweisungen von der Anweisungsnummer n1 bis zur Anweisungsnummer n2 *einschließlich* auf dem Bildschirm ausgegeben.
LIST ␣ − n2 ↵	Es werden alle Anweisungen vom Anfang des Programms bis zur Anweisung mit der Anweisungsnummer n2 einschließlich auf dem Bildschirm ausgegeben.
LIST ␣ n1 − ↵	Es werden alle Anweisungen ab der Anweisung mit der Anweisungsnummer n1 einschließlich bis zum Ende des Programms auf dem Bildschirm ausgegeben.

9.2.2 Änderungswünsche

Zur Korrektur von schon erstellten Programmen müssen die gleichen Korrekturwünsche erfüllt werden, die auch bei der Korrektur noch nicht abgeschlossener BASIC-Anweisungen vorhanden waren.

<u>Zusätzlich</u> kommen folgende Korrekturwünsche hinzu:

- Ersetzen einer oder mehrerer BASIC-Anweisungen eines Programmes durch entsprechend viele andere BASIC-Anweisungen.
- Einfügen einer oder mehrerer BASIC-Anweisungen in das Programm.
- Löschen einer oder mehrerer BASIC-Anweisungen im Programm.
- Löschen des gesamten Programmes.

9.2.3 Korrekturmöglichkeiten zur Korrektur von Fehlern innerhalb einer Anweisungszeile

> **Zur Korrektur von Fehlern in Anweisungen von schon erstellten Programmen stehen folgende Korrekturmöglichkeiten zur Verfügung:**
>
> * **Neueingabe der Anweisungen,**
> * **Korrektur der Anweisungen wie bei den nicht abgeschlossenen BASIC-Anweisungen, d.h. mit Hilfe der Cursor-Tasten und der Korrekturtaste** INST/DEL **.**

9.2.3.1 Neuangabe von Anweisungen

> **Wird eine Anweisung neu eingegeben, so wird die alte durch die neue ersetzt.**

Eine Neueingabe der Anweisung ist jedoch selten sinnvoll, da sie erneut den gesamten Eingabeaufwand erfordert und neue Fehleingaben möglich sind. Daher sollten andere Korrekturmöglichkeiten benutzt werden.

9.2.3.2 Korrektur mit Hilfe des Bildschirmeditors

Die Korrekturen innerhalb eines Programms lassen sich auf die gleiche Art und Weise vornehmen, wie die Korrekturen in noch nicht abgeschlossenen BASIC-Anweisungen. Dies soll an einem Beispiel demonstriert werden.

Beispiel 9.5

Mit Hilfe des LIST-Kommandos

LIST ⏎

wird folgendes im Arbeitsspeicher gespeicherte Programm auf dem Bildschirm ausgegeben:

```
1Ø ⎵ INPUT ⎵ A B
2Ø ⎵ C = A + B
3Ø ⎵ PRINTT ⎵ A, B
READY
```

Es enthält folgende Fehler:

* In der Anweisung mit der Anweisungsnummer 1Ø fehlt das trennende Komma zwischen den Variablen A und B.
* In der Anweisung mit der Anweisungsnummer 2Ø soll das Plus-Zeichen (+) zwischen den Variablen A und B ersetzt werden durch ein Minuszeichen (−), da die Werte voneinander subtrahiert werden sollen.
* In der Anweisung mit der Anweisungsnummer 3Ø hat das Schlüsselwort PRINT ein T zuviel. Außerdem fehlt für die Ausgabe des Ergebnisses der Subtraktion die Variable C. Sie ist von der Variablen B durch ein Komma zu trennen.

  Die Korrekturen werden wie folgt vorgenommen:
* Korrektur der Anweisung mit der Anweisungsnummer 1Ø:
  - Der Cursor wird mit Hilfe der Cursor-Tasten ↑ und → zu der Stelle geführt, wo das Komma einzufügen ist, d.h. zum Buchstaben B. Die Ausgabe auf dem Bildschirm ist:

    1Ø ⎵ INPUT ⎵ A B
  - Anschließend werden die Tasten SHIFT und INST/DEL gleichzeitig gedrückt, um Platz für das *einzufügende* Komma zu schaffen. Die Ausgabe auf dem Bildschirm ist:

    1Ø ⎵ INPUT ⎵ A ☐ B

- Nun wird durch Drücken der ⎡,⎤-Taste das Komma an der Stelle eingefügt, an der der Cursor steht. Es ergibt sich folgendes Bild:

  1∅ ⌴ INPUT ⌴ A, ⎡B⎤

- Nach der Korrektur wird die ⎡ENTER⎤-Taste gedrückt.

● Korrektur der Anweisung mit der Anweisungsnummer 2∅:

- Der Cursor wird mit Hilfe der Cursor-Taste ⎡→⎤ zum zu *ersetzenden* Zeichen, dem Pluszeichen, geführt. Die Ausgabe auf dem Bildschirm ist:

  2∅ ⌴ C = A ⎡+⎤ B

- Anschließend wird die Taste des Ersatzzeichens, das Minuszeichen, gedrückt. Es ergibt sich folgendes Bild:

  2∅ ⌴ C = A − ⎡B⎤

- Nach der Korrektur wird die ⎡ENTER⎤-Taste gedrückt.

● Korrektur der Anweisung mit der Anweisungsnummer 3∅:

- Der Cursor wird mit Hilfe der Cursor-Taste ⎡→⎤ hinter den letzten zu löschenden Buchstaben T geführt. Die Ausgabe auf dem Bildschirm ist:

  3∅ ⌴ PRINTT ☐ A, B

- Die ⎡DEL⎤-Taste wird gedrückt. Das links vom Cursor stehende T wird *gelöscht*. Es ergibt sich folgendes Bild:

  3∅ ⌴ PRINT ☐ A, B

- Der Cursor wird mit Hilfe der Cursor-Taste ⎡→⎤ hinter den letzten Buchstaben B geführt. Es ergibt sich folgendes Bild:

  3∅ ⌴ PRINT ⌴ A, B ☐

- Die fehlenden Zeichen werden durch Drücken der Kommataste ⎡,⎤ und der Buchstabentaste ⎡C⎤ an die Anweisung wie folgt *angehängt*:

  3∅ ⌴ PRINT ⌴ A, B, C ☐

- Nach der Korrektur wird die ⎡ENTER⎤-Taste gedrückt.

9.2.4 Ersetzen ganzer BASIC-Anweisungen

> Eine BASIC-Anweisungszeile wird durch eine neue <u>ersetzt</u>, indem man für die neue Anweisung <u>die gleiche Anweisungsnummer</u> eingibt, die die alte zu ersetzende Anweisung aufweist. Anschließend ist die neue Anweisung einzugeben. Wenn die Eingabe durch Drücken der ⎡ENTER⎤-Taste ⎡↵⎤ abgeschlossen wird, wird die alte Anweisung durch die neu eingegebene Anweisung im Arbeitsspeicher ersetzt.

Beispiel 9.6

Folgendes Programm sei gegeben (siehe vorhergehendes Beispiel 9.5 nach der Korrektur):

1∅ ⌴ INPUT ⌴ A, B ⎡↵⎤
2∅ ⌴ C = A − B ⎡↵⎤
3∅ ⌴ PRINT ⌴ A, B, C ⎡↵⎤

Die Anweisung mit der Anweisungsnummer 1∅ soll wie folgt durch eine andere ersetzt werden:

1∅ ⌴ INPUT ⌴ "GEBEN ⌴ SIE ⌴ ZWEI ⌴ WERTE ⌴ EIN"; A, B ⎡↵⎤

Dazu ist die neue Anweisung wie oben angegeben einzugeben.

Gibt man anschließend das Kommando

LIST ⏎

so wird das geänderte Programm wie folgt ausgegeben:

1∅ ␣ INPUT ␣ "GEBEN ␣ SIE ␣ ZWEI ␣ WERTE ␣ EIN"; A, B

2∅ ␣ C = A − B

3∅ ␣ PRINT ␣ A, B, C

Mit Hilfe der geänderten Eingabeanweisung wird der Benutzer nach dem Starten des Programmes über den Bildschirm durch den Text

Geben Sie zwei Werte ein?

zur Eingabe von zwei Zahlenwerten aufgefordert.

Die Änderung der Anweisung mit der Anweisungsnummer 1∅ hätte selbstverständlich auch anders vorgenommen werden können. Dieser Weg ist hier nur als Beispiel gedacht, um zu zeigen, wie ganze Anweisungen ersetzt werden können.

9.2.5 Einfügen von ganzen BASIC-Anweisungen

> **Möchte man ganze BASIC-Anweisungen in ein vorhandenes BASIC-Programm einfügen, so ist dazu eine Anweisungsnummer zu wählen, die zwischen den Anweisungsnummern an der Einfügestelle liegt. Anschließend ist die eigentliche Anweisung einzugeben.**

Beispiel 9.7

Möchte man außer der Subtraktion noch eine Addition der den Variablen von A und B zugeordneten Werte im obigen Programm ausführen lassen, so kann diese Anweisung z.B. zwischen den Anweisungen mit den Anweisungsnummern 2∅ und 3∅ *eingefügt* werden, indem folgende Anweisung eingegeben wird:

25 ␣ D = A + B ⏎

Die Eingabe muß durch Drücken der ENTER -Taste ⏎ abgeschlossen werden.

Das Ergebnis der Addition soll in einer gesonderten Zeile ausgegeben werden. Dazu muß eine entsprechende Ausgabeanweisung in das Programm *eingefügt* werden; z.B. die Anweisung:

35 ␣ PRINT ␣ A, B, D ⏎

Gibt man zur Kontrolle anschließend das Kommando

LIST ⏎ ,

so wird das geänderte Programm mit den eingefügten Anweisungen ausgegeben:

1∅ ␣ INPUT ␣ "GEBEN ␣ SIE ␣ ZWEI ␣ WERTE ␣ EIN"; A, B

2∅ ␣ C = A − B

25 ␣ D = A + B

3∅ ␣ PRINT ␣ A, B, C

35 ␣ PRINT ␣ A, B, D

Wie man sieht, sind die einzufügenden Anweisungen an den Stellen in das ursprüngliche Programm eingefügt worden, die die Anweisungsnummern vorschreiben.

9.2.6 Löschen ganzer BASIC-Anweisungen

> Möchte man einzelne BASIC-Anweisungen löschen, so gibt man die Anweisungs-
> nummer dieser zu löschenden Anweisung ein und drückt anschließend, ohne jegliche
> weitere Eingabe, die ENTER -Taste ↵ .

Beispiel 9.8

Es soll die Anweisung mit der Anweisungsnummer 35 des vorhergegangenen Beispiels gelöscht werden.
Dies erreicht man mit Hilfe der Eingabe

35 ↵

Gibt man zur Kontrolle anschließend das Kommando

LIST ↵ ,

so sieht man, daß diese Anweisung tatsächlich gelöscht wurde:

1Ø ⌴ INPUT ⌴ "GEBEN ⌴ SIE ⌴ ZWEI ⌴ WERTE ⌴ EIN"; A, B
2Ø ⌴ C = A − B
25 ⌴ D = A + B
3Ø ⌴ PRINT ⌴ A, B, C

9.2.7 Löschen einer Gruppe von BASIC-Anweisungen

Möchte man eine Gruppe von BASIC-Anweisungen löschen, d.h. mehrere aufeinander-
folgende BASIC-Anweisungen, so wäre es mühsam, alle Anweisungsnummern *einzeln* eingeben zu müssen. Praktischer wäre es, wenn man nur die erste und letzte Anweisungsnummer der Gruppe angeben müßte.

> **Diese Möglichkeit zum Löschen einer Gruppe von BASIC-Anweisungen bietet das
> DELETE-Kommando mit der allgemeinen Form**
>
> DELETE ⌴ n1 − n2
>
> **Dabei ist n1 die erste und n2 die letzte Anweisungsnummer der zu löschenden An-
> weisungsgruppe (vgl. Abschnitt 7.1, Punkt 4).**

Beispiel 9.9

Es sollen im vorangegangenen Beispiel alle Anweisungen zwischen der Anweisungsnummer 2Ø und 3Ø
einschließlich dieser Anweisungen selbst gelöscht werden. Das Löschkommando lautet:

DELETE ⌴ 2Ø−3Ø ↵

Nach der Ausführung meldet sich das System mit Ready, d.h. das Kommando wurde ausgeführt. Dies
läßt sich überprüfen durch das Kommando

LIST ↵

Das Programm enthält nun nur noch die Zeile

1Ø ⌴ INPUT ⌴ "GEBEN ⌴ SIE ⌴ ZWEI ⌴ WERTE ⌴ EIN"; A, B

Die gewünschte Anweisungsgruppe wurde somit tatsächlich gelöscht.

9.2.8 Löschen eines ganzen Programms

> **Die Möglichkeit, ein ganzes Programm im Arbeitsspeicher zu löschen, bietet das Kommando**
>
> **NEW** ⏎ (siehe Abschnitt 7.1, Punkt 1).

Dieses Kommando bewirkt, daß der gesamte Arbeitsspeicher gelöscht wird und somit auch das darin gespeicherte Programm.

Die Eingabe dieses Kommandos empfiehlt sich vor jeder Eingabe eines *neuen* Programms, um sicherzustellen, daß keine „Reste" von vorher eingegebenen Programmen im Arbeitsspeicher stehen, die das neu eingegebene Programm verfälschen könnten.

Beispiel 9.10

Es soll an das vorangegangene Beispiel angeknüpft werden. Geben Sie das Kommando

NEW ⏎

ein.

Nach der Ausführung des NEW-Kommandos meldet sich das System mit Ready, d.h. das Kommando wurde ausgeführt.

Die Löschung des Programmes läßt sich überprüfen durch das Kommando

LIST ⏎

Nach der Ausführung dieses Kommandos folgt sofort das Systembereitschaftszeichen Ready, *ohne* daß Anweisungen ausgegeben werden. Dies bedeutet, daß das Programm vollständig gelöscht wurde.

10 Inbetriebnahme eines externen Datenrekorders

Auch bei den bisherigen kurzen Beispielen wird eventuell schon der Wunsch aufgetreten sein, eingegebene Programme *dauerhaft* auf einem externen Speicher speichern zu können, denn das Ausschalten der Systemeinheit führt zum Verlust der eingegebenen Anweisungen im Arbeitsspeicher.[1]

> **Mit Hilfe eines Datenrekorders (eines speziellen Kassettenrekorders) lassen sich Programme und andere Daten einfach und preiswert dauerhaft auf den üblichen Musikkassetten speichern (Sicherung von Programmen und Daten).**

Außerdem können gekaufte Programme von Kassetten in den Arbeitsspeicher des Computers übertragen werden. Wie im einzelnen vorzugehen ist, ist Thema dieses Kapitels.

Bei der Beschreibung der Vorgehensweise wird von der Commodore Datasette 1530/1531 ausgegangen. Die Schilderung ist jedoch weitgehend allgemein gültig.

10.1 Die Tastatur des Datenrekorders

Zur Bedienung der Tastatur des Datenrekorders ist die Kenntnis der Funktion der einzelnen Tasten erforderlich. Sie soll zunächst beschrieben werden.

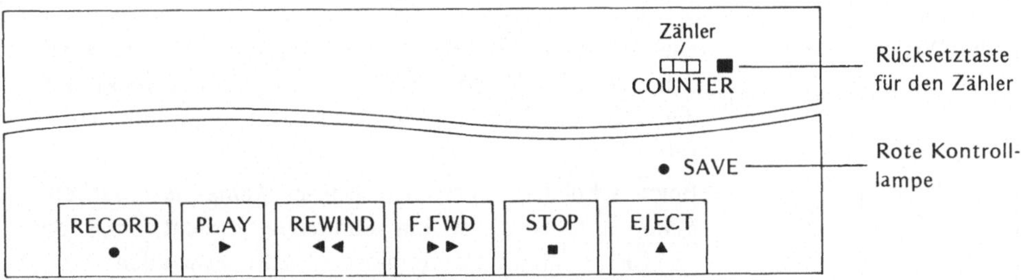

Bild 10.1 Die Tastatur des Datenrekorders Commodore 1530/1531

---

[1] Man bezeichnet die für Arbeitsspeicher verwendeten RAM's daher auch als flüchtige Speicher.

Taste	Symbol	Funktion
RECORD	●	Die Abkürzung REC steht für engl. record, d. h. *Aufnahme.* Diese Taste muß gedrückt werden, wenn Daten bzw. Programme auf der Kassette *gespeichert* werden sollen. Die Speicherung ist jedoch nur möglich, wenn *zusätzlich* die Taste PLAY gedrückt wird. Außerdem muß der Kassettendeckel geschlossen sein.
PLAY	▶	Das englische Wort PLAY steht für *Abspielen.* Diese Taste muß gedrückt werden, wenn Daten bzw. Programme von der Kassette *abgespielt* werden sollen, d. h. anders ausgedrückt: wenn Daten und Programme von der Kassette in den Arbeitsspeicher des Mikrocomputers *geladen* werden sollen. Das Symbol zeigt die Laufrichtung des Bandes an. Bei Erreichen des Bandendes wird der Bandtransport automatisch abgeschaltet.
REWIND	◀◀	Das englische Wort REWIND steht für *Zurückspulen.* Diese Taste muß gedrückt werden, wenn das Band der Kassette zurückgespult werden soll. Dies zeigt auch das Symbol (entgegengesetzte Pfeilrichtung wie PLAY). Der doppelte Pfeil deutet an, daß das Rückspulen mit höherer Geschwindigkeit erfolgt als die Aufnahme bzw. das Abspielen der Kassette. Beim Rückspulen erfolgt *keine automatische Bandabschaltung.* Ist der Anfang des Bandes erreicht, muß die STOP-Taste des Datenrekorders gedrückt werden.
F.FWD	▶▶	Die Abkürzung F.FWD steht für engl. fast forward wind, d. h. schnelles *Vorspulen.* Diese Taste muß gedrückt werden, wenn das Band der Kassette schnell vorgespult werden soll. Beim schnellen Vorspulen erfolgt *keine automatische Bandabschaltung.* Ist das Bandende erreicht, muß die STOP-Taste des Datenrekorders gedrückt werden.
STOP	■	Bei *einmaligem* Drücken dieser Taste wird der Lauf der Kassette *gestoppt. Alle* Tasten springen in ihre Ausgangsstellung.
EJECT	▲	Beim Drücken dieser Taste öffnet sich das Kassettenfach (engl. eject, d. h. auswerfen).

10.2 Anschluß eines externen Datenrekorders an die Systemeinheit

Am Datenrekorder Datasette 1530/1531 ist das Anschlußkabel zur Systemeinheit fest angebracht (keine Stecker).

Am anderen Ende des Anschlußkabels des Datenrekorders ist ein Stecker, der in die Buchse CASSETTE der Systemeinheit zu stecken ist (vgl. Bild 3.1).

> **Die Systemeinheit muß vor dem Anschluß des Datenrekorders ausgeschaltet werden.**

Ein Netzanschlußkabel ist nicht notwendig, da der Datenrekorder von der Systemeinheit aus mit dem notwendigen Strom versorgt wird.

Der Anschlußstecker kann nicht „verdreht" in die Buchse gesteckt werden, da die Platine mit den Kontakten auf der Systemeinheit (Buchse, vgl. Bild 3.1) einen Schlitz aufweist, in die der Steg des Steckers passen muß. Auf diese Weise wird eine falsche Montage des Steckers verhindert.

10.3 Übertragen von Programmen vom Computer auf eine Kassette

10.3.1 Vorbereitungen

Möchte man ein Programm, das sich im Arbeitsspeicher des Computers befindet, dauerhaft auf einer Kassette speichern, so sind folgende Schritte notwendig:

- **Kassettenfach öffnen**

Drücken Sie dazu die EJECT -Taste des Datenrekorders.

- **Kassette in den Datenrekorder einlegen**

Das Band der Kasette zeigt dabei zum Betrachter (bzw. zur Tastatur des Datenrekorders).

Eine *neue Kassette* wird so in das Kassettenfach des Datenrekorders eingelegt, daß mit der Speicherung des Programmes am Bandanfang begonnen wird (zur Sicherheit kann man noch einmal die REWIND -Taste mit dem Symbol ◄◄ drücken (vgl. Bild 10.1), die das Band schnell zum Anfang zurückspult). Wenn die *Seite 1* der Kassette im Kassettenfach nach oben zeigt, ist das Band vollständig auf der linken Seite aufgespult.

Bei bereits *benutzten* Kassetten, d.h. Kassetten, auf denen schon Programme oder Daten gespeichert sind, ist die Vorgehensweise zur Speicherung weiterer Programme aufwendiger. Dabei ist insbesondere darauf zu achten, daß keine schon gespeicherten Programme bzw. Daten auf der Kassette infolge der erneuten Speicherung gelöscht werden können. Hilfreich ist hier das eingebaute Bandzählwerk (s. Bild 10.1 engl. Counter, d.h. Zähler). Man sollte sich, ausgehend vom Zählerstand $\emptyset\emptyset\emptyset$ am Anfang des Bandes, die Lage der Programme und Dateien notieren. Zur Einstellung des Zählerstandes $\emptyset\emptyset\emptyset$ wird die Rücksetztaste (vgl. Bild 10.1) des Datenrekorders gedrückt.

Die Anfangslage für ein neu zu speicherndes Programm läßt sich dann wie folgt finden:

— Schnelles Zurückspulen der Kassette zum Bandanfang durch Drücken der Rücklauf-
  taste REWIND (Symbol ◄◄ vgl. Bild 10.1).

— Bandzählwerk auf Null setzen (Rücksetztaste neben dem Bandzählwerk drücken,
  vgl. Bild 10.1).

— Schnelles Vorspulen des Bandes in der Kassette durch Drücken der Taste FAST
  FORWARD WIND, kurz F.FWD (Symbol ►► vgl. Bild 10.1), bis der notierte
  Zählerstand für das *Ende* des letzten gespeicherten Programmes erreicht ist. Zur
  Sicherheit sollte man das Band sogar noch etwas über den notierten Zählerstand
  hinauslaufen lassen. Dies ist die Anfangslage des Bandes für ein *neu* zu speicherndes
  Programm.

10.3.2 Kommando zum Speichern von im Arbeitsspeicher des Computers befindlichen Programmen auf eine Kassette

**Mit Hilfe des SAVE-Kommandos wird ein Programm, das im Arbeitsspeicher des
Computers steht, zum Kassettenrekorder übertragen und auf einer Kassette dauerhaft gespeichert. Die allgemeine Form ist:**

> **SAVE "Dateiname", Geräteadresse, Option** ↵

- Der *Dateiname* ist der Name, den der Programmierer dem Programm zur Unterscheidung gegenüber anderen Programmen auf der Kassette gibt.

  Er muß jedoch nicht angegeben werden, obwohl dies stets zweckmäßig ist. Wird
  kein Dateiname angegeben, so wird das Programm ohne Dateinamen auf der
  Kassette gespeichert.

  Der Dateiname darf aus maximal 16 Zeichen bestehen. Im Dateinamen sind auch
  Leerzeichen erlaubt. Weist der Dateiname mehr als 16 Zeichen auf, werden die
  überzähligen Zeichen ignoriert.

  Die Zahl der Programme, die auf einer Kassette gespeichert werden können, wird
  nur durch die Länge des Bandes selbst begrenzt.

  Das SAVE-Kommando gilt allgemein.

- Die *Geräteadresse* ist eine Kennziffer, auf welchem *Ausgabegerät* das Programm
  gespeichert werden soll. Ist das Ausgabegerät der angeschlossene Datenrekorder,
  der die Geräteadresse 1 aufweist, so kann die Geräteadresse entfallen.

- Die *Option* gibt an, ob das Programm auf der Kassette nach der Speicherung mit
  einer Bandendemarke versehen werden soll oder nicht.

  Die gewählte Option wird wie folgt gekennzeichnet:

Ø	keine Bandendemarke nach der Programmdatei
Wert ungleich Ø	Bandendemarke nach der Programmdatei

Wird keine Option angegeben, wird keine Bandendemarke abgesetzt.

Ist das Kommando zum Speichern eines Programmes mit Hilfe der Tastatur eingegeben worden, so muß zur *Ausführung* des Kommandos die ENTER -Taste ⏎ gedrückt werden.

Auf dem Bildschirm erscheint die Meldung:

> **PRESS RECORD & PLAY ON TAPE**

das heißt:

Drücke die beiden nebeneinanderliegenden Tasten RECORD und PLAY des Datenrekorders gleichzeitig, bis sie einrasten.

Anschließend wird das Programm unter dem angegebenen Programmnamen vom Arbeitsspeicher des Computers auf die Kassette übertragen. Dies ist äußerlich sichtbar. Die Kontrolllampe SAVE am Datenrekorder leuchtet in diesem Fall auf.

- Während des Ladevorgangs ist der Bildschirm gelöscht (hellgrün). Nach Beendigung des Speichervorgangs hält der Bandlauf automatisch. Auf dem Bildschirm erscheint die Meldung:

> **SAVING Programmname**
> **READY**

Dies bedeutet, daß das Programm mit dem im SAVE-Kommando angegebenen Programmnamen auf der Kassette gespeichert wurde.

- Das Betriebssystem meldet sich anschließend mit dem Systembereitschaftszeichen

> **READY**

auf dem Bildschirm bereit, weitere Kommandos zu bearbeiten.

Hinweis: Notieren Sie beim Speichern von Programmen oder Daten vom Arbeitsspeicher des Computers zur Kassette stets mit Hilfe des Bandzählwerkes die Lage des Programms auf dem Band (Anfang und Ende der Datei, bezogen auf den Bandanfang mit der Zählerstellung $\emptyset$). Das Programm läßt sich dann später viel schneller finden (vgl. Abschnitt 10.4).

Beispiel 10.2

- Geben Sie mit Hilfe der Tastatur folgendes Programm in den Arbeitsspeicher des Mikrocomputers ein:

```
1∅ ␣INPUT"GEBEN␣SIE␣ZWEI␣ZAHLEN,DURCH␣EIN
        KOMMA␣GETRENNT,EIN";A,B
2∅ ␣C=A+B
3∅ ␣PRINT"ADDITION␣VON␣ZWEI␣ZAHLEN"
4∅ ␣PRINT"A=";A,"B=";B,"C=";C
```

Die Zeichen der Anweisung mit der Anweisungsnummer 1∅ werden *fortlaufend* eingegeben. Allein durch die Begrenzung des Bildschirms hinsichtlich der Spaltenzahl je Zeile wird die *Anweisung in zwei Zeilen* auf dem Bildschirm ausgegeben.

Die Anweisung mit der Anweisungsnummer 1∅ sorgt dafür, daß der Anwender durch den angegebenen Text zur Eingabe der Zahlen für die Variablen A und B auf dem Bildschirm aufgefordert wird (Text: Geben Sie zwei Zahlen, durch ein Komma getrennt, ein).

In der Anweisung mit der Anweisungsnummer 2∅ werden die Werte der Variablen A und B addiert und der Variablen C zugeordnet.

Die Anweisung mit den Anweisungsnummern 3∅ und 4∅ sorgen für eine Ausgabe eines *erläuternden Textes* nebst der Ausgabe der Ein- und Ausgabewerte.

Nach der Eingabe des Programms erfolgt die Speicherung auf einer Kassette in folgenden Schritten:

- Kassette so einlegen, daß das Band frei von Informationen ist.

  Achtung!

  Am *Anfang* des Bandes erfolgt während der ersten 7 Sekunden keine Aufnahme, weil die Kassette einen nichtmagnetischen transparenten Vorlauf besitzt. Dieser ist gut vom Bandmaterial zu unterscheiden.

  Lassen Sie mit Hilfe der $\boxed{\text{F.FWD}}$ -Taste diesen Vorlauf an den Rekorderköpfen vorbeilaufen. Stoppen Sie den Lauf anschließend durch Drücken der $\boxed{\text{STOP}}$ -Taste.

- Eingabe des Kommandos

  SAVE"ADD" $\boxed{\hookleftarrow}$

  zum Speichern des eingegebenen Programms auf der Kassette unter dem Namen ADD.

  Auf dem Bildschirm erscheint die Meldung:

  $\boxed{\text{PRESS RECORD \& PLAY ON TAPE}}$

  Drücken Sie entsprechend der englischen Aufforderung die Tasten $\boxed{\text{RECORD}}$ und $\boxed{\text{PLAY}}$ des Datenrekorders gleichzeitig. Die Kassette beginnt zu laufen. Man hört es einerseits am Laufgeräusch, andererseits sieht man es an der Bewegung. Außerdem leuchtet die rote Kontrollampe SAVE am Datenrekorder. Während des Ladens wird der Bildschirm gelöscht. Das Band stoppt nach dem Ladevorgang automatisch. Auf dem Bildschirm erscheint die Meldung:

  $\boxed{\begin{array}{l}\text{Saving ADD} \\ \text{READY}\end{array}}$

  d.h. das Programm ADD wurde gespeichert.

  Die Systembereitschaftsmeldung

  $\boxed{\text{READY}}$

  weist darauf hin, daß das System bereit ist, weitere Kommandos zu bearbeiten.

10.4 Kommando zum Übertragen von Programmen von einer Kassette zum Computer

Möchte man ein Programm von einer Kassette in den Arbeitsspeicher übertragen, so sind folgende Schritte notwendig:

- Kassette mit dem gewünschten Programm in den Datenrekorder einlegen.
- Kassette vollständig zum Anfang des Bandes zurückspulen (Taste $\boxed{\text{REWIND}}$ des Datenrekorders drücken).

Da keine automatische Bandabschaltung erfolgt, ist beim Erreichen des Bandanfangs abschließend die $\boxed{\text{STOP}}$ -Taste zu drücken.

- Eingabe des BASIC-Kommandos zum Laden des Programmes von der Kassette in den Arbeitsspeicher des Mikrocomputers.

> Mit Hilfe des **LOAD**-Kommandos wird ein Programm, das auf einer Kassette im Kassettenrekorder gespeichert ist, zum Arbeitsspeicher des Computers übertragen und dort gespeichert.
>
> **Die allgemeine Form ist:**
>
> | LOAD"Dateiname", Geräteadresse, Progr.sp.adresse | ↵ |

- Der *Dateiname* ist der Name, unter dem ein Programm auf der Kassette gespeichert ist.

- Die *Geräteadresse* ist eine Kennziffer zwischen 1 und 15. Die Adresse des Datenrekorders ist 1. Sie *kann* auch entfallen.

- Die *Programmspeicheradresse* gibt in codierter Form an, unter welcher Adresse das Programm in den Arbeitsspeicher zu laden ist. Hierbei gilt folgender Code:

Ø	Die Anfangsadresse ist der Anfang des BASIC-Programmspeichers.
1	Die Anfangsadresse ist die Adresse, unter der das Programm ursprünglich im Arbeitsspeicher gespeichert war, bevor es auf der Kassette gespeichert wurde. Diese Angabe ist bei Maschinensprachprogrammen erforderlich, da diese nicht notwendigerweise im BASIC-Programmspeicher stehen.

Die Angabe der Programmspeicheradresse Ø *kann* auch entfallen.

Das Kommando muß durch Drücken der ENTER -Taste ↵ abgeschlossen werden.

Vor der Ausführung des LOAD-Kommandos wird ein im Arbeitsspeicher vorhandenes Programm sowie alle gesetzten Variablen gelöscht. Es ist somit nicht erforderlich, vor dem Laden eines Programmes von der Kassette das NEW-Kommando ausführen zu lassen. Außerdem werden vor der Ausführung des LOAD-Kommandos alle eröffneten Dateien geschlossen.

- Nach Eingabe des LOAD-Kommandos erscheint folgende Meldung auf dem Bildschirm:

PRESS PLAY ON TAPE

das heißt:

Drücke die Taste PLAY des Datenrekorders.

Anschließend beginnt das Band zu laufen. Der Bildschirm wird gelöscht (hellgrün). Das Programm wird auf der Kassette gesucht. Der Computer meldet dies durch:

SEARCHING FOR Programmname

Falls das gesuchte Programm gefunden wird, meldet es der Mikrocomputer mit

FOUND Programmname

Wenn der eigentliche Ladevorgang beginnt, meldet es der Computer durch folgende Ausgabe auf dem Bildschirm:

LOADING

Wenn das Programm vollständig geladen ist, wird das Systembereitschaftszeichen

> READY

auf dem Bildschirm ausgegeben. Der Datenrekorder schaltet automatisch ab.

Das geladene Programm kann anschließend mit Hilfe des RUN-Kommandos gestartet werden.

- Wird im LOAD-Kommando kein Programmname angegeben, wird gleich das erste Programm, das sich auf der Kassette befindet, geladen.
- Der Ladevorgang kann beschleunigt werden, indem man vor dem Drücken der PLAY-Taste
  - das Bandzählwerk auf Null setzt und
  - mit Hilfe des schnellen Vorlaufs (Taste F.FWD , engl. Fast Forward Wind-Taste) die notierte Anfangslage des gesuchten Programms einstellt.
  - Erst dann wird die PLAY-Taste gedrückt.

Das LOAD-Kommando kann auch, mit einer Anweisungsnummer versehen, als Anweisung in einem Programm verwendet werden. Auf diese Weise kann ein Programm ein anderes laden, d. h.:

Programme können miteinander verknüpft werden.

Nach der Bearbeitung der LOAD-Anweisung wird das dadurch geladene Programm sofort gestartet.

Entsprechendes gilt auch für das SAVE-Kommando.

Beispiel 10.3

Das auf der Kassette gespeicherte Programm ADD (Beispiel 10.2) soll nach dem Aus- und Einschalten der Systemeinheit von der Kassette in den Arbeitsspeicher geladen werden (Das Ein- und Ausschalten soll demonstrieren, daß der Arbeitsspeicher „leer" ist).

- Kassette mit dem Programm ADD einlegen.
- Zurückspulen des Bandes (Taste REWIND , Symbol ◄◄) zum Bandanfang. Drücken der Taste STOP bei Erreichen des Bandanfangs.
- Eingabe des Kommandos
  LOAD"ADD" ↵
  Auf dem Bildschirm erscheint die Meldung:

  > PRESS PLAY ON TAPE

- Drücken der PLAY-Taste des Datenrekorders.
  Das Band beginnt zu laufen.
- Auf dem Bildschirm erscheint die Meldung:

  > SEARCHING FOR ADD

  d. h. das Programm ADD wird gesucht.
- Wenn das gesuchte Programm gefunden wurde, wird folgende Meldung ausgegeben:

  > FOUND ADD

  d. h. das Programm ADD wurde gefunden.

● Der eigentliche Ladevorgang wird gemeldet durch das englische Wort

  | LOADING |

  d. h. das Programm ADD wird geladen.

● Wenn das Programm vollständig geladen ist, wird die Systembereitschaftsmeldung

  | Ready |

  ausgegeben. Das Band stoppt automatisch.

10.5 Kommando zum Vergleich des auf einer Kassette gespeicherten Programms mit dem Programm im Arbeitsspeicher

> **Mit Hilfe des Kommandos VERIFY wird ein Programm, das vom Arbeitsspeicher auf einer Kassette gespeichert wurde, mit dem Programm im Arbeitsspeicher verglichen.**

Dieses Kommando dient zur Kontrolle der korrekten Übertragung des gespeicherten Programms.

> **Die allgemeine Form des VERIFY-Kommandos ist:**
>
> | VERIFY "Dateiname", Geräteadresse, Progr.sp.adresse | ↵

● Der *Dateiname* ist der Name des Programms auf der Kassette, das mit dem Programm im Arbeitsspeicher verglichen werden soll.

  Wird kein Dateiname angegeben, wird das erste Programm, das auf der Kassette gefunden wird, mit dem Programm im Arbeitsspeicher verglichen.

● Die *Geräteadresse* ist die Adresse des externen Speichers. Für den Datenrekorder ist die Adresse 1. Die Angabe der Geräteadresse 1 *kann* auch entfallen.

● Die *Programmspeicheradresse* gibt an, ob das Programm am Anfang des BASIC-Programmspeichers steht oder nicht. Ist die Programmspeicheradresse

Ø	beginnt das Programm am Anfang des BASIC-Programmspeichers,
1	beginnt das Programm nicht am Anfang des BASIC-Programmspeichers, sondern dort, wo es im Arbeitsspeicher gespeichert war, als es auf der Kassette gespeichert wurde. Diese Angabe ist bei Maschinensprachprogrammen erforderlich.

Der Weg beim Programmvergleich ist folgender:

● Rückspulen der Kassette durch Drücken der Taste | REWIND | des Datenrekorders.

● Ist die Kassette zurückgespult, muß die | STOP |-Taste des Datenrekorders gedrückt werden.

● Eingabe des Kommandos

  | VERIFY "Dateiname" | ↵

● Ausgabe der Meldung

> PRESS PLAY ON TAPE

d. h. drücke die PLAY -Taste des Datenrekorders.

● Wurde die Taste gedrückt, beginnt die Kassette zu laufen. Der Bildschirm ist gelöscht.
  Das Band läuft so lange, bis das Programm gefunden wird. Dies wird über folgende
  Bildschirmmeldung angezeigt:

> SEARCHING FOR Dateiname
> FOUND Dateiname

● Die Kassette bleibt für kurze Zeit stehen. Anschließend folgt der Vergleich. Sind beide
  Programme exakt gleich, wird folgende Meldung auf dem Bildschirm ausgegeben:

> VERIFYING
> OK
> READY

10.6 Übertragen von Daten vom Computer auf eine Kassette und umgekehrt

> Es können nicht nur Programme auf Kassetten gespeichert und von diesen wieder in
> den Computer geladen werden, sondern auch Daten. Dazu richtet man Daten-Dateien
> ein (engl. file).

Diese Daten können auf einer Kassette nur hintereinander in der Daten-Datei gespeichert
werden bzw. von ihr geladen werden. Derartige Dateien werden daher *sequentielle Dateien*
genannt. Ein wahlfreier Zugriff auf die Daten ist nicht möglich.

> Bei sequentiellen Dateien sind die Daten hintereinander fortlaufend angeordnet.
> Sie können auch nur aus der Datei hintereinander fortlaufend gelesen werden. Ein
> *direkter* Zugriff auf *einzelne* Daten der Datei auf dem Datenträger ist nicht möglich.

An einem einfachen Beispiel soll gezeigt werden,
— wie von der Tastatur eingegebene Daten in einer Datei auf einer Kassette gespeichert
  werden,
— wie diese Daten wieder von der Kassette in den Computer geladen und
— auf dem Bildschirm ausgegeben werden.

Zum besseren Verständnis eines derartigen Programms sollen vorher die speziellen Anweisungen zur Bearbeitung sequentieller Dateien erläutert werden.

10.6.1 Anweisungen bei der Benutzung sequentieller Datendateien auf Kassetten

Die Kenntnis der Datenübertragungsrichtung ist wichtig. Hier gilt folgende Sprachregelung:

> Der Bezugspunkt für die Datenübertragungsrichtung ist der Computer.
>
> Eingabe von Daten heißt daher: Eingabe von Daten in den Computer.
>
> Ausgabe von Daten heißt dementsprechend: Ausgabe von Daten vom Computer.

Nr.	Anweisung	Erläuterung
1	OPEN	**Anweisung zum Eröffnen einer Datei.**

Die OPEN-Anweisung gilt allgemein, d. h. nicht nur zum Eröffnen von Dateien auf Kassetten, sondern z. B. auch von Dateien auf Disketten.

Um die Datenübertragungsrichtung richtig einstellen zu können, muß der Computer wissen:

- auf welchem *Gerät* Daten *gespeichert* werden sollen bzw. von welchem *Gerät* Daten *geladen* werden sollen,
- wie die Datei auf dem Speichermedium bezeichnet ist (Dateiname zur Unterscheidung zu anderen Dateien auf dem gleichen Datenträger),
- welche *Richtung* der Datentransport haben soll,
- mit welcher *Kennzeichnung* eine *Datei abgeschlossen* werden soll,
- über welchen *Pufferspeicher* im Computer die Daten zu transportieren sind.

Diese für den Datentransport notwendigen Angaben findet der Computer in der OPEN-Anweisung.

Die OPEN-Anweisung eröffnet eine Eingabe- bzw. eine Ausgabedatei bzw. einen Eingabe- bzw. Ausgabekanal für ein Gerät.

Die allgemeine Form der OPEN-Anweisung ist:

```
OPEN log-Dateinr., Gerätenummer, Sekundäradresse, "Dateiname" ⏎
```

Im einzelnen ist:

- **log Dateinr.**

Es können gleichzeitig mehrere Dateien eröffnet sein. Um den Datentransport unabhängig voneinander zu gewährleisten, sind unterschiedliche Pufferspeicher im Computer bereitzuhalten. Diese Pufferspeicher können durch logische Dateinummern unterschieden werden, indem man ihnen unterschiedliche vorzeichenlose ganze Zahlen zwischen 1 und 255 zuordnet.

Benutzt ein Programm gleichzeitig mehrere Dateien, muß jeder eröffneten Datei eine andere Nummer (log. Dateinr.) zugeordnet werden.

- **Gerätenummer**

Die einzelnen Geräte haben unterschiedliche Gerätenummern.
Standardmäßig gilt:

Gerätenummer	Gerät
0	Tastatur
1	Datenrekorder
3	Bildschirm
4	Drucker
8	Diskettenlaufwerk

Wird keine Geräteadresse angegeben, wird die Gerätenummer 1
(Datenrekorder) angenommen.

- **Sekundäradresse**

Die Sekundäradresse kennzeichnet die Datenübertragungsrichtung.

Sekundäradresse	Datenübertragungsrichtung
0	*Eingabe* von Daten vom Gerät zum Computer bzw. aus einer Eingabedatei (Lesen von Daten).
1	*Ausgabe* von Daten vom Computer zum Gerät bzw. zu einer Ausgabedatei. Beim Schließen der Datei wird bei dieser Sekundäradresse das *Dateiende* durch eine *Dateiendemarke* (engl. end of file) gekennzeichnet (vgl. CLOSE-Anweisung Pkt. 5).
2	*Ausgabe* von Daten vom Computer zum Gerät bzw. zu einer Ausgabedatei. Bei der Bearbeitung der CLOSE-Anweisung wird bei dieser Sekundäradresse eine *Bandendemarke* hinter die Datei gesetzt (engl. end of tape). Hinter dieser Datei dürfen keine weiteren Dateien gespeichert werden, da der Computer aufgrund der Bandendemarke das Band für beendet hält und keine weiteren Dateien sucht (vgl. CLOSE-Anweisung Pkt. 5).

- **Dateiname**

Zur Unterscheidung der Dateien können Namen mit bis zu
16 Zeichen angegeben werden.

2	PRINT #	Ausgabe von Daten vom Computer zu einem spezifizierten Gerät
		Die allgemeine Form der PRINT#-Anweisung ist: ```PRINT # log.Dateinr., Variablenliste```
		Mit Hilfe einer vorhergehenden OPEN-Anweisung sei ein Ausgabekanal vom Pufferspeicher des Computers zum Ausgabegerät spezifiziert. Nun können mit Hilfe der PRINT-Anweisung die gewünschten Daten vom Computer zum Pufferspeicher gesendet werden und von dort weiter über den geöffneten Kanal zum gewünschten Gerät. Im einzelnen ist: ● ```Variablenliste``` Die Variablenliste enthält die Variablen, deren Werte ausgegeben werden sollen. ● ```log. Dateinr.``` Sie enthält die gleiche Nummer des Pufferspeichers, die schon in der OPEN-Anweisung zur Festlegung des Ausgabekanals benutzt wurde.
3	INPUT#	Eingabe von *Daten* von einem spezifizierten Gerät zum Computer.
		Die allgemeine Form der INPUT#-Anweisung ist: ```INPUT# log. Dateinr., Variablenliste```
		Mit Hilfe einer vorhergehenden OPEN-Anweisung sei ein Eingabekanal vom Eingabegerät zu einem Pufferspeicher des Computers spezifiziert. Wird mit Hilfe der INPUT#-Anweisung auf diesen Pufferspeicher (*log. Dateinr.*) Bezug genommen, werden die Daten vom Eingabegerät zum Pufferspeicher des Computers übertragen und von dort weiter in den Arbeitsspeicher des Computers. Die Daten werden dabei der Reihe nach den Variablen in der Variablenliste zugeordnet. Folgendes ist zu berücksichtigen: Die übertragenen Datentypen müssen den Variablentypen entsprechen. Wird dies nicht berücksichtigt, wird eine ```FILE DATA ERROR-Fehlermeldung``` ausgegeben.

4	GET#	Eingabe *eines* beliebigen *Zeichens* von einem spezifizierten Gerät zum Computer.
		Die allgemeine Form der GET#-Anweisung ist:
		GET# log. Dateinr., Variable
5	CLOSE	Anweisung zum Schließen einer Datei.
		Die allgemeine Form der CLOSE-Anweisung ist:
		CLOSE log. Dateinr.
		Sie schließt eine Eingabe- bzw. Ausgabedatei bzw. einen Eingabe- bzw. Ausgabekanal für ein Gerät.
		Die Dateinr. muß die gleiche wie in der zugehörigen OPEN-Anweisung sein, d. h. eine Nummer zwischen 1 und 255. Die CLOSE-Anweisung bewirkt, daß die letzten Daten im Pufferspeicher auch noch in die Datei geschrieben werden. Anschließend wird die Datei mit einem *Dateiende*kennzeichen abgeschlossen.
6	STATUS Kurzform: ST	**Status-Systemvariable**
		Entsprechend der letzten Ein- bzw. Ausgabe werden Bits in einem sog. Statusbyte gesetzt, dessen Wert mit Hilfe der Status-Systemvariable STATUS (kurz ST) abgefragt werden kann. Für den *Kassettenbetrieb* gilt insbesondere:

gesetztes Statusbit	Statusbyte Wert	Bedeutung
6	$2^6 = 64$	Dateiende
7	$2^7 = 128$	Bandende

10.6.2 Programm zur Eingabe von Daten von der Tastatur zur Kassette

Beispiel 10.4

Das Programm lautet:

```
1Ø␣OPEN1,1,1,"WERTE"
2Ø␣INPUT"GIB␣ANZAHL␣DER␣WERTE␣EIN";N
3Ø␣FOR␣I=1␣TO␣N
4Ø␣     INPUT"GIB␣WERT␣EIN";A(I)
5Ø␣     PRINT#1,A(I)
6Ø␣NEXT
7Ø␣CLOSE1
```

Anweisungs-nummer	Erläuterung
1∅	Eröffnen einer Datei mit der logischen Dateinummer 1, der Geräteadresse 1 (1 = Datenrekorder) und der Sekundäradresse 1 (Ausgabedatei, d.h. Ausgabe vom Computer zum Gerät). Zur Unterscheidung zu anderen Dateien wird dieser eröffneten Datei der Programmname WERTE zugeordnet, da diese Datei die über die Tastatur eingegebenen Werte aufnehmen soll.
2∅	Eingabe der Anzahl der zu speichernden Werte (vgl. INPUT-Anweisung in Kap. 15).
3∅ bis 6∅	Programmschleife Sie wird so häufig durchlaufen, wie Werte einzugeben und zu speichern sind (vgl. FOR-NEXT-Anweisung in Kap. 15).
4∅	Aufforderung zur Eingabe der Werte innerhalb der Programmschleife über die Tastatur. Die Werte werden der indizierten Variablen A (I) zugeordnet (vgl. INPUT-Anweisung in Kap. 15).
5∅	Ausgabe der der indizierten Variablen A (I) zugeordneten Werte über den Pufferspeicher (log. Dateinummer 1) zur Kassette innerhalb der Programm-schleife.
7∅	Schließen der Datei mit der logischen Dateinummer 1. (Übertragen der letzten Werte vom Pufferspeicher in die Datei und setzen eines Dateiendekennzeichens).

Dieses Programm sollte zur Wiederverwendung auf einer Kassette, z. B. unter dem Datei-namen EINGABE, wie folgt gespeichert werden:

```
SAVE "EINGABE"  [↵]
```

Die weitere Vorgehensweise ist aus den vorhergehenden Abschnitten bekannt (vgl. Ab-schnitt 10.3.2).

10.6.3 Programm zur Ausgabe von Daten von der Kassette auf den Bildschirm

Beispiel 10.5

Das Programm lautet:
```
1∅ OPEN1,1,∅,"WERTE"
2∅ I=1
3∅ INPUT#1,A(I)
4∅ PRINT A(I)
5∅ I=I+1
6∅ IF STATUS=∅ GOTO 3∅
7∅ CLOSE1
```

Anweisungs- nummer	Erläuterung
1∅	Eröffnen einer Datei mit der logischen Dateinummer 1, der Gerätenummer 1 (1 = Datenrekorder) und der Sekundäradresse ∅ (Eingabedatei, d.h. Eingabe von Daten von der Kassette zum Computer). Die Daten stehen in der Datei mit dem Namen WERTE.
2∅	Anfangswert für den Index der indizierten Variablen A (I) auf I = 1 setzen.
3∅	Eingabe eines Wertes aus der Datei WERTE von der Kassette über den Pufferspeicher (logische Dateinummer 1) zum Arbeitsspeicher. Der Wert wird der indizierten Variablen A (I) zugeordnet.
4∅	Ausgabe des der indizierten Variablen A (I) zugeordneten Wertes auf dem Bildschirm (vgl. PRINT-Anweisung in Kap. 15).
5∅	Indexerhöhung des Index I um 1.
6∅	Solange der Status der STATUS-Variablen ∅ ist, wird ein Rücksprung zur Anweisung mit der Anweisungsnummer 3∅ vollzogen (Eingabe weiterer Werte aus der Datei WERTE von der Kassette zum Computer). Es handelt sich somit um eine Programmschleife. Wird das Dateiende erreicht, nimmt die Statusvariable STATUS den Wert 64 an, d.h. die Bedingung STATUS = ∅ ist nicht mehr erfüllt. Die Programmschleife wird abgebrochen. Es wird mit der nächsten Anweisung im Programm fortgefahren.
7∅	Schließen der Datei mit der logischen Dateinummer 1.

Dieses Programm sollte zur Wiederverwendung auf einer Kassette, z. B. unter dem Namen AUSGABE, wie folgt gespeichert werden:

SAVE ''AUSGABE'' ⏎

Zweckmäßig ist eine Speicherung hinter dem schon auf der Kassette gespeicherten Programm mit den Namen EINGABE.

Die Vorgehensweise ist aus den vorhergehenden Abschnitten bekannt (vgl. Abschnitt 10.3.2).

10.6.4 Speicherung von Daten auf eine Kassette, die von der Tastatur eingegeben werden

Zur Speicherung der Daten sind folgende Schritte erforderlich:

- Einlegen der Kassette mit der Programmdatei EINGABE.
- Laden der Programmdatei EINGABE.
  - Eingabe des Kommandos:

LOAD ''EINGABE'' ⏎

  - Ausgabe auf dem Bildschirm:

PRESS PLAY ON TAPE

  - Drücken Sie die PLAY-Taste auf dem Datenrekorder.

— Ausgabe auf dem Bildschirm:

```
OK
SEARCHING FOR EINGABE
FOUND EINGABE
```

Der Bandlauf stoppt einen Moment. Anschließend folgt der eigentliche Ladevorgang. Die erfolgte Ladung des Programms wird gemeldet durch Ausgabe von:

```
LOADING
READY
```

● Drücken der $\boxed{\text{STOP}}$ -Taste des Datenrekorders.
● Herausnehmen der Programmkassette nach Drücken der $\boxed{\text{EJECT}}$ -Taste.
● Einlegen einer anderen Kassette, die die eingegebenen Daten speichern soll.
● Starten des Programms EINGABE durch Eingabe des Kommandos:

```
RUN  ↵
```

— Ausgabe auf dem Bildschirm:

```
PRESS RECORD & PLAY ON TAPE
```

Drücken Sie die Tasten $\boxed{\text{RECORD}}$ und $\boxed{\text{PLAY}}$ auf dem Datenrekorder gleichzeitig. Der Bildschirm wird gelöscht (hellgrün). Das Band läuft.

● Anschließend erscheint folgender Text infolge der Anweisung mit der Anweisungsnummer 2∅ im Programm EINGABE auf dem Bildschirm:

```
GIB␣ANZAHL␣DER␣WERTE␣EIN?
```

Es wird auf eine Eingabe eines Wertes gewartet (Bandlauf gestoppt).
● Geben Sie einen Wert ein, z. B.:

```
1∅  ↵
```

● Anschließend erscheint folgender Text infolge der Anweisung mit der Anweisungsnummer 4∅ im Programm EINGABE auf dem Bildschirm:

```
GIB␣WERT␣EIN?
```

● Geben Sie einen Zahlenwert ein, z. B.:

```
1.1  ↵
```

Infolge der Programmschleife wird anschließend zur weiteren Eingabe von Zahlenwerten aufgefordert.

Geben Sie z. B. weiter ein:

2.2 ⏎

3.3 ⏎

4.4 ⏎

5.5 ⏎

6.6 ⏎

7.7 ⏎

8.8 ⏎

9.9 ⏎

Ø.Ø ⏎

Während der gesamten Eingabe steht das Band. Erst nach der Eingabe des letzten Wertes beginnt wieder der Bandlauf zur Speicherung der Eingabedaten.

Die erfolgte Speicherung der Daten wird gemeldet durch das Systembereitschaftszeichen

> READY

- Drücken Sie die ⌈STOP⌉ -Taste.
- Drücken Sie die ⌈EJECT⌉ -Taste und entnehmen Sie die Kassette.
- Schalten Sie den Computer aus.

10.6.5 Übertragen von Daten von einer Kassette zum Computer

Zum Übertragen der Daten von einer Kassette zum Computer sind folgende Schritte erforderlich:

- Einschalten des Computers
- Einlegen der Kassette mit der Programmdatei AUSGABE
- Laden der Programmdatei AUSGABE
    - durch Eingabe des Kommandos

> LOAD "AUSGABE" ⏎

  Die weiteren Schritte zum Laden der Programmdatei entsprechen denen beim Laden der Programmdatei EINGABE. Daher soll hier nicht weiter darauf eingegangen werden.
- Drücken der ⌈STOP⌉ -Taste nach erfolgtem Laden (Meldung: LOADING READY abwarten).
- Drücken der ⌈EJECT⌉ -Taste. Herausnehmen der Programmkassette.
- Einlegen der Datenkassette.
- Starten des Programms AUSGABE durch Eingabe des Kommandos

> RUN ⏎

● Ausgabe auf dem Bildschirm:

> PRESS PLAY ON TAPE

● Drücken Sie die PLAY -Taste des Datenrekorders.

Das Band beginnt zu laufen. Der Bildschirm ist zunächst gelöscht.

● Ausgabe der Daten, die auf der Kassette in der Datei WERTE gespeichert waren. Die Bildschirmausgabe ist:

```
1.1
2.2
3.3
4.4
5.5
6.6
7.7
8.8
9.9
Ø
READY
```

Dieses Beispiel ist recht einfach. Es zeigt aber die Vorgehensweise deutlich.

Daten, die man von der Kassette in den Computer lädt, können nicht nur auf dem Bildschirm sichtbar gemacht werden, sondern sie können auch vorher vom Computer verarbeitet werden. Die Ergebnisse der Datenverarbeitung im Computer könnten auch wieder auf einer Kassette gespeicht werden.

Die Handhabung der Programme ließe sich noch verbessern. Bei diesen Beispielprogrammen stört das häufige Wechseln der Kassetten, das häufige Laden und Starten der Programme usw. Es wäre besser, wenn alles, was z. Z. unterschiedliche Programme erledigen, in einem Programm integriert wäre und die Auswahl, was getan werden soll, über ein sog. "Menü"[1] gesteuert würde.

10.7 Schreibschutz der Kassette

Jede Kassette hat zwei Seiten, die bespielt werden können. Die Kassette ist dazu nur umzudrehen. Es gibt für jede Seite der Kassette einen mechanischen Schreibschutz, der die gespeicherten Daten vor irrtümlichem Löschen schützt. Der Schreibschutz ist *dauerhaft*, da eine Lasche aus der Kassette herauszu*brechen* ist. Sie kann nicht wieder angebracht werden (siehe Bild 10.2). Ist die Lasche herausgebrochen, läßt sich die Taste REC des Datenrekorders nicht mehr drücken. Somit ist das SAVE-Kommando nicht mehr möglich. Auf diese Weise ist die Kassette vor einem Überschreiben der gespeicherten Daten geschützt.

---

[1] Siehe Anhang A1

Schreibschutz

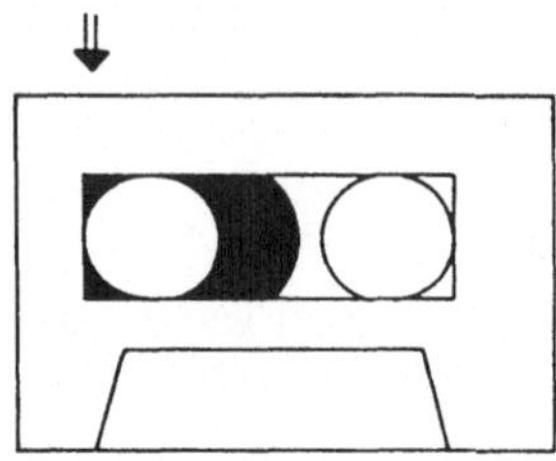

Bild 10.2
Schreibschutz an der markierten Stelle
mit Schraubenzieher herausbrechen

Notdürftig kann die aus der Kassette herausgebrochene Lasche überklebt werden, so daß ein erneutes Speichern möglich wird.

10.8 Kassettentyp

Im Prinzip sind alle Audio-Kassetten einsetzbar. Der Datenrekorder ist jedoch speziell für Eisenoxydbänder ausgelegt, so daß diese bevorzugt werden sollten. Um die Suchzeit für Programme zu verkürzen und eine Überlastung des Laufwerks zu vermeiden, wird empfohlen, C-12-Kassetten mit 12 min. Spieldauer (6 min je Seite) zu benutzen. Die Spieldauer der Kassetten sollte max. 30 min betragen.

10.9 Wartung des Datenrekorders

Nach ca. 10 bis 20 Stunden Betriebszeit des Datenrekorders haben sich an den Magnetköpfen Rückstände abgelagert. Die Magnetköpfe sind, wie bei Kassettenrekordern üblich, mit einem Reinigungsmittel (z. B. Alkohol), das auf einem Wattebausch aufgetragen wird, zu reinigen.

10.10 Vor- und Nachteile von Kassetten zur Speicherung von Programmen und Daten

Der *Vorteil* von Kassetten liegt im wesentlichen darin, daß Programme und Daten *kostengünstig* dauerhaft gespeichert werden können.
Nachteilig ist hingegen, daß dieses Speichermedium zum Speichern bzw. Laden von Programmen sehr *langsam* ist. Dies steht im krassen Gegensatz zur Verarbeitungsgeschwindigkeit des Computers.
Dies führt schnell dazu, daß der Mikrocomputerbenutzer zu einem anderen externen Speichermedium übergeht oder zumindest übergehen möchte, den sog. Disketten (vgl. Kap. 11 und 12). Die Laufwerke und die Disketten selbst sind zwar teurer. Die *Zugriffszeit* und der *Datenschutz* ist jedoch deutlich besser. Die nächsten beiden Kapitel zeigen, wie man ein Diskettenlaufwerk in Betrieb nimmt und zum Speichern bzw. Laden von Programmen einsetzt.

11 Inbetriebnahme eines 5 ¼" Mikrodiskettenlaufwerkes

Für den Commodore-Mikrocomputer C 128 werden folgende extern anzuschließende 5 1/4" Mikrodiskettenlaufwerke angeboten:

VC-1541, VC-1571 und VC 1572

Die wichtigsten technischen Daten des Mikrodiskettenlaufwerks VC-1541 wurden schon in Abschnitt 2.7.3 genannt. Die wichtigsten technischen Unterschiede zu den Mikrodiskettenlaufwerken VC-1571 und 1572 zeigt folgende Tabelle 11.1:

Tabelle 11.1 Technische Daten der 5 1/4" Mikrodiskettenlaufwerke

	VC-1541	VC-1571	VC-1572
Zahl der Laufwerke	1	1	2
Köpfe pro Laufwerk	1	2	2
Speicherkapazität pro Laufwerk	170 KByte	340 KByte	340 KByte
Übertragungsrate über den seriellen Bus	400 Zeichen/S	1500 Zeichen/S	1500 Zeichen/S
		im CP/M-Modus: 3500 Zeichen/S	im CP/M-Modus: 3500 Zeichen/S

Das Laufwerk VC 1541 unterscheidet sich vom Laufwerk VC 1571 im wesentlichen durch eine höhere Speicherkapazität infolge der doppelten Zahl der Schreib-Lese-Köpfe und einer höheren Datenübertragungsgeschwindigkeit über den seriellen Bus, d. h. das Laufwerk VC 1571 ist „schneller".

Das Laufwerk VC 1572 unterscheidet sich von Laufwerk VC 1571 nur durch ein weiteres Laufwerk (Doppellaufwerk).

Alle drei Laufwerke haben ein eigenes in einem ROM gespeichertes Betriebssystem, sowie einen 2 Kbyte RAM Pufferspeicher. Somit wird zum Betrieb der Laufwerke keine Arbeitsspeicherkapazität benötigt. Jedes dieser drei Laufwerke läßt sich an dem Commodore Homecomputer C128 anschließen. Der Betrieb mit den Laufwerken ist identisch.

Im folgenden soll der konkrete Anschluß des Mikrodiskettenlaufwerkes VC 1541 *stellvertretend* für die beiden anderen Laufwerke beschrieben werden.[1]

---

[1] Folgende Gründe sprechen für das Mikrodiskettenlaufwerk VC 1541: Dieses Laufwerk ist eventuell vom Umsteigen vom Commodore C64 schon vorhanden bzw. es ist vergleichsweise preiswert gegenüber den anderen Modellen.

11.1 Anschluß eines 5 1/4″ Mikrodiskettenlaufwerkes an die Systemeinheit

Zum Anschluß des Mikrodiskettenlaufwerkes müssen folgende Schritte aufeinanderfolgen:

- *Alle Geräte* müssen *ausgeschaltet* sein.

Um sicherzugehen, empfiehlt es sich, die Netzstecker der Geräte zu ziehen.

- **Das dem Mikrodiskettenlaufwerk beigefügte Kabel mit zwei gleichen 6-poligen Steckern (vgl. Bild 11.1) muß**
  - **mit einem Stecker in die Anschlußbuchse auf der Rückseite der Systemeinheit gesteckt werden (Buchse SERIAL, vgl. Abschnitt 3.1 und Bild 3.1).**
  - **mit dem anderen Stecker in eine der beiden Anschlußbuchsen für den seriellen Bus auf der Rückseite des Mikrodiskettenlaufwerkes gesteckt werden (vgl. Bild 11.2).**

Bild 11.1
6-poliger Stecker des Verbindungskabels

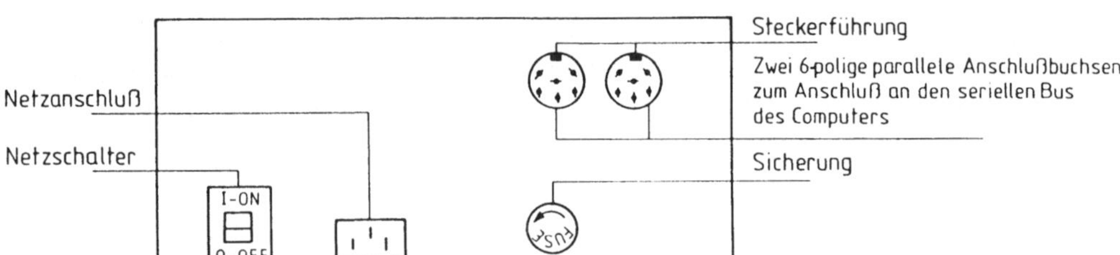

Bild 11.2 Rückseite des 5 1/4″ Mikrodiskettenlaufwerkes VC-1541

Der 6-polige Stecker läßt sich infolge der mechanischen Steckerführung nicht falsch in die Anschlußbuchse stecken.

- **Das dem Mikrodiskettenlaufwerk beigefügte Netzkabel muß**
  - **mit der einen Seite in die Netzanschlußbuchse auf der Rückseite am Mikrodiskettenlaufwerk gesteckt werden (vgl. Bild 11.2)**
  - **mit der anderen Seite mit dem Stromnetz verbunden werden.**

Durch die Art der Stecker ist eine falsche Verbindung ausgeschlossen.

- Achten Sie vor dem Stromanschluß darauf, daß der Netzschalter des Mikrodiskettenlaufwerkes auf O-OFF steht (vgl. Bild 11.2). Damit ist das Diskettenlaufwerk ausgeschaltet.

11.2 Einschalttest

- Alle Netzstecker, falls noch nicht erfolgt, an das Stromnetz anschließen.
- Einschalten der Geräte in folgender Reihenfolge:
  - Mikrodiskettenlaufwerk
    (Schalter auf der Rückseite des Gerätes auf I-ON , vgl. Bild 11.2).
  - Bildschirm
  - Computer

Die *grüne Netzkontrollampe* leuchtet nach dem Einschalten des Mikrodiskettenlaufwerkes auf der Vorderseite des Mikrodiskettenlaufwerkes auf (vgl. Bild 11.3.). Es liegt somit die Netzspannung an.

Die rote Betriebslampe (vgl. Bild 11.3) leuchtet nur am Anfang kurz auf. Das Laufwerk gibt kurzzeitig Geräusche von sich.

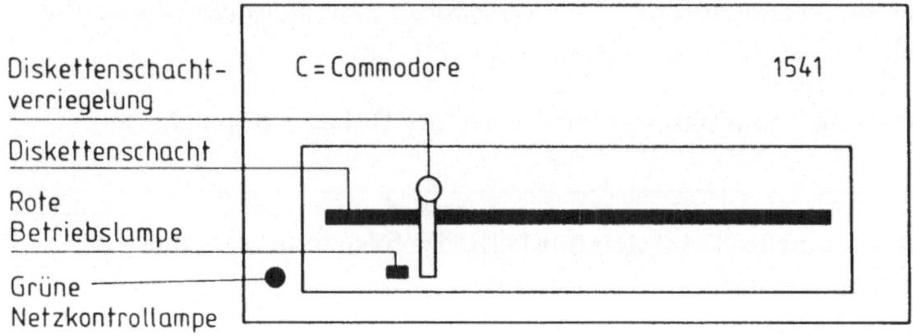

Bild 11.3 Vorderseite des 5 1/4″ Mikrodiskettenlaufwerkes VC-1541

Die rote Betriebslampe zeigt während des Diskettenbetriebes, wenn auf die Diskette zugegriffen wird (schreiben bzw. lesen).

- Auf dem Bildschirm meldet sich das Betriebssystem mit der bekannten Systemmeldung:

```
COMMODORE BASIC V 7.0 122365 BYTES FREE
(C) 1985 COMMODORE ELECTRONICS, LTD.
      (C) 1977 MICROSOFT CORP.
      ALL RIGHTS RESERVED
READY
```

(vgl. Abschnitt 3.4.1 und Bild 3.3).

Erscheint die o. a. Meldung, kann der Einschalttest als bestanden angesehen werden. Ansonsten sind alle bisherigen Schritte noch einmal zu überprüfen.

Weitere wichtige Hinweise:

- Schalten Sie *nie* das Diskettenlaufwerk mit eingelegten Disketten ein bzw. aus.
- Betätigen Sie *nie* den Hebel zur Diskettenschachtverriegelung während eines Diskettenzugriffs, d. h., wenn die rote Betriebslampe leuchtet.
- Stellen Sie das Diskettenlaufwerk nicht in die Nähe starker magnetischer Felder auf (Monitor, Lautsprecher usw.).

11.3 Formatieren fabrikneuer und benutzter Disketten

Durch das Formatieren einer Diskette wird eine (fabrikneue) Diskette zum Aufnehmen von Programmen und Daten vorbereitet (vgl. Abschnitt 2.7.5).

> **Jede neue Diskette muß formatiert werden.**

Insbesondere wird mit Hilfe der Formatierung Speicherplatz für das *Inhaltsverzeichnis* der Dateien reserviert, sowie ein *Verzeichnis der frei verfügbaren* bzw. *belegten Blöcke* (Sektoren der Diskette) angelegt (sog. BAM, d. h. block availability map).

> **Beim Formatieren benutzter Disketten werden die auf der Diskette gespeicherten Daten gelöscht.**

> Bei der Formatierung fabrikneuer Disketten mit Hilfe der Systemdiskette müssen folgende Schritte aufeinanderfolgen:
>
> - Diskettenlaufwerk einschalten.
> - Bildschirm einschalten.
> - Computer einschalten.
> - Systembereitschaftsmeldung *Ready* abwarten.
> - Einlegen der zu formatierenden Diskette in den Diskettenschacht des Diskettenlaufwerks.

Dabei ist folgendes zu beachten:

- Drehen Sie den Hebel der Diskettenschachtverriegelung (vgl. Bild 11.3) nach rechts, bis er waagerecht steht.
- Halten Sie die zu formatierende Diskette so, daß das Etikett nach oben zeigt. Die Schreibschutzkerbe muß sich am linken Rand befinden (vgl. Bild 11.4).

    Die Schreibschutzkerbe darf außerdem nicht überklebt sein.

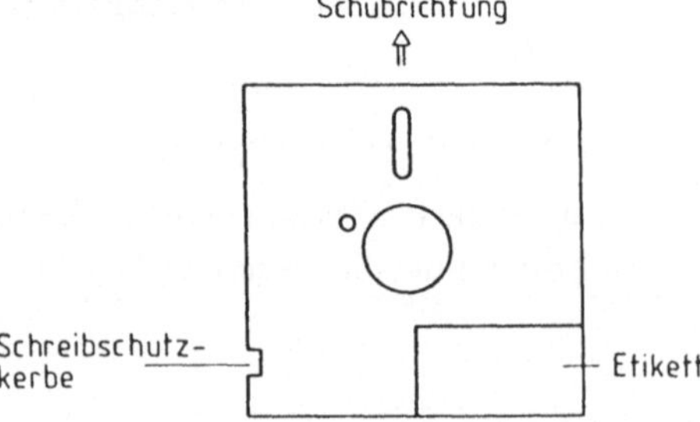

Bild 11.4

Diskettenschubrichtung zum Diskettenschacht

- Schieben Sie die Diskette in dieser Lage in den Diskettenschacht, bis ein Widerstand spürbar wird (vgl. Bild 11.4).
- Drehen Sie den Hebel der Diskettenschachtverriegelung nach unten (vgl. Bild 11.3), bis der Hebel hörbar einrastet.

- **Das Kommando zur Formatierung lautet in allgemeiner Form:**

C128-Modus	C64-Modus
HEADER"Name",Dlw [,IKennung] [,UGerät] ↵ HEADER(N$),D(L),I(K$),U(G)	OPEN 15,8,15,"NØ:Name,Kennung":CLOSE 15 ↵

Hierbei ist:

Name	Der *Diskette* kann ein bis zu *16 Zeichen* langer *Name* zugeordnet werden.
Lw	Der Schlüsselbuchstabe D steht für engl. drive, d. h. Laufwerk. Die *Laufwerksnummer* Lw, in der die zu formatierende Diskette liegt, muß angegegeben werden. Bei *einem Laufwerk* wird die *Ziffer Ø* angegeben. Sind *zwei Laufwerke* vorhanden, kann sowohl die Ziffer Ø als auch die Ziffer 1 angegeben werden, je nachdem, welches der beiden Laufwerke benutzt werden soll.
Kennung	Der *Diskette* kann eine *2 Zeichen* lange *Kennung* (engl. identity) zugeordnet werden. Die Kennung wird beim Formatieren in jedem Sektor eingetragen.
Gerät	Die *Gerätenummer* des Laufwerkes muß angegeben werden. Ist die voreingestellte Gerätenummer 8, kann die Angabe entfallen.

Anstelle der konkreten Parameterangaben für Name, Laufwerk, Kennung und Gerät in Form von Konstanten können auch *Variablen* verwendet werden. Diese sind in Klammern zu setzen (siehe N$, L, K$ und G in der allg. Form im C128-Modus).

Wird keine Kennung angegeben, wird eine bereits *benutzte* Diskette nur gelöscht, behält jedoch die alte Kennung.

Im C 64-Modus muß das angegebene Kommando verwendet werden, im C 128-Modus sind beide angegebenen Kommandos möglich.

Da bei der Formatierung von benutzten Disketten alle Daten gelöscht werden, wird im C 128-Modus eine Bestätigung des Kommandos erwartet. Auf dem Bildschirm erscheint die Frage:

ARE YOU SURE?

d. h. Sind Sie sicher?

Wird der Buchstabe

für engl. yes, d. h. ja, gedrückt, wird das Formatierkommando ausgeführt. Werden andere Zeichen, z. B.

für engl. no, d. h. nein, eingegeben, wird das Formatierkommando nicht ausgeführt.

Bei der Benutzung des Kommandos im C 64-Modus wird eine derartige Bestätigung *nicht* verlangt.

Während der Formatierung leuchtet die rote Betriebslampe und man hört Laufwerksgeräusche.

Die Formatierung ist beendet, wenn auf dem Bildschirm das Bereitschaftszeichen

```
READY
```

erscheint. Die rote Betriebslampe erlischt.

Beispiel 11.1

Es soll eine Diskette neu formatiert werden. Sie soll den Namen C 128 tragen, sowie die Kennung PR (für Programme). Es soll nur ein Laufwerk angeschlossen sein. Die Geräteadresse des Diskettenlaufwerks sei werksseitig auf 8 eingestellt. Sie kann dann im Kommando entfallen. Das Kommando lautet insgesamt:

```
HEADER"C128",DØ,IPR  ⏎
```

Nach der Eingabe des Formatierkommandos erscheint folgende Ausgabe auf dem Bildschirm:

```
ARE YOU SURE?
```

Geben Sie

```
Y  ⏎
```

ein. Nach der Beendigung des Formatierens erscheint die Bereitschaftsmeldung

```
READY
```

Beispiel 11.2

Es soll im C 128-Modus die eingelegte formatierte Diskette *neu* formatiert werden. Dazu soll das C 64-Kommando benutzt werden. Der neue Name sei

C 64

und die Kennung

ZZ.

Das Kommando lautet:

```
OPEN 15,8,15,"NØ:C64,ZZ":CLOSE15  ⏎
```

Ohne eine Bestätigung zu fordern, wird das Kommando sofort ausgeführt. Ist die Formatierung beendet, erscheint auf dem Bildschirm das Bereitschaftszeichen

```
READY
```

> **Zur Unterscheidung von formatierten und nicht formatierten Disketten empfiehlt sich eine Kennzeichnung auf dem Etikett der Disketten.**

11.4 Ausgabe des Inhaltsverzeichnisses einer formatierten Diskette

Das Kommando zur Ausgabe des Inhaltsverzeichnisses soll an anderer Stelle noch ausführlicher besprochen werden (Abschnitt 12.6).

> **An dieser Stelle genügt die Kenntnis, daß nach Eingabe des Kommandos**
>
> **DIRECTORY** [↵]
>
> **das Inhaltsverzeichnis der eingelegten Diskette auf dem Bildschirm ausgegeben wird, wenn nur ein Laufwerk mit der Gerätenummer 8 benutzt wird.**

Auf dem Bildschirm erscheint in der ersten Zeile:

- Die Laufwerksnummer
- Der Name der Diskette
- Die Kennung der Diskette

Die letzten beiden Ausgaben erscheinen in inverser Schrift (schwarz auf hellgrünem Untergrund).

In der nächsten Zeile wird die Zahl der freien Blöcke ausgegeben. Anschließend folgt das Bereitschaftszeichen READY.

Da nach der Formatierung keine Dateien auf der Diskette gespeichert sind, ist die Diskette somit „leer" und die Zahl der freien Blöcke gibt die *maximale Anzahl der freien Blöcke* an.

Beispiel 11.3

Geben Sie für die in Beispiel 11.2 formatierte Diskette das Dateiinhaltsverzeichnis aus.

Eingabe des Kommandos:

DIRECTORY [↵]

Ausgabe auf dem Bildschirm:

```
Ø "C64          " ZZ 2A
664 BLOCKS FREE
READY.
```

- Die Ø steht für das Laufwerk Ø.
- C64 ist der Diskettenname.

  Man erkennt an den Anführungszeichen, daß dieser Name wesentlich länger sein darf (max. 16 Zeichen).

- ZZ ist die Kennung der Diskette.
- 2A ist die DOS-Version (Disk Operating System, vgl. Abschnitt 2.7.4).
- 664 Blöcke sind frei (max. Zahl, da noch nichts auf der Diskette gespeichert wurde).
- Bereitschaftszeichen READY.

12 Das Commodore Disketten-BASIC

> Zum Diskettenbetrieb werden Kommandos für die Arbeit mit Disketten in Disket-
> tenlaufwerken benötigt.

> Nach dem Einschalten steht automatisch das Commodore Disketten-BASIC mit
> dem Betriebssystem DOS zur Verfügung.

DOS ist eine Abkürzung für Disk Operating System, d.h. Disketten Betriebssystem.

In diesem Kapitel soll an *einem Beispiel* ausführlich besprochen werden, wie unter Steuerung des DOS die wichtigsten Disketten-Operationen vorgenommen werden, d.h. wie

- BASIC-Programme auf einer Diskette *gespeichert* werden können,
- Programme und Dateien auf Disketten *kopiert* werden können,
- Programme und Dateien auf Disketten *umbenannt* werden können,
- Programme und Dateien auf Disketten *gelöscht* werden können und
- Programme von der Diskette in den Arbeitsspeicher *geladen* werden können.

In den Beispielen wird davon ausgegangen, daß nur *ein* Mikrodiskettenlaufwerk an dem
Mikrocomputer angeschlossen ist. Sollten zwei Mikrodiskettenlaufwerke angeschlossen
sein, gilt entsprechendes. Man muß nur das gewünschte Laufwerk im Kommando kennzeichnen.

12.1 Einschalten des Mikrocomputersystems

Es werden der Reihe nach folgende Geräte eingeschaltet:

- Diskettenlaufwerk.
  Achten Sie darauf, daß keine Diskette im Laufwerk liegt.
- Bildschirm.
- Systemeinheit.

Warten Sie auf die Systembereitschaftsmeldung (vgl. Abschnitt 3.4 und Bild 3.3). Legen
Sie anschließend eine *formatierte* Diskette (vgl. Abschnitt 11.3) in das Diskettenlaufwerk
ein.

12.2 Eingabe eines BASIC-Programmes

Das schon vom Kassettenbetrieb bekannte Beispiel soll auch hier Verwendung finden (vgl. Beispiel 10.2).

Beispiel 12.1

Es werden über die Tastatur folgende BASIC-Anweisungen in den Arbeitsspeicher des Mikrocomputers eingegeben:

1Ø ⊔ INPUT"GEBEN ⊔ SIE ⊔ ZWEI ⊔ ZAHLEN,DURCH ⊔ EIN
      KOMMA ⊔ GETRENNT,EIN"; A, B
2Ø ⊔ C = A + B
3Ø ⊔ PRINT"ADDITION ⊔ VON ⊔ ZWEI ⊔ ZAHLEN"
4Ø ⊔ PRINT"A = "; A, "B = "; B, "C = "; C

Ob das eingegebene Programm *formal* richtig ist, läßt sich am besten durch den anschließenden Start des Programmes (Kommando RUN) testen.

Für den Fall einer eventuell notwendigen Korrektur sei auf Kapitel 9 verwiesen.

Ist das Programm formal fehlerfrei und sollte das Programm dennoch nicht laufen, kann es nur noch an einer falschen Eingabe der Zahlenwerte liegen (Fehlermeldung beachten). Derartige Fehler sind ebenfalls zu beseitigen.

12.3 Dateinamen

12.3.1 Datei

Das in Abschnitt 12.2 erstellte BASIC-Programm soll auf einer Diskette langfristig gespeichert werden. Das Betriebssystem nimmt dem Anwender die Aufgabe ab, die Spuren und Sektoren (Blöcke) auf der Diskette anzugeben, wo das Programm gespeichert werden soll. Um dieses Programm von anderen Programmen auf der Diskette *unterscheiden* zu können, muß der Anwender das Programm unter einem bestimmten *Namen* auf der Diskette speichern. Entsprechend können auch reine Daten, z. B. Eingabewerte, Ausgabewerte u. dgl., auf Disketten gespeichert werden. Beide Fälle faßt man allgemein unter dem Begriff *Datei* zusammen.

> **Dateien (engl. file) sind zusammengehörige Informationen auf bzw. in einem Speicher.**

Da die Speicher mehrere Dateien speichern können, müssen sie mit Hilfe von *Dateinamen* (engl. file name) unterschieden werden.

Die Dateien auf *einer* Diskette müssen durch Dateinamen *eindeutig* unterscheidbar sein. Auf verschiedenen Disketten *können* hingegen auch gleiche Dateinamen gewählt werden, *falls* dies zweckmäßig ist.

12.3.2 Dateinamen

Dateinamen können nicht vollkommen willkürlich vom Anwender gwählt werden. Es sind einige Bildungsregeln zu beachten, die im folgenden beschrieben werden.

Ein Dateiname besteht im allgemeinen aus bis zu 16 Zeichen des auf der Tastatur möglichen Zeichenvorrats.

Beispiel 12.2

Es sind z. B. folgende Dateinamen möglich:

123
1%5
1 ⎵ ⎵1

Der Dateiname sollte mit Hilfe des verfügbaren Zeichenvorrats so gewählt werden, daß man erkennt, wozu die Datei dient und was sie enthält.

Es sollte somit ein aussagekräftiger Dateiname gewählt werden.

Beispiel 12.3

ADD   für ein *Add*itionsprogramm,
BSP1   für *Beisp*iele, die z. B. durchnumeriert werden,
TEST   für ein *Testprogramm* usw.

Für das Fragezeichen ? und den Stern * gelten innerhalb eines Dateinamens besondere Regeln (vgl. Abschnitt 12.3.3).

12.3.3 Dateigruppenname

Soll nur eine einzelne Datei auf einer Diskette gespeichert werden bzw. von der Diskette in den Arbeitsspeicher gebracht werden, so ist nur die Angabe *eines* Dateinamens erforderlich. In anderen Fällen ist es jedoch wünschenwert, nicht nur *einzelne* bestimmte Dateien bezeichnen zu können, sondern auch *Gruppen* von Dateien.

Dies vereinfacht in vielen Fällen die *Arbeit mit Dateien*, z. B. beim Auflisten, Kopieren und Löschen. Ein Kommando, das einen sog. Dateigruppennamen[1]) enthält, kann somit für eine ganze Gruppe von Dateien gelten, so daß die Kommandos nicht alle separat für jede einzelne Datei angegeben werden müssen.

Beispiel 12.4

Es sollen die Dateien BSP1, BSP2 und BSP3 gelöscht werden. Diese drei Dateien unterscheiden sich nur in einem Zeichen. Ein gemeinsames Löschkommando wäre sinnvoll.

---

[1]) Dateigruppennamen werden im engl. auch *wild cards* genannt, die Zeichen * und ? auch Joker-Zeichen.

> **Dateigruppennamen** enthalten im Dateinamen die Dateigruppenzeichen ? und *.
>
> - Das Dateigruppenzeichen „?" steht stellvertretend für ein beliebiges Zeichen, das im Dateinamen erlaubt ist.
> - Das Dateigruppenzeichen „*" steht stellvertretend für eine ganze Zeichenfolge am Ende eines Teilnamens. Das Kommando bezieht sich auf alle Dateien mit dem angegebenen Teilnamen. Die sonst noch folgendenZeichen sind nicht mehr relevant.

Das Dateigruppenzeichen „?" bezieht sich somit nur auf *ein Zeichen* an einer ganz bestimmten Position im Dateinamen. Das Dateigruppenzeichen „?" darf auch mehrfach in einem Dateigruppennamen vorkommen.

Das Dateigruppenzeichen „*" steht für eine ganze *Zeichenkette* und ist somit sehr effektiv, denn es kann sehr viel Arbeit bei der Kommandoeingabe ersparen. Unbedacht verwendet kann es jedoch auch gefährlich sein, so beim Löschen von Dateien. Es ist daher mit Bedacht zu verwenden.

Beispiel 12.5

Dateigruppen-name	Erläuterung
A ? C ? E	Der Dateigruppenname A ? C ? E steht z.B. stellvertretend für Dateinamen wie ABCDE, AACEE, ACCQE usw., d.h. an der Stelle, wo das ?-Zeichen steht, kann jedes beliebige erlaubte andere Zeichen stehen. Aus dieser Vielzahl theoretisch möglicher Dateinamen bleiben praktisch jedoch nur wenige über, die als Dateinamen auf der Diskette auch wirklich vorhanden sind und somit überhaupt angesprochen werden können.
BA ? ?	Dieser Dateigruppenname könnte z.B. stellvertretend für folgende Dateien stehen: BANK, BALD, BAST, BACH usw., nicht jedoch für die Dateien BUCH, BILD o.ä.
TXT?	Dieser Dateigruppenname könnte stellvertretend für folgende Dateien stehen: TXT1, TXT2, TXT3 usw. Man erkennt vielleicht an diesem Beispiel, daß die vorausschauende Wahl eines geeigneten Dateinamens das spätere Arbeiten mit den Dateien vereinfachen kann.
ADD *	Dieser Dateiname steht stellvertretend für *alle* Dateien mit dem Datei-Teilnamen ADD.
*	Dieser Dateigruppenname steht stellvertretend für alle Dateien ohne jegliche Einschränkung.

12.4 Speichern eines BASIC-Programmes auf einer Diskette

Das in Abschnitt 12.2 erstellte BASIC-Programm (Beispiel 12.1) soll nun auf einer Diskette im angeschlossenen Mikrodiskettenlaufwerk gespeichert werden.

Das Kommando zum Speichern eines im Arbeitsspeicher des Mikrocomputers gespeicherten BASIC-Programmes auf die im Mikrodiskettenlaufwerk eingelegte Diskette lautet allgemein:

im C-128-Modus	im C-64-Modus
DSAVE "Dn" [,DLw] [,Ug.] `↵` Die Abkürzungen bedeuten: Dn Dateiname Lw Laufwerk g Gerätenummer	**SAVE"Ø:Dateiname",8** `↵`
Das D vor dem Schlüsselwort SAVE kennzeichnet Kommandos für Diskettenlaufwerke. Das Schlüsselwort DSAVE wird durch Drücken einzelner Buchstaben eingegeben. Allerdings läßt sich auch durch Drücken der Funktionstaste `F 5` mit einem einzigen Tastendruck die Zeichenkette DSAVE" eingeben (vgl. Abschnitt 6.2 Nr. 4). Die Wahl des *Dateinamens* unterliegt gewissen Regeln, auf die schon genauer eingegangen wurde (siehe Abschnitt 12.3). Er dient zur Unterscheidung der Dateien auf der Diskette und muß daher stets eindeutig verwendet werden. Der Dateiname muß in " eingeschlossen werden. Allerdings kann das letzte " hinter dem Dateinamen entfallen. Sind mehrere Diskettenlaufwerke vorhanden, muß festgelegt werden, welches *Laufwerk* benutzt wird. Dies geschieht durch Angabe einer Laufwerksnummer, hier kurz mit DLw angegeben. Das D steht für engl. drive, d.h. Laufwerk. Lw ist eine *Laufwerksnummer* (Ø bzw. 1). Ist nur ein Laufwerk angeschlossen (LwØ), kann die Angabe eines Laufwerks entfallen. Ist die werksseitig eingestellte *Gerätenummer des Diskettenlaufwerkes 8*, kann diese Angabe ebenfalls entfallen. **Somit genügt i.a. das Kommando:** **DSAVE "Dateiname"** `↵` zum Speichern eines Programms auf einer Diskette.	Die Ø kennzeichnet die Laufwerknummer des Laufwerks, die 8 die Gerätenummer des Diskettenlaufwerks. Die Laufwerknummer Ø muß nicht eingegeben werden. **Somit genügt i.a. das Kommando:** **SAVE"Dateiname", 8** `↵` zum Speichern eines Programms auf einer Diskette.

Das Kommando wird durch Drücken der RETURN-Taste `↵` zur Ausführung gebracht.

Im C 128-Modus kann sowohl die Kommandoform des C 128-Modus als auch die Kommandoform des C 64-Modus verwendet werden, im C 64-Modus *nur* die dafür vorgesehene Form.

Das Betriebssystem meldet die Speicherung durch folgende Ausgabe auf dem Bildschirm:

```
SAVING Ø: Dateiname
READY
```

d.h.: es wurde auf dem Laufwerk Ø die Datei unter dem im DSAVE-Kommando angegebenen Dateinamen gespeichert. Die Systembereitschaftsmeldung READY meldet den erfolgreichen Abschluß.

Die rote Betriebslampe am Diskettenlaufwerk leuchtet während des Speichervorgangs. Ist der Speichervorgang beendet, erlischt auch diese Lampe wieder.

Beispiel 12.6

In diesem Beispiel wird der Name ADD für das auf der Diskette zu speichernde *Add*itionsprogramm verwendet, so daß sich folgendes Kommando ergibt:

DSAVE"ADD" ⏎

Während des Speichervorganges leuchtet die rote Kontrollampe des Mikrodiskettenlaufwerkes auf. Außerdem hört man Laufwerksgeräusche. Dies ist ein äußeres Zeichen dafür, daß das Programm auf der Diskette gespeichert wird. Wenn das Systembereitschaftszeichen Ready erscheint, ist der Speichervorgang abgeschlossen.

Bei blinkender Anzeige der roten Betriebslampe liegt ein Fehlerfall vor. Mit Hilfe des Kommandos

PRINT DS\$ ⏎

wird die Fehlermeldung auf dem Bildschirm angezeigt (vgl. Abschnitt 12.15).

Soll ein Programm unter einem Dateinamen auf einer Diskette gespeichert werden, unter dem schon eine Datei auf der Diskette gespeichert ist, blinkt die rote Betirebslampe des Diskettenlaufwerks. Dies ist als erste pauschale Fehlermeldung aufzufassen.

Einen genaueren Hinweis auf die Art des Fehlers erhält man in Form einer Bildschirmfehlermeldung, wenn das Kommando

PRINT␣DS\$ ⏎

eingegeben wird.

Beispiel 12.7

Die Datei "ADD" ist auf der Diskette gespeichert. Geben Sie erneut das Kommando ein:

DSAVE"ADD" ⏎

Die rote Betriebslampe des Diskettenlaufwerkes blinkt. Geben Sie nun folgendes Kommando ein:

PRINT␣DS\$ ⏎

Auf dem Bildschirm erscheint die Fehlermeldung:

```
63, FILE EXISTS, ØØ, ØØ
READY
```

d.h.: Die Datei (engl. file) existiert schon (die Fehlercodenummer ist 63).

Die blinkende rote Betriebslampe des Diskettenlaufwerks erlischt nach Ausgabe der Fehlermeldung auf dem Bildschirm.

Die Parameter des DSAVE-Kommandos können auch mit Hilfe von Variablen übergeben werden. Die Variablen selbst sind in Klammern zu setzen (vgl. Bsp. 12.8).

Beispiel 12.8

Gegeben sei folgendes Kommando:

```
DSAVE (N$), D(Lw), U(G)  ⏎
```

N$ steht für eine Zeichenkette (*N*ame)
D   steht für engl. *d*rive, d.h. Laufwerk
Lw steht für eine *L*aufwerksnummer
U   steht für engl. *u*nit, d.h. Gerät
G   steht für eine *G*erätenummer

Auf einer Diskette können maximal 144 Dateien gespeichert werden.

12.5 Vergleich eines BASIC-Programmes auf einer Diskette mit einem BASIC-Programm im Arbeitsspeicher des Mikrocomputers

Das BASIC-Programm, das auf einer Diskette gespeichert wurde, sollte sofort nach der Speicherung noch einmal mit dem Programm im Arbeitsspeicher verglichen werden, um *Übertragungsfehler* erkennen zu können. Sind die beiden Programme nicht *exakt* gleich, liegt vermutlich ein Übertragungsfehler vor. Da das korrekte BASIC-Programm noch im Arbeitsspeicher steht, ist es noch nicht zu spät, im Fehlerfall das Programm noch einmal korrekt auf der Diskette zu speichern.

Das Kommando zum Vergleich eines BASIC-Programms auf einer Diskette mit einem BASIC-Programm im Arbeitsspeicher des Mikrocomputers lautet allgemein:

im C 128-Modus	im C 64-Modus
DVERIFY"Dn" [,DLw][,Ug][,K] ⏎ Die Abkürzungen bedeuten: Dn Dateiname Lw Laufwerk g Gerätenummer K Kennung	**VERIFY "Dateiname", 8** ⏎
Das D vor dem Schlüsselwort VERIFY kennzeichnet Kommandos für Diskettenlaufwerke. Das Schlüsselwort DVERIFY wird durch Drücken einzelner Buchstaben eingegeben. Der *Dateiname* kann wie beim Speichern 16 Zeichen lang sein (siehe DSAVE). *Lw* kennzeichnet die Laufwerksnummer $\emptyset$ bzw. 1. Ist nur ein Laufwerk angeschlossen, kann die Angabe entfallen, da die Laufwerksnummer $\emptyset$ angenommen wird. Die *Gerätenr.* ist ebenfalls anzugeben, falls nicht die voreingestellte Gerätenr.-8 benutzt wird. Die *Kennung* kennzeichnet, ob ein BASIC-Programm oder ein Maschinenspracheprogramm verglichen werden soll. Handelt es sich um ein BASIC-Programm, ist die Kennung $\emptyset$. Sie kann auch entfallen. Handelt es sich um ein Maschinenspracheprogramm, *muß* die Kennung 1 angegeben werden.	Die 8 kennzeichnet die Gerätenummer.
Bei einem Vergleich von BASIC-Programmen reduziert sich das Kommando i.a. auf: **DVERIFY "Dateiname"** ⏎	

Die Paramter können wie beim DSAVE-Kommando auch mit Hilfe von Variablen übergeben werden. Die Variablen sind in Klammern zu setzen.

Beispiel 12.9

Vergleichen Sie das im Arbeitsspeicher stehende Additionsprogramm (vgl. Bsp. 12.6) mit dem Programm ADD auf der Diskette. Geben Sie dazu folgendes Kommando ein:

```
DVERIFY"ADD"  [↵]
```

Auf dem Bildschirm erscheint die Ausgabe:

```
SEARCHING FOR Ø: ADD
VERIFYING
OK
READY
```

d. h. es wird zunächst die Datei ADD im Laufwerk Ø gesucht (engl. Searching for Ø:ADD). Anschließend beginnt der Vergleich (engl. verifying). Sind beide Programme identisch, wird OK ausgegeben (alles in Ordnung). Den Abschluß des Vergleichs kennzeichnet die Systembereitschaftsmeldung READY.

Beispiel 12.10

Ändern Sie das Programm im Arbeitsspeicher wie folgt:

Die Anweisung mit der Anweisungsnummer 4Ø wird durch folgendes Kommando gelöscht:

```
DELETE ⌴4Ø  [↵]
```

Überprüfen Sie die Löschung durch Eingabe des Kommandos

```
LIST  [↵]
```

Die Anweisung mit der Anweisungsnummer 4Ø darf nicht mehr aufgelistet werden.

Nun unterscheidet sich das Programm im Arbeitsspeicher von dem Programm ADD auf der Diskette um die gelöschte Anweisung.

Geben Sie nun folgendes Kommando ein:

DVERIFY"ADD"   [↵]

Auf dem Bildschirm erscheint die Ausgabe:

```
SEARCHING FOR Ø : ADD
VERIFYING
?VERIFY ERROR
READY
```

Die Zeile

? VERIFY ERROR

gibt jetzt richtig an, daß beim Vergleichen der Programme Fehler (engl. error) gefunden wurden.

12.6 Ausgabe des Disketteninhaltsverzeichnisses auf dem Bildschirm

Um zu prüfen, welche Programme bzw. Datendateien auf einer Diskette gespeichert sind, kann ein Disketteninhaltsverzeichnis auf dem Bildschirm ausgegeben werden.

Das allgemeine Kommando zur Ausgabe des Inhaltsverzeichnisses einer Diskette ist:

im C 128-Modus	im C 64-Modus
DIRECTORY [DLw] [,Ug] [,"Dn"] ↵ Die Abkürzungen bedeuten: Lw Laufwerk g Gerätenummer Dn Dateiname	**LOAD"\$Ø [: Dateiname]", 8** ↵ **LIST** ↵
Hierbei bedeutet wie bereits bekannt: • *Lw* Laufwerk Ø bzw. 1. 　Bei einem Laufwerk kann die Angabe entfallen. • *Gerätenr.* die Gerätenummer. 　Wenn die voreingestellte Gerätenummer 8 ist, kann auch diese Angabe entfallen. • Es *kann* auch ein *Dateiname* oder ein Dateigruppenname angegeben werden. Es wird dann geprüft, ob diese Datei bzw. Dateigruppe auf der Diskette vorhanden ist (Auszug des Inhaltsverzeichnisses).	Wird nur ein Laufwerk benutzt, kann die Laufwerksnummer Ø entfallen. Sollen alle Dateien im Dateiinhaltsverzeichnis aufgelistet werden, kann auch der Dateiname entfallen.
	Das Kommando reduziert sich auf: **LOAD"\$", 8** ↵
Im allgemeinen reduziert sich das Kommando wie folgt: **DIRECTORY** ↵ **Es werden dann alle Dateien der Diskette in Laufwerk Ø vom Gerät mit der Gerätenummer 8 auf dem Bildschirm ausgegeben.**	Durch dieses Kommando wird das Dateiinhaltsverzeichnis in den Arbeitsspeicher des Mikrocomputers geladen. Der Rechner meldet den Ladevorgang wie folgt: SEARCHING FOR \$ LOADING READY
	Mit Hilfe des bekannten LIST-Kommandos (vgl. Abschnitt 7.1) wird anschließend das Dateiinhaltsverzeichnis auf dem Bildschirm aufgelistet.
Anstelle der buchstabenweisen Eingabe des Schlüsselwortes DIRECTORY kann auch einfach die Funktionstaste F 3 gedrückt werden (vgl. Abschnitt 6.2 Pkt. 4).	Anstelle der buchstabenweisen Eingabe des Schlüsselwortes LIST kann auch einfach die Funktionstaste F 7 gedrückt werden (vgl. Abschnitt 6.2 Pkt. 4).

Das Disketteninhaltsverzeichnis besitzt eine Art Überschrift. Die Überschrift enthält Informationen über

- das benutzte *Laufwerk* (Ø bzw. 1),
- den *Diskettennamen* und die *Diskettenkennung*, die der Diskette bei der Formatierung zugeordnet wurde, sowie die
- *DOS-Version*, unter der die Diskette formatiert wurde (i. A. 2A). Anschließend folgt eine Liste der auf der Diskette gespeicherten Dateien. Für jede Datei wird eine Zeile mit den wichtigsten Informationen ausgegeben.
- Zunächst wird die *Zahl der Sektoren* (Blöcke) ausgegeben, die die Datei benötigt.
- Es folgt der *Dateiname* sowie
- der *Dateityp*

Vier Dateitypen werden unterschieden:
- PRG   Programmdateien
- SEQ   Sequentielle Datendateien
- REL   Relative Datendateien
- USR   Anwenderspezifische Dateien

Steht unmittelbar vor dem Dateityp ein Stern, so wurde die Datei nicht ordnungsgemäß geschlossen. Dies betrifft meist Datendateien. Auf diese Daten kann nicht mehr zugegriffen werden.

Die letzte Zeile des Inhaltsverzeichnisses gibt die Zahl der noch freien Sektoren (Blöcke) an.

Auf dem Bildschirm können nur 25 Zeilen dargestellt werden. Sind mehr Dateien auf der Diskette gespeichert, als auf dem Bildschirm gezeigt werden können, würden die ersten Dateien oben aus dem Bildschirm „rollen". Dieses Rollen kann durch Drücken der NOSCROLL -Taste verhindert werden (vgl. Abschnitt 6.2 Pkt. 5).

Im C 128-Modus kann das Kommando des C 128-Modus, aber auch das Kommando des C 64-Modus benutzt werden. Im C 64-Modus hingegen nur das C 64-Kommando.

Beispiel 12.11

Das Programm ADD wurde auf einer neuformatierten Diskette gespeichert und überprüft (vgl. Beispiel 12.9). Es soll das Disketteninhaltsverzeichnis ausgegeben werden. Dazu wird folgendes Kommando über die Tastatur eingegeben:

DIRECTORY ⏎

Daraufhin wird das Inhaltsverzeichnis der Diskette ausgegeben.

Der Inhalt besteht in diesem Fall aus nur einer Datei.

Die Ausgabe hat folgende Form:

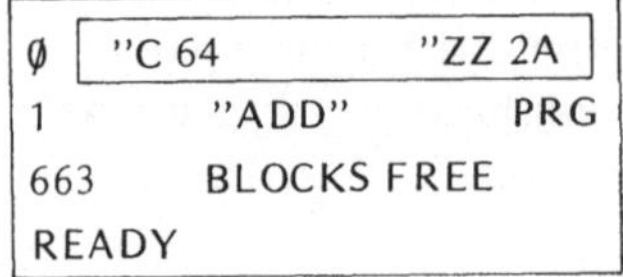

Dabei bedeutet in der ersten Zeile:

- Ø   Laufwerksnummer Ø
- C 64   Der beim Formatieren vergebene Diskettenname
- ZZ   Die beim Formatieren vergebene Kennung
- 2A   Die beim Formatieren benutzte DOS-Version

Die zweite Zeile gibt nähere Auskünfte zur gepeicherten Datei

- 1   Zahl der benötigten Sektoren (Blöcke) zur Speicherung der Datei.
- ADD   Dateiname
- PRG   Dateityp (Programmdatei)
  Dieser Bestandteil wird automatisch zugefügt.

Die letzte Zeile gibt die Zahl der freien Blöcke (Sektoren) an. Hier sind es noch 663 Blöcke.

READY ist das bekannte Systembereitschaftszeichen.

12.7 Laden von BASIC-Programmen von der Diskette in den Arbeitsspeicher

Um zu demonstrieren, wie ein BASIC-Programm von einer Diskette in den Arbeitsspeicher geladen wird, wird die Diskette dem Diskettenlaufwerk entnommen und der Mikrocomputer und das Diskettenlaufwerk ausgeschaltet. Dies ist der Zustand, mit dem häufig die Arbeit mit dem Computer aufgenommen wird.

Das BASIC-Programm wird in folgenden Schritten geladen:

Schritt 1:	Diskettenlaufwerk, Bildschirm und Mikrocomputer in der aufgeführten Reihenfolge einschalten. Systembereitschafszeichen Ready abwarten.
Schritt 2:	Diskette mit dem zu ladenden Programm in das Diskettenlaufwerk einlegen.
Schritt 3:	Mit Hilfe des Kommandos DIRECTORY ↵ wird das Dateiinhaltsverzeichnis ausgegeben. Es wird überprüft, ob sich das Anwenderprogramm auch tatsächlich auf der Diskette befindet. In der ausgegebenen Liste der Dateinamen muß der Dateiname enthalten sein, den das zu ladende Anwenderprogramm besitzt (hier im Beispiel ADD).

Schritt 4:	Das Ladekommando zum Laden eines Programms von der Diskette in den Arbeitsspeicher lautet allgemein:	
	im C 128-Modus	DLOAD"Dateiname" [,DLw] [,U Gerätenr.] ⏎
		Das D vor dem Schlüsselwort LOAD kennzeichnet das Kommando als ein Disketten-BASIC-Kommando. Der *Dateiname* kann wie üblich bis zu 16 Zeichen lang sein. Wenn zwei *Laufwerke* benutzt werden, muß die Laufwerknummer des benutzten Laufwerkes angegeben werden, d.h. Lw $\emptyset$ bzw. 1. Bei nur einem Laufwerk wird die Nummer $\emptyset$ angenommen. Diese Angabe kann auch entfallen. Die *Gerätenummer* ist eine Zahl zwischen $\emptyset$ und 15. Normalerweise ist das Diskettenlaufwerk auf 8 voreingestellt. Dann kann diese Angabe entfallen.
		Somit lautet im Normalfall das Ladekommando: DLOAD"Dateiname" ⏎
		Das Schlüsselwort DLOAD wird durch Drücken der einzelnen Buchstabentasten oder durch Drücken der Funktionstaste F2 (vgl. 6.2 Pkt. 4) eingegeben. Anschließend ist der Dateiname der Datei einzugeben, die von der Diskette in den Arbeitspeicher geladen werden soll. Das Kommando ist durch Drücken der ENTER -Taste ⏎ abzuschließen. Die rote Kontrollampe wird während des Ladevorgangs aufleuchten und es wird ein Laufwerksgeräusch hörbar.
		DLOAD kann auch als Anweisung innerhalb eines BASIC-Programmes stehen und somit ein anderes BASIC-Programm laden und starten.
	im C 64-Modus:	LOAD"Dateiname", 8 ⏎
		Für den Dateinamen gilt entsprechendes wie beim Kommando im C 128-Modus. Die 8 gibt die Gerätenummer des Diskettenlaufwerkes an. Nach der Eingabe des Ladekommandos und dem Drücken der ENTER -Taste beginnt der Ladevorgang. Dies ist am Aufleuchten der roten Betriebslampe im Diskettenlaufwerk und an Laufgeräuschen zu erkennen. Ist der Ladevorgang beendet, erlischt die rote Betriebslampe und auf dem Bildschirm erscheint das Bereitschaftszeichen READY.

<table>
<tr><td></td><td>Blinkt die rote Betriebslampe nach der Eingabe des Ladekommandos, so ist dies ein pauschaler Hinweis auf einen Fehler. Durch Eingabe des Kommandos

PRINT DS\$ ⏎

wird eine Fehlermeldung auf dem Bildschirm ausgegeben (vgl. Abschnitt 12.15). Diesen Fehler gilt es zu beheben.</td></tr>
<tr><td>Schritt 5:</td><td>Das geladene Programm kann sofort mit Hilfe des Kommandos

RUN   ⏎

gestartet werden oder, falls Änderungen nötig sind, korrigiert bzw. ergänzt werden. Dazu kann man sich das geladene Programm mit Hilfe des Kommandos

LIST   ⏎

auf dem Bildschirm ausgeben lassen.</td></tr>
</table>

Beispiel 12.12

In dem auf Beispiel 12.9 aufbauenden Beispiel lautet das Lade-Kommando:

DLOAD"ADD"   ⏎

Auf dem Bildschirm erscheint die Ausgabe:

```
SEARCHING FOR Ø: ADD
LOADING
READY
```

d.h. es wird im Laufwerk Ø nach der Datei ADD gesucht und diese geladen.

Nach erfolgtem Laden meldet sich das System wieder bereit mit Hilfe des Bereitschaftszeichens READY.

Beispiel 12.13

Geben Sie folgendes Ladekommando ein, ohne daß eine Diskette im Laufwerk liegt:

DLOAD"ADD"   ⏎

Auf dem Bildschirm erscheint die Ausgabe:

```
SEARCHING FOR Ø: ADD
? FILE NOT FOUND ERROR
READY
```

d.h. es wird im Laufwerk Ø nach der Datei ADD gesucht, diese aber nicht gefunden (engl.: file not found). Die rote Betriebslampe blinkt außerdem. Wird zur genaueren Untersuchung des Fehlers das Kommando

PRINT DS\$ ⏎

eingegeben, erscheint folgende Fehlermeldung auf dem Bildschirm:

```
74, DRIVE NOT READY, ØØ, ØØ
```

d.h. das Laufwerk (engl.: drive) ist noch nicht fertig (engl.: not ready). Es fehlt die Diskette im Laufwerk. (Die Fehlercodenummer ist 74.)

Beispiel 12.14

Legen Sie die Diskette wieder in das Laufwerk.

Geben Sie folgendes Ladekommando ein:

DLOAD"SUB" ⏎

Auf dem Bildschirm erscheint die gleiche Fehlermeldung wie in Beispiel 12.13 (File not found error).
Die Diskette liegt aber im Laufwerk. Eine genauere Spezifizierung der Fehlerart erhält man durch Eingabe des Kommandos

PRINT DS$ ⏎

Nach Eingabe des Kommandos erscheint die Ausgabe:

62, FILE NOT FOUND, ØØ, ØØ

d.h. die Datei (engl. file) wurde auf der Diskette nicht gefunden (engl.: not found). Sie kann auch
nicht gefunden werden, da sie nicht auf der Diskette gespeichert ist.

12.8 Laden und Starten von BASIC-Programmen von der Diskette in den Arbeitsspeicher

Ein auf einer Diskette gespeichertes BASIC-Programm kann geladen und anschließend sofort gestartet werden, wenn folgendes allgemeines Kommando verwendet
wird:

RUN"Dateiname" [,DLw] [,U Gerätenr.] ⏎

Es ersetzt die Kommandofolge:

DLOAD"Dateiname" [,DLw] [,U Gerätenr.] ⏎
und
RUN ⏎

Beispiel 12.15

Legen Sie die Diskette mit dem Programm ADD in das Diskettenlaufwerk und geben Sie das Kommando

RUN"ADD" ⏎

Auf dem Bildschirm erscheint die bekannte Ausgabe

SEARCHING FOR Ø:ADD
LOADING

Anschließend folgt sofort die Aufforderung zur Dateneingabe.

Geben Sie zwei Zahlen ein, um das Programm zu beenden.

12.9 Umbenennen von gespeicherten Dateien auf einer Diskette.

Vielfach kommt es vor, daß ein Dateiname einer Datei auf einer Diskette geändert werden soll, da man mit der früheren Namensgebung nicht zufrieden ist.

<table>
<tr><td colspan="2">Das allgemeine Kommando zum Umbenennen einer Datei auf einer Diskette ist:</td></tr>
<tr><td>im C 128-Modus</td><td>RENAME "ADn"TO"NDn" [,DLw] [,Ug] [←]

Die Abkürzungen bedeuten:
ADn Alter Dateiname
NDn Neuer Dateiname
Lw   Laufwerk
g   Gerätenummer</td></tr>
<tr><td></td><td>Das Schlüsselwort RENAME steht für das engl. Wort rename, d.h. umbenennen.

Der *alte Dateiname* ist der Name, den die umzubenennende Datei auf der Diskette z.Z. besitzt.

Der *neue Dateiname* ist der Name, den die umzubenennende Datei annehmen soll.

Beide Namen können bis zu 16 Zeichen lang sein. Für die *Laufwerksnummer* gilt das, was für die bisherigen Diskettenkommandos galt. Die Angabe einer Laufwerksnummer kann bei Benutzung nur eines Laufwerks entfallen.

Wenn die *Gerätenummer* des Diskettenlaufwerkes wie i.a. üblich 8 ist, kann die Angabe einer Gerätenummer entfallen. Ansonsten muß die entsprechende Gerätenummer angegeben werden.

Das Kommando wird ausgeführt, wenn die [ENTER] -Taste gedrückt wird.</td></tr>
<tr><td></td><td>Es können, wie auch schon bei den anderen Kommandos, anstelle der Parameter Variablen angegeben werden.</td></tr>
<tr><td>im C 64-Modus</td><td>OPEN 15, 8, 15, "R0: Neuer Dateiname = 0: Alter Dateiname" [←]</td></tr>
</table>

Das Kommando zur Umbenennung von Dateien ist durch Drücken der ENTER-Taste abzuschließen. Man hört Laufwerkgeräusche. Die rote Kontrollampe des Diskettenlaufwerkes leuchtet. Die Umbenennung ist erfolgt, wenn auf dem Bildschirm die Systembereitschaftsmeldung Ready erscheint.

Die Namensänderung kann überprüft werden, indem man sich das Inhaltsverzeichnis mit Hilfe des Kommandos

DIRECTORY [←]

ausgeben läßt. Der alte Dateiname muß durch den neuen Dateinamen ersetzt worden sein.

Beispiel 12.16

Die Datei mit dem Namen ADD sei gespeichert (vgl. Beispiel 12.9). Es soll eine Umbenennung des Dateinamens in ADDITION erfolgen. Das Kommando lautet:

- RENAME"ADD"TO"ADDITION"

- Nach erfolgter Umbenennung wird das Bereitschaftszeichen READY auf dem Bildschirm ausgegeben.

- Eingabe des Kommandos

DIRECTORY ⏎

  zur Kontrolle der Umbenennung.

- Ausgabe des Inhaltsverzeichnisses der Diskette.
  Die Datei ADD muß durch ADDITION ersetzt worden sein.

12.10 Kopieren von Disketten (Sicherheitskopie)

Für das Kopieren ganzer Disketten stellt das DOS-Betriebssystem nur ein Kommando zur Verfügung, wenn _zwei_ _Laufwerke_ vorhanden sind. Das allgemeine Kommando im C 128-Modus lautet:

BACKUP D Quellaufwerk TO D Ziellaufwerk ⏎

- _BACKUP_ ist das Schlüsselwort für „sichern" von Daten.
- Das _Quellaufwerk_ ist das Laufwerk, in dem die Datenquelle liegt, d.h. das Original. Es ist die jeweilige Laufwerksnummer, in dem die Quelldiskette liegt, einzugeben (Ø bzw. 1).
- Das _Ziellaufwerk_ ist das Laufwerk, das das Ziel der Daten ist, d.h. hier soll die Kopie erzeugt werden. Es ist die Laufwerksnummer einzugeben, in der die leere Diskette liegt.

Vor dem eigentlichen Kopieren wird eine leere nicht formatierte Diskette automatisch formatiert.

Daher wird vor dem Kopieren zunächst eine Bestätigung auf folgende Frage erwartet:

ARE YOU SURE?

d.h.: Sind Sie sicher?

Eine benutzte Diskette würde sonst durch das Formatieren gelöscht.

Drückt man die ⟨Y⟩ -Taste für engl. yes (d.h. ja), beginnt der Kopiervorgang. Drückt man eine andere Taste, wird der Kopiervorgang abgebrochen.

Beispiel 12.17

Die Quelldiskette liegt in Laufwerk Ø und die Zieldiskette in Laufwerk 1. Das Kopierkommando lautet:

BACKUP DØ TO D1 ⏎

12.11 Kopieren von Dateien

Einzelne Dateien lassen sich mit den bereits bekannten Kommandos kopieren.

12.11.1 Erstellen einer Sicherheitskopie mit Hilfe des Kommandos DLOAD und DSAVE

Möchte man eine Sicherheitskopie von einer Datei *auf der gleichen Diskette* erstellen, so ist der Weg folgender:

- Laden Sie die zu sichernde Datei von der Diskette mit dem Kommando

  DLOAD"Dateiname" ⏎

  in den Arbeitsspeicher des Mikrocomputers.

- Übertragen Sie die Datei erneut vom Arbeitsspeicher zur Diskette mit dem Kommando

  DSAVE"Dateiname" ⏎

  Verwenden Sie dabei einen *anderen Dateinamen* zur Unterscheidung der beiden Dateien auf der gleichen Diskette.

12.11.2 Erstellen einer Sicherheitskopie mit Hilfe des Kommandos COPY auf der gleichen Diskette

Das Kommando COPY beinhaltet im Prinzip die beiden Kommandos DLOAD und DSAVE (vgl. Abschnitt 12.11.1).

Die allgemeine Form des Kopierkommandos ist für ein Laufwerk:	
im C 128-Modus	COPY"Quelldateiname"TO"Zieldateiname" ⏎
	Der *Quelldateiname* ist der Name der zu kopierenden Datei. Der *Zieldateiname* ist der Name der kopierten Datei. Es müssen unterschiedliche Namen sein. Die Namen dürfen wie üblich bis zu 16 Zeichen lang sein.
im C 64-Modus	OPEN 15, 8, 15, "C∅: Zieldateiname = ∅: Quelldateiname"

Beispiel 12.18

Es soll die Quelldatei ADDITION auf die gleiche Diskette kopiert werden. Der Name der Zieldatei sei ADD.

Das Kopierkommando lautet:

COPY "ADDITION"TO"ADD" ⏎

Wird die ENTER -Taste gedrückt, beginnt der Kopiervorgang.

Läßt man sich nach dem Kopiervorgang das Disketteninhaltsverzeichnis mit Hilfe des Kommandos

DIRECTORY ⏎

zeigen, ist nun zusätzlich zur Datei ADDITION auch die Datei ADD auf der Diskette gespeichert.

Das COPY-Kommando läßt sich auch verwenden, um eine Sicherheitskopie auf einer *anderen* Diskette zu erstellen, *wenn zwei Laufwerke* vorhanden sind. Für die Quell- und Zieldatei sind die entsprechenden Laufwerksnummern anzugeben. Der Dateiname der Quell- und Zieldatei kann beibehalten werden, da unterschiedliche Diskettten verwendet werden.

12.11.3 Kopieren einer Datei auf eine andere Diskette unter gleichem Namen, wenn nur ein Laufwerk vorhanden ist.

Der Weg ist prinzipiell ähnlich wie in Abschnitt 12.11.1.

● Laden der zu kopierenden Datei mit Hilfe des Kommandos

> DLOAD"Dateiname" ⏎

● Entnehmen Sie dem Diskettenlaufwerk die Diskette und legen Sie eine andere Diskette ein.

● Übertragen Sie die Datei auf die andere formatierte Diskette mit Hilfe des Kommandos:

> DSAVE"Dateiname" ⏎

12.12 Löschen von Dateien auf einer Diskette

Vielfach möchte man nicht mehr benötigte Dateien löschen, um so wieder Speicherplatz auf der Diskette zu schaffen.

Die allgemeine Form des Löschkommandos von Diskettendateien ist:	
im C 128-Modus	SCRATCH"Dateiname"[,DLw] [,U Gerätenr.] ⏎
	Für den *Dateinamen*, die *Laufwerksnummer* Lw und die *Gerätenummer* gilt das, was für die bisherigen Diskettenkommandos galt. Werden *Dateigruppennamen* anstelle eines Dateinamens angegeben, so können gleichzeitig mehrere Dateien gelöscht werden. Wird die ENTER -Taste gedrückt, wird vor dem Löschvorgang zur Sicherheit noch einmal durch die Bildschirmausgabe ARE YOU SURE? geprüft, ob die Löschung wirklich gewollt ist. Ist dies der Fall, wird Y ⏎ für engl. Yes eingegeben. Anschließend beginnt der Löschvorgang. Soll die Löschung hingegen noch verhindert werden, wird ein beliebiges anderes Zeichen eingegeben. Die Löschung von Dateien wird durch folgende Meldung auf dem Bildschirm bekanntgegeben: Ø, FILES SCRATCHED, nn, ØØ Dabei gibt nn die Zahl der gelöschten Dateien an.
im C 64-Modus	OPEN 15, 8, 15, "SØ: Dateiname": CLOSE 15

Beispiel 12.19

Ausgehend vom vorhergehenden Beispiel 12.18 soll die Datei ADDITION gelöscht werden. Dazu wird folgendes Kommando eingegeben:

| SCRATCH"ADDITION"   ⏎ |

Es folgt die Abfrage:

| ARE YOU SURE? |

Drücken Sie die Tasten

| Y | ⏎ |

Der Löschvorgang beginnt.

Auf dem Bildschirm erscheint die Ausgabe:

| Ø, FILES SCRATCHED, Ø1, ØØ |

d.h. eine Datei wurde gelöscht.

Überprüfen Sie dies mit Hilfe des Disketteninhaltsverzeichnisses durch Eingabe des Kommandos

| DIRECTORY   ⏎ |

Die Datei ADDITION erscheint nicht mehr im Dateiinhaltsverzeichnis.

Beispiel 12.20

Mit Hilfe des Kommandos
SCRATCH"*"
werden alle Dateien auf der Diskette gelöscht.

12.13 Übertragen von Daten vom Computer auf eine Diskette und umgekehrt

Es können nicht nur Programme auf Disketten gespeichert und von diesen wieder geladen werden, sondern auch Daten. Man unterscheidet somit prinzipiell

- Programmdateien und
- Datendateien

Bei Datendateien unterscheidet man weiter

— Sequentielle Dateien,
— Dateien mit wahlfreiem Zugriff (Random Dateien, Relativ-Dateien)
— Direktzugriffsdateien

- Bei *sequentiellen Dateien* sind die Daten hintereinander fortlaufend angeordnet. Ein *direkter* Zugriff auf *einzelne Daten* der sich auf einer Diskette befindlichen Datei ist *nicht möglich*. Es muß vorher stets die *gesamte* Datei in den Arbeitsspeicher des Computers geladen werden. Erst dann können einzelne Daten bearbeitet werden.

- Bei Dateien mit *wahlfreiem Zugriff* kann auf einzelne Daten innerhalb der sich auf einer Diskette befindlichen Datei direkt zugegriffen werden, ohne daß vorher die gesamte Datei in den Arbeitsspeicher geladen werden muß. Dies ist möglich durch eine

Aufteilung der Datei in sog. *Datensätze*. Durch eine *Adressierung* kann auf diese Datensätze, d.h. auf Teile der Datei, die sich auf einer Diskette befinden, wahlfrei zugegriffen werden.

Der Vorteil von Dateien mit wahlfreiem Zugriff gegenüber sequentiellen Dateien ist darin zu sehen, daß nicht immer die gesamte Datei geladen und bearbeitet werden muß, wenn nur Teile zu bearbeiten sind. Dies gilt insbesondere für umfangreiche Datendateien und geringer Arbeitsspeicherkapazität.

Der Nachteil besteht in dem etwas höheren Programmieraufwand und dem höheren Bedarf an Diskettenspeicherkapazität.

- Bei *Direktzugriffsdateien* wird die Auswahl der Spuren und Sektoren nicht mehr vom DOS-Betriebssystem vorgenommen, sondern direkt vom Anwender. Dies ist für normale Anwendungen sehr umständlich.

An einem einfachen Beispiel sequentieller Datendateien soll im folgenden gezeigt werden, wie eine Datendatei auf einer Diskette angelegt wird und wie diese Daten wieder in den Computer gebracht werden können.

Um einen Vergleich zum langsamen und umständlichen Betrieb mit dem Datenrekorder zu haben, wird prinzipiell das gleiche Beispiel wie in Abschnitt 10.6 gewählt. Es sind nur einige leichte Änderungen vorzunehmen.

Die Änderungen des Programms betreffen z.B. das Eröffnen und Schließen der Dateien. Im C 128-Modus sind spezielle Kommandos für den Diskettenbetrieb vorhanden. Sie sollen auch verwendet werden. Es ließen sich aber auch die im Abschnitt 10.6.1 angegebenen OPEN- und CLOSE-Anweisungen verwenden. Dabei wäre nur zu beachten, daß das Diskettenlaufwerk die Gerätenummer 8 besitzt (der Datenrekorder hatte die Gerätenummer 1, die auch entfallen konnte).

12.13.1 Anweisungen zum Öffnen und Schließen von Dateien auf Disketten

Schlüsselwort	Erläuterung
DOPEN	Die DOPEN-Anweisung hat im Prinzip die gleiche Aufgabe wie die OPEN-Anweisung in Abschnitt 10.6.1 Nr. 1. Es gilt daher im Prinzip alles das, was dort gesagt wurde, auch für diese Anweisung, allerdings in Bezug zum Diskettenlaufwerk (darauf weist das D vor OPEN hin).
	Die allgemeine Form der Anweisung zum Öffnen von sequentiellen oder Relativ-Dateien auf Disketten lautet: DOPEN#log. Dateinr., "Dateiname"[,LLänge][,DLw][,UGerätenr.][,w] [↵]

	Hierbei ist:
	
	• Log. Dateinummer
	  Zahl zwischen 1 und 255 (s. Abschnitt 10.6.1 Nr. 1).
	
	• Für den Dateinamen, Lw und die Gerätenummer gilt das, was bisher bei den Diskettenkommandos schon mehrfach besprochen wurde (vgl. Abschnitt 12.4 bis 12.12).
	
	• Länge
	  Die Angabe einer Länge wird nur bei *Relativ*-Dateien benötigt. Sie dient zur Angabe der Länge der logischen Sätze (Wert zwischen 1 und 254).
	  Wird keine Länge angegeben, handelt es sich beim Eröffnen einer Datei automatisch um eine *sequentielle* Datei.
	
	• W
	  W wird nur bei *sequenteiellen* Dateien angegeben. Es dient zur Kennzeichnung, daß die Datei zum *Schreiben* (engl. WRITE) eröffnet wurde.
	  Wird der Parameter W nicht angegeben, bedeutet dies, daß die Datei zum *Lesen* eröffnet wurde.

APPEND	**Die APPEND-Anweisung eröffnet eine sequentielle Dabei mit der zusätzlichen Möglichkeit, an das Dateiende einer vorhandenen Datei weitere Daten anhängen zu können (engl. append, d.h. anhängen).**
	Die allgemeine Form ist: APPEND#log. Dateinr., "Dateiname" [,DLw][,U Gerätenr.] ⏎
	Für die Parameter gilt das, was schon für die DOPEN-Anweisung gesagt wurde.
DCLOSE	Die DCLOSE-Anweisung hat im Prinzip die gleiche Aufgabe wie die CLOSE-Anweisung in Abschnitt 10.6.1 Nr. 5. Es gilt daher im Prinzip alles das, was dort gesagt wurde, auch für diese Anweisung, allerdings in Bezug auf das Diskettenlaufwerk.
	Die allgemeine Form der Anweisung zum Schließen von sequentiellen bzw. Relativ-Dateien auf Disketten lautet: **DCLOSE [#log. Dateinr.] [ON U Gerätenr.]** ⏎
	Wird nur das Schlüsselwort DCLOSE angegeben, werden *alle* Dateien geschlossen. Möchte man nur eine spezielle Datei schließen, so muß die log. Dateinummer angegeben werden, die beim Eröffnen der Datei gewählt wurde. Die Gerätenummer kann entfallen, wenn diese, wie üblich, 8 ist.

DCLEAR	**Mit Hilfe der DCLEAR-Anweisung werden alle offenen Floppy-Disk-Kanäle geschlossen.**
	Dies ist nicht zu verwechseln mit dem Schließen von geöffneten Dateien. Floppy-Disk-Kanäle werden z.B. mit der CMD-Anweisung zur Datenausgabe eröffnet (vgl. Abschnitt 14.5.2.2). Geöffnete Kanäle können mit der DCLEAR-Anweisung wieder geschlossen werden.
	Die allgemeine Form ist: **DCLEAR DLw[ON U Gerätenr.]**
	Für die Parameter Lw und Gerätenr. gilt das für die vorherigen Anweisungen gesagte.
RECORD	**Mit Hilfe der RECORD-Anweisung kann in Relativ-Dateien eine bestimmte Position markiert werden. Die allgemeine Form ist:** **RECORD #log. Dateinr., Satznr.[,Bytenr.]**

Dabei ist:	
Log. Dateinr.:	Log. Nummer, die beim Eröffnen der Datei gewählt wurde.
Satznr.:	Logischer Datensatz, auf den in der Diskettendatei zugegriffen werden soll (Wert 1 bis 65535).
Bytenr.:	Bytenummer innerhalb des logischen Datensatzes (Wert 1 bis 254). Wird keine Bytenummer angegeben, ist automatisch das erste Byte markiert.

12.13.2 Programm zur Eingabe von Daten von der Tastatur zur Diskette und zur Ausgabe von Daten von einer Datendatei auf einer Diskette auf den Bildschirm

Im Prinzip handelt es sich um die gleichen Aufgaben wie bei der Speicherung von Daten auf einer Kassette und Ausgabe ihrer Daten von der Kassette auf den Bildschirm (vgl. Abschnitte 10.6.2 und 10.6.3). Es sind jedoch schon die dort angesprochenen folgenden Verbesserungen vorgenommen worden:

- Beide Aufgaben (Eingabe von Daten/Ausgabe von Daten) sind in *einem* Programm zu bewältigen. Die Auswahl der gewünschten Teilaufgabe erfolgt über ein sog. *Menue*, das dem Anwender am Anfang auf dem Bildschirm die Möglichkeiten des Programms aufzeigt und zur Wahl auffordert.

  Dies hat den Vorteil, daß zur Bearbeitung von Teilaufgaben nicht immer das benötigte Programm neu geladen und gestartet werden muß. Das *Gesamtprogramm* wird nur *einmal* geladen und später nur noch neu gestartet.
- Die Teilaufgaben werden in Form von Unterprogrammen realisiert.
- Erweiterung der maximalen Zahl der zu speichernden Werte auf 50.
- Auf dem Bildschirm soll ein Hinweis erscheinen, wenn die Dateneingabe bzw. Datenausgabe beendet ist.

Geben Sie folgendes BASIC-Programm ein:

```
5 DIM A(50)
10 PRINT"MENUE"
11 PRINT"====="
20 PRINT"1 EINGABE"
30 PRINT"2 AUSGABE"
40 INPUT"WAEHLEN SIE";W
50 ON W GOSUB 100,200
60 END
70 '
80 '
100 REM UNTERPROGRAMM EINGABE          192 '
101 REM-----------------------------   193 REM UNTERPROGRAMM AUSGABE
110 DOPEN#1,"WERTE",W                  194 '-----------------------------
120 INPUT"GIB ANZAHL DER WERTE EIN";N  200 DOPEN#1,"WERTE"
130 FOR I=1 TO N                       210 I=1
140 INPUT"GIB WERT EIN";A(I)           220 INPUT#1,A(I)
150 PRINT#1,A(I)                       230 PRINT A(I)
160 NEXT                               240 I=I+1
170 DCLOSE#1                           250 IF STATUS=0 GOTO 220
180 PRINT"EINGABE BEENDET"             255 PRINT"DATEIENDE"
190 RETURN                             260 DCLOSE#1
191 '                                  270 RETURN
```

Hauptprogramm:	

Anweisungs-Nummer	Erläuterung
5	Es sollen max. 50 Werte im Feld A gespeichert werden können.
1∅	Ausgabe des Textes MENUE auf dem Bildschirm.
11	Unterstreichung des Wortes MENUE durch Gleichheitszeichen.
2∅, 3∅	Ausgabe des Textes "1 ⊔ EINGABE" bzw. "2 ⊔ AUSGABE". Dies ist das eigentliche Menue. Es weist auf die beiden Teilaufgaben EINGABE bzw. AUSGABE des Gesamtprogramms hin. Der EINGABE wurde der Wert 1 zugeordnet, der AUSGABE der Wert 2.
4∅	Wahl der Teilaufgabe aus dem Menue. Der Anwender wird aufgefordert, die der zu bearbeitenden Teilaufgabe zugeordnete Zahl einzugeben. Die Eingabe ist durch Drücken der ENTER -Taste abzuschließen.
5∅	Fallabfrage. Wird eine 1 eingegeben, wird zum Unterprogramm gesprungen, das mit der Anweisungsnummer 100 beginnt. Wird eine 2 eingegeben, wird zum Unterprogramm gesprungen, das mit der Anweisungsnummer 200 beginnt.
6∅	Ende des Hauptprogramms.

| Unterprogramm Eingabe |

Dieses Unterprogramm entspricht im Kern dem Programm zur Eingabe von Daten von der Tastatur zur Kassette (vgl. Abschnitt 10.5.2). Die *Änderungen* betreffen nur das Öffnen bzw. Schließen der Datei "WERTE", da es sich um eine Diskettendatei handelt. Außerdem sind einige Ergänzungen vorgenommen worden. Darauf wird im folgenden speziell eingegangen.

Anweisungs-nummer	Erläuterung
1∅∅, 1∅1	Kommentare zur Kennzeichnung des Unterprogramms EINGABE.
11∅	Eröffnen einer Diskettendatei mit der logischen Dateinummer 1 und dem Namen WERTE. In diese Datei sollen nacheinander die von der Tastatur einge-gebenen Werte auf der Diskette gespeichert werden (sequentielle Datei). Zur Kennzeichnung des Datenflusses muß außerdem der Parameter W angegeben werden, d.h. es handelt sich um eine Datei, in die etwas geschrieben werden soll (engl. write).
12∅ bis 16∅	Diese Anweisungen entsprechen den Anweisungen 2∅ bis 6∅ für Kassettenda-teien (vgl. Abschnitt 10.6.2).
17∅	Schließen *aller* Diskettendateien.
18∅	Ausgabe des Textes „Eingabe beendet" auf dem Bildschirm.
19∅	Rücksprung zum Hauptprogramm (Anweisungsnummer 6∅).

| Unterprogramm Ausgabe |

Dieses Unterprogramm entspricht im Kern dem Programm zur Ausgabe von Daten von der Kassette zum Bildschirm (vgl. Abschnitt 10.6.3). Die Änderungen bzw. Ergänzungen sind im folgenden angegeben.

Anweisungs-nummer	Erläuterung
191, 192	Leere Kommentare zur Trennung zum 1. Unterprogramm.
193, 194	Kommentare zur Kennzeichnung des Unterprogramms AUSGABE.
2∅∅	Eröffnen der sequentiellen Diskettendatei WERTE als Lesedatei (*ohne* Parame-ter W) mit der logischen Dateinummer 1.
21∅ bis 25∅	Diese Anweisungen entsprechen den Anweisungen mit den Nummern 2∅ bis 6∅ des Programms AUSGABE in Abschnitt 10.6.3 zur Ausgabe von Daten von einer Kassettendatei.
255	Ausgabe des Textes DATEIENDE auf dem Bildschrim.
26∅	Schließen aller Diskettendateien.
27∅	Rücksprung zum Hauptprogramm (Anweisungsnummer 6∅).

Sichern des Programms auf einer Diskette

Sichern Sie dieses eingegebene Programm auf der Diskette mit Hilfe des Kommandos:

DSAVE"EIN/AUSGABE" [↵]

Auf dem Bildschirm erscheint die Meldung:

```
SAVING Ø: EIN/AUSGABE
READY
```

Überprüfen Sie die Speicherung durch Eingabe des Kommandos:

DIRECTORY [↵]

Im Inhaltsverzeichnis muß die Datei EIN/AUSGABE wie folgt enthalten sein.

3 "EIN/AUSGABE" PRG

Starten des Programms zur Dateneingabe

Starten Sie das noch im Arbeitsspeicher stehende Programm EIN/AUSGABE mit Hilfe des Kommandos

RUN [↵]

Auf dem Bildschirm wird daraufhin das MENUE ausgegeben und die Aufforderung, eine Wahl zu treffen. Da Daten eingegeben werden sollen, drücken Sie die Taste

[1] [↵]

Anschließend folgt die Aufforderung, die Anzahl der zu speichernden Werte anzugeben. Geben Sie z. B. ein:

[9] [↵]

Es folgt die Aufforderung, den ersten Wert einzugeben, z. B.

[1] [↵]

Dies wiederholt sich bis zum neunten Wert, z. B.

[2] [↵] bis [9] [↵]

Nach Eingabe des neunten Wertes beginnt das Laufwerk zu laufen und es erscheint folgende Ausgabe auf dem Bildschirm:

```
EINGABE BEENDET
READY
```

Damit ist die Dateneingabe beendet.

Überprüfen Sie, ob die Daten auch gespeichert wurden, z. B. durch Ausgabe des Dateiinhaltsverzeichnisses mit Hilfe des Kommandos:

> DIRECTORY ⏎

Im Inhaltsverzeichnis muß u.a. stehen:

> 1 "WERTE" SEQ

d.h. es wurde tatsächlich eine sequentielle Datendatei mit dem Namen WERTE erstellt. Die Blocklänge ist 1.

> **Ausgabe der WERTE auf dem Bildschirm**

Schalten Sie zum Testen den Computer zunächst aus und dann wieder ein. Damit soll demonstriert werden, daß die Daten nicht mehr im Arbeitsspeicher des Computers stehen, sondern tatsächlich von der Diskette übertragen werden.

Laden Sie zunächst das Programm EIN/AUSGABE mit Hilfe des Kommandos

> DLOAD"EIN/AUSGABE" ⏎

Erscheint die Bereitschaftsmeldung READY, kann das Programm gestartet werden durch Eingabe des Kommandos

> RUN ⏎

Auf dem Bildschirm erscheint das bekannte Menue. Da Daten ausgegeben werden sollen, geben Sie für die AUSGABE die Kennziffer

> 2 ⏎

des Menues ein.

Anschließend folgt die Ausgabe der Werte, die in der Datei WERTE gespeichert wurden, auf dem Bildschirm. Die Ziffern 1 bis 9 werden in 9 Zeilen untereinander ausgegeben. Den Abschluß bildet die Meldung DATEIENDE.

> **Weitere Möglichkeiten**

Man kann sich vorstellen, daß die Werte, die von der Diskette in den Computer gebracht werden, nicht nur sofort auf dem Bildschirm angezeigt, sondern auch im Computer verarbeitet werden können, z.B.:

addieren der Werte,

sortieren der Werte,

löschen von Werten,

anfügen von Werten usw.

Dazu wäre das Menue zu ergänzen, sowie weitere entsprechende Unterprogramme zu schreiben.

Möchten Sie die Datei WERTE mit anderen Werten füllen, so ist dies nicht ohne weiteres möglich, denn es existiert ja bereits eine Datei mit dem Namen WERTE. Würde es dennoch versucht, wird eine entsprechende Fehlermeldung ausgegeben (die rote Betriebslampe des Laufwerks blinkt).

Starten Sie z.B. noch einmal das Programm EIN/AUSGABE mit Hilfe des Kommandos

und wählen Sie aus dem Menue die Teilaufgabe EINGABE durch Eingabe der Kennziffer

Es wird zwar auf dem Bildschirm zur Eingabe der Werte aufgefordert. Da aber die rote Betriebslampe des Diskettenlaufwerkes blinkt (Fehlermeldung), können keine Werte gespeichert werden.

Die ausführliche Fehlermeldung erhalten Sie durch Eingabe des Kommandos

auf dem Bildschirm. In diesem Fall ist es die Fehlermeldung

d.h. die Datei, gekennzeichnet durch den Dateinamen WERTE, existiert bereits.

Die blinkende rote Betriebslampe erlischt nach Ausgabe der Fehlermeldung.

Abhilfe kann folgendermaßen geschaffen werden:

- Wird die Datendatei nicht mehr benötigt, kann sie durch das Kommando SCRATCH gelöscht werden (vgl. Abschnitt 12.12).

- Wird die Datendatei noch benötigt, kann sie durch das Kommando RENAME umbenannt werden (vgl. Abschnitt 12.9). Um auf die verschiedenen Datendateien zugreifen zu können, muß ein variabler Dateiname verwendet werden.

- In den Unterprogrammen kann z.B. in der OPEN-Anweisung anstelle des Dateinamens eine Variable gesetzt werden. Dieser Variablen wird später durch Eingabe von der Tastatur ein Name zugeordnet.

12.14 Tabelle weiterer Diskettenbetriebssystemkommandos

Schlüsselwort	Aufgabe
COLLECT	Bei länger benutzten Disketten, bei denen wiederholt Dateien gelöscht und andere Dateien wieder neu gespeichert wurden oder bei der Datendateien nicht geschlossen wurden, sind Sektoren vorhanden, die nicht mehr genutzt werden können.
	Zum Bereinigen der Diskettenbelegung wird das COLLECT-Kommando benutzt. Die allgemeine Form ist: **COLLECT [DLw] [ON U Gerätenr.]** ⏎
	Geöffnete Dateien werden bei Ausführung dieses Kommandos geschlossen. Ist nur ein Laufwerk vorhanden (Lw = $\emptyset$) und die voreingestellte Gerätenummer ist 8, so vereinfacht sich das Kommando zu: COLLECT ⏎
CONCAT	**Zur Verkettung von zwei sequentiellen Dateien wird im C 128-Modus das CONCAT-Kommando benutzt. Die allgemeine Form ist:**
	CONCAT [D QLw,] "QDn" TO [D ZLw,] "ZDn" ON [Ug] ⏎ Die Abkürzungen bedeuten: QLw Quellaufwerk QDn Quelldateiname ZLw Ziellaufwerk ZDn Zieldateiname g Gerätenummer
	Die *Quelldatei* ist die Datei, die mit der *Zieldatei* in der Form verkettet werden soll, daß die Quelldatei an die Zieldatei angehängt wird. Die jeweiligen Dateinamen sind anzugeben. Außerdem sind, falls zwei Laufwerke vorhanden sind, die Laufwerksnummern anzugeben. Sie entfallen, wenn nur ein Laufwerk (Lw = $\emptyset$) vorhanden ist. Entsprechendes gilt für die Gerätenummer, wenn die Gerätenummer 8 ist. Das Kommando vereinfacht sich dann zu: CONCAT "Quelldateiname" TO "Zieldateiname" ⏎

	Diesem Kommando entspricht im C 64-Modus das Kommando:
	OPEN 15, 8, 15, "C∅ : Dateiname 3 = ∅ : Dateiname 1, ∅ : Dateiname 2" [←]
	Die Dateien mit den Dateinamen 1 und 2 werden verkettet zur Datei mit dem Dateinamen 3.
CATALOG	**Das CATALOG-Kommando führt zur Ausgabe des Disketteninhaltsverzeichnisses.**
	Es entspricht dem Kommando DIRECTORY sowohl in seiner Funktion als auch im formalen Aufbau. Der Unterschied besteht nur im Schlüsselwort.
BLOAD	Maschinensprachprogramme (Binärcode) werden i.a. nicht in den BASIC-Programmspeicher geladen.
	Zum Laden von Maschinensprachprogrammen wird ein spezielles Kommando im C 128-Modus benutzt. **Die allgemeine Form ist:** **BLOAD "Dateiname" ON B Bank, P Adresse** [←]
	Der *Dateiname* kann wie üblich aus bis zu 16 Zeichen des auf der Tastatur möglichen Zeichenvorrats bestehen. Für *Bank* muß die Nummer der Speicherbank angegeben werden, in die das Programm zu laden ist (∅ oder 1). Für *Adresse* muß die Anfangsadresse in Form einer Dezimalzahl angegeben werden, ab der das Maschinencodeprogramm in den Arbeitsspeicher zu laden ist.
	Im C 64-Modus ist das entsprechende Kommando **LOAD "Dateiname", 8, 1** [←] **Als Anfangsadresse wird die Speicheradresse verwendet, die bei der Speicherung des Programmes z.B. mit Hilfe eines Monitors ursprünglich verwendet wurde.**
BOOT	**Mit Hilfe des BOOT-Kommandos kann eine Binärdatei von der Diskette in den Arbeitsspeicher geladen <u>und</u> gestartet werden. Die allgemeine Form ist:** **BOOT ["Dateiname" [,DLw] [,U Gerätenr.]**
	Für die Parameter Dateiname, Lw und Gerätenummer gilt das, was für die bisher besprochenen Disketten-Kommandos galt. Werden *keine* Parameter angegeben, so wird die Datei geladen und gestartet, die auf der Diskette in Spur 1 im Sektor ∅ steht. Die Datei ist im Direktzugriff auf die Diskette zu bringen.

BSAVE	Maschinensprachprogramme (Binärcode) werden nicht im BASIC-Programmspeicher abgelegt.
	Zur Speicherung von Maschinencode-Programmen auf Disketten wird im C 128-Modus ein spezielles Kommando benutzt (im C 64-Modus nicht möglich). **Die allgemeine Form ist:**
	BSAVE "Dateiname" ON B Bank, P Adresse 1 TO P Adresse 2 ⏎
	Der *Dateiname* kann aus bis zu 16 Zeichen des auf der Tastatur möglichen Zeichenvorrats bestehen. Für *Bank* muß die Nummer der Speicherbank angegeben werden, in der das Maschinensprachprogramm gespeichert werden soll (Ø, 1). Für *Adresse 1* muß die *Anfangsadresse* und für *Adresse 2* die *Endadresse* des zu speichernden Maschinensprachprogramms in Form einer Dezimalzahl angegeben werden.

12.15 Die wichtigsten Fehlermeldungen beim Diskettenbetrieb

Fehlermeldung	Bedeutung/Ursache/Abhilfe
SYNTAX ERROR	**Syntaxfehler**
	Ursache: Das Diskettenkommando ist ● fehlerhaft geschrieben ● zu lang ● bezieht sich unerlaubt auf Dateigruppen u.dgl.
	Abhilfe: Neueingabe des korrekten Kommandos.
READ ERROR	**Lesefehler**
	Die Daten können nicht gelesen werden, da z.B. ● eine unformatierte Diskette eingelegt wurde (bzw. eine Diskette mit falschem Diskettenformat) ● die Diskette selbst falsch eingelegt wurde ● die Diskette defekt ist bzw. die Daten verfälscht wurden.
	Abhilfe: Diskette herausnehmen und neu einlegen. Falls die Fehlermeldung erneut auftritt, sollte die Diskette neu formatiert werden oder durch eine andere Sicherungsdiskette ersetzt werden.

WRITE ERROR	Schreibfehler
	Keine Übereinstimmung der Daten im Sektor mit den Daten im Pufferspeicher. Ursache und Abhilfe siehe READ ERROR.
WRITE PROTECT ON	Schreibschutz
	Ursache: Die Diskette kann nicht beschrieben werden, da die eingelegte Diskette schreibgeschützt ist.
	Abhilfe: Nehmen Sie die Diskette aus dem Laufwerk und entfernen Sie den Aufkleber, der die Schreibschutzkerbe überklebt, und legen Sie die Diskette neu ein.
DRIVE NOT READY	Laufwerk nicht bereit
	Ursache: Das Laufwerk ist noch nicht bereit zur Ausführung von Diskettenoperationen, da noch keine Diskette im Laufwerk liegt.
	Abhilfe: Einlegen einer Diskette.
DISK FULL	Diskette voll
	Ursache: Die Diskette ist voll, wenn entweder • alle Sektoren (Blöcke) belegt sind oder • das Disketteninhaltsverzeichnis voll ist (144 Dateien).
	Abhilfe: Löschen nicht mehr benötigter Dateien oder andere Diskette einlegen.
FILE NOT FOUND	Datei nicht gefunden
	Ursache: Die Datei befindet sich nicht auf der Diskette. Dies kann daran liegen, daß entweder • der im Kommando angegebene Dateiname nicht *exakt* mit dem auf der Diskette übereinstimmt oder • sich keine Datei mit dem angegebenen Namen auf der Diskette befindet.

	Abhilfe:
	Lassen Sie sich das Disketteninhaltsverzeichnis mit Hilfe des Kommandos DIRECTORY ausgeben und überprüfen Sie, ob die Datei überhaupt auf der Diskette gespeichert ist und, falls dies der Fall ist, wie der exakte Dateiname lautet. Geben Sie dann das Kommando noch einmal mit dem korrekten Dateinamen ein. Falls die Datei nicht auf der Diskette ist, tauschen Sie die eingelegte Diskette mit der Diskette, die die gewünschte Datei enthält.
FILE EXISTS	**Datei existiert bereits**
	Ursache:
	Es wird versucht, eine Datei auf einer Diskette unter einem Dateinamen zu speichern, der schon für eine bereits auf der Diskette gespeicherte Datei existiert.
	Abhilfe:
	Wählen Sie entweder einen anderen Dateinamen oder löschen Sie die Datei auf der Diskette, falls diese nicht mehr benötigt wird.
FILETYPE MISMATCH	**Keine Übereinstimmung im Dateityp**
	Ursache:
	Auf der Diskette ist im Inhaltsverzeichnis der Dateityp für jede Datei vermerkt. Eröffnet man eine auf der Diskette gespeicherte Datei mit einem anderen Dateityp, erscheint diese Fehlermeldung.
	Abhilfe:
	Der Dateityp wird im Dateiinhaltsverzeichnis angegeben. Kontrollieren Sie den Dateityp und eröffnen Sie die Datei mit dem richtigen Dateityp.

13 Das CP/M-Betriebssystem

Anstelle des BASIC-Betriebssystems kann unter gewissen Voraussetzungen das CP/M-Betriebssystem eingesetzt werden.

CP/M ist eine Kurzschreibweise für *Control Program for Microprocessors*, d. h. Betriebssystem für Mikroprozessoren. Es ist das bevorzugte Betriebssystem für 8 Bit Mikrocomputer.

Für den Commodore C 128 steht die CP/M-Version

> CP/M Plus Version 3.0

Kurz

> CP/M 3.0 ,

zur Verfügung.

> Um das CP/M-Betriebssystem einsetzen zu können, müssen mindestens folgende Hardwareeinrichtungen vorhanden sein:
> - eine Eingabetastatur,
> - ein Bildschirm,
> - ein Diskettenlaufwerk

Die *Eingabetastatur* stellt der C 128.

Der *Bildschirm* sollte nach Möglichkeit 80 Zeichen pro Zeile darstellen können. Es kann zwar auch ein 40 Zeichen-Bildschirm verwendet werden. Da CP/M jedoch stets mit 80 Zeichen pro Zeile arbeitet, muß dann der Bildschirminhalt seitlich verschoben werden können. Dadurch kann nie der vollständige Bildschirminhalt *gleichzeitig* eingesehen werden. Dies ist nachteilig. Zur seitlichen Verschiebung des Bildschirminhaltes dienen die Tasten CTRL zusammen mit den Cursor Links- bzw. Rechts-Tasten.

Als *Diskettenlaufwerk* kann sowohl das Modell 1541 als auch das Modell 1571 verwendet werden. Es wird das Modell 1571 empfohlen, da die Datenübertragung wesentlich schneller ist und die Disketten beidseitig beschrieben werden können.

> Als Softwarevoraussetzung ist es erforderlich, daß zumindest eine CP/M-Systemdiskette zur Verfügung steht.

Eine Diskette mit weiteren Dienstprogrammen ist wünschenswert.

> Teile des CP/M-Betriebssystems müssen von der CP/M-Systemdiskette in den Arbeitsspeicher geladen werden (arbeitsspeicherresidente Kommandos). Dadurch reduziert sich die frei nutzbare Arbeitsspeicherkapazität für den Anwender auf 59 Kbyte.

Zum Laden und Starten von CP/M gibt es zwei Möglichkeiten:

- Kaltstart

  Das gesamte System ist ausgeschaltet. Die CP/M-Systemdiskette wird in das Diskettenlaufwerk gelegt. Dann wird das gesamte System eingeschaltet. Dabei wird das CP/M-
  System automatisch geladen.

- Warmstart

  Das System ist eingeschaltet und befindet sich im C 128-Modus. Die CP/M-System-
  diskette wird in das Diskettenlaufwerk gelegt.[1]

Dann wird das Kommando

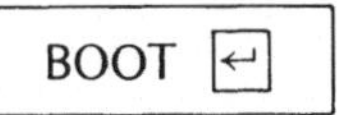

über die Tastatur eingegeben. Dadurch wird anschließend das CP/M-Betriebssystem
geladen.

Um den Rahmen dieses Buches nicht zu sprengen, wird auf die Besprechung des CP/M-
Betriebssystems verzichtet, da die Darstellung selbst den Umfang eines Buches hätte. Es
sei an dieser Stelle auf das Buch *Einführung in die Anwendung des Betriebssystems CP/M*
vom gleichen Autor und Verlag verwiesen.

Für den Anfang bedeutet der Verzicht auf die Besprechung des CP/M-Betriebssystems
nicht viel, da die wichtigsten Wünsche auch vom BASIC Betriebssystem erfüllt werden.
Das BASIC-Betriebssystem hat den Vorteil, daß es sich auf einfache Kassetten- und
Diskettenkommandos abstützt und gleichzeitig die BASIC-Programmierung und den
Ablauf dieser Programme unterstützt, CP/M hingegen nicht. Dafür bietet CP/M andere
Vorteile. Dies *könnte* den Anfänger wegen der vielfältigen Möglichkeiten eher verwirren
als nutzen.

---

1) Eine ausführliche Einführung für CP/M-Anwender bietet das Buch ,,CP/M — Einführung und
   Anwendung'' von W. Schneider, Verlag Vieweg 1984.

14 Inbetriebnahme eines Druckers

Bislang wurde nur besprochen, wie Programme und Daten auf dem *Bildschirm* ausgegeben werden können. Diese Ausgaben möchte man vielfach auch auf einem *Drucker* ausdrucken lassen. Im folgenden soll besprochen werden, wie ein Drucker anzuschließen und zum Druck vorzubereiten ist. Anschließend wird demonstriert, wie Programme und Daten ausgedruckt werden können.

Im vorliegenden Fall wurde der preiswerte Commodore Grafikdrucker MPS-801 verwendet.

Im Prinzip kann jedoch jeder beliebige Drucker angeschlossen werden, der die serielle IEEE Schnittstelle aufweist. Näheres zum Druckeranschluß folgt in Abschnitt 14.2.

14.1 Technische Daten

Hinsichtlich der technischen Daten des Druckers können erhebliche Unterschiede auftreten. Folgende Daten sind wichtig. (Die Werte sind als Beispiel für den Commodore Drucker MPS-801 anzusehen)

Druckmethode	Punktmatrix Nadeldrucker mit 6 * 7 Punkten (Breite: 6 Pkt; Höhe: 7 Punkte)
Zeichensatz	Groß- und Kleinbuchstaben, Ziffern und Grafikzeichen.
Zeichenzahl	80 Zeichen pro Zeile
Druckgeschwindigkeit	50 Zeichen pro Sekunde
Druckrichtung	Unidirektional (nur von links nach rechts)
Papiergröße	4,5″ bis 10″ breit (ca. 11 bis 25 cm) einstellbar
Durchschläge	max. 2

Für Grafiken können eigene Punkt-Kombinationen in der 6 * 7 Matrix vorgegeben werden.

14.2 Anschluß des Druckers

Der Drucker benötigt zum Betrieb folgende zwei Kabelverbindungen:

— Eine Verbindung des Druckers mit der Systemeinheit.
— Eine Verbindung des Druckers mit dem Stromnetz.

14.2.1 Verbindung des Druckers mit der Systemeinheit

Zum Anschluß eines Druckers an die Systemeinheit dient die serielle IEEE-Ein-Ausgabe-Schnittstelle (vgl. Buchse SERIAL in Abschnitt 3.1 und Bild 3.1, sowie das folgende Bild 14.0 der Buchse einer seriellen IEEE-Schnittstelle.)

Die einzelnen Stifte der Buchse sind wie folgt belegt:

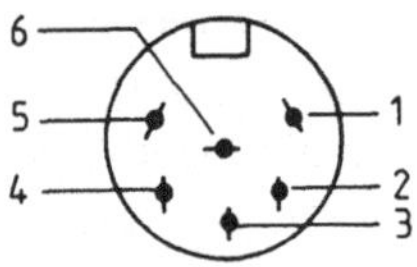

Bild 14.0

Buchse der seriellen IEEE-Schnittstelle

Stift-Nr.	Signalbelegung
1	Serielles $\overline{\text{SRQ IN}}$
2	Masse
3	Serielles ATN EIN/AUS
4	Serieller CLK EIN/AUS
5	Serielle Daten EIN/AUS
6	RESET

Das Diskettenlaufwerk benötigt die gleiche serielle IEEE-Ein-Ausgabe-Schnittstelle. Sollte schon ein Diskettenlaufwerk an der Systemeinheit angeschlossen sein, so ist der Drucker an der *doppelt* vorhandenen IEEE-Ein-Ausgabe-Schnittstelle am Diskettenlaufwerk anzuschließen. Dazu dient ein entsprechendes, dem Drucker beigefügtes Verbindungskabel (vgl. Bild 14.1).

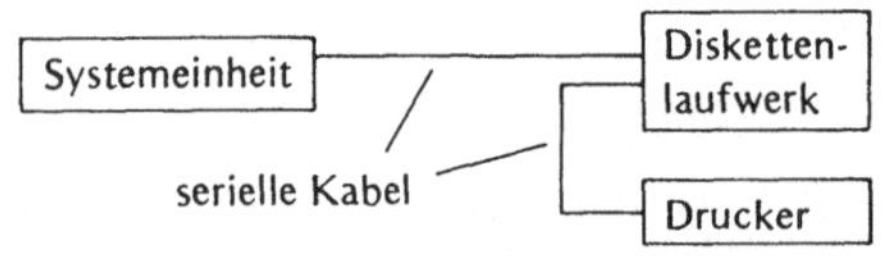

Bild 14.1

Anschlußschema des Druckers
bei vorhandenem Diskettenlaufwerk

14.2.2 Die Verbindung des Druckers mit dem Stromnetz

Mit einem Netzkabel ist der Drucker mit dem Stromnetz (Steckdose) zu verbinden.

14.3 Vorbereitungen am Drucker vor dem eigentlichen Drucken

Vor dem eigentlichen Drucken sind einige Vorbereitungen zu treffen. Teilweise sind diese Vorbereitungen nur selten nötig, wie z. B. das Einlegen eines (neuen) Farbbandes. Teilweise sind diese Vorbereitungen häufiger nötig, wie z. B. alles das, was mit dem richtigen Einlegen des Papiers zusammenhängt.

14.3.1 Farbband einlegen

Falls das Farbband bei einem neuen Drucker noch nicht eingelegt bzw. durch Abnutzung zu wechseln ist, sollte man im Benutzerhandbuch unter diesem Stichwort nachschauen, da dies nicht allgemeingültig angegeben werden kann.

14.3.2 Papier einlegen

Die meisten Drucker erlauben die Verwendung von

— Einzelblättern (Briefpapier) oder
— Endlosformularpapier (Papier mit seitlicher Lochperforation).

Je nach Papierart unterscheidet man auch, wie das Papier transportiert wird.

— Der Friktionsvorschub gilt für Einzelblätter.
  (Walze und Andruckroller werden zusammengedrückt).
— Der Traktorvorschub (Stachelradvorschub) gilt für Endlosformularpapier.

Der Drucker MPS-801 sieht den Traktorvorschub vor.

Zum Einlegen des Endlosformularpapiers, das an beiden Seiten mit Löchern zum Transport versehen ist, wird wie folgt vorgegangen:

● Stachelradabdeckung beider Stachelräder nach außen klappen, so daß die Stacheln der Transportträder frei liegen.
● Papier von hinten durch den schmalen *Schlitz*, der sich über die ganze Breite des Druckers erstreckt, schieben, bis das Papier zwischen Druckerkopf (Farbband) und Schreibwalze erscheint.
● Die Stachelräder auf der Metallstange so verschieben, daß die Stacheln richtig in die Lochperforation des Papierendlosformulars greifen. Das Papier muß richtig gespannt sein, d. h. es darf keine Wellen schlagen.
● Stachelradabdeckung wieder auf die Stachelräder klappen.
● Papier mit Hilfe des Papiervorschubknpfes (i.a. rechte Gerätseite) zum ersten Ausdruck positionieren.
● Druckkraft mit Hilfe eines Hebels an der linken Innenseite des Druckers einstellen.
  Ist der Druck zu hell, muß der Hebel mehr nach hinten gelegt werden.
  Ist der Druck zu dunkel, muß der Hebel mehr nach vorn gelegt werden.

14.3.3 Schalter

Die Drucker besitzen i. a. folgende Schalter bzw. Tasten:

14.3.3.1 Netzschalter

Mit Hilfe des Netzschalters wird die Stromversorgung des Druckers eingeschaltet. Im allgemeinen leuchtet nach dem Einschalten eine Netzkontrolleuchte auf (engl. POWER).
Beim MPS-801 befindet sich der Netzschalter an der linken Geräteseite, die Netzkontrolleuchte an der linken oberen Ecke des Druckers.

14.3.3.2 ON-LINE-Taste

Mit Hilfe der ON-LINE-Taste kann der Drucker

- ON-LINE geschaltet werden, d. h. *elektrisch* mit dem Computer verbunden werden, wenn er vorher OFF-LINE geschaltet war, d. h. nicht elektrisch mit dem Computer verbunden war.
- OFF-LINE geschaltet werden, wenn sich der Drucker im ON-LINE Zustand befindet.

Nach dem Einschalten des Druckers ist der Drucker i. a. ON-LINE-geschaltet, wenn Papier eingelegt ist.

Der Drucker MPS-801 weist derartige Tasten nicht auf.

14.4 Druckerselbsttest und Einstellung der Gerätenummer

14.4.1 Druckerselbsttest

Mit Hilfe des Druckerselbsttests kann eine erste Prüfung auf Funktionsfähigkeit des Druckers vorgenommen werden.

Außerdem erhält man i. a. eine Liste aller dem Drucker darstellbaren Zeichen.

Wie der Druckerselbsttest vorzunehmen ist, muß dem Bedienerhandbuch des Druckers entnommen werden.

Die Bilder 14.2 und 14.3 zeigen dies beispielhaft für den vom Autor verwendeten Drucker MPS-801 von Commodore.

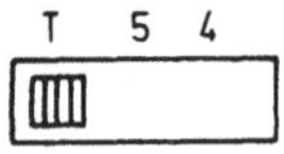

Bild 14.2

Selbsttestschalter (Lage T) auf der Hinterseite des Druckers Commodore MPS-801

Zum Selbsttest muß der Schalter auf der Rückseite des Druckers in die Stellung T gebracht werden (vgl. Bild 14.2).

Bild 14.3 zeigt einen Selbsttestausdruck, nachdem der Schalter in die Lage T (Selbsttest) gebracht wurde.

Bild 14.3 Selbsttestausdruck

14.4.2 Einstellung der Gerätenummer

Nach Abschluß des Selbsttests wird der Schalter auf die Markierung 4 gestellt. Dies ist dann in Zukunft die Gerätenummer des Druckers. Alternativ kann auch die Markierung 5 als Gerätenummer gewählt werden.

14.5 Programmgesteuertes Drucken

Man kann das Druckbild vom Programm aus beeinflussen. Einige wichtige Möglichkeiten des programmgesteuerten Druckens sollen in den folgenden Abschnitten gezeigt werden.

14.5.1 Eingabe eines Testprogramms

Das bekannte Additionsprogramm soll als Testprogramm dienen (s. Kapitel 12.2, Beispiel 12.1).

Beispiel 14.1

Das Testprogramm, das über die Eingabetastatur eingegeben bzw. von der Diskette geladen wird, lautet:

```
1Ø␣INPUT␣"GEBEN␣SIE␣ZWEI␣ZAHLEN,DURCH␣EIN
    KOMMA␣GETRENNT,EIN";A,B
2Ø␣C=A+B
3Ø␣PRINT"ADDITION␣VON␣ZWEI␣ZAHLEN"
4Ø␣PRINT"A=";A,"B=";B,"C=";C
```

Die Anweisung mit der Anweisungsnummer 1Ø wurde durch die auf dem Bildschirm begrenzte Spaltenzahl je Zeile in zwei Zeilen wiedergegeben. Die angegebene Trennung wurde gewählt, damit der Text auch bei der Ausgabe auf dem Bildschirm sinnvoll getrennt in zwei Zeilen ausgegeben wird. Wird das Programm nämlich wie gewohnt mit Hilfe des Kommandos RUN gestartet, erscheint zunächst folgender Text auf dem Bildschirm:

```
GEBEN␣SIE␣ZWEI␣ZAHLEN,DURCH␣EIN␣␣␣␣KOMMA
GETRENNT,EIN?
```

Möchte man z. B. für die Variable A den Wert 1,1 und für B den Wert 2,2 eingeben, so muß dies bekanntlich wie folgt geschehen:

```
1.1,2.2 ⏎
```

Anschließend erscheint folgende Ausgabe auf dem Bildschirm:

```
ADDITION␣VON␣ZWEI␣ZAHLEN
A=␣1.1␣␣␣␣␣B=2.2␣␣␣␣␣C=3.3.
```

Es wird aber, trotz angeschlossenem Drucker, kein Ergebnisausdruck auf dem Drucker ausgegeben.

14.5.2 Ausgabe des im Arbeitsspeicher befindlichen Programms auf einem Drucker

Möchte man das Programm nicht nur wie bisher gewohnt auf dem Bildschirm auflisten lassen (Kommando LIST, siehe Abschnitt 7.1), sondern auf dem *Drucker*, so ist die *Ausgabe* vom Bildschirm zum Drucker *umzuleiten*.

Dazu sind folgende Schritte notwendig:

- Es muß ein Übertragungskanal vom Computer zum Drucker eröffnet werden.
- Dann muß das *Kommando zur Umleitung* der Ausgabe von der normalen Richtung (Bildschirm) zum Drucker eingegeben werden.
- Wird anschließend ein LIST-Kommando eingegeben, werden die Daten nicht mehr zum Bildschirm, sondern zum Drucker gesendet.
- Ist die Datenübertragung zum Drucker beendet, soll i. a. der Normalzustand (Ausgabe auf dem Bildschirm) wieder eingenommen werden. Die Umleitung der Ausgabe ist rückgängig zu machen.

Diese vier Schritte werden im folgenden näher besprochen.

14.5.2.1 Eröffnung eines Übertragungskanals

Die Eröffnung eines Übertragungskanals zum Drucker gleicht der bekannten Eröffnung von Übertragungskanälen zu anderen Peripheriegeräten, wie z. B. zum Datenrekorder bzw. zum Diskettenlaufwerk (vgl. Abschnitt 10.6.1).

> **Die allgemeine Form zur Öffnung eines Übertragungskanals ist:**
>
> | **OPEN log. Dateinr., Gerätenr., Sekundäradresse** | ↵ |

OPEN kann direkt als Kommando oder als Anweisung im Programm verwendet werden.

- Die *log. Dateinr.* ist wie üblich eine Zahl zwischen 1 und 255.
- Die *Gerätenr.* ist je nach Einstellung am Drucker 4 bzw. 5 (vgl. Abschnitt 14.4.2).
- Die Sekundäradresse kann Ø bzw. 7 sein.

Sekundäradresse Ø:	Ausgabe von Grafikzeichen und Großbuchstaben.
Sekundäradresse 7:	Ausgabe von Groß- und Kleinbuchstaben

Im Normalfall wird die Sekundäradresse Ø verwendet. In diesem Fall sieht die Ausgabe auf dem Drucker so aus wie im Normalbetrieb auf dem Bildschirm. Die Angabe der Sekundäradresse Ø kann entfallen.

14.5.2.2 Das CMD-Kommando zur Umleitung der Ausgabe zum Drucker

> **Mit Hilfe des CMD-Kommandos kann die Ausgabe vom Bildschirm zum Drucker umgeleitet werden. Die Umleitung bleibt bestehen, bis sie durch ein anderes Kommando wieder aufgehoben wird. Die allgemeine Form ist:**
>
> | **CMD log. Dateinr.** |

Dabei muß die logische Dateinr. die gleiche sein, die im OPEN-Kommando benutzt wurde.

> **Das CMD-Kommando kann auch als Anweisung im Programm benutzt werden.**

14.5.2.3 Das LIST-Kommando zum Listen eines Programmes auf dem Drucker

Für das Ausdrucken von Programmen auf dem Drucker gilt das gleiche wie für das LIST-Kommando bei der Bildschirmausgabe (siehe Abschnitt 7.1).

Da die Zahl der Spalten beim Drucker nicht wie beim Bildschirm auf 4∅ Spalten pro Zeile begrenzt ist, wird die Anweisung mit der Anweisungsnummer 1∅ *in einer Zeile* (mit der entsprechenden Zahl der Leerstellen zwischen den Worten EIN und KOMMA ausgedruckt — vgl. das im nächsten Abschnitt folgende Beispiel 14.2, Bild 14.4).

14.5.2.4 Beenden der Datenübertragung zum Drucker

> **Zunächst muß das CMD-Kommando in seiner Auswirkung zurückgenommen werden (Umleitung der Daten vom Bildschirm zum Drucker).**
>
> **Dies ist möglich durch folgende Ausgabeanweisung für den Drucker:**
>
> **PRINT#log. Dateinr.**

Dabei ist die log. Dateinr. einzusetzen, die im OPEN-Kommando benutzt wurde.

> **Anschließend ist der eröffnete Übertragungskanal zu schließen. Die allgemeine Form ist:**
>
> **CLOSElog.Dateinr.**

Das CLOSE-Kommando ist wichtig, damit sichergestellt ist, daß alle Daten vom Pufferspeicher zum Drucker übertragen werden (sonst bleibt eventuell der letzte Teil im Pufferspeicher, ohne zum Drucker übertragen zu werden).

Beispiel 14.2

Ausgabe eines sich im Arbeitsspeicher befindlichen BASIC-Programms auf dem Drucker.

Folgende Kommandofolge ist zur Druckerausgabe des Programms ADD, das sich im Arbeitsspeicher des Computers befindet (vgl. Beispiel 14.1) erforderlich:

```
OPEN⌴1,4 ↵
CMD⌴1 ↵
LIST ↵
PRINT#1 ↵
CLOSE1 ↵
```

Die log. Dateinr. ist hier 1 und die Gerätenr. des Druckers 4.

Das Programmlisting hat folgendes Aussehen:

```
1∅ INPUT"GEBEN SIE ZWEI ZAHLEN,DURCH EIN    KOMMA GETRENNT,EIN";A,B
2∅ C=A+B
3∅ PRINT"ADDITION VON ZWEI ZAHLEN"
4∅ PRINT"A=";A,"B=";B,"C=";C

READY.
```

Bild 14.4 Programmlisting vom Drucker

14.5.3 Programmgesteuerte Ausgabe von Rechenergebnissen auf einem Drucker

Die besprochene Kommandoeingabe ist vielfach lästig, insbesondere, wenn ein Teil der Ausgaben auf dem Bildschirm erscheinen soll, ein anderer Teil auf dem Drucker.

Bei einer programmgesteuerten Ausgabe bestimmt die Ausgabeanweisung im Programm, wo die Daten ausgegeben werden sollen (Bildschirm oder Drucker). Der prinzipielle Weg zur programmgesteuerten Ausgabe von Daten auf einem Drucker ist folgender:

● Es muß ein Übertragungskabel vom Computer zum Drucker eröffnet werden. Dies geschieht durch die bekannte OPEN-Anweisung.

> OPEN log.Dateinr., Gerätenr., Sekundäradresse

● Soll programmgesteuert etwas auf dem Drucker ausgegeben werden, so ist die Ausgabeanweisung allgemein:

> PRINT#log. Dateinr., Variablenliste

Bei der PRINT-Anweisung für den Bildschirm fehlt das Symbol #.

Die log. Dateinr. ist die gleiche, die in der OPEN-Anweisung benutzt wurde.

Die Variablenliste enthält die Variablen, deren Werte auf dem Drucker auszugeben sind.

Bezüglich der Variablenliste verhält sich die PRINT#-Anweisung wie die PRINT-Anweisung (vgl. PRINT-Anweisung in Kap. 15).

Im Gegensatz zum CMD-Kommando wird bei der PRINT#-Anweisung der Übertragungsweg (Kanal) nur *während der Ausgabe* offen gehalten.

● Schließen des Übertragungskanals
Zum Schließen des durch OPEN eröffneten Übertragungskanals wird die CLOSE-Anweisung benutzt. Die allgemeine Form der CLOSE-Anweisung ist:

> CLOSE log. Dateinr.

Beispiel 14.3

Das in Abschnitt 14.5.1 angegebene Programm (Beispiel 14.1) ist für die Ausgabe der Rechenergebnisse auf einem Drucker entsprechend zu ändern, d. h. hinter das Schlüsselwort PRINT in den Anweisungen mit den Anweisungsnummern 3Ø und 4Ø ist z. B. ein #1 zu setzen.

Außerdem ist der Übertragungskanal vorher zu eröffnen, z. B. durch

5 ⌴⌴ OPEN1,4

und abschließend zu schließen, z. B. durch

5Ø ⌴CLOSE1

Das geänderte Programm hat insgesamt folgendes Aussehen (wenn es auf dem Drucker ausgegeben wird).

```
5 OPEN1,4
10 INPUT"GEBEN SIE ZWEI ZAHLEN,DURCH EIN     KOMMA GETRENNT,EIN";A,B
20 C=A+B
30 PRINT#1,"ADDITION VON ZWEI ZAHLEN"
40 PRINT#1,"A=";A,"B=";B,"C=";C
50 CLOSE1

READY.
```

Bild 14.5

Wird dieses Programm wie gewohnt mit Hilfe des Kommandos RUN gestartet, erscheint wieder folgender Text auf dem *Bildschirm:*

GEBEN ⎵ SIE ⎵ ZWEI ⎵ ZAHLEN,DURCH ⎵ EIN ⎵⎵ ⎵KOMMA
GETRENNT,EIN?

Gibt man anschließend die gleichen Werte wie in Abschnitt 14.5.1 ein, wird folgendes Ergebnis auf dem *Drucker* ausgegeben:

```
ADDITION VON ZWEI ZAHLEN
A= 1.1              B= 2.2              C= 3.3

READY.
```

Bild 14.6

Erscheint auf dem Bildschirm das Systembereitschaftszeichen Ready, ist die Rechnung und die Ausgabe beendet.

14.5.4 Drucken in breiter Schrift (Sperrschrift)

Soll ein Ergebnisausdruck in breiterer Schrift gegenüber der normalen Schrift ausgedruckt werden, muß dies dem Drucker mitgeteilt werden. Dazu muß dem Drucker ein entsprechendes *Steuerzeichen* gesendet werden. Dies geschieht mit Hilfe der BASIC-Standardfunktionen CHR$, in deren Argument das Dezimaläquivalent eines bestimmten ASCII-Codes steht, das der Drucker als Steuerzeichen auswertet.

Die Standardfunktion CHR$ mit dem Steuerzeichen im Argument folgt auf das Schlüsselwort PRINT#1. Sie werden durch ein Komma getrennt.

Das Steuerzeichen für das Drucken in doppelt breiter Schrift ist:

CHR$ (14)

Beispiel 14.4

Das entsprechend abgeänderte Programm hat folgendes Aussehen:

```
5 OPEN1,4
10 INPUT"GEBEN SIE ZWEI ZAHLEN,DURCH EIN
   KOMMA GETRENNT,EIN";A,B
20 C=A+B
30 PRINT#1,CHR$(14)"ADDITION VON ZWEI ZA
HLEN"
40 PRINT#1,"A=";A,"B=";B,"C=";C
50 CLOSE1

READY.
```

Bild 14.7

Startet man dieses Programm und versorgt es mit Daten, so ergibt sich folgender Ausdruck:

```
ADDITION VON ZWEI ZAHLEN
A= 1.1                   B= 2.2

READY.
```

Bild 14.8

Beide Ausgabezeilen wurden in breiterer Schrift ausgedruckt, obwohl das Steuerzeichen CHR$(14) nur in der Ausgabeanweisung für die erste Zeile steht. *Die Umschaltung ist dauerhaft.*

> **Möchte man zur normalen Schriftgröße zurückkehren, so muß man dem Drucker ein entsprechendes Steuerzeichen senden. Dies ist:**
>
> **CHR$(15)**

Beispiel 14.5

Das entsprechend abgeänderte Programm hat folgendes Aussehen:

```
5 OPEN1,4
10 INPUT"GEBEN SIE ZWEI ZAHLEN,DURCH EIN    KOMMA GETRENNT,EIN";A,B
20 C=A+B
30 PRINT#1,CHR$(14)"ADDITION VON ZWEI ZAHLEN"
40 PRINT#1,CHR$(15)"A=";A,"B=";B,"C=";C
50 CLOSE1

READY.
```

Bild 14.9

Startet man dieses Programm und versorgt es mit Daten, so ergibt sich folgender Ausdruck:

```
ADDITION VON ZWEI ZAHLEN
A= 1.1          B= 2.2          C= 3.3

READY.
```

Bild 14.10

14.5.5 Reverses Drucken

Sollen die Zeichen nicht schwarz auf weißem Untergrund gedruckt werden, sondern revers, d.h. weiß auf schwarzem Untergrund, so läßt sich dies ebenfalls mit Hilfe eines Steuerzeichens erreichen.

> **Das Steuerzeichen für das reverse Drucken ist:**
>
> CHR$(18)
>
> **Mit Hilfe des Steuerzeichens**
>
> CHR$(146)
>
> kann wieder zum normalen Druck zurückgekehrt werden. Den gleichen Effekt erzielt man mit dem Steuerzeichen
>
> CHR$(15)
>
> (vgl. Abschnitt 14.5.4).

Beispiel 14.6

Ein entsprechend geändertes Programm zeigt dieses Beispiel:

```
5 OPEN1,4
10 INPUT"GEBEN SIE ZWEI ZAHLEN,DURCH EIN    KOMMA GETRENNT,EIN";A,B
20 C=A+B
30 PRINT#1,CHR$(18)"ADDITION VON ZWEI ZAHLEN"
40 PRINT#1,CHR$(15)"A=";A,"B=";B,"C=";C
50 CLOSE1

READY.
```

Bild 14.11

Startet man dieses Programm und versorgt es mit Daten, so ergibt sich der Ausdruck:

```
ADDITION VON ZWEI ZAHLEN
A= 1.1              B= 2.2              C= 3.3
```

Bild 14.12

14.5.6 Einfügen von Leerzeilen

Vielfach besteht auch der Wunsch, den Zeilenabstand durch Einfügen von Leerzeilen zu ändern.

> **Mit Hilfe des Steuerzeichens**
>
> CHR$(1Ø)
>
> **läßt sich eine Leerzeile zwischen zwei Zeilen einfügen.**

Beispiel 14.7

Ein entsprechend geändertes Programm zeigt dieses Beispiel:

```
5 OPEN1,4
10 INPUT"GEBEN SIE ZWEI ZAHLEN,DURCH EIN   KOMMA GETRENNT,EIN";A,B
20 C=A+B
30 PRINT#1,CHR$(18)"ADDITION VON ZWEI ZAHLEN"
40 PRINT#1,CHR$(10)"A=";A,"B=";B,"C=";C
50 CLOSE1

READY.
```

Bild 14.13

Startet man dieses Programm und versorgt es mit Daten, so ergibt sich der Ausdruck:

```
ADDITION VON ZWEI ZAHLEN

A= 1.1             B= 2.2             C= 3.3
```

Bild 14.14

Man erkennt im Vergleich zu Abschnitt 14.5.5 die eingefügte Leerzeile zwischen beiden Zeilen.

14.5.7 Drucken von selbstentworfenen Zeichen

Mit Hilfe des Druckers lassen sich auch Zeichen ausgeben, die der Anwender für seine Zwecke benötigt, die jedoch nicht im Druckerzeichensatz enthalten sind.

Dazu können die einzelnen Nadeln des Druckers der 6 * 7 Punktmatrix individuell angesprochen werden.

Beispiel 14.8

Der Weg soll im folgenden am Beispiel des griechischen Buchstaben β gezeigt werden.

> **Schritt 1**
> **Entwerfen des Zeichens in der 6 * 7 Punktmatrix (vgl. Bild 14.15).**

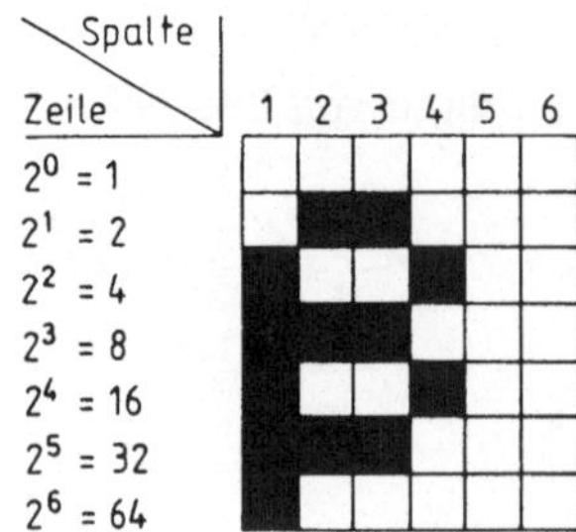

Bild 14.15
Entwurf des Buchstabens β
in der 6 * 7 Punktmatrix.

> **Schritt 2**
> Jedem Punkt einer Zeile ist ein Binärwert zugeordnet (von oben nach unten 2^0 bis 2^6). Für jede Spalte der Punktmatrix wird die Summe der den Binärwerten zugeordneten Dezimalwerte gebildet, bei denen ein Punkt eingezeichnet wurde.

Für dieses Beispiel ergibt sich:

Spalte	Dezimaläquivalente
1	4+8+16+32+64=124
2	2+8+32=42
3	2+8+32=42
4	4+16=20
5	0
6	0

> **Schritt 3**
> Die summierten Binärwerte der Spalten 1 bis 6 werden einer Textvariablen mit Hilfe der Standardfunktion CHR$ zugeordnet. Im Argument steht der um 128 ($\hat{=}2^7$) erhöhte Spaltenwert.

In diesem Beispiel steht die Textvariable B$ stellvertretend für den selbstentworfenen griechischen Buchstaben β.

> **Schritt 4**
> Zum Drucken des selbstentworfenen griechischen Buchstabens muß zunächst der Übertragungskanal eröffnet werden.
> Anschließend ist der Bit-Muster-Modus durch Ausgabe des Steuerzeichens
>
> > CHR$ (8)
>
> einzuschalten.

Daraufhin kann der Ausdruck des selbstentworfenen Zeichens erfolgen. Abschließend ist die Datei zu schließen.

Das vollständige Programm zeigt Bild 14.16.

```
20 B$=""
21 REM--------------
60 FOR I=1TO6
70 READ B
80 B$=B$+CHR$(128+B)
90 NEXT I
100 REM------------
110 OPEN 1,4
120 PRINT#1,CHR$(8)
130 PRINT#1,B$
140 CLOSE1
150 REM--------------
170 DATA 124,42,42,20,0,0

READY.
```

Bild 14.16

Das Programm ist so angelegt, daß nur die DATA-Anweisung zu ändern ist, um andere selbstentworfene Zeichen ausgeben zu können.

Hierbei ist

Anweisungsnummer	Erläuterung
1Ø	Der Textvariablen B$ wird ein Leertext zugeordnet.
6Ø bis 9Ø	Definition des Zeichens Eine Schleife wird sechsmal durchlaufen. Dabei werden die ermittelten 6 Dezimaläquivalente der 6 Spalten mit Hilfe der READ-DATA-Anweisung in den Computer eingelesen und über das Argument der CHR$-Standardfunktion (um 128 erhöht) der Textvariablen B$ zugeordnet.
11Ø bis 14Ø	Druck des Zeichens. Im einzelnen haben die Anweisungen folgende Aufgaben: 11Ø Eröffnen des Druckerkanals. 12Ø Steuerzeichen für den Bit-Muster-Modus ausgeben. 13Ø Drucken des in B$ gespeicherten selbstentworfenen Zeichens. 14Ø Schließen des Übertragungskanals.

Wird das Programm gestartet, so wird der selbstentworfene Buchstabe β wie folgt auf dem Drucker ausgegeben (Bild 14.17).

Bild 14.17

Das Programm ist so angelegt, daß nur die DATA-Anweisung zu ändern ist, um andere selbstentworfene Zeichen drucken zu können.

14.5.8 Weitere Steuerzeichen

Durch weitere Steuerzeichen läßt sich bei vielen anderen Druckern

— eine Unterstreichung von Zeichen,
— ein Höher- und Tieferstellen von Zeichen,
— eine Einstellung der Schriftbreite,
— eine Änderung des Zeilenabstandes u. dgl.

vornehmen.

Darauf soll hier jedoch nicht weiter eingegangen werden.

Die Steuerzeichen müssen dem jeweiligen Druckerhandbuch entnommen werden. Die prinzipielle Vorgehensweise, die hier geschildet wurde, ändert sich jedoch nicht.

15 Standard-Sprachumfang des Commodore C 128-BASIC

An dieser Stelle soll der Standard-Sprachumfang des Commodore-BASIC umrissen werden, sofern Teile, wie z. B. die BASIC-Kommandos, nicht an anderer Stelle ausführlich besprochen wurden bzw. in weiteren Kapiteln besprochen werden.

Der Sprachumfang wird in zwei Arten dargeboten:

- | **Zusammenfassung der Sprachelemente, geordnet nach Aufgabengebieten.** |

  Die Anwendung einer derartigen Zusammenfassung ist zweckmäßig, wenn Probleme mit Hilfe der Programmiersprache BASIC gelöst werden sollen und es sich fragt, welche Möglichkeiten das Commodore-BASIC zur Problemlösung bietet.

  Der ausführlichen Erläuterung mit Beispielen wurde eine *nach Aufgabengebieten geordnete Übersicht der Schlüsselwörter* vorangestellt.

  Mit Hilfe der in der Übersicht angegebenen Abschnittsnummern ist somit ein schnelles Aufsuchen der gewünschten detaillierten Beschreibung der BASIC-Anweisungen mit Beispielen möglich.

- | **Zusammenfassung in alphabetischer Reihenfolge der Schlüsselwörter.** |

  Die Anwendung einer derartigen Zusammenfassung ist zweckmäßig, wenn man z. B. ein Commodore BASIC-Programm vorliegen hat und dieses verstehen möchte. Treten unbekannte Schlüsselwörter auf, kann in dieser alphabetischen Liste nachgeschaut werden, in welchem Abschnitt dieses Buches näheres darüber gesagt wird.

Um Mißverständnissen vorzubeugen, sei ausdrücklich darauf hingewiesen, daß die Darstellung des Sprachumfangs des Commodore-BASIC keinen BASIC-Kurs darstellt. Es werden zwar alle möglichen Anweisungen und Funktionen des Commodore-BASIC aufgelistet und ihre Bedeutung erläutert. Dies ist jedoch nur ein Teil, wenn auch ein wichtiger Teil, eines BASIC-Kurses.

15.1 Notation der Syntax der Programmiersprache BASIC

Die Syntax der Programmiersprache BASIC kann sowohl mit Hilfe der Backus-Naur-Form als auch mit Hilfe von Fahrnetzen beschrieben werden.

Außerdem werden, falls erforderlich, zum besseren Verständnis noch Erläuterungen und Beispiele angegeben.

15.1.1 Die Backus-Naur-Form (BNF)

Die in der Backus-Naur-Form verwendeten Symbole sind sog. *metasprachliche Symbole*. Unter Metasprache versteht man dabei eine Sprache, die verwendet wird, um eine *andere* Sprache zu beschreiben. Diese Symbole gehören zur Darstellungsform nach Backus-Naur und stellen somit *keine* Symbole der Programmiersprache BASIC dar.

Die Symbole der Backus-Naur-Form

Folgende Symbole werden in der Backus-Naur-Form verwendet:

Symbol	Erläuterung
< >	Es handelt sich eigentlich um zwei Symbole (spitze Klammern), die jedoch nur als *Paar* in der Backus-Naur-Form auftreten. Innerhalb der spitzen Klammern steht ein Begriff (metasprachliches Objekt), der an anderer Stelle näher erläutert wird.
::=	Dieses Symbol wird benötigt, wenn ein unbekannter Begriff (noch nicht definiertes metasprachliches Objekt) durch bekannte, schon definierte Begriffe definiert werden soll. Dabei steht das neu zu definierende Objekt stets *links* vom Symbol ::=, während rechts davon das Bildungsgesetzt steht. Innerhalb des Bildungsgesetzes dürfen selbstverständlich nur schon vorher definierte Begriffe verwendet werden. Kurz: Der linksstehende Begriff wird durch die rechtsstehenden Begriffe definiert.
|	Falls mehrere Möglichkeiten bestehen, trennt der senkrechte Strich diese Alternativen.
{}	Die geschweiften Klammern kennzeichnen mögliche Wiederholungen der in den Klammern eingeschlossenen Begriffe. Dies bedeutet, daß eine Wiederholung *möglich* ist, aber nicht unbedingt erfolgen muß.
[ ]	Die in eckigen Klammern angegebenen Begriffe können wahlweise benutzt werden. Die Begriffe können somit angegeben werden, müssen es aber nicht.

15.1.2 Das Fahrnetz (Syntaxdiagramm)

Fahrnetze bestehen aus einem Namen für das Netz und dem Netz an sich. Der *Name des Netzes* wird, z. B. zur Wiederverwendung in Teilnetzen, als Überschrift links über dem eigentlichen Netz angegeben. Das Netz besteht aus einer beliebig komplizierten Vermaschung der folgenden fünf Sinnbildtypen. Wichtig ist, daß im Gegensatz zu Netzen im Straßenverkehr, bei der Eisenbahn u.dgl., Fahrnetze zur Beschreibung der Syntax von Programmiersprachen nur *einen Anfang* und *ein Ende* haben dürfen. Dies gilt auch für Teilnetze. Da für den Anfang und das Ende eines Netzes keine Sinnbilder festgelegt wurden, muß es eine andere Festlegung geben.

Sie lautet:

— Den *Anfang* eines Netzes kennzeichnet die Linie, die am weitesten „links" liegt. Bei räumlich umfangreichen Netzen, bei denen es auch ein „Unten" und „Oben" gibt, gilt im Prinzip die gleiche Regel. Man sollte sich jedoch bemühen, die „Anfangslinie" „links oben" anzuordnen.

— Das *Ende* eines Netzes kennzeichnet die Linie, die am weitesten „rechts" liegt (bei umfangreichen Netzen möglichst „rechts unten").

Die Syntax dessen, was als Name über dem Fahrnetz steht, ergibt sich durch Aneinanderfügen der Zeichen und Teilnetze, die beim Durchfahren der Linien des Netzes in den „Kreisen" und „Rechtecken" berührt werden.

Die Sinnbilder des Fahrnetzes

Das Fahrnetz ist ein aus folgenden Sinnbildern zusammengesetztes Gebilde:

Sinnbild	Bedeutung	Erläuterung
	Linie	Linien werden im Netz durchfahren.
	Weiche	Linien können sich über diese Weichen verzweigen bzw. wieder zusammengeführt werden.
	Elementare Zeichen	*Einzelne elementare* Zeichen, z.B. aus dem BASIC-Zeichenvorrat, müssen im Inneren eines Kreises im Fahrnetz angegeben werden. Sollen *mehrere* elementare Zeichen in einer bestimmten Reihenfolge angegeben werden, so ist der Kreis entsprechend zu „dehnen", so daß sich das unter dem Kreis befindliche Sinnbild ergibt. Die Zeichenfolge wird im Inneren dieses Sinnbildes angegeben.
	Teilnetz	Ein Fahrnetz muß nicht nur aus elementaren Zeichen bzw. Zeichenfolgen aufgebaut sein. Es kann zur vereinfachten Darstellung auch Teilnetze enthalten. Damit kann die Übersichtlichkeit größerer Fahrnetze erheblich gesteigert werden. Die Struktur des Teilnetzes muß an anderer Stelle mit Hilfe eines speziellen Fahrnetzes erläutert sein.
	Brücke (Kreuzung)	Ein Fahrnetz läßt sich nicht immer „kreuzungsfrei" angeben, auch wenn dies anzustreben ist. Um keine Verwechslung mit Weichen aufkommen zu lassen, sollte man die Linien sich nicht einfach kreuzen lassen, sondern eine „Überbrückung", wie im Sinnbild gezeigt, andeuten.

Im folgenden wird bevorzugt das Fahrnetz verwendet.

15.2 Elementare BASIC-Sprachelemente

Zur Erläuterung der BASIC-*Anweisungen* ist es notwendig, die Syntax elementarer BASIC-Sprachelemente anzugeben, damit mit ihrer Hilfe die Syntax von BASIC-Anweisungen auf einfache Weise beschrieben werden kann.

15.2.1 Zeichen

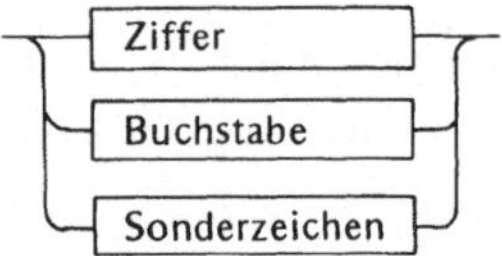

Ziffer

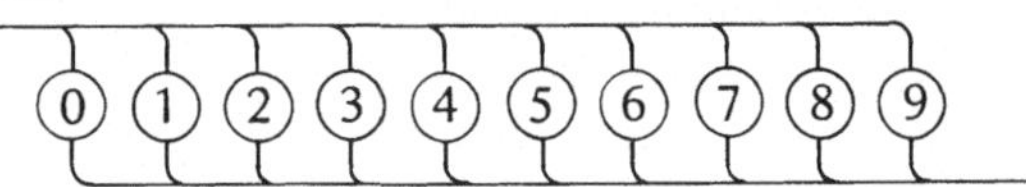

Buchstabe

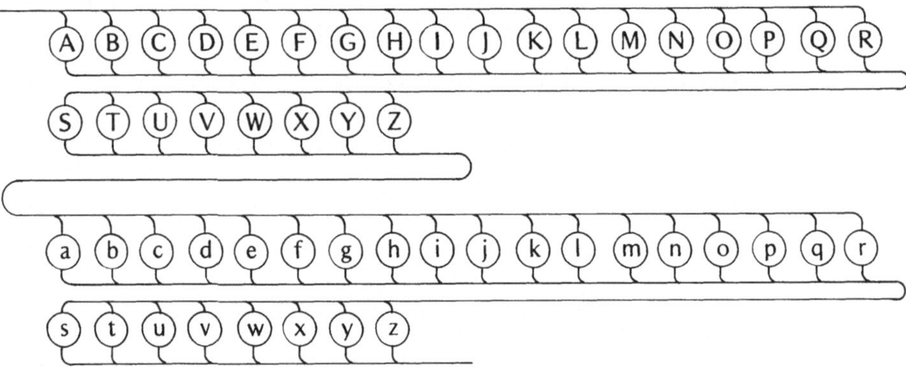

Sonderzeichen

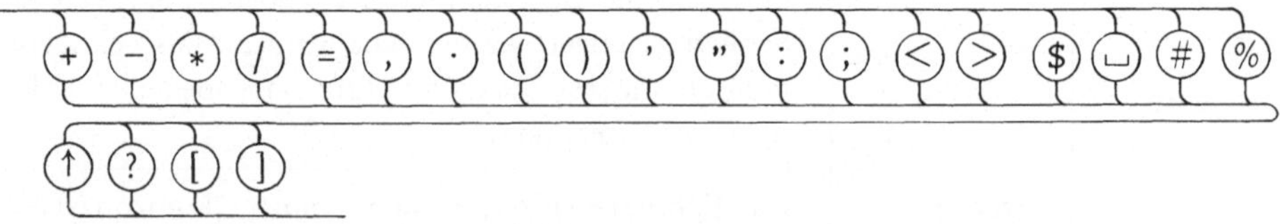

Vorzeichen

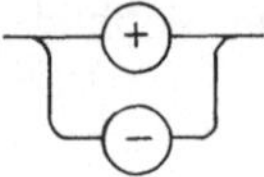

15.2.2 Zusammengesetzte Zeichen

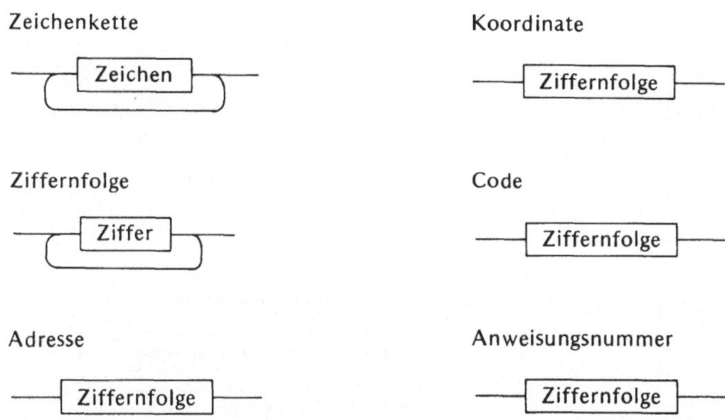

Die Anweisungsnummer darf maximal 5-stellig sein. (Die Ziffernfolge darf nur Werte zwischen 0 und 63999 aufweisen).

15.2.3 Operatoren

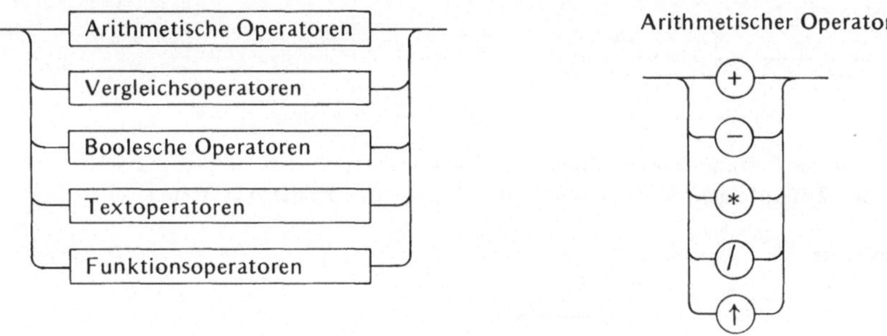

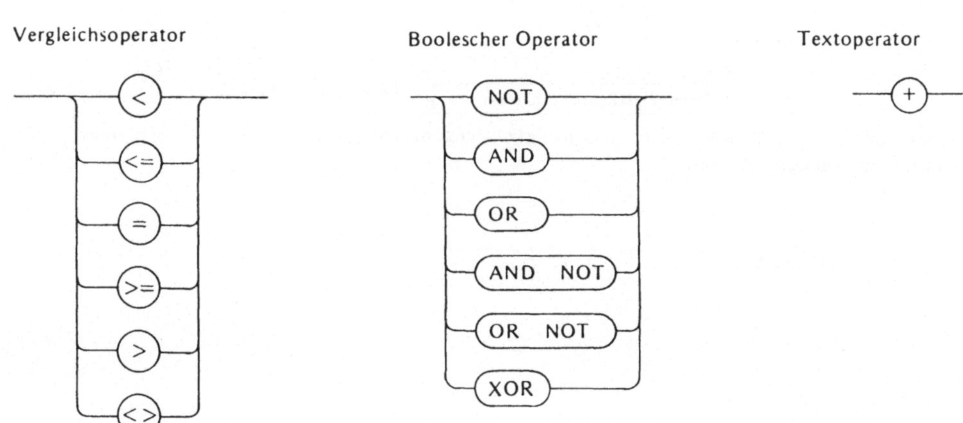

Funktionsoperator

Es gibt eine Vielzahl von BASIC-*Standardfunktionen*, die an einem Operanden eine vorgegebene Operation ausführen (z. B. zieht die Standardfunktion SQR die Quadratwurzel aus dem folgenden Argument). Wegen der Vielzahl der Möglichkeiten sei an dieser Stelle kein Fahrnetz angegeben, sondern auf Abschnitt 15.2 verwiesen. Außerdem gibt es die Möglichkeit, eigene Funktionen zu definieren (*Benutzerdefinierte Funktion* mit Hilfe von DEFFN vgl. Abschnitt 15.3.1).

15.2.4 Konstanten

Konstanten   Numerische Konstanten

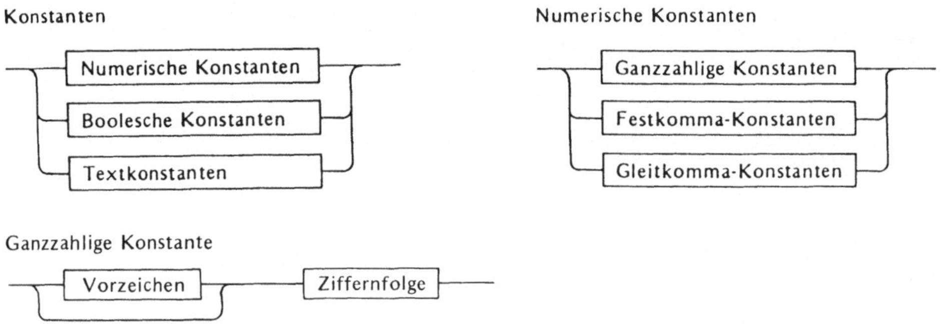

Ganzzahlige Konstante

Anmerkung: Die ganzzahlige Konstante muß zwischen -32768 und $+32767$ liegen.

Festkomma-Konstante

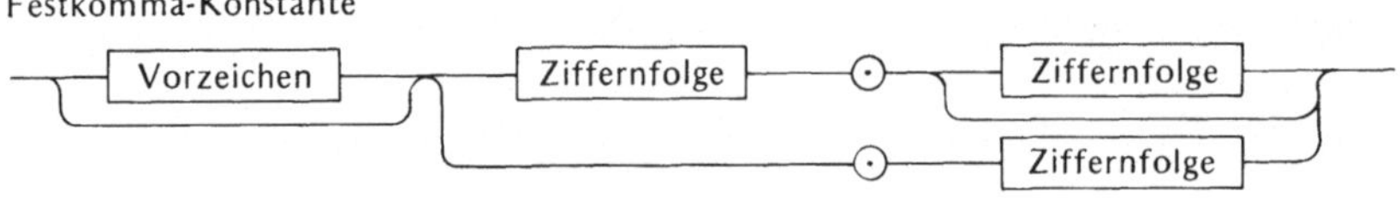

Die Genauigkeit, mit der Festkommakonstanten angegeben werden können, beträgt max. 10 Ziffern, d. h. es dürfen in den Ziffernfolgen zusammengenommen höchstens 10 Ziffern auftreten.

Gleitkomma-Konstante

Mantisse

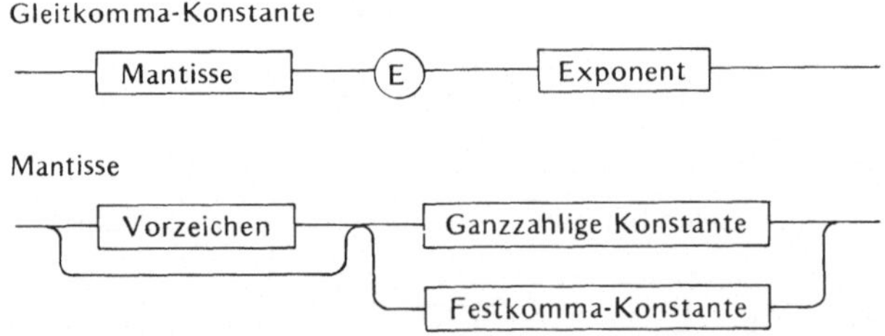

Anmerkung: Für die Mantisse kann die Genauigkeit für ganzzahlige Konstanten bzw. Festkommakonstanten angenommen werden.

Exponent

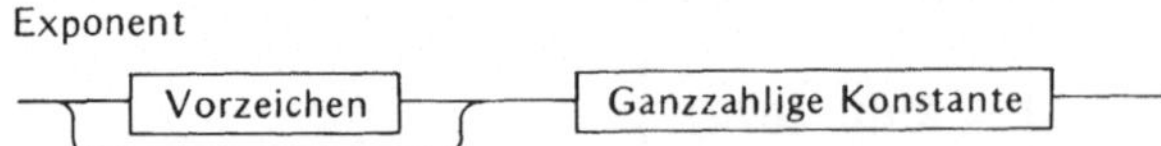

Den Wertebereich der Gleitkommakonstanten gibt folgende Zahlengerade an (Bei einer Speicherung des Wertes in 5 Byte).

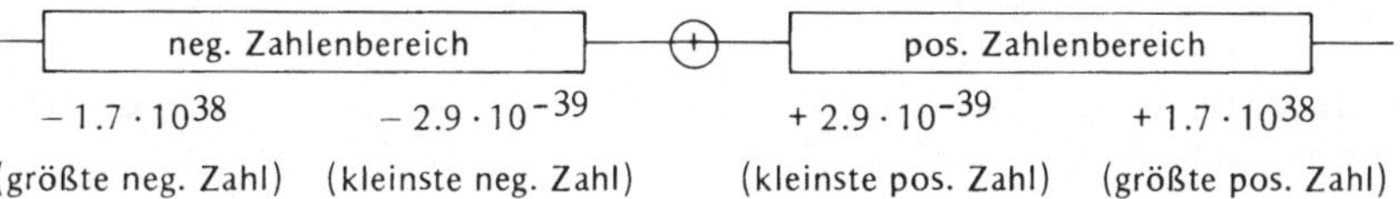

$$-1.7 \cdot 10^{38} \qquad -2.9 \cdot 10^{-39} \qquad +2.9 \cdot 10^{-39} \qquad +1.7 \cdot 10^{38}$$

(größte neg. Zahl) (kleinste neg. Zahl) (kleinste pos. Zahl) (größte pos. Zahl)

Boolesche Konstante

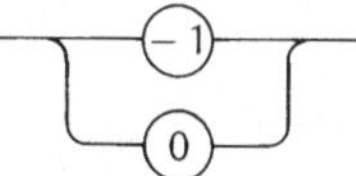

Textkonstante (string)

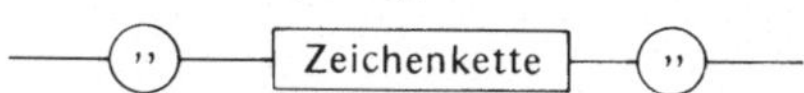

15.2.5 Variablen

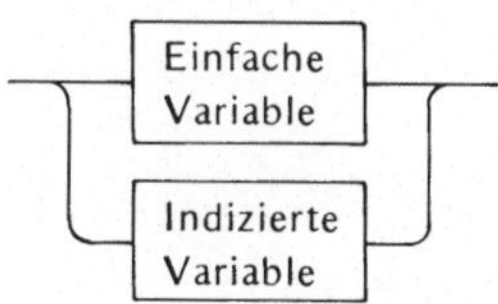

Anmerkung: max. 255 Zeichen

Einfache Variable

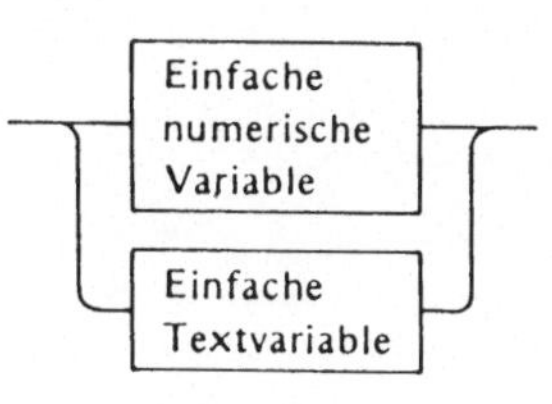

Indizierte Variable

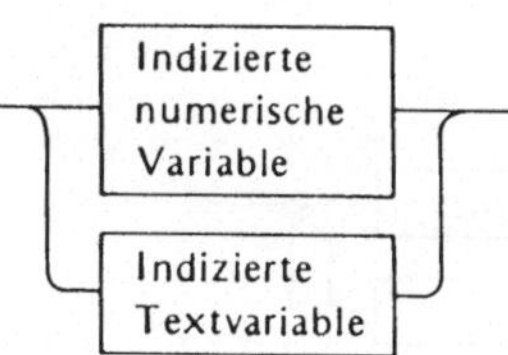

Numerische Variable

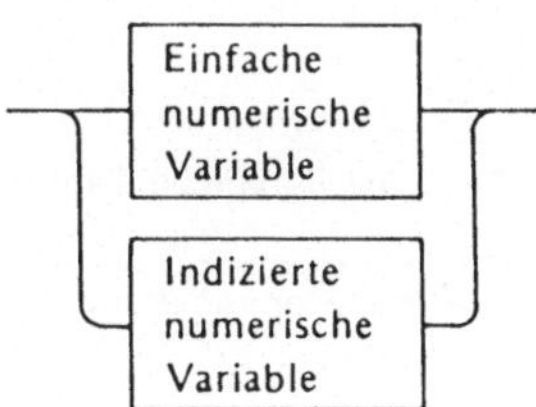

Textvariable

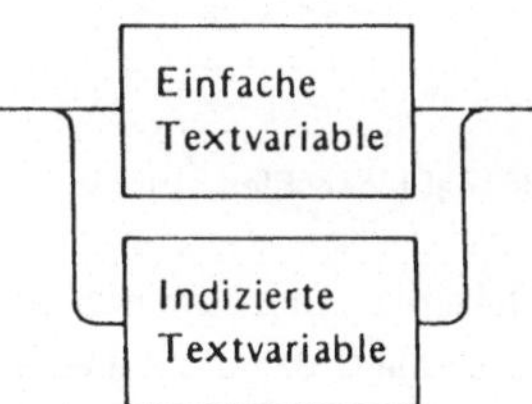

Einfache numerische Variable

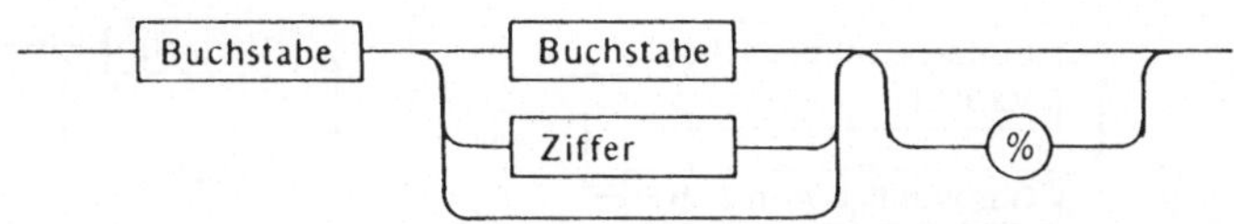

Anmerkung: Der BASIC-Interpreter berücksichtigt nur die ersten beiden Zeichen eines Variablennamens, obwohl die Folge der Zeichen beliebig lang sein darf. Diese zusätzlichen Zeichen tragen aber nicht zur Unterscheidung der Variablen bei. Aus diesem Grunde ist keine Schleife im Fahrnetz angegeben.

Außerdem dürfen die Variablen keine reservierten Wortsymbole (Schlüsselwort) sein. Eine Zusammenstellung der Schlüsselwörter finden Sie in Abschnitt 15.17.

Einfache Textvariable

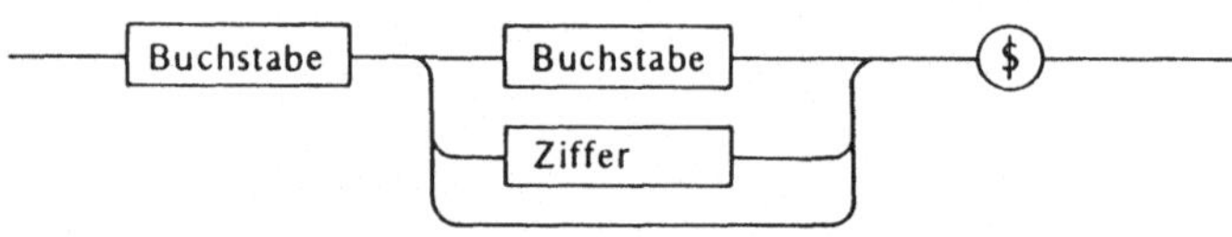

Indizierte numerische Variable

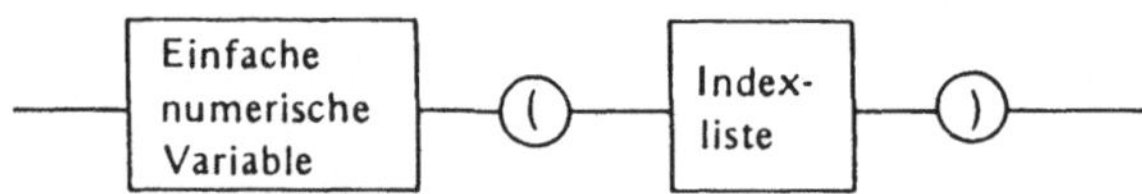

Indizierte Textvariable

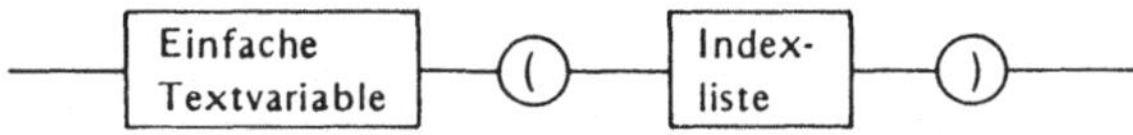

Indexliste

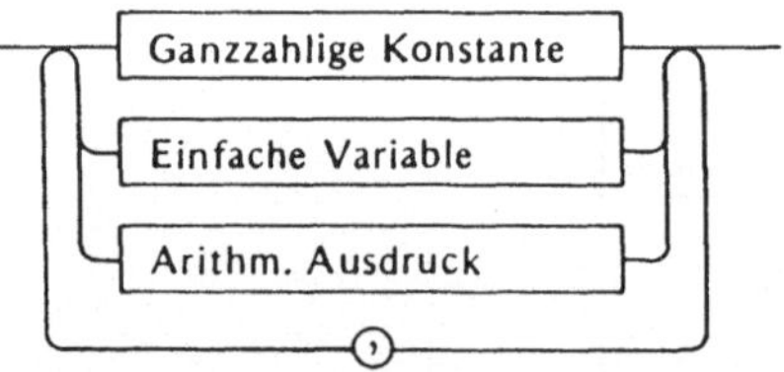

Anmerkung: Die maximale Zahl der Elemente je Dimension beträgt 32767. Die maximale Zahl der Dimensionen beträgt 255.

Wird die Dimension nicht deklariert, sind automatisch bis zu 11 Elemente je Dimension möglich.

Ansonsten wird ein Feld durch die Größe des Arbeitsspeichers begrenzt.

Zählvariable/Feldvariable   Anfangswert/Endwert/Schrittweite   Variablenliste

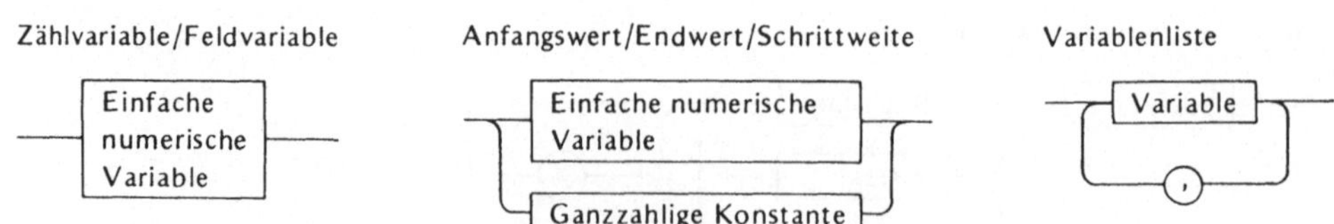

15.2.6 Ausdrücke

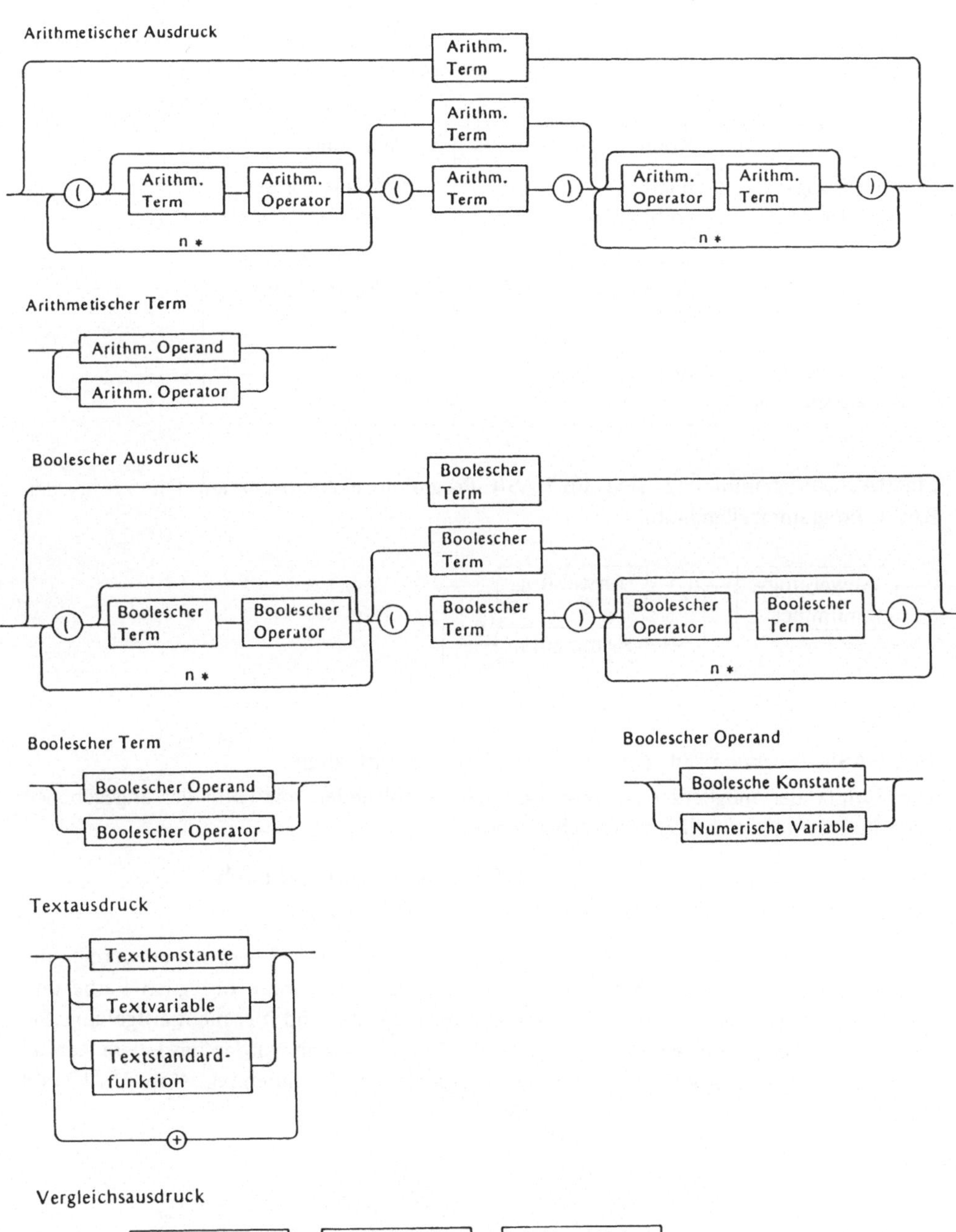

Mit Hilfe dieser Sprachelemente lassen sich BASIC-Anweisungen und Kommandos formulieren.

Teilweise besitzen Anweisungen und Kommandos den gleichen formalen Aufbau. Anweisungen und Kommandos unterscheiden sich dennoch grundsätzlich wie folgt:

	Kommando	Anweisung
Anweisungsnummer	nicht vorhanden	muß stets vor der Anweisung stehen
Ausführung	sofort nach Drücken der RETURN-Taste ⏎	erst nach Eingabe des Kommandos RUN· ⏎
Speicherung im Arbeitsspeicher	nein	ja

Ein BASIC-Programm setzt sich aus BASIC-Programmzeilen zusammen. Die Syntax der BASIC-Programmzeilen lautet:

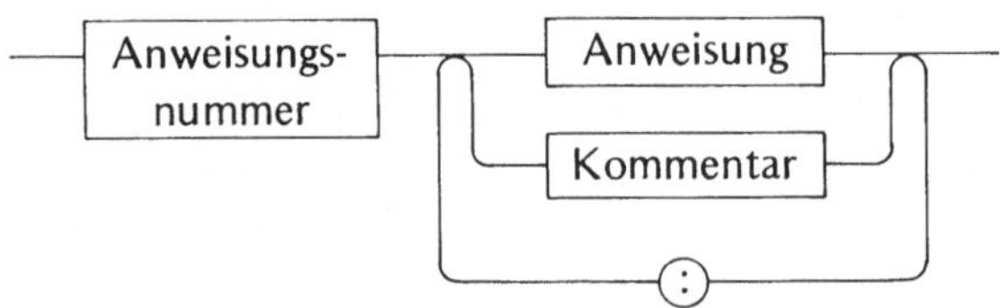

Eine BASIC-Programmzeile darf maximal 80 Zeichen enthalten.

Die Syntax der möglichen Anweisungen soll im folgenden mit Hilfe der angegebenen Sprachelemente ausführlich beschrieben werden.

Zusammenfassung der wichtigsten BASIC-Anweisungen nach Aufgabengebieten

In diesem Abschnitt sollen alle die BASIC-Anweisungen des C128 besprochen werden, die bislang noch nicht besprochen wurden. Die BASIC-Anweisungen bezüglich Farbe und Grafik, Spites und Shapes sowie Musik und Tonerzeugung sind hier nicht aufgeführt. Sie machen den Hauptunterschied zum BASIC des C64 aus. Ihnen wurden besondere Kapitel gewidmet, um sie ausführlich mit Beispielen besprechen zu können (vgl. Kap. 16, 17 und 18).

Die folgenden Anweisungen werden hingegen in den dazu angegebenen Abschnitten besprochen.

15.6 BASIC-Steueranweisungen

Die folgenden BASIC-Steueranweisungen werden in den dazu angegebenen Abschnitten näher besprochen.

15.7   BASIC-Fehlerbehandlungsanweisungen

Die folgenden BASIC-Fehlerbehandlungsanweisungen werden in den dazu angegebenen
Abschnitten näher besprochen.

15.8   BASIC-Beendungs- und Unterbrechungsanweisungen

Die folgenden BASIC-Beendungsanweisungen werden in den dazu angegebenen Abschnitten näher besprochen.

15.9   BASIC-Standardfunktionen

Hier werden die BASIC-Standardfunktionen besprochen, die nicht schon an anderer Stelle
ausführlich besprochen wurden.

15.10   BASIC-Operatoren

In den angegebenen Abschnitten werden die BASIC-Operatoren besprochen, die nicht in Form von Operationszeichen, sondern in Form von Schlüsselwörtern anzugeben sind.

15.3 BASIC-Deklarationsanweisungen

15.3.1 BASIC-Deklarationsanweisung DEF␣FN

Schlüsselwort	DEF FN C 64 und C 128-Modus
Aufgabe	Mit Hilfe der Deklarationsanweisung DEF␣FN kann eine häufig benötigte Funktion <u>vom Benutzer selbst</u> definiert werden. Sie kann anschließend im Programm durch Angabe des definierten Funktionsnamens beliebig oft <u>aufgerufen</u> werden. Im Funktionsaufruf sind die aktuellen Werte zu übergeben, mit denen der Wert der Funktion zu ermitteln ist.
Format	DEF␣FN<Name>[(Parameterliste)] = <Ausdruck>
Erläuterung	Der *Name* ist der Funktionsname der vom Benutzer definierten Funktion. Es muß ein gültiger Variablenname sein. Unter diesem Namen kann die Funktion später im Programm aufgerufen werden. Dem Namen ist das Schlüsselwort DEF FN voranzustellen. Die *Parameterliste* besteht aus einer Liste von Variablennamen, denen später beim Aufruf der Funktion im Programm ein aktueller Wert zugeordnet wird. Es ist das sog. Argument der Funktion. Der *Ausdruck* stellt den *Algorithmus* der vom Benutzer definierten Funktion dar, d. h. die Operation, die die Funktion ausführen soll. Der Ausdruck ist abhängig von den Variablen in der Parameterliste, denen später beim Aufruf der Funktion im Programm Werte übergeben werden. Für diese Werte wird der Funktionswert ermittelt. Die im Ausdruck verwendeten Variablennamen sind sog. formale Parameter, d. h. sie dienen der formalen Funktionsdefinition. Ihnen werden beim Aufruf der Funktion im Programm die aktuellen Parameterwerte zugeordnet. Der Typ der Variablen im Ausdruck muß mit dem Typ der Variablen in der Parameterliste übereinstimmen (Ganze Zahl, Gleitkommazahl usw.). Falls dies nicht der Fall ist, erscheint die Fehlermeldung: TYPE MISMATCH Es dürfen im Ausdruck auch Standardfunktionen, wie z. B. SIN, COS usw. verwendet werden (s. Abschnitt 15.9). Eine benutzerdefinierte Zeichenkettenfunktion zu definieren ist nicht erlaubt. Eine benutzerdefinierte Funktion *muß* vor dem ersten Aufruf definiert worden sein. (Fehlermeldung: UNDEFINED FUNCTION)
Fahrnetz	─(DEF FN)─│Name│─(()─│Parameterliste│─())─(=)─│Ausdruck│─
Beispiel	. . . 1Ø0 DEF␣FNF(R)=3.14 * R↑2 . . 5ØØ KRF=FNF(I) In der Anweisung mit der Anweisungsnummer 1ØØ wird die Funktion mit dem Funktionsnamen F zu 3.14 * R↑2 in Abhängigkeit von der Variablen R definiert. Mit Hilfe dieser Funktion kann somit die Kreisfläche πr^2 als Funktion des Radius r berechnet werden. In der Anweisung mit der Anweisungsnummer 5ØØ wird diese Funktion aufgerufen und der Parameter, mit dem diese Funktion zu errechnen ist, übergeben (der formale Parameter R wird durch den aktuellen Wert des Parameters I ersetzt). Die Variable I enthält somit den Wert, mit dem die Funktion F zu errechnen ist. Das Ergebnis wird der Variablen KRF zugeordnet.

15.3.2 BASIC-Deklarationsanweisung DIM

Schlüsselwort	DIM C64 und C128-Modus
Aufgabe	Mit Hilfe der Deklarationsanweisung DIM wird für die Elemente eines Feldes der dafür notwendige Speicherplatz reserviert (Feldvereinbarung).
Format	DIM <Feldvariablenname> (<Liste der Indexmaximalwerte>) [, <Feldvariablenname> (<Liste der Indexmaximalwerte>)]
Erläuterung	Felder ohne Feldvereinbarung bestehen standardmäßig aus 11 reservierten Feldelementen je Dimension, d.h. der Index darf nur zwischen Ø und 1Ø liegen. Der Index muß vorzeichenlos und ganzzahlig sein. Möchte man ein Feld verkleinern bzw. vergrößern, muß eine entsprechende Vereinbarung, die sog. Feldvereinbarung, getroffen werden (sonst Fehlermeldung BAD SUBSCRIPT). Der *Feldvariablenname* ist der für das Feld benutzte Variablenname. Der Indexmaximalwert ist der größte im Feld vorkommende Index. Das erste Element eines Feldes hat den Index Ø. Der Indexmaximalwert kann nicht nur eine vorzeichenlose ganzzahlige Konstante, sondern auch ein entsprechender arithmetischer Ausdruck sein. Die Listenelemente der Indexmaximalwerte sind durch Kommas zu trennen. Beispiel Das Feld A (8Ø) hat genau 81 Feldelemente, da die Zählung bei A (Ø) beginnt. Jedes Feld darf bis zu 255 Dimensionen besitzen. Jede Dimension kann maximal 32 767 Elemente[1] enthalten. Ansonsten wird die Größe eines Feldes lediglich durch die verfügbare Arbeitsspeicherkapazität begrenzt. Eine Feldvereinbarung für ein umfangreiches Feld reduziert den verbleibenden Arbeitsspeicherplatz erheblich. Bei der Bearbeitung der DIM-Anweisung wird allen numerischen Feldelementen zunächst der Wert Ø zugewiesen, allen Stringfeldelementen der Nullstring (leer).
Fahrnetz	
Beispiel	1Ø DIM A$ (199), C(10,15) In dieser Feldvereinbarung wird für ein eindimensionales Textfeld A$ für 2ØØ Elemente und für ein zweidimensionales Feld C für 11 * 16 = 176 Elemente Speicherplatz im Arbeitsspeicher reserviert.

[1] Dies ist die größte vorzeichenlose ganze Zahl.

15.4 BASIC-Ein-Ausgabeanweisungen

15.4.1 Eingabeanweisungen und -funktionen

15.4.1.1 BASIC-Anweisung READ

Schlüsselwort	READ C64 und C128-Modus
Aufgabe	**Mit Hilfe der READ-Anweisung können beliebig vielen Variablen Werte zugewiesen werden. Die den Variablen zuzuweisenden Werte werden aus der DATA-Anweisung (vgl. DATA) entnommen.**
Format	READ <Variablenliste>
Erläuterung	Die Variablen in der Variablenliste können numerische Variablen, Zeichenkettenvariablen oder Feldvariablen sein. Ihnen soll jeweils ein Wert zugeordnet werden. Diese Werte werden aus der Werteliste der DATA-Anweisung entnommen (Liste von Konstanten).
	Somit gehört zu jeder READ-Anweisung immer eine DATA-Anweisung. Eine READ-Anweisung ohne Daten führt zu einer Fehlermeldung.
	Die DATA-Anweisung kann an jeder beliebigen Stelle des Programms stehen (am günstigsten am Programmende).
	Die Variablen der Variablenliste werden, durch *Kommas getrennt*, hinter dem Schlüsselwort READ aufgelistet. Die Reihenfolge und der Typ der Variablen kann beliebig sein. Sie muß nur mit der Reihenfolge und dem Typ der Werte in der DATA-Anweisung übereinstimmen. Den Variablen der READ-Anweisung werden in der Reihenfolge die Werte zugewiesen, wie sie in der DATA-Anweisung aufeinanderfolgen.
	Sind mehr Variablen in der Variablenliste als Werte in der DATA-Anweisung, wird die Fehlermeldung OUT OF DATA ausgegeben.
	Sind weniger Variablen in der Variablenliste als Werte in der DATA-Anweisung, so bleiben die nicht benötigten Werte unberücksichtigt.
Fahrnetz	──(READ)──┬─[Variable]─┬── 　　　　　　└─────(,)─────┘
Beispiel	1Ø READ A,B,C,L$ . . . 11Ø DATA −1,5,5Ø,LINKS Der numerischen Variablen A wird mit Hilfe der READ-DATA-Anweisungen der Zahlenwert −1, der numerischen Variablen B der Zahlenwert 5 und der Variablen C der Wert 5Ø zugeordnet. Der Stringvariablen L$ wird der Text LINKS zugewiesen.

15.4.1.2 BASIC-Anweisung DATA

Schlüsselwort	DATA C64 und C128 Modus
Aufgabe	**Mit Hilfe der DATA-Anweisung können Werte (numerische Konstanten und Textkonstanten) in einer Werteliste angegeben werden. Sie können mit Hilfe der READ-Anweisung Variablen zugeordnet werden.**
Format	DATA <Konstantenliste>
Erläuterung	Die Konstanten in der Konstantenliste können numerische Konstanten oder Zeichenkettenkonstanten (Textkonstanten) sein. In der Liste sind jedoch *keine Ausdrücke* erlaubt. Die numerische Konstante kann jedes beliebige Format aufweisen, d.h. es sind ganzzahlige Konstanten, Festkommakonstanten, Gleitkommakonstanten usw. in der Liste erlaubt. Textkonstanten müssen in der DATA-Anweisung nicht in Anführungszeichen stehen. Sie sind nur erforderlich, wenn die Zeichenkette Kommas, Doppelpunkte oder am Anfang bzw. Ende Leerzeichen aufweist. Den in der READ-Anweisung aufgelisteten Variablen werden nacheinander die Konstanten der DATA-Anweisung zugewiesen (vgl. READ). Es kommt zu Fehlermeldungen, wenn der Typ der Variablen (numerisch, Text) nicht mit dem Typ der Werte in der DATA-Anweisung übereinstimmt. Die DATA-Anweisung ist eine nicht ausführbare Anweisung. Sie kann daher an beliebiger Stelle im Programm stehen. Um die Werte jedoch in längeren Programmen schnell zu finden, setzt man die DATA-Anweisung gern an das Ende eines Programmes.
Fahrnetz	──(DATA)──┬──[Konstante]──┬── └────(,)────┘
Beispiel	Siehe READ-Anweisung.

15.4.1.3 BASIC-Anweisung RESTORE

Schlüsselwort	RESTORE
Aufgabe	**Mit Hilfe der RESTORE-Anweisung kann ein Datensatz einer DATA-Anweisung mehrfach gelesen werden.**
Format	RESTORE
Erläuterung	Mit Hilfe der RESTORE-Anweisung kann ein Datensatz einer DATA-Anweisung mehrfach vom Anfang an erneut gelesen werden. Dazu ist die Anweisung RESTORE vor der READ-Anweisung anzuordnen, die einen Datensatz wiederholt lesen soll.
Fahrnetz	——(RESTORE)——
Beispiel	1∅ READ A,B,C,D 2∅ PRINT A;B;C 3∅ RESTORE 4∅ READ X,Y,Z,D 5∅ PRINT X;Y;Z;D 6∅ DATA␣1,2,3,4 Bildschirmausgabe: ␣1␣␣2␣␣3 ␣1␣␣2␣␣3␣␣4

15.4.1.4 BASIC-Anweisung INPUT

Schlüsselwort	INPUT C64 und C128 Modus
Aufgabe	**Mit Hilfe der INPUT-Anweisung können Variablen Werte über die Tastatur während der Programmausführung zugewiesen werden.**
Fahrnetz	─(INPUT)───"─[Textkonstante]─"─;─[Variablenliste]──
Erläuterung	Wenn in einem Programm die Anweisung INPUT bearbeitet wird, wird auf dem Bildschirm ein Fragezeichen (?) ausgegeben. Dieses Fragezeichen zeigt dem Benutzer an, daß auf eine Dateneingabe über die Tastatur gewartet wird (Der Programmlauf wird angehalten.). Wird ein Abfragetext (*Textkonstante*) mit in die INPUT-Anweisung aufgenommen, so wird dieser Abfragetext vor dem Fragezeichen auf dem Bildschirm ausgegeben. Er fordert den Benutzer zur richtigen Dateneingabe auf. Der Text ist frei wählbar. Die *Variablenliste* enthält die numerischen Variablen, Zeichenkettenvariablen oder Feldvariablen, denen Werte während des Programmlaufes über die Tastatur zugewiesen werden sollen. Die Variablen sind durch Kommas zu trennen.
	Eingabe der Werte über die Tastatur: Es ist darauf zu achten, daß der Typ der Variablen in der Variablenliste mit dem Typ der eingegebenen Daten übereinstimmt. Falls dies nicht schon der Fall ist, erscheint die Fehlermeldung: ? REDO FROM START. Anschließend wird auf eine richtige Eingabe gewartet. Texte, die eingegeben werden, müssen i. a. nicht in Anführungszeichen gesetzt werden (außer sie enthalten Kommas oder Doppelpunkte bzw. am Anfang bzw. Ende Leerzeichen). Mehrere Eingabewerte, die über die Tastatur eingegeben werden, sind durch Kommas zu trennen.
	Die Eingabe über die Tastatur ist durch Drücken der ENTER-Taste zu beenden.
	Werden mehr Werte eingegeben, als Variablen in der Variablenliste vorhanden sind, wird die Meldung EXTRA IGNORED ausgegeben, d. h. die zuviel eingegebenen Daten werden ignoriert. Werden zu wenig Werte eingegeben, werden zwei ?? ausgegeben und damit die fehlenden Werte angefordert.
Beispiel	1Ø INPUT"GEBURTSTAG EINGEBEN";A$ Auf dem Bildschirm erscheint bei der Bearbeitung der Anweisung der Text GEBURTSTAG EINGEBEN? Daraufhin ist über die Tastatur z. B. das Geburtstagsdatum wie folgt einzugeben: 13.11.49 [↵]

15.4.1.5 BASIC-Anweisung GET

Schlüsselwort	GET C64 und C128 Modus
Aufgabe	**Die Anweisung GET erwartet die Eingabe <u>eines</u> Zeichens von der Tastatur während des Programmlaufs. Dieses Zeichen wird der nächsten Variablen in der Variablenliste zugeordnet.**
Fahrnetz	——(GET)———— | Variablenliste | ————
Erläuterung	Während bei den Anweisungen INPUT mehrere Zeichen für eine Variable eingegeben werden konnten, kann mit Hilfe der Anweisung GET nur *ein* Zeichen pro Variable der Variablenliste eingegeben werden. Der Computer *wartet* bei der Bearbeitung der Anweisung GET auch *nicht* auf die Eingabe des Zeichens. Daher muß i. a. eine *Programmschleife* aufgebaut werden, in der auf die Betätigung einer Zeichentaste gewartet wird. Ein Abschluß der Eingabe durch Drücken der ENTER-Taste entfällt. Außerdem entfällt im Unterschied zur INPUT-Anweisung die Ausgabe des eingegebenen Zeichens auf dem Bildschirm.
| Beispiel | ```
100 PRINT"GIB J ODER N"
110 GET A$
120 IF A$="J" THEN 200
130 IF A$="N" THEN 300
140 GOTO 100
      .
      .
      .
200 PRINT"JA"
210 GOTO 400
      .
      .
300 PRINT"NEIN"
400 END
```<br>Auf dem Bildschirm wird mit Hilfe der Anweisung mit der Anweisungsnummer 100 der Text<br><br>GIB J ODER N<br><br>ausgegeben (siehe PRINT-Anweisung).<br><br>In der Anweisung mit der Anweisungsnummer 110 wird durch die Anweisung GET A$ das Zeichen, das über die Tastatur eingegeben wird, der Textvariablen A$ zugeordnet. Da der Computer nicht auf die Eingabe des Zeichens wartet, wird infolge der Sprunganweisung 140 GOTO 100 der Bildschirm mit dem Text<br><br>GIB J ODER N<br><br>vollgeschrieben.<br>Wird dann irgendwann ein J eingeben, wird zur Anweisung mit der Anweisungsnummer 200 verzweigt und der Text JA ausgegeben.<br><br>Ist dieses Zeichen ein N, wird zur Anweisung mit der Anweisungsnummer 300 verzweigt und der Text NEIN ausgegeben.<br><br>Wird ein anderes Zeichen (oder kein Zeichen) eingegeben, wird mit Hilfe der Sprunganweisung GOTO (s. GOTO) zur Anweisung mit der Anweisungsnummer 100 zurückgesprungen (Programmschleife).<br>Die dauernde Ausgabe des Textes, GIB J ODER N' soll demonstrieren, daß die Programmbearbeitung nicht angehalten wird. Möchte man auf die dauernde Ausgabe dieses Textes verzichten, wird die Sprunganweisung wie folgt geändert:<br>140 GOTO 110 |
```

15.4.1.6 BASIC-Anweisung GETKEY

Schlüsselwort	GETKEY
Aufgabe	**Die Anweisung GETKEY erwartet die Eingabe _eines_ Zeichens von der Tastatur während des Programmlaufs. Dieses Zeichen wird der nächsten Variablen in der Variablenliste zugeordnet.** Diese Anweisung gleicht der GET-Anweisung, mit dem Unterschied, daß der Computer _wartet_, bis die Zeichen für die Variablen der Variablenliste über die Tastatur eingegeben sind.
Fahrnetz	──(GETKEY)──┤Variable├──
Erläuterung	Der ASCII-Code der gedrückten Tasten wird der Reihe nach den Variablen in der Variablenliste zugeordnet.
Beispiel	1ØGETKEY A$,B$ Werden bei der Bearbeitung dieser Anweisung nacheinander die Tasten [1] und [2] gedrückt, enthält die Variable A$ den ASCII-Code der Zahl 1 und B$ den ASCII-Code der Zahl 2.

15.4.2 Ausgabeanweisungen und -funktionen

15.4.2.1 BASIC-Anweisung PRINT

Schlüsselwort	PRINT C64 und C128 Modus
Aufgabe	**Mit Hilfe der PRINT-Anweisung können Daten und Texte programmgesteuert auf dem Bildschirm ausgegeben werden.**
Fahrnetz	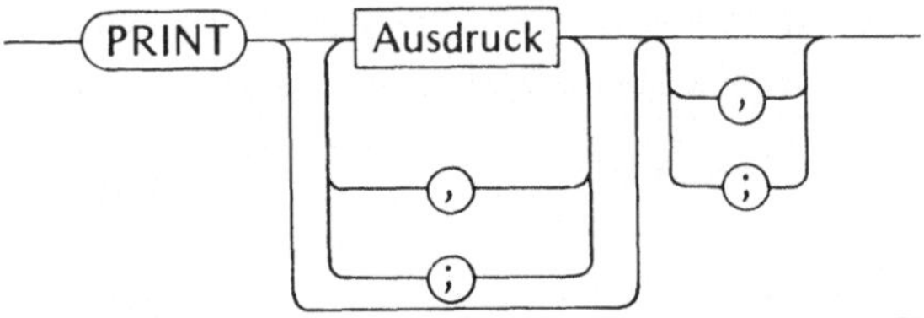 (Syntaxdiagramm: PRINT → Ausdruck mit Trennzeichen "," und ";")
Erläuterung	Die Werte der Ausdrücke (auch Konstanten und Variablen, numerisch oder Text) werden in der in der PRINT-Anweisung angegebenen Reihenfolge auf dem Bildschirm ausgegeben. Zahlen zwischen 0 und $0,01$ werden in der Exponentialschreibweise ausgegeben. Werden die Variablen, Konstanten bzw. Ausdrücke durch *Kommas* getrennt, werden die Werte im *Standardspaltenformat* ausgegeben. (Die fest vorgegebene Zahl der Spalten pro Ausgabewert ist hier 10) Wird als Trennzeichen das *Semikolon* verwendet, wird zur Ausgabe das *variable Spaltenformat* benutzt (Anpassung an die tatsächliche Länge der Werte). Die Zahlenwerte werden nur durch ein nachgestelltes Leerzeichen voneinander getrennt. Ein vorangestelltes positives Vorzeichen wird als Leerstelle ausgegeben. Jede Textkonstante, die ausgegeben werden soll, muß in Anführungszeichen gesetzt werden. Im variablen Spaltenformat werden die Texte nicht durch ein Leerzeichen getrennt ausgegeben. Wird die PRINT-Anweisung ohne weitere Angaben im Programm eingesetzt, so wird eine Leerzeile ausgegeben. Wird hinter dem letzten Ausdruck ein Komma bzw. Semikolon gesetzt, so beginnt die Ausgabe der Werte der nächsten PRINT-Anweisung in der *gleichen* Zeile hinter dem zuletzt ausgegebenen Wert. Die Ausgabe erfolgt im Standardspaltenformat, wenn das Komma gewählt wird, bzw. im variablen Spaltenformat, wenn das Semikolon gewählt wird.
Beispiel	5 X = 6 10 PRINT X;"HOCH⌴6⌴IST";X↑6 Auf dem Bildschirm wird ausgegeben: 6⌴HOCH⌴6⌴IST⌴46656

15.4.2.2 BASIC-Anweisung PRINT USING

Schlüsselwort	PRINT USING nur im C128 Modus
Aufgabe	**Mit Hilfe der PRINT USING-Anweisung können Daten und/oder Texte programmgesteuert und formatiert auf dem Bildschirm ausgegeben werden.**
Fahrnetz	$\quad$—(PRINT)—(USING)—"—⎢Ausgabeformat⎥—"—⎧Ausdruck⎫—
Erläuterung	Das *Ausgabeformat* ist eine Zeichenkette oder eine Textvariable, die bestimmte Formatierungszeichen enthält. Diese Formatierungszeichen bestimmen das Ausgabeformat der Werte in der Liste der Ausdrücke. Für die Liste der Ausdrücke gilt entsprechendes wie für die PRINT-Anweisung. Das Listenzeichen (Komma) führt jedoch nicht zu Druckfeldern mit je 10 Spalten, da die PRINT USING Anweisung das Ausgabeformat selbst festlegt. Die wichtigsten Formatierungszeichen für numerische Werte sind:

Formatierungszeichen	Erläuterung
#	Jedes # steht stellvertretend für eine Ausgabeposition einer Ziffer. Besitzt der numerische Ausdruck weniger Ziffern als durch das Ausgabeformat (#) vorgesehen ist, so wird die Zahl rechtsbündig in dem Ausgabefeld ausgegeben. Die im Ausgabefeld nicht benötigten Stellen werden durch Leerstellen ersetzt. Besitzt der numerische Ausdruck mehr Ziffern als Positionen durch das Ausgabeformat (A) definiert sind, wird das Ausgabefeld mit Sternen aufgefüllt.
.	Der Punkt gibt die Position des Dezimalpunktes im Ausgabeformat an.
↑↑↑↑	Ausgabe der Zahlen in Potenzschreibweise.

Es gibt nicht nur Formatierungszeichen für numerische Ausdrücke, sondern auch für Textausdrücke.

Weitere Formatierungsmöglichkeiten numerischer Ausdrücke und Textausdrücke sind dem Handbuch zu entnehmen.

Beispiel	1Ø A = 123 2Ø PRINT USING "# # # #";A Die #-Zeichen stehen im Ausgabeformat stellvertretend für mögliche Ziffern. Es wird in diesem Fall eine vierstellige ganze Zahl als Ausgabeformat festgelegt. In diesem Rahmen wird der Ausgabewert rechtsbündig eingefügt. Es wird somit ausgegeben: ⌴123

15.4.2.3 BASIC-Anweisung PUDEF

Schlüsselwort	PUDEF nur im C128-Modus
Aufgabe	**Mit Hilfe der Anweisung PUDEF können die Formatierungs-zeichen der PRINT USING-Anweisung umdefiniert werden.**
Fahrnetz	──(PUDEF)──"──┌─[Zeichen]─┐──"── └──(,)──┘
Erläuterung	Es können bis zu 4 Zeichen umdefiniert werden. Voreingestellt sind: 1. Stelle: Leerzeichen 2. Stelle: Komma 3. Stelle: Punkt 4. Stelle: $
Beispiel	1ØØ PUDEF "*" Leerzeichen werden bei der Ausgabe durch Sterne ersetzt.

15.4.2.4 BASIC-Funktion TAB

Schlüsselwort	TAB C64 und C128 Modus
Aufgabe	**Mit Hilfe der Funktion TAB kann in einer PRINT- bzw. PRINT#-An-weisung der Cursor des Bildschirms bzw. der Schreibkopf eines Druckers innerhalb einer Zeile zu einer vorgegebenen Spalte auf dem Bildschirm bzw. Druckerformular bewegt werden.**
Format	TAB (X)
Erläuterung	Die TAB-Funktion kann nur in einer PRINT- bzw. PRINT#-Anweisung verwendet werden. Im Argument der Funktion TAB (X) wird die Position (Spalte) angegeben, zu der sich der Cursor bzw. Druckerkopf bewegen soll. Zu beachten ist, daß die angegebene Position immer von der äußerst linken Spalte (Position Ø) aus gezählt wird. Das Argument X kann eine Konstante, eine Variable oder ein arithmetischer Ausdruck sein. Ist der Wert von x negativ, wird die Position Ø eingenommen. Der maximale Wert hängt von der möglichen Zahl der Positionen des Ausgabegerätes ab. Bei einem Bildschirm mit 40 Zeichen/Zeile ist der maximale Wert von x = 39. Ist der Wert von x größer als die maximale Zahl der Position, wird der Wert von x auf den Maximalwert begrenzt.
Beispiel	1Ø PRINT TAB(5);"PROGRAMMANFANG" Der Text PROGRAMMANFANG wird um 5 Spalten nach rechts verschoben auf dem Bildschirm ausgegeben (es werden dadurch scheinbar 5 Leerstellen vor dem Text eingefügt). Bildschirmausgabe: Spaltennummer 0 5 Zeile PROGRAMMANFANG

15.4.2.5 BASIC-Funktion SPC

Schlüsselwort	SPC C64 und C128 Modus
Aufgabe	**Mit Hilfe der Funktion SPC kann in einer PRINT- bzw. PRINT#-Anweisung eine bestimmte Anzahl von Leerzeichen auf dem Bildschirm oder Drucker ausgegeben werden.**
Format	SPC(X)
Erläuterung	Die SPC-Funktion kann nur in einer PRINT- bzw. PRINT#-Anweisung verwendet werden. Im Argument der Funktion wird die Zahl der auszugebenden Leerzeichen angegeben. X kann dabei einen Wert zwischen $\emptyset$ und dem Maximalwert der möglichen Positionen des Ausgabegerätes einnehmen. Bei negativen Werten wird x zu Null angenommen. Die Ausgabe der Leerzeichen wird dadurch realisiert, daß der Cursor des Bildschirms bzw. der Schreibkopf des Druckers um eine bestimmte Zahl von Spalten weiter nach rechts gesetzt wird. Im Unterschied zur Funktion TAB zählt die Zahl der im Argument angegebenen Positionen nicht von der äußerst linken Schreibposition, sondern von der *aktuellen* Position des Cursors bzw. Schreibkopfes.
Beispiel	1$\emptyset$ PRINT "LINKS";SPC(1$\emptyset$);"RECHTS" Es wird zunächst der Text LINKS auf dem Bildschirm ausgegeben. Dann folgen 1$\emptyset$ Leerzeichen. Anschließend wird der Text RECHTS ausgegeben. Bildschirmausgabe: LINKS RECHTS

15.4.2.6 Cursorfunktion POS

Schlüsselwort	POS C64 und C128-Modus
Aufgabe	**Mit Hilfe der Funktion POS kann die augenblickliche Spalten-position des Text-Cursors auf dem Bildschirm ermittelt und damit z. B. ausgegeben, einer Variablen zugeordnet oder mit einem anderen Wert verglichen werden u. dgl.**
Fahrnetz	──(POS)──(( )──(Ø)──( ))──
Erläuterung	Das Argument ist ein Blindargument und wurde hier zu Null angesetzt. Die äußerste linke Spaltenposition besitzt den Wert Ø.
Beispiele	3Ø PRINT POS (Ø) Ausgabe der aktuellen Cursorspaltenposition auf dem Bildschirm.
	1ØØ S = POS (Ø) Der Variablen S wird die aktuelle Cursorspaltenposition auf dem Bildschirm zugeordnet.
	2ØØ IF POS (Ø) < = 3Ø THEN PRINT "*" Solange die aktuelle Cursorspaltenposition ≤ 3Ø ist, wird ein * auf dem Bildschirm ausgegeben.

15.5 Speicheranweisungen

15.5.1 BASIC-Anweisung POKE

Schlüsselwort	POKE C64 und C128 Modus
Aufgabe	**Mit Hilfe der POKE-Anweisung kann eine vorzeichenlose ganze Zahl unter einer in der POKE-Anweisung angegebenen Arbeitsspeicheradresse im Arbeitsspeicher gespeichert werden.**
Format	POKE <Arbeitsspeicheradresse>, <ganze Zahl>
Erläuterung	Die *Arbeitsspeicheradresse* muß zwischen Ø und 65535 liegen. Die zu speichernden *Werte* müssen ganze Zahlen zwischen Ø und 255 sein. Da man mit dieser Anweisung im gesamten Arbeitsspeicher Werte speichern kann, ist *Vorsicht* geboten, da man auch Werte in Bereichen speichern kann, in denen Teile des BASIC-Interpreters oder des Monitors stehen. Änderungen in diesen Bereichen können zum „Absturz" des Systems führen. Die POKE-Anweisung kann verwendet werden: ● zum Laden von Unterprogrammen in der Maschinensprache ● zur Übergabe von Daten zwischen einem BASIC-Hauptprogramm und Maschinenspracheunterprogrammen.
Fahrnetz	──(POKE)──┤Adresse├──(,)──┤ganze Zahl├──
Beispiel	1ØØ POKE 1ØØØ,1Ø Mit Hilfe dieser Anweisung wird in der Arbeitsspeicherzelle mit der Adresse 1ØØØ der Wert 1Ø gespeichert.

15.5.2 BASIC-Funktion PEEK

Schlüsselwort	PEEK C64 und C128-Modus
Aufgabe	Mit Hilfe der PEEK-Funktion kann der Inhalt einer Arbeitsspeicherzelle ermittelt werden, deren Arbeitsspeicheradresse in der PEEK-Funktion angegeben ist.
Format	PEEK (Arbeitsspeicheradresse)
Erläuterung	Die Arbeitsspeicheradresse muß zwischen $\emptyset$ und 65535 liegen.
Fahrnetz	──(PEEK)──((──[Adresse]──() ──
Beispiel	1$\emptyset\emptyset$ PRINT PEEK (1$\emptyset\emptyset\emptyset$) Mit Hilfe dieser Anweisung kann der Inhalt der *Arbeitsspeicher*zelle mit der Adresse 1$\emptyset\emptyset\emptyset$ auf dem Bildschirm ausgegeben werden. (Ganze Zahl zwischen $\emptyset$ und 255.) Ausgabe eines Speicherbereiches in hexadezimaler Form: 1$\emptyset$ INPUT "Startadresse";A 2$\emptyset$ INPUT "Endadresse";E 3$\emptyset$ FOR I=A TO E 6$\emptyset$ PRINT "Adresse";HEX$ (I,4) 7$\emptyset$ INHALT$=HEX$ (PEEK (I),2) 8$\emptyset$ PRINT "Inhalt";INHALT$ 9$\emptyset$ NEXT

15.5.3 BASIC-Anweisung BANK

Schlüsselwort	BANK (nur im C128-Modus)
Aufgabe	Es können vom C128 direkt nur 64 KByte des Arbeitsspeichers adressiert werden. Beim C128 sind jedoch 15 sog. Speicherbänke zu je 64 KByte möglich. Von diesen sind standardmäßig nur die Speicherbänke Ø, 1 und 15 vorhanden. Zur eindeutigen Adressierung muß somit in vielen Fällen vorher die gewünschte Speicherbank angegeben werden. Dazu dient die Anweisung BANK. Der BASIC-Arbeitsspeicher hat die BANK Nummer 1. Die Variableninhalte stehen in der BANK Ø. Die Systemroutinen stehen hingegen in der BANK 15.
Fahrnetz	──(BANK)──┤ Ganze Zahl ├──
Erläuterung	Die ganze Zahl muß zwischen Ø und 15 liegen (hier i. a. nur Ø, 1 oder 15). Sie kennzeichnet für die folgenden Anweisungen die Speicherbank, auf die sich die Anweisungen beziehen. Die Anweisung BANK wird z. B. bei der Adressierung mit Hilfe von PEEK, POKE, SYS oder WAIT-Anweisungen benötigt.
Beispiele	1Ø BANK 1 2Ø POKE 1ØØØ,1Ø In die Speicherbank 1 wird in das Byte mit der Adresse 1ØØØ der Wert 1Ø eingetragen (gespeichert). 3Ø BANK Ø 4Ø PRINT PEEK(2ØØØ) Aus der Speicherbank Ø wird der Inhalt des Byte mit der Adresse 2ØØØ auf den Bildschirm ausgegeben.

15.5.4 BASIC-Anweisung FETCH

Schlüsselwort	FETCH (nur im C128-Modus)
Aufgabe	**Mit Hilfe der Anweisung FETCH können Bytes aus einer Speicher-erweiterungsbank in den BASIC-Arbeitsspeicher übertragen werden.**
Fahrnetz	—(FETCH)—[Bytes]—(,)—[Adr.1]—(,)—[Bank]—(,)—[Adr.2]—
Erläuterung	*Bytes* Zahl der zu übertragenden Bytes (Wert zwischen $\emptyset$ und 65535). Es können auch *vollständige* Speicherbereiche ausgetauscht werden. *Adresse 1 (Adr 1)* Adresse im BASIC-Arbeitsspeicher, ab der die übertragenen Bytes gespeichert werden sollen (Wert zwischen $\emptyset$ und 65535). *Bank* Speicherbank, aus der die Bytes geholt werden sollen (Wert zwischen $\emptyset$ und 7). *Adresse 2 (Adr 2)* Adresse in der vorher angegebenen Speicherbank, von der ab die zu übertragenden Bytes geholt werden sollen (Wert zwischen $\emptyset$ und 65535).
Beispiel	1$\emptyset$ FETCH 2$\emptyset\emptyset\emptyset$,52$\emptyset\emptyset\emptyset$,7,1$\emptyset\emptyset\emptyset$ Übertragen von 2$\emptyset\emptyset\emptyset$ Bytes zum BASIC-Arbeitsspeicher. Diese 2$\emptyset\emptyset\emptyset$ Bytes sollen ab Adresse 52$\emptyset\emptyset\emptyset$ im Arbeitsspeicher stehen und sollen aus Speicherbank 7 ab Adresse 1$\emptyset\emptyset\emptyset$ geholt werden.

15.5.5 BASIC-Anweisung STASH

Schlüsselwort	STASH (nur im C128-Modus)
Aufgabe	**Mit Hilfe der Anweisung STASH können Bytes aus dem BASIC-Arbeitsspeicher in eine Speichererweiterungsbank übertragen werden.**
Fahrnetz	—(STASH)—[Bytes]—(,)—[Adr.1]—(,)—[Bank]—(,)—[Adr.2]—
Erläuterung	*Bytes* Zahl der zu übertragenden Bytes (Wert zwischen $\emptyset$ und 65535). *Adresse Adr. 1* Adresse im BASIC-Arbeitsspeicher, ab der die aus dem Arbeitsspeicher zu übertragenden Bytes übertragen werden sollen (Wert zwischen $\emptyset$ und 65535). *Bank* Speicherbank, in die die vom BASIC-Arbeitsspeicher übertragenen Bytes geladen werden sollen (Wert zwischen $\emptyset$ und 7). *Adresse Adr. 2* Adresse in der vorher angegebenen Speichererweiterungsbank, ab der die übertragenen Bytes gespeichert werden sollen (Wert zwischen $\emptyset$ und 65535).
Beispiel	2$\emptyset$ STASH 2$\emptyset\emptyset\emptyset$,52$\emptyset\emptyset\emptyset$,7,1$\emptyset\emptyset\emptyset$ Übertragen von 2000 Bytes vom BASIC-Arbeitsspeicher ab Adresse 52000 im BASIC-Arbeitsspeicher zur Speicherbank 7. Dort sollen die 2000 Bytes ab Adresse 1000 gespeichert werden.

15.5.6 BASIC-Anweisung SWAP

Schlüsselwort	SWAP (nur im C128-Modus)
Aufgabe	**Mit Hilfe der Anweisung SWAP können Bytes zwischen dem BASIC-Arbeitsspeicher und einer Speichererweiterungsbank ausgetauscht werden.**
Fahrnetz	──(SWAP)──│Bytes│──(,)──│Adr.1│──(,)──│Bank│──(,)──│Adr.2│──
Erläuterung	*Bytes* Zahl der auszutauschenden Bytes (Wert zwischen Ø und 65535). *Adresse Adr. 1* Adresse im BASIC-Arbeitsspeicher, ab der die zu übertragenden Bytes ausgetauscht werden sollen (Wert zwischen Ø und 65535). *Bank* Speicherbank, mit der die Bytes ausgetauscht werden sollen (Wert zwischen Ø und 7). *Adresse Adr. 1* Adresse in der vorher angegebenen Speicherbank, ab der die zu übertragenden Bytes ausgetauscht werden sollen.
Beispiel	3Ø SWAP2ØØØ,52ØØØ,7,1ØØØ Austauschen von 2ØØØ Bytes vom BASIC-Arbeitsspeicher ab Adresse 52ØØØ mit der Speicherbank 7 ab Adresse 1ØØØ.

15.5.7 BASIC-Funktion POINTER

Schlüsselwort	POINTER (nur im C128-Modus)
Aufgabe	**Mit Hilfe der Funktion POINTER kann die Arbeitsspeicheradresse des ersten Byte einer Variablen ermittelt werden.**
Fahrnetz	──(POINTER)──((──│Variablen- name│──))──
Erläuterung	Der Variablenname kann ein Name für eine numerische Variable, eine Textvariable oder ein Feldelement u. dgl. sein. Die Funktion POINTER kann z. B. dazu benutzt werden, Variablenwerte an Maschinenspracheunterprogramme zu übergeben, indem diesem Programm die Speicheradressen der Variablen mitgeteilt werden.
Beispiel	1Ø A = 1.11 2Ø PRINT POINTER (A) Mit Hilfe dieses Programms wird auf dem Bildschirm ausgegeben, ab welcher Adresse der Wert, der der Variablen A zugeordnet ist, im Arbeitsspeicher gespeichert ist.

15.5.8 BASIC-Funktion FRE

Schlüsselwort	FRE (C64 und C128-Modus)
Aufgabe	**Mit Hilfe der Funktion FRE kann der für den Anwender freie Speicherplatz in der Speicherbank 0 bzw. 1 ermittelt werden.**
Fahrnetz	──(FRE)──(──[Bank]──)──
Erläuterung	*Bank* Für Bank wird die Ziffer $\emptyset$ bzw. 1 eingegeben, je nachdem, von welcher Speicherbank die freie Speicherkapazität ermittelt werden soll. Im C64-Modus ist der Wert beliebig, da nur eine Speicherbank vorhanden ist.
Beispiel	1$\emptyset\emptyset$ PRINT FRE($\emptyset$) Ausgabe der freien Speicherkapazität der Speicherbank $\emptyset$ auf dem Bildschirm.

15.6 BASIC-Steueranweisungen

15.6.1 BASIC-Anweisung REM

Schlüsselwort	REM C64 und C128-Modus
Aufgabe	**Mit Hilfe der REM-Anweisung kann ein Kommentar vom Programmierer in ein Programm eingefügt werden.**
Format	REM <Kommentar>
Erläuterung	Kommentare sind *zusätzliche* Bemerkungen oder Erläuterungen in einem Programm. Sie helfen dem Programmierer, ein Programm übersichtlich und lesbar zu gestalten. Der Kommentar wird beim Listen des Programms ausgegeben. Die Kommentaranweisung ist jedoch keine *ausführbare* Anweisung. Die REM-Anweisung wird somit *nicht* vom BASIC-Interpreter übersetzt. Kommentare können an beliebigen Stellen im Programm stehen und beliebige Zeichen im Kommentar beinhalten. Anstelle des Schlüsselwortes REM kann auch die Kurzform ' (Hochkomma) benutzt werden.
Fahrnetz	──(REM)──[Kommentar]──
Beispiel	1$\emptyset$ REM BERECHNUNG DER NULLSTELLE

15.6.2 BASIC-Anweisung LET

Schlüsselwort	LET C64 und C128-Modus
Aufgabe	Mit Hilfe der Zuordnungsanweisung LET kann einer Variablen ein Wert zugeordnet werden. (Sowohl numerische Werte als auch Zeichenketten).
Format	LET <Variable> = <Ausdruck>
Erläuterung	Der in der Anweisung angegebenen *Variablen* wird der Wert des ebenfalls angegebenen *Ausdrucks* zugewiesen. Der Ausdruck kann ein numerischer Ausdruck oder ein Textausdruck sein. Es ist darauf zu achten, daß der Typ der Variablen mit dem Typ des Ausdrucks übereinstimmt. Ein Ausdruck ist im einfachsten Falle eine Konstante oder eine Variable, der schon ein Wert zugewiesen wurde. Es ist nicht erforderlich, daß das Schlüsselwort LET angegeben wird. Es kann auch entfallen.
Fahrnetz	──(LET)──┤ Variable ├──(=)──┤ Ausdruck ├──
Beispiel	1ØØ LET A = 25 Der numerischen Variablen A wird der Wert 25 zugeordnet.
	2ØØ LET B$ = "ENDE" Der Textvariablen B$ wird der Text ENDE zugeordnet.

15.6.3 BASIC-Anweisung GOTO

Schlüsselwort	GOTO C64 und C128-Modus
Aufgabe	**Mit Hilfe der Sprunganweisung GOTO kann ein direkter Sprung ohne jegliche Bedingung zu einer Anweisung mit einer in der Sprunganweisung angegebenen Anweisungsnummer ausgeführt werden.**
Format	GOTO <Anweisungsnummer>
Erläuterung	Die *Anweisungsnummer* ist die Nummer der Anweisung, zu der infolge der Sprunganweisung gesprungen wird. Mit Hilfe dieser *unbedingten Sprunganweisung* kann ein Programmteil übersprungen werden (Vorwärtssprung). Das Sprungziel kann aber auch vor der Sprunganweisung GOTO liegen (Rücksprung). Mit Hilfe eines Rücksprunges kann eine Programmschleife gebildet werden (Vorsicht: Endlosschleife.). Ist die in der Sprunganweisung angegebene Anweisungsnummer nicht im Programm vorhanden, wird folgende Fehlermeldung ausgegeben: UNDEF'D STATEMENT ERROR
Fahrnetz	───(GOTO)────[Anweisungsnummer]────
Beispiel	1Ø PRINT"MEIN ERSTES PROGRAMM" 2Ø GOTO␣1Ø Mit Hilfe der Sprunganweisung wird eine Programmschleife aufgebaut, die den Bildschirm mit dem Text MEIN ERSTES PROGRAMM füllt. Da es sich um eine Endlosschleife handelt, muß das Programm durch ein Hardware RESET unterbrochen werden (RESET-Taste auf der rechten Seite der Systemeinheit drücken).

15.6.4 BASIC-Anweisung IF THEN ELSE

Schlüsselworte	IF THEN ELSE	IF THEN im C64 und C128-Modus IF THEN ELSE nur im C128-Modus
Aufgabe	Mit Hilfe dieser Anweisung kann ein Programm in Abhängigkeit vom Ergebnis einer Bedingung verzweigt werden.	
Format	IF <Bedingung> THEN <Anweisung> [: ELSE<Anweisung>]	
Erläuterung	Die Bedingung ist so zu formulieren, daß sie *entweder* erfüllt ist *oder* nicht, d. h. die Bedingung ist entweder ein Boolescher Ausdruck oder ein Vergleichsausdruck. Ist die Bedingung *erfüllt*, wird die BASIC-Anweisung ausgeführt, die auf das Schlüsselwort THEN folgt. Anschließend wird im Programm mit der Anweisung fortgefahren, die direkt auf die IF-THEN-[ELSE]-Anweisung folgt. Ist die angegebene Bedingung *nicht erfüllt* und es ist kein Schlüsselwort ELSE nebst Anweisung vorhanden, so wird das Programm mit der Anweisung fortgesetzt, die direkt auf die IF-THEN-Anweisung folgt. Ist hingegen das Schlüsselwort ELSE vorhanden, so wird die darauf folgende Anweisung ausgeführt. Die Anweisungen, die auf das Schlüsselwort THEN bzw. ELSE folgen, können beliebige ausführbare Anweisungen sein. IF-THEN-Anweisungen dürfen auch geschachtelt werden, d. h. es dürfen weitere IF-THEN-Anweisungen in den Verzweigungen von IF-THEN-Anweisungen benutzt werden.	
Fahrnetz	─(IF)─[Bedingung]─(THEN)─[Anweisung]────── ─(:)─(ELSE)─[Anweisung]─	
Beispiel	10 IF A < C THEN PRINT"A IST KLEINER ALS C":GOTO 30 20 PRINT"A IST GRÖSSER ODER GLEICH C" 30 ...	
	10 IF A<C THEN PRINT"A<C":ELSE PRINT"A>=C"	

15.6.5 BASIC-Anweisung IF GOTO ELSE

Schlüsselworte	IF GOTO ELSE	IF-GOTO im C64 und C128-Modus IF-GOTO-ELSE im C128-Modus
Aufgabe	**Mit Hilfe dieser Anweisung kann ein Programm in Abhängigkeit vom Ergebnis einer Bedingung verzweigt werden.**	
Format	IF<Bedingung>GOTO<Anweisungsnummer>[ELSE<Anweisung>]	
Erläuterung	Die Bedingung ist so zu formulieren, daß sie entweder erfüllt ist oder nicht. Ist die Bedingung *erfüllt*, wird die Anweisung ausgeführt, deren Anweisungsnummer auf das Schlüsselwort GOTO folgt. Im Unterschied zur IF-THEN-ELSE-Anweisung wird somit nicht die Anweisung selbst angegeben, sondern die Anweisungsnummer der auszuführenden Anweisung. Ist die angegebene Bedingung *nicht erfüllt* und kein Schlüsselwort ELSE nebst Anweisung vorhanden, so wird im Programm mit der Anweisung fortgefahren, die direkt auf die IF-GOTO-Anweisung folgt. Ist hingegen das Schlüsselwort ELSE in der Anweisung vorhanden, so wird die darauf folgende Anweisung ausgeführt. Die Anweisungen, die auf das Schlüsselwort THEN bzw. ELSE folgen, können beliebige ausführbare Anweisungen sein, *außer* eine weitere IF-THEN-ELSE-Anweisung.	
Fahrnetz	—(IF)—[Bedingung]—(GOTO)—[Anweisungsnummer]— (:)—(ELSE)—[Anweisung]	
Beispiel	10 IF A = 100 GOTO 1000 20 ... . . . 1000 ... Ist der Wert der Variablen A gleich 100, so wird ein Sprung zur Anweisung mit der Anweisungsnummer 1000 ausgeführt. Im anderen Fall wird das Programm mit der Anweisung mit der Anweisungsnummer 20 fortgesetzt.	
	10 IF A = 100 GOTO 1000 ELSE GOTO 2000 Ist die Bedingung erfüllt (A = 100), wird zur Anweisung mit der Anweisungsnummer 1000 gesprungen, im anderen Fall zur Anweisung mit der Anweisungsnummer 2000.	

15.6.6 BASIC-Anweisungspaar BEGIN und BEND

Schlüsselworte	BEGIN BEND (nur C128-Modus)
Aufgabe	Mit Hilfe des Anweisungspaares BEGIN und BEND können beliebig viele BASIC-Anweisungen zu einem Anweisungsblock zusammengefaßt werden. Der Anweisungsblock wird nur in Verbindung mit IF … THEN … ELSE-Anweisungen benutzt.
Fahrnetz	IF — Bedingung — THEN — BEGIN — Anweisung — BEND — ELSE — Anweisung
Erläuterung	Der Vorteil des Anweisungspaares BEGIN und BEND ist, daß nun ganze Folgen von Anweisungen auf das Schlüsselwort THEN folgen können und man nicht mehr auf nur eine Anweisung beschränkt ist. Dies führt zu besser strukturierten Programmen. Die Regeln der IF THEN ELSE-Anweisung bleiben unberührt.

15.6.7 BASIC-Anweisung ON GOTO

Schlüsselworte	ON GOTO C64 und C128-Modus
Aufgabe	Mit Hilfe der Anweisung ON GOTO kann in Abhängigkeit von dem Wert eines arithmetischen Ausdruckes zu einer von mehreren möglichen Anweisungen verzweigt werden.
Format	ON <Arithmetischer Ausdruck> GOTO <Liste von Anweisungsnummern>
Erläuterung	Der Wert des *arithmetischen Ausdrucks* legt fest, zu welcher Anweisung, gekennzeichnet durch eine Anweisungsnummer in der Liste der Anweisungsnummern, verzweigt wird. Nimmt der arithmetische Ausdruck den Wert 1 an, so wird zur ersten Anweisungsnummer verzweigt. Nimmt der arithmetische Ausdruck den Wert 2 an, so wird zur zweiten Anweisungsnummer verzweigt usw. Wenn sich für den arithmetischen Ausdruck keine ganze Zahl ergibt, so wird nur der ganzzahlige Teil der Zahl berücksichtigt (nicht gerundet, sondern abgeschnitten). Ergibt sich für den arithmetischen Ausdruck ein Wert, der größer als die Anzahl der angegebenen Sprungziele ist, so wird die Anweisung bearbeitet, die direkt auf die ON GOTO-Anweisung folgt. Dies gilt auch, wenn sich der Wert $\emptyset$ ergibt. Wird der Wert negativ, wird folgende Fehlermeldung ausgegeben: ILLEGAL QUANTITY.
Fahrnetz	—(ON)—Arithmetischer Ausdruck—(GOTO)—Anweisungsnummer—
Beispiel	$2\emptyset$ ⌴ ON A GOTO $1\emptyset\emptyset,2\emptyset\emptyset,3\emptyset\emptyset$ Nimmt der Wert der Variablen A den Wert 1 ein, wird zur Anweisung mit der Anweisungsnummer $1\emptyset\emptyset$ verzweigt. Nimmt A den Wert 2 ein, wird zur Anweisung mit der Anweisungsnummer $2\emptyset\emptyset$ verzweigt. Nimmt A den Wert 3 ein, wird zur Anweisung mit der Anweisungsnummer $3\emptyset\emptyset$ verzweigt.

15.6.8 BASIC-Anweisung FOR NEXT

Schlüsselworte	FOR-NEXT
Aufgabe	Mit Hilfe der FOR-NEXT-Anweisung kann eine Folge von Anweisungen in einem Programm mehrfach durchlaufen werden (sog. Programmschleife). Die Zahl der Schleifendurchläufe wird in dieser Anweisung fest vorgegeben.
Format	FOR<Zählvariable>=<Anfangswert>TO<Endwert>|STEP<Schnittweite>| . . . Anweisungen . . . NEXT <Zählvariable>
Erläuterung	Die auf das Schlüsselwort FOR folgende Variable wird als *Zählvariable* benutzt. Sie enthält den aktuellen Schleifenzählerstand. Der *Anfangswert* steht stellvertretend für den Anfangswert der Zählvariablen. Der *Endwert* steht stellvertretend für den Endwert der Zählvariablen. Die Schrittweite steht stellvertretend für die *Schrittweite*, die jeweils bei jedem neuen Schleifendurchlauf zum letzten Schleifenzählerstand hinzu addiert werden muß, bis der Endwert erreicht ist. Am Anfang wird die Zählvariable auf den Anfangswert gesetzt. Anschließend werden die auf die FOR-Anweisung folgenden Anweisungen ausgeführt, bis die NEXT-Anweisung erreicht ist. Anschließend wird der Wert der Zählvariablen um den Wert der Schrittweite erhöht. Das Ergebnis wird mit dem Endwert verglichen. Ist der Wert der Zählvariablen größer als der Endwert, wird die Schleifenbearbeitung abgebrochen. Die Programmbearbeitung wird mit der nächsten auf die NEXT-Anweisung folgenden Anweisung fortgesetzt. Ist der Wert der Zählvariablen hingegen kleiner als der Endwert, so werden die Anweisungen innerhalb der Programmschleife erneut durchlaufen. Die Programmschleife beginnt mit dem Schlüsselwort FOR und endet mit dem Schlüsselwort NEXT. Die Anzahl der BASIC-Anweisungen zwischen der FOR- und der NEXT-Anweisung ist nicht begrenzt. Ist der Wert des Anfangswertes größer als der Wert des Endwertes, so wird die Schleife nicht durchlaufen, d.h. die gesamte Programmschleife wird übersprungen. Wird keine Angabe über die Schrittweite gemacht, so wird automatisch die Schrittweite 1 angenommen. Die Werte der Zählvariablen, des Endwertes, des Anfangswertes und der Schrittweite dürfen innerhalb der Schleife nicht durch Anweisungen verändert werden. Es ist erlaubt, FOR-NEXT-Schleifen zu schachteln. Es dürfen maximal 9 FOR-NEXT-Schleifen ineinander geschachtelt werden. Mehrere geschachtelte Schleifen können mit einer gemeinsamen NEXT-Anweisung beendet werden. Liegen keine verschachtelten Programmschleifen vor, kann die Zählvariable hinter dem Schlüsselwort NEXT entfallen.

	Es ist verboten, in eine Programmschleife hineinzuspringen. Es darf jedoch aus einer Schleife herausgesprungen werden. Die Schrittweite kann auch negativ sein. In diesem Fall muß der Anfangswert größer als der Endwert sein. Die Werte werden, beginnend beim Anfangswert, infolge der negativen Schrittweite verkleinert.
Fahrnetz	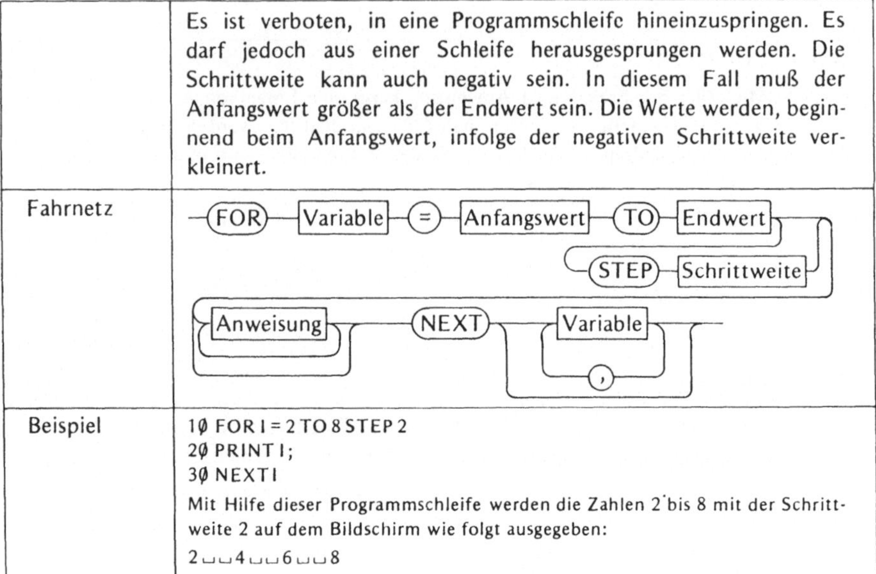
Beispiel	1Ø FOR I = 2 TO 8 STEP 2 2Ø PRINT I; 3Ø NEXT I Mit Hilfe dieser Programmschleife werden die Zahlen 2 bis 8 mit der Schrittweite 2 auf dem Bildschirm wie folgt ausgegeben: 2␣␣4␣␣6␣␣8

15.6.9 BASIC-Anweisungen DO UNTIL LOOP und DO WHILE LOOP

Schlüsselwort	DO UNTIL WHILE LOOP EXIT
Aufgabe	Die DO-LOOP-Anweisung legt einen Schleifenbereich fest, der bis zur Erfüllung einer Bedingung mehrfach durchlaufen wird.
Fahrnetz	
Erläuterung	Das Schlüsselwort *DO* legt den *Anfang* des Schleifenbereiches fest. Das Schlüsselwort *LOOP* legt das *Ende* des Schleifenbereiches fest. Die Bedingung ist entweder ein Vergleichsausdruck oder ein Boolescher Ausdruck. Sie liefern als Ergebnis einen Wahrheitswert, der ausdrückt, ob die Bedingung erfüllt ist oder nicht. Solange die *Bedingung*, die auf UNTIL bzw. WHILE folgt, *nicht erfüllt* ist, wird die Anweisungsfolge erneut durchlaufen. Ist die *Bedingung erfüllt*, wird zur nächsten auf LOOP folgende Anweisung zur Fortsetzung des Programms übergegangen. Wird keine UNTIL bzw. WHILE-Bedingung angegeben, wird die Schleife mit den Anweisungen *unendlich* oft ausgeführt. Der Unterschied zwischen UNTIL und WHILE ist folgender: • UNTIL Die Schleife wird solange durchlaufen, *bis* die Bedingung *wahr* ist. • WHILE Die Schleife wird solange durchlaufen, *bis* die Bedingung *falsch* ist. Eine Schleifenschachtelung ist möglich (siehe FOR-NEXT-Schleife). Wird das Schlüsselwort EXIT in die Folge der Anweisungen eingefügt, wird die Schleife an dieser Stelle verlassen.

15.6.10 BASIC-Anweisung GOSUB

Schlüsselwort	GOSUB
Aufgabe	**Mit Hilfe der GOSUB-Anweisung kann zu einem Unterprogramm gesprungen werden.**
Format	GOSUB <Anweisungsnummer>
Erläuterung	Die Anweisungsnummer hinter dem Schlüsselwort GOSUB kennzeichnet die Anweisung, zu der gesprungen werden soll. Dies ist die erste Anweisung eines Unterprogramms. BASIC-Unterprogramme haben keine Namen, mit denen sie aufgerufen werden könnten. BASIC-Unterprogramme werden durch die Angabe des Schlüsselwortes GOSUB und der ersten Anweisungsnummer des Unterprogramms aufgerufen. BASIC-Unterprogramme können an beliebiger Stelle des Hauptprogrammes aufgerufen werden. Ein Unterprogramm kann auch mehrfach aufgerufen werden. Unterprogramme können auch andere Unterprogramme aufrufen. Es können bis zu 23 Unterprogramme geschachtelt werden. Die letzte Anweisung eines BASIC-Unterprogrammes muß eine RETURN-Anweisung sein (s. RETURN). Die RETURN-Anweisung bewirkt, daß zu der Anweisung im aufrufenden Programm zurückgesprungen wird, die auf den Aufruf folgt.
Fahrnetz	——(GOSUB)——| Anweisungsnummer |——

Beispiel	`10 GOSUB 100`
	`20 PRINT "RUECKSPRUNG ERFOLGT"`
	`30 END`
	`  .`
	`  .`
	`100 PRINT "SPRUNG IN DAS UNTERPROGRAMM ERFOLGT"`
	`110 RETURN`
	
	Das Hauptprogramm besteht aus den Anweisungen mit den Anweisungsnummern 10 bis 30, das Unterprogramm aus den Anweisungen mit den Anweisungsnummern 100 und 110. Auf dem Bildschirm erscheint nach dem Unterprogrammsprung der Text:
	
	SPRUNG IN DAS UNTERPROGRAMM ERFOLGT.
	
	Anschließend erfolgt der Rücksprung mit der Meldung des Hauptprogramms:
	
	RUECKSPRUNG ERFOLGT

15.6.11 BASIC-Anweisung RETURN

Schlüsselwort	RETURN
Aufgabe	**Mit Hilfe der RETURN-Anweisung erfolgt ein Rücksprung aus einem Unterprogramm in das Programm, das das Unterprogramm aufgerufen hat.**
Format	RETURN
Erläuterung	Die letzte Anweisung eines BASIC-Unterprogramms muß eine RETURN-Anweisung sein. Die RETURN-Anweisung bewirkt, daß zu der Anweisung im aufrufenden Programm zurückgesprungen wird, die auf den zugehörigen Aufruf folgt.
Fahrnetz	—(RETURN)—
Beispiel	Siehe GOSUB.

15.6.12 BASIC-Anweisung ON GOSUB

Schlüsselworte	ON-GOSUB C64 und C128-Modus
Aufgabe	**Mit Hilfe der ON GOSUB-Anweisung kann in Abhängigkeit von einem Wert eines arithmetischen Ausdrucks zu einem von mehreren möglichen Unterprogrammen gesprungen werden.**
Format	On $<a>$ GOSUB $<n_1,n_2,...,n_n>$
Erläuterung	Der Wert des arithmetischen Ausdrucks a legt fest, zu welchem Unterprogramm, gekennzeichnet durch die Anweisungsnummern $n_1,n_2,...,n_n$, gesprungen wird. Nimmt der arithmetische Ausdruck a den Wert 1 an, so wird zum Unterprogramm mit der ersten angegebenen Anweisungsnummer n_1 gesprungen. Nimmt der arithmetische Ausdruck a den Wert 2 an, so wird zum Unterprogramm mit der zweiten angegebenen Anweisungsnummer n_2 gesprungen usw. Ergibt sich für den arithmetischen Ausdruck a ein Wert, der größer als die Anzahl der Anweisungsnummern ist, so wird die Anweisung bearbeitet, die im Programm direkt auf die ON GOSUB-Anweisung folgt. Dies gilt auch, wenn sich der Wert Ø ergibt. Wird der Wert hingegen negativ, wird folgende Fehlermeldung ausgegeben: ILLEGAL QUANTITY
Fahrnetz	—(ON)— [Arithmetischer Ausdruck] —(GOSUB)— [Anweisungsnummer] —(,)—

15.6.13 BASIC-Anweisung SLEEP

Schlüsselwort	SLEEP
Aufgabe	Mit Hilfe der Anweisung **SLEEP** kann für eine bestimmte Zeit die **Programmausführung angehalten werden.**
Fahrnetz	—(SLEEP)——— Ganze Zahl ———
Erläuterung	Die ganze Zahl gibt an, wie viele Sekunden die Programmausführung angehalten werden soll (Wert zwischen 1 und 65535). Während der Bearbeitungszeit werden die folgenden Anweisungen nicht bearbeitet. Dies wirkt wie ein Anhalten des Programms an dieser Stelle. Im C 64-Modus mußte dazu eine *leere Zählschleife* genügend häufig durchlaufen werden. Durch eine vorher ausgeführte FAST-Anweisung (vgl. Abschnitt 15.14.1) wird die SLEEP-Anweisung *nicht* in der Zeit beeinflußt, wohl aber die Bearbeitungszeit in einer leeren der Zählschleife.
Beispiel	1∅ SLEEP 12 Das Programm wird 12 Sekunden an der Stelle, an der die Anweisung auftritt, angehalten. Dies entspricht in etwa bei normaler Taktgeschwindigkeit der Zeit folgender leerer Zählschleife: 1∅ FOR I=1 TO 5∅∅∅ 2∅ NEXT I

15.7 BASIC-Fehlerbehandlungsanweisungen

15.7.1 BASIC-Anweisung TRAP

Schlüsselwort	TRAP nur im C128-Modus
Aufgabe	Mit Hilfe dieser Anweisung kann beim Auftreten eines beliebigen Fehlers im Programm zu einer bestimmten Anweisung, gekennzeichnet durch eine Anweisungsnummer, gesprungen werden.
Format	TRAP <Anweisungsnummer>
Erläuterung	Die Stelle, an der die TRAP-Anweisung im Programm auftritt, ist die Stelle, von der ab im Programm beim Auftreten eines Fehlers zu der Anweisung gesprungen wird, deren Anweisungsnummer in der TRAP-Anweisung angegeben ist. Dies ist i. a. eine Fehlerbehandlungsroutine, in der z. B. die Funktionen ER, ERR$ und EL eine wichtige Rolle spielen (vgl. Abschn. 15.7.2, 15.7.3 und 15.7.4). Die Fehlerbehandlungsroutine wird im Programm mit RESUME beendet (vgl. Abschn. 15.7.5). Gleichzeitig wird durch RESUME angegeben, mit welcher Anweisung nach Bearbeitung der Fehlerroutine im Programm fortgefahren wird. Möchte man die durch TRAP eingeleitete Fehlererkennung und -behandlung im Programm beenden, so ist die Anweisung TRAP ohne Anweisungsnummer nach dem Schlüsselwort an diese Stelle im Programm zu setzen.
Fahrnetz	──(TRAP)──┬─[Anweisungsnummer]─┬──
Beispiel	1Ø TRAP 5ØØ . . . 9Ø INPUT A,B 1ØØ C=A/B . . 5ØØ IF EL=1ØØ THEN PRINT"DIVISION DURCH NULL – FALSCHEINGABE": RESUME 9Ø Am Anfang des Programms wird angegeben, wo eine Fehlerbehandlung im Falle eines auftretenden Fehlers stattfindet (Anweisung mit der Anweisungsnummer 1Ø). Dann folgt der Algorithmus des Programms. Tritt ein Fehler auf, z. B. in der Anweisung mit der Anweisungsnummer 1ØØ durch Eingabe des Wertes Ø für die Variable B, wird zur Fehlerbehandlungsroutine verzweigt. Mit Hilfe der Fehlerbehandlungsroutine (Anweisung mit der Anweisungsnummer 5ØØ), wird durch einen Text auf den Fehler verwiesen und durch RESUME 9Ø zur erneuten Dateneingabe aufgefordert. Der Vorteil liegt darin, daß das Programm nicht infolge des Eingabefehlers abgebrochen wird.

```
1Ø TRAP 1ØØ
2Ø ...
3Ø ...
4Ø ...
5Ø ...
6Ø ...
7Ø GOTO 2ØØ
8Ø ...
9Ø ...
1ØØ PRINT"Fehler in Zeile";EL
11Ø LIST
12Ø END
```

Das Programm enthält in der Anweisung mit der Anweisungsnummer 7Ø einen Fehler (Sprungziel 2ØØ nicht vorhanden). Beim Ablauf des Programms wird in der Fehlerbehandlungsroutine (Anw. Nr. 1ØØ) die fehlerhafte Zeile ausgegeben und anschließend das Programm zur Kontrolle und Korrektur aufgelistet.

15.7.2 BASIC-Systemvariable EL

Schlüsselwort	EL nur im C128-Modus
Aufgabe	Mit Hilfe der Systemvariablen EL (engl.: Kurzform für Error Line, Fehlerzeile) kann die Anweisungsnummer (BASIC-Zeile) ermittelt werden, in der ein Fehler aufgetreten ist. **Das Ergebnis der Systemvariablen EL kann in einer IF-THEN- bzw. IF-GOTO-Anweisung dazu verwendet werden, in Abhängigkeit davon im Programm zu verzweigen, z. B. zu einer Fehlerbehebungsroutine.**
Format in einer IF-Anweisung	IF EL=<n>THEN<Anweisung> IF EL=<n>GOTO<n1>
Erläuterung	EL kann als reservierter Variablenname verstanden werden. Dieser Variablen wird die Anweisungsnummer einer Anweisung zugeordnet, in der ein Fehler auftritt. Sie wird mit einer vorgegebenen Anweisungsnummer n verglichen (EL = n). Tritt in der Anweisung mit der Anweisungsnummer n ein Fehler auf, so wird die Anweisung ausgeführt, die auf das Schlüsselwort THEN folgt bzw. die Anweisung, deren Anweisungsnummer auf das Schlüsselwort GOTO folgt. Tritt in der angegebenen Anweisung kein Fehler auf, wird das Programm mit der nächsten Anweisung fortgesetzt.
Fahrnetz	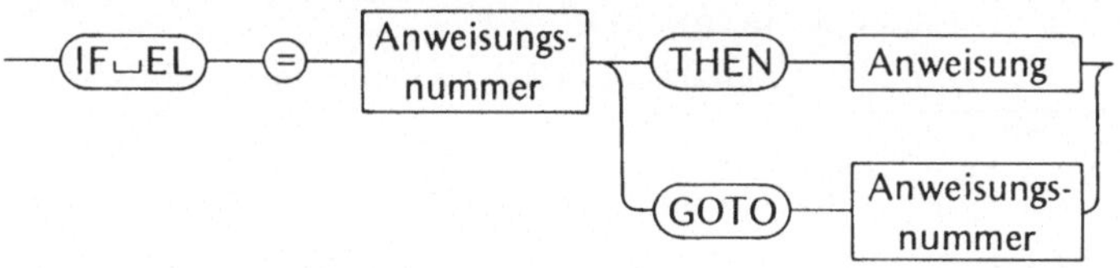 (IF␣EL) = Anweisungsnummer — THEN — Anweisung / GOTO — Anweisungsnummer
Beispiele	1Ø IF EL=1ØØ THEN STOP Wenn in der Anweisung mit der Anweisungsnummer 1ØØ ein Fehler auftritt, soll das Programm gestoppt werden.
	1ØØ PRINT EL Ausgabe der Zeilennummer mit der fehlerhaften Anweisung mit Hilfe der PRINT-Anweisung.

15.7.3 BASIC-Systemvariable ER

Schlüsselwort	ER　　nur im C128-Modus
Aufgabe	Mit Hilfe der Systemvariablen ER (engl.: Kurzform für <u>er</u>ror) kann der Fehlercode einer fehlerhaften BASIC-Anweisung ermittelt werden. Das Ergebnis kann in einer IF-THEN- bzw. IF-GOTO-Anweisung dazu verwendet werden, in Abhängigkeit davon im Programm zu verzweigen, z.B. zu einer Fehlerbehebungsroutine.
Format in einer IF-Anweisung	IF ER = <n>THEN<Anweisung> IF ER = <n>GOTO<n1>
Erläuterung	Er kann als reservierter Variablenname verstanden werden. Dieser Variablen wird der Fehlercode zugeordnet, der in der fehlerhaften Anweisung für den Fehler verantwortlich ist. Dieser Fehlercode (in Form einer Dezimalzahl) kann mit einer vorgegebenen Zahl n verglichen werden. Tritt der so gekennzeichnete Fehler in einer Anweisung auf, so wird die Anweisung ausgeführt, die auf das Schlüsselwort THEN folgt bzw. die Anweisung, deren Anweisungsnummer auf das Schlüsselwort GOTO folgt. Tritt der gekennzeichnete Fehler nicht auf, wird mit der nächsten Anweisung im Programm fortgefahren. Die Fehlercodes der möglichen Fehler finden Sie i.a. im Handbuch des Mikrocomputerherstellers.
Fahrnetz	──(IF␣ER)──⊜──[Fehler-code]──(THEN)──[Anweisung]── 　　　　　　　　　　　　　　　　└─(GOTO)──[Anweisungs-nummer]──
Beispiele	1000 IF ER = 1 GOTO 2000 1010 IF ER = 2 GOTO 3000 1020 IF ER = 3 GOTO 4000 Tritt der Fehler mit der Fehlercodenummer 1 auf, wird zur Anweisung mit der Anweisungsnummer 2000 verzweigt usw.
	10 PRINT ER Ausgabe des Fehlercodes mit Hilfe der PRINT-Anweisung.

15.7.4 BASIC-Funktion ERR$

Schlüsselwort	ERR$ nur im C128-Modus
Aufgabe	**Mit Hilfe der Funktion ERR$ kann der Fehler in Form eines Textes ausgegeben werden.**
Fahrnetz	—(ERR$)—((——[Ziffernfolge]——()—
Erläuterung	Die Ziffernfolge gibt den Fehlercode an. Der zu diesem Fehlercode gehörende Text wird mit Hilfe der Funktion ERR$ ermittelt.
Beispiel	1ØØ PRINT ERR$ (1Ø) Es wird der zum Fehlercode 1Ø gehörende Text auf dem Bildschirm ausgegeben. (Hier z. B. der Text: NEXT WITHOUT FOR).

15.7.5 BASIC-Anweisung RESUME

Schlüsselwort	RESUME nur im C128-Modus	
Aufgabe	**Mit Hilfe der Anweisung RESUME kann <u>nach Abschluß</u> einer Fehlerbehandlungsroutine, eingeleitet durch eine TRAP-Anweisung, angegeben werden, an welcher Stelle das Programm fortgesetzt werden soll.**	
Format	RESUME RESUME NEXT RESUME ⟨Anweisungsnummer⟩	
Erläuterung	RESUME	Die Programmausführung wird nach Abschluß der Fehlerbehandlungsroutine mit der Anweisung fortgesetzt, in der der Fehler auftrat.
	RESUME NEXT	Die Programmausführung wird nach Abschluß der Fehlerbehandlungsroutine mit der Anweisung fortgesetzt, die direkt auf die fehlerhafte Anweisung folgt.
	RESUME n	Die Programmausführung wird nach Abschluß der Fehlerbehandlungsroutine mit der Anweisung fortgesetzt, deren Anweisungsnummer n auf RESUME folgt.
Fahrnetz	—(RESUME)—————— —(NEXT)—— —[Anweisungsnummer]—	
Beispiel	Siehe TRAP-Anweisung.	

15.7.6 BASIC-Systemvariablen DS und DS$

Schlüsselwort	DS bzw. DS$
Aufgabe	**Mit Hilfe der Systemvariablen DS bzw. DS$ wird der Fehlerstatus des Diskettenlaufwerks im Fehlerfall ermittelt (blinkende rote Anzeige am Diskettenlaufwerk).**
Fahrnetz	—(DS)— —(DS$)—
Erläuterung	Die Systemvariable DS liefert nur den *Fehlercode*. Die Systemvariable DS$ liefert eine komplette Fehlermeldung, bestehend aus: ● Fehlercode ● Fehlermeldung in Textform ● Spurnummer auf der Diskette ● Sektornummer auf der Diskette Durch die Fehlerabfrage wird die Fehlermeldung zurückgesetzt (blinkende rote Anzeige am Diskettenlaufwerk erlischt).
Beispiel	PRINT DS$ Wird nach Eingabe dieses Kommandos die ⌐ENTER¬ -Taste gedrückt, wird die komplette Fehlermeldung auf dem Bildschirm ausgegeben.

15.8 BASIC-Beendungsanweisungen

15.8.1 BASIC-Anweisung STOP

Schlüsselwort	STOP C64 und C128-Modus
Aufgabe	**Mit Hilfe der Anweisung STOP kann die Programmausführung unterbrochen werden.**
Format	STOP
Erläuterung	Wenn in einem BASIC-Programm eine STOP-Anweisung bearbeitet wird, wird folgende Meldung auf dem Bildschirm ausgegeben: BREAK IN⟨Anweisungsnummer⟩ d.h. Abbruch bei ⟨Anweisungsnummer⟩. Die Bearbeitung des Programms kann später durch Eingabe des Kommandos CONT *fortgesetzt* werden. Während einer Programmunterbrechung infolge der STOP-Anweisung können *direkt ausführbare BASIC-Kommandos* bearbeitet werden. Die STOP-Anweisung wird daher häufig von Programmierern benutzt, um während der Unterbrechung des Programms die Werte von Variablen mit Hilfe des PRINT-*Kommandos* zu überprüfen.
Fahrnetz	——(STOP)——
Beispiel	10 FOR I=1 TO 10 20 PRINT I 30 STOP 40 END Mit Hilfe der STOP-Anweisung wird die Programmschleife stets nach jedem Schleifendurchlauf unterbrochen. Die Fortsetzung erfolgt durch Eingabe des Kommandos CONT.

15.8.2 BASIC-Anwendung END

Schlüsselwort	END C64 und C128-Modus
Aufgabe	**Mit Hilfe der END-Anweisung wird die Programmausführung beendet. Alle geöffneten Dateien werden geschlossen.** BASIC kehrt zur Kommandoebene (Betriebssystemebene) zurück.
Format	END
Erläuterung	Die Anweisung END ist i.a. die letzte Anweisung eines Hauptprogramms. Die END-Anweisung kann am Ende eines Programmes auch entfallen. Bei der Verwendung von Unterprogrammen wird eine END-Anweisung zur Trennung von Haupt- und Unterprogrammen verwendet.
Fahrnetz	——(END)——

15.8.3 BASIC-Anweisung WAIT

Schlüsselwort	WAIT
Aufgabe	**Mit Hilfe der BASIC-Anweisung WAIT kann die Programmausführung angehalten werden, bis eine bestimmte Bedingung erfüllt ist.**
Fahrnetz	—(WAIT)—[Adresse]—(,)—[Ganze Zahl 1]——(,)—[Ganze Zahl 2]
Erläuterung	Der Inhalt der Speicherzelle der angegebenen *Adresse* wird mit der *ganzen Zahl 2* über ein logisches *exklusiv ODER* verknüpft. Das Ergebnis wird mit der *ganzen Zahl 1* über ein logisches *UND* verknüpft. Solange das Ergebnis Null ist, wird der Programmlauf angehalten. Wenn dieses Ergebnis von Null verschieden ist, wird mit der nächsten BASIC-Anweisung im Programm fortgefahren. *Entfällt* die *ganze Zahl 2*, wird die Zahl zu Null angenommen.

15.9 BASIC-Standardfunktionen

15.9.1 Arithmetische Funktionen

15.9.1.1 BASIC-Standardfunktion SQR

Schlüsselwort	SQR C64 und C128-Modus
Aufgabe	**Berechnung der Quadratwurzel von x** **(mathematische Darstellung $\sqrt{x}$).**
Format	SQR (X)
Erläuterung	Mit Hilfe der Standardfunktion SQR wird die Quadratwurzel des arithmetischen Ausdrucks x berechnet. Der Wert des arithmetischen Ausdrucks x muß größer bzw. gleich Null sein.
Beispiel	1ØØ PRINT SQR(9) Mit Hilfe der Standardfunktion SQR wird die Wurzel aus der Zahl im Argument der Funktion (9) gezogen und das Ergebnis auf dem Bildschirm ausgegeben (Ergebnis: $\sqrt{9} = 3$).

15.9.1.2 BASIC-Standardfunktion EXP

Schlüsselwort	· EXP C64 und C128-Modus
Aufgabe	**Berechnung der Exponentialfunktion (x-te Potenz zur Zahl e, mathematische Darstellung e^x).**
Format	EXP (X)
Erläuterung	Mit Hilfe der Standardfunktion EXP wird die Zahl e durch einen arithmetischen Ausdruck x potenziert (e^x), die Zahl e hat den Wert 2.71828183. Der Wert, den der arithmetische Ausdruck x annehmen kann, ist begrenzt, da die Zahl, die sich durch die Potenzierung ergibt, ebenfalls durch die Zahl der Speicherstellen begrenzt ist. Daher kann bei einem zu großen Wert von x ein sog. „Überlauf" (engl. OVERFLOW) im Speicher auftreten. Der maximale Wert von x liegt bei 88.
Beispiel	1ØØ PRINT EXP(1) Mit Hilfe der Standardfunktion EXP wird die Potenz $e^1 = e = 2.71828183$ ermittelt und das Ergebnis auf dem Bildschirm ausgegeben.

15.9.1.3 BASIC-Standardfunktion LOG

Schlüsselwort	LOG C 64 und C128-Modus
Aufgabe	**Berechnung des natürlichen Logarithmus von x (mathematische Darstellung ln x).**
Format	LOG (X)
Erläuterung	Mit Hilfe der Standardfunktion LOG wird der natürliche Logarithmus des arithmetischen Ausdrucks x berechnet (Basis e). Der Wert des arithmetischen Ausdrucks x muß größer als Null sein.
Beispiel	1ØØ Z=LOG(A+B) Mit Hilfe der Standardfuntion LOG wird der natürliche Logarithmus des Wertes ermittelt, der sich aus dem arithmetischen Ausdruck A+B ergibt. Dieses Ergebnis wird der Variablen Z zugeordnet.

15.9.1.4 BASIC-Standardfunktion ABS

Schlüsselwort	ABS C64 und C128-Modus
Aufgabe	**Berechnung des Absolutwertes von x (mathematische Darstellung $\lvert x \rvert$).**
Format	ABS (X)
Erläuterung	Mit Hilfe der Standardfunktion ABS wird der vorzeichenlose Wert des arithmetischen Ausdrucks x ermittelt. Dieser sog. Absolutwert einer Zahl führt somit in seiner Wirkung zu einer immer positiven Zahl.
Beispiel	1∅∅⌴PRINT ABS (−6∅) Mit Hilfe der Standardfunktion wird der Absolutwert von −6∅ ermittelt. Der Absolutwert von −6∅ ist die vorzeichenlose Zahl 6∅. Diese Zahl wird auf dem Bildschirm ausgegeben.

15.9.1.5 BASIC-Standardfunktion SGN

Schlüsselwort	SGN C64 und C128-Modus
Aufgabe	**Ermittlung des Vorzeichens von x.**
Format	SGN (X)
Erläuterung	Mit Hilfe der Standardfunktion SGN kann das Vorzeichen eines arithmetischen Ausdrucks ermittelt werden. ● Ist der Wert des arithmetischen Ausdrucks x *positiv*, so ist das Ergebnis der SGN-Funktion 1. ● Ist der Wert des arithmetischen Ausdrucks x *negativ*, so ist das Ergebnis der SGN-Funktion −1. ● Ist der Wert des arithmetischen Ausdrucks x *Null*, so ist das Ergebnis der SGN-Funktion ∅.
Beispiel	1∅∅ V=SGN(Z) 11∅ IF V=1 THEN PRINT "POSITIVE ZAHL" Mit Hilfe der Standardfunktion SGN wird das Vorzeichen des Wertes ermittelt, der der Variablen Z zugeordnet ist. Das Ergebnis wird der Variablen V zugeordnet. Wenn das Vorzeichen positiv ist (SGN(Z)=V=1), wird der Text "POSITIVE ZAHL" auf dem Bildschirm ausgegeben.

15.9.2 Trigonometrische Funktionen

15.9.2.1 BASIC-Standardfunktion SIN

Schlüsselwort	SIN C64 und C128-Modus
Aufgabe	**Berechnung des Sinus von x.**
Format	SIN (X)
Erläuterung	Mit Hilfe der Standardfunktion SIN kann der Sinus des arithmetischen Ausdrucks x berechnet werden. Der Wert von x muß im Bogenmaß vorliegen. Liegt der Winkel, wie vielfach üblich, im Winkelmaß vor, so muß das Winkelmaß ins Bogenmaß umgewandelt werden. Hierfür gilt folgende mathematische Beziehung: $$\text{Bogenmaß} = \frac{\Pi}{18\emptyset} \cdot \text{Winkelmaß}$$ (Π ist das Symbol für die Zahl PI mit dem Wert 3.14).
Beispiel	**1$\emptyset\emptyset$ PRINT SIN(3.14/180∗W)** **Für einen Winkel W im Winkelmaß wird das Bogenmaß ermittelt (3.14/18$\emptyset$∗W) und für den sich ergebenden Wert der Sinus ermittelt und auf dem Bildschirm ausgegeben.**

15.9.2.2 BASIC-Standardfunktion COS

Schlüsselwort	COS C64 und C128-Modus
Aufgabe	**Berechnung des Cosinus von x.**
Format	COS (X)
Erläuterung	Mit Hilfe der Standardfunktion COS kann der Cosinus des arithmetischen Ausdrucks x berechnet werden. Der Wert von x muß im Bogenmaß vorliegen (Umrechnungsformel vom Winkelmaß ins Bogenmaß siehe Sinusfunktion SIN).
Beispiel	**1$\emptyset\emptyset$ PRINT COS($\emptyset$.$\emptyset$17∗W)** **Für einen Winkel W im Winkelmaß wird das Bogenmaß ermittelt. Dabei ist der Wert des Bruches 3.14/18$\emptyset$ schon ermittelt und als Konstante $\emptyset$.$\emptyset$17 angegeben.** **Für den angegebenen arithmetischen Ausdruck wird der Cosinus ermittelt und auf dem Bildschirm ausgegeben.**

15.9.2.3 BASIC-Standardfunktion TAN

Schlüsselwort	TAN C64 und C128-Modus
Aufgabe	**Berechnung des Tangens von x.**
Format	TAN (X)
Erläuterung	Mit Hilfe der Standardfunktion TAN kann der Tangens des arithmetischen Ausdrucks x berechnet werden. Der Wert von x muß im Bogenmaß vorliegen (Umrechnungsformel vom Winkelmaß ins Bogenmaß siehe SIN-Funktion).
Beispiel	1ØØ PRINT TAN (Ø.Ø17 * W) Für das angegebene Argument wird der Tangens ermittelt und auf dem Bildschirm ausgegeben.

15.9.2.4 BASIC-Standardfunktion ATN

Schlüsselwort	ATN C64 und C128-Modus
Aufgabe	Berechnung des Arcustangens von x
Format	ATN (X)
Erläuterung	Mit Hilfe der Standardfunktion ATN kann der Arcustangens des arithmetischen Ausdrucks x berechnet werden. Das Ergebnis der Funktion ATN ist ein Wert im Bogenmaß im Bereich von $-\pi/2$ bis $+\pi/2$ ($\pi = 3.14$). Soll das Bogenmaß ins Gradmaß umgewandelt werden, so gilt folgende Beziehung: Winkelmaß = $180/\pi$ * Bogenmaß.
Beispiel	1ØØ PRINT ATN(WERT) Mit Hilfe der Funktion ATN wird für den Wert der Variablen WERT der Arcustangens im Bogenmaß ermittelt und auf dem Bildschirm ausgegeben.

15.9.2.5 BASIC-Standardfunktion π

Schlüsselwort	π nur im C128-Modus
Aufgabe	**Der Wert der Variablen π ist 3.141592653468251.**
Format	π
Erläuterung	Der Wert von π wird in den meisten Winkelfunktionen, Kreisfunktionen usw. benötigt. Der Wert braucht nicht extra eingegeben werden, wenn die Standardfunktion π benutzt wird.
Beispiel	1Ø INPUT R 2Ø F = 2 * π * R 3Ø PRINT R,F Der Radius wird eingegeben (Anweisungsnummer 1Ø), die zugehörige Kreisfläche berechnet (Anweisungsnummer 2Ø) und ausgegeben (Anweisungsnummer 3Ø).

15.9.3. BASIC-Zufallszahlenfunktion RND

Schlüsselwort	RND C64 und C128-Modus
Aufgabe	**Berechnung einer Zufallszahl zwischen Ø und 1.**
Format	RND (X)
Erläuterung	Mit Hilfe der Standardfunktion RND wird eine Zufallszahl in Abhängigkeit vom Wert des arithmetischen Ausdrucks x ermittelt. Ist der Wert des arithmetischen Ausdrucks x kleiner als Ø (negativer Wert), so wird die *erste* Zahl einer *neuen* Zufallszahlenfolge ermittelt, und damit der Anfang einer neuen Zufallszahlenfolge initialisiert. Gleiche Werte im Argument führen zu gleichen Zufallszahlenfolgen. Ist der Wert des arithmetischen Ausdrucks x größer als Ø (positiver Wert), so wird der *nächste* Wert der bereits initialisierten und dadurch gewählten Zufallszahlenfolge ermittelt. Der Anfangswert der Zufallszahlenfolge wird rein zufällig beim Einschalten angenommen. Er hängt nicht vom Wert des Argumentes ab. Ist der Wert des arithmetischen Ausdrucks x=Ø, so wird die Zufallszahl von Zeitgebern initialisiert.
Beispiel	1ØØ PRINT RND (1) Mit Hilfe der Standardfunktion RND wird die nächste Zufallszahl einer bereits initialisierten Zufallszahlenfolge ermittelt und auf dem Bildschirm ausgegeben.

15.9.4 Umwandlungsfunktionen

15.9.4.1 BASIC-Standardfunktion INT

Schlüsselwort	INT C64 und C128-Modus
Aufgabe	Umwandlung des Wertes eines arithmetischen Ausdrucks x in einen ganzzahligen Wert (INTEGER).
Format	INT (X)
Erläuterung	Mit Hilfe der Standardfunktion INT wird der *ganzzahlige Anteil* des Wertes des arithmetischen Ausdrucks x so ermittelt, daß diese ganze Zahl stets *kleiner oder gleich* dem Wert von x ist. Praktisch bedeutet dies für *positive* Werte: Es werden alle Ziffern, die rechts vom Dezimalpunkt stehen, abgeschnitten. Die Funktion INT ermittelt somit nur die Ziffern, die links vom Dezimalpunkt stehen. Für *negative* Werte sieht dies etwas anders aus: Es wird vom Absolutwert her gesehen die nächstgrößere ganze negative Zahl ermittelt. Dies liegt an der eingangs angegebenen Definition, die für positive und negative Werte gilt. Sie lautete: Die Funktion INT ermittelt die *ganze* Zahl, die *kleiner oder gleich* dem Wert von x ist. Bei negativen Zahlen hat die nächstkleinere ganze Zahl einen höheren Absolutwert (z.B.: −6 ist kleiner als −5).
Beispiel	100 PRINT INT(5.33) 110 PRINT INT(−5.88) Mit Hilfe der Funktion INT wird die größte ganze Zahl ermittelt, die kleiner oder gleich x ist. Für die 1. Anweisung des Beispiels bedeutet dies, daß der Wert 5 ermittelt und auf dem Bildschirm ausgegeben wird. Für die zweite Anweisung des Beispiels bedeutet dies, daß der Wert −6 ermittelt und auf dem Bildschirm ausgegeben wird.

15.9.4.2 BASIC-Standardfunktion HEX$

Schlüsselwort	HEX$ nur im C128-Modus
Aufgabe	**Umwandlung einer Dezimalzahl in eine Hexadezimalzahl.**
Format	HEX$(X)
Erläuterung	Mit Hilfe der Standardfunktion HEX$ wird der Wert eines arithmetischen Ausdrucks x (Dezimalwert) in eine Zeichenkette umgewandelt, die die zugehörige Hexadezimalzahl darstellt. Die Nachkommastellen der Dezimalzahl werden vor der Umwandlung abgeschnitten, so daß eine ganze Zahl entsteht. Der Wert der Dezimalzahl muß zwischen Ø und 65535 liegen.
Beispiel	1ØØ PRINT"DEZ:";17.89,"HEX:";HEX$(17.89) Mit Hilfe dieser Anweisung wird der Dezimalwert 17.89 und der zugehörige Hexadezimalwert 11 nebst einem kurzen erläuternden Text auf dem Bildschirm ausgegeben: DEZ:17.89 HEX:ØØ11

15.9.4.3 BASIC-Funktion DEC

Schlüsselwort	DEC (nur im C128-Modus)
Aufgabe	**Mit Hilfe der Funktion DEC wird der Dezimalwert eines Hexadezimalwertes ermittelt.**
Erläuterung	Die Zeichenkette stellt die Hexadezimalzahl dar, die in eine Dezimalzahl umzuwandeln ist.
Beispiel	1Ø PRINT DEC("FFFF") Wird dieses Kurzprogramm gestartet, wird der Wert 65535 auf dem Bildschirm ausgegeben.

15.9.5 Zeichenkettenfunktionen

15.9.5.1 BASIC-Standardfunktion LEN

Schlüsselwort	LEN C64 und C128-Modus
Aufgabe	**Mit Hilfe der Standardfunktion LEN kann die Anzahl der Zeichen, aus denen ein Textausdruck (Zeichenkette) besteht, ermittelt werden.**
Format	LEN (X$)
Erläuterung	X$ steht stellvertretend für den Textausdruck, dessen Anzahl der Zeichen mit Hilfe der Funktion LEN ermittelt wird. Es werden sämtliche in der Zeichenkette vorhandenen Zeichen gezählt, d.h. auch Leerzeichen, Steuerzeichen, Ziffern, Symbole, Buchstaben usw.
Beispiel	2Ø PRINT LEN ("MEYER") Die Standardfunktion LEN ermittelt den Wert 5, denn der Text MEYER besteht aus fünf Zeichen. Dieser Wert wird auf dem Bildschirm ausgegeben.

15.9.5.2 BASIC-Standardfunktion LEFT$

Schlüsselwort	LEFT$ C64 und C128-Modus
Aufgabe	**Mit Hilfe der Standardfunktion LEFT$ kann aus einem vorgegebenen Text eine bestimmte Anzahl von links stehenden Zeichen ermittelt werden.**
Format	LEFT$(X$,n)
Erläuterung	Der vorgegebene Text wird durch das erste Argument (X$) festgelegt. Die Anzahl der links stehenden Zeichen, die aus dem Text isoliert werden (neuer Text), wird durch das zweite Argument (n) festgelegt. Das zweite Argument ist ein numerischer Ausdruck im Bereich von Ø bis 255. Ist n größer als die Anzahl der Zeichen im vorgegebenen Text (X$), so entspricht der neue Text dem alten Text. Ist n gleich Null, so besteht der neue Text aus einer „leeren" Zeichenkette.
Beispiel	1ØØ PRINT LEFT$ ("BUCH",2) Mit Hilfe der Standardfunktion LEFT$ werden aus dem Text BUCH die beiden linksstehenden Buchstaben BU isoliert und auf dem Bildschirm ausgegeben.

15.9.5.3 BASIC-Standardfunktion RIGHT$

Schlüsselwort	RIGHT$ C64 und C128-Modus
Aufgabe	**Mit Hilfe der Standardfunktion RIGHT$ kann aus einem vorgegebenen Text eine bestimmte Anzahl von rechtsstehenden Zeichen ermittelt werden.**
Format	RIGHT$(X$,n)
Erläuterung	Der vorgegebene Text wird durch das erste Argument (X$) festgelegt. Die Anzahl der rechtsstehenden Zeichen, die aus dem Text isoliert werden (neuer Text), wird durch das zweite Argument (n) festgelegt. Das zweite Argument ist ein numerischer Ausdruck im Bereich von 0 bis 255. Ist n größer als die Anzahl der Zeichen im vorgegebenen Text (X$), so entspricht der neue Text dem alten Text. Ist n gleich Null, so besteht der neue Text aus einer „leeren" Zeichenkette.
Beispiel	100 PRINT RIGHT$("BUCH",2) Mit Hilfe der Standardfunktion RIGHT$ werden aus dem Text BUCH die beiden rechtsstehenden Buchstaben CH isoliert und auf dem Bildschirm ausgegeben.

15.9.5.4 BASIC-Standardfunktion MID$

Schlüsselwort	MID$ C64 und C128-Modus
Aufgabe	Mit Hilfe der Standardfunktion MID$ kann aus einem vorgegebenen Text eine bestimmte Anzahl von Zeichen aus der Mitte des Textes isoliert werden.
Format	MID$(X$,m,n)
Erläuterung	Der vorgegebene Text wird durch das erste Argument (X$) festgelegt. Die Argumente m und n sind ganzzahlige numerische Ausdrücke im Bereich von $\emptyset$ bis 255. Das zweite Argument (m) gibt die Position des ersten Zeichens an, das aus dem Text X$ isoliert werden soll. Das dritte Argument (n) gibt die Anzahl der Zeichen an, die, beginnend beim ersten isolierten Zeichen, weiter aus dem Text X$ nach rechts fortschreitend isoliert werden sollen. Wird das dritte Argument (n) weggelassen *oder* stehen weniger als n Zeichen rechts vom ersten isolierten Zeichen, werden *alle* rechts vom ersten isolierten Zeichen stehenden Zeichen ausgewählt. Ist das dritte Argument gleich Null oder ist das zweite Argument (m) größer als die Anzahl der Zeichen im vorgegebenen Text (X$), so wird eine „leere" Zeichenkette ausgewählt.
Beispiel	1$\emptyset\emptyset$ PRINT MID$("BUCH",2,2) Mit Hilfe der Standardfunktion MID$ werden aus dem Text BUCH, beginnend mit dem *zweiten* Zeichen (U) *zwei* Zeichen isoliert (d.h. UC). Die Zeichen UC werden auf dem Bildschirm ausgegeben.

15.9.5.5 BASIC-Standardfunktion STR$

Schlüsselwort	STR$ C64 und C128-Modus
Aufgabe	Mit Hilfe der Standardfunktion STR$ kann ein numerischer Ausdruck in einen Text (String) umgewandelt werden.
Format	STR$(X)
Erläuterung	Der in einen Text umzuwandelnde numerische Ausdruck steht im Argument der Funktion (x).
Beispiel	1$\emptyset\emptyset$ PRINT STR$(3.14) Mit Hilfe der Standardfunktion STR$ wird die numerische Konstante 3.14 in einen Text umgewandelt, d.h. der Binärcode der Zahl 3.14 wird in einen ASCII-Code für die Zeichen 3.14 umgewandelt.

15.9.5.6 BASIC-Standardfunktion VAL

Schlüsselwort	VAL C64 und C128-Modus
Aufgabe	Mit Hilfe der Standardfunktion VAL kann eine in einem Text enthaltene Zahl in einen numerischen Wert umgewandelt werden.
Format	VAL(X$)
Erläuterung	Die in einen numerischen Wert umzuwandelnden Zahlen in einem Text stehen in Form eines Textes im Argument der Funktion VAL(X$). Die im Text stehenden Ziffern müssen allerdings am Anfang des Textes stehen, sonst wird bei der Umwandlung der numerische Wert $\emptyset$ angenommen. Die Buchstaben, die auf die am Anfang stehenden Ziffern folgen, werden ignoriert.
Beispiel	1$\emptyset\emptyset$ PRINT VAL ("334$\emptyset$ WOLFENBUETTEL") Mit Hilfe der Standardfunktion VAL wird die Postleit*zahl* 334$\emptyset$ *aus* dem Gesam*ttext* isoliert und in einen numerischen Wert umgewandelt.

15.9.5.7 BASIC-Standardfunktion ASC

Schlüsselwort	ASC C64 und C128-Modus
Aufgabe	Mit Hilfe der Standardfunktion ASC kann das <u>erste</u> Zeichen eines Textes in das dazugehörige Dezimaläquivalent des ASCII-Codes umgewandelt werden. Die folgenden Zeichen werden ignoriert.
Format	ASC(X$)
Erläuterung	Der Text, dessen erster Buchstabe umgewandelt werden soll, steht im Argument der Standardfunktion. Das Ergebnis der Standardfunktion ASC ist ein numerischer Wert (Dezimaläquivalent), der den ASCII-Code für das erste Zeichen des Textes (X$) darstellt (Wert zwischen $\emptyset$ und 255).
Beispiel	1$\emptyset\emptyset$ PRINT ASC("ASCII") Mit Hilfe der Standardfunktion ASC wird das Dezimaläquivalent des Buchstabens A ermittelt und ausgegeben. Dies ist der numerische Wert 65.

15.9.5.8 BASIC-Standardfunktion CHR$

Schlüsselwort	CHR$ C64 und C128-Modus
Aufgabe	**Mit Hilfe der Standardfunktion CHR$ wird eine Dezimalzahl als Dezimaläquivalent des ASCII-Codes aufgefaßt und in ein entsprechendes ASCII-Zeichen umgewandelt.**
Format	CHR$(n)
Erläuterung	Der Wert des numerischen Ausdrucks (n), der in ein ASCII-Zeichen umgewandelt werden soll, muß zwischen 0 und 255 liegen. Die Standardfunktion CHR$ wird vielfach dazu benutzt, Sonderzeichen (Grafikzeichen) auf den Bildschirm zu übertragen, wenn sich diese nicht auf der Tastatur befinden oder Steuerzeichen zum Drucker zu übertragen (Breitschrift u.dgl.).
Beispiel	100 PRINT CHR$(37) Das Dezimaläquivalent 37 steht im ASCII-Code für ein %-Zeichen. Dieses Zeichen wird auf dem Bildschirm ausgegeben.

15.9.5.9 BASIC-Funktion INSTR

Schlüsselwort	INSTR nur im C128-Modus
Aufgabe	**Mit Hilfe der BASIC-Funktion INSTR wird die Position eines Textteils ermittelt, an der sich dieser Textteil in einem anderen Text befindet.**
Fahrnetz	—(INSTR)—(")—[Text]—(")—(,)—(")—[Text]—(")———, —[Ganze Zahl]
Erläuterung	Der *erste Text* ist der Text, in dem ein anderer Text gesucht wird. Der *zweite Text* ist der Text, der im ersten Text gesucht wird. Wird eine *ganze Zahl* angegeben, gibt diese die Startposition im ersten Text an, wo die Suche nach dem zweiten Text beginnt. Voreingestellt ist der Wert 1.
Beispiel	10 PRINT INSTR ("WAUWAU","AU") Mit Hilfe dieser Anweisung wird die Position des Textes AU im Text WAUWAU ermittelt und ausgegeben, d.h. es wird der Wert 2 angegeben. An dieser Position beginnt der Text AU im Text WAUWAU.

15.10 BASIC-Operatoren

15.10.1 BASIC-Operator AND

Schlüsselwort	AND
Aufgabe	**Logische UND-Verknüpfung von Booleschen Konstanten bzw. Booleschen Variablen.**
Erläuterung	Für die logische UND-Verknüpfung gilt folgender Zusammenhang: -1 AND $-1 = -1$ -1 AND $\emptyset = \emptyset$ $\emptyset$ AND $-1 = \emptyset$ $\emptyset$ AND $\emptyset = \emptyset$ Dem Wahrheitswert wahr ist der Wert -1 zugeordnet, dem Wahrheitswert falsch der Wahrheitswert $\emptyset$.
Beispiel	1$\emptyset\emptyset$ A = -1 11$\emptyset$ B = $\emptyset$ 12$\emptyset$ C = A AND B 13$\emptyset$ PRINT C In den Anweisungen mit den Anweisungsnummern 1$\emptyset\emptyset$ und 11$\emptyset$ wird den Variablen A und B ein Boolescher Wert zugeordnet. Diese werden in der Anweisung mit der Anweisungsnummer 12$\emptyset$ mit einem logischen UND verknüpft. Das Ergebnis wird der Variablen C zugeordnet und anschließend auf dem Bildschirm ausgegeben (hier der Wert $\emptyset$).

15.10.2 BASIC-Operator OR

Schlüsselwort	OR
Aufgabe	**Logische ODER-Verknüpfung von Booleschen Konstanten bzw. Booleschen Variablen.**
Erläuterung	Für die logische Verknüpfung gilt folgender Zusammenhang: -1 OR $-1 = -1$ -1 OR $\emptyset = -1$ $\emptyset$ OR $-1 = -1$ $\emptyset$ OR $\emptyset = \emptyset$ (wahr = -1 / falsch = $\emptyset$).
Beispiel	1$\emptyset\emptyset$ A = -1 11$\emptyset$ B = $\emptyset$ 12$\emptyset$ C = A OR B 13$\emptyset$ PRINT C Es wird der Wert -1 auf dem Bildschirm ausgegeben.

15.10.3 BASIC-Operator NOT

Schlüsselwort	NOT
Aufgabe	**Logische NICHT-Verknüpfung von Booleschen Konstanten bzw. Booleschen Variablen.**
Erläuterung	Für die logische Verknüpfung gilt folgender Zusammenhang: NOT -1 = $\emptyset$ NOT $\emptyset$ = -1 (wahr = -1 / falsch = $\emptyset$).
Beispiel	$1\emptyset\emptyset$ PRINT NOT -1 Es wird der Wert $\emptyset$ auf dem Bildschirm ausgegeben.

15.10.4 BASIC-Funktion XOR

Schlüsselwort	XOR
Aufgabe	**Logische Exklusiv-ODER-Verknüpfung von Booleschen 16 Bit-Werten**
Format	XOR (n_1, n_2)
Erläuterung	Für die logische Exklusiv-ODER-Verknüpfung gilt folgender Zusammenhang: -1 XOR -1 = $\emptyset$ -1 XOR $\emptyset$ = -1 $\emptyset$ XOR -1 = -1 $\emptyset$ XOR $\emptyset$ = $\emptyset$ Das logische Exklusiv-ODER unterscheidet sich vom logischen ODER nur in folgenden Beziehungen, die hier gegenübergestellt werden: Eklusiv-ODER: -1 XOR -1 = $\emptyset$ ODER: -1 OR -1 = -1 Die 16 Bit-Werte werden als Dezimalzahlen (Bereich $\emptyset$ bis 65535) eingegeben und intern in entsprechende 16 Bit-Werte umgewandelt. Anschließend werden diese Binärwerte entsprechend den genannten Regeln des Exklusiv-ODER's logisch miteinander verknüpft. Das Ergebnis wird als Dezimalzahl (Bereich $\emptyset$ bis 65535) ausgegeben.
Beispiel	$1\emptyset\emptyset$ PRINT XOR $(124,12)$ Es wird der Wert 112 auf dem Bildschirm ausgegeben.

15.11 Systemuhrvariablen

15.11.1 BASIC-Systemvariable TIME

Schlüsselwort	TIME C64 und C128-Modus
Aufgabe	**Die Systemvariable TIME enthält die aktuelle Zeit, die seit dem Einschalten des Systems vergangen ist. Die Zeit wird in Einheiten von 1/60 Sekunden gemessen.**
Format	TIME (Kurzform TI)
Erläuterung	Man kann einer Variablen den Inhalt der Systemvariablen TIME zuordnen (Zeit lesen).
Beispiel	2ØØ Z = TIME/60 Mit Hilfe dieser Anweisung wird der aktuelle Wert der Systemuhr der Variablen Z zugewiesen (in Sekunden). Zur Ausgabe der Zeit kann folgende Anweisung dienen: 21Ø PRINT Z

15.11.2 BASIC-Systemvariable TIME$

Schlüsselwort	TIME$ C64 und C128-Modus
Aufgabe	Mit Hilfe der Systemvariablen TIME$ kann die Systemuhr auf eine bestimmte Zeit gesetzt und gelesen werden.
Fahrnetz	—(TIME$)— —(TI$)—
Erläuterung	Die zuzuordnende Zeichenkette enthält die Uhrzeit, auf die die Systemuhr zu setzen ist. Die Form ist: HH MM SS d. h. es müssen jeweils 2 Ziffern für Stunden (engl. *hour*), Minuten und Sekunden angegeben werden.

Beispiel	1Ø INPUT"GIB ZEIT EIN (HHMMSS)";TI$ 2Ø FOR I = 1 TO 5000 3Ø NEXT I 4Ø PRINT TI$

Anw.nr.	
1Ø	Eingabe der Uhrzeit
2Ø,3Ø	Zeitschleife, um die Zeit laufen zu lassen.
4Ø	Ausgabe der Uhrzeit auf dem Bildschirm.

Starten Sie das Programm und geben Sie z. B. die Zeit wie folgt ein:

18ØØØØ

so bedeutet dies:

18 h, Ø Minuten und Ø Sekunden (Startzeit).

Abschließend beginnt die Zeitschleife zu laufen. Nach dem Ablauf wird die Zeit wie folgt ausgegeben:

18ØØ1Ø

d. h. es werden 10 Sekunden zur Bearbeitung der Zeitschleife benötigt (Differenz zur Eingabezeit).

15.12 Fensteranweisung

15.12.1 BASIC-Anweisung WINDOW

Schlüsselwort	WINDOW (nur im C128-Modus)
Aufgabe	Mit Hilfe der Anweisung WINDOW kann auf dem Bildschirm ein Fenster (engl. WINDOW) zur Ausgabe von Texten festgelegt werden. Dieses Fenster verhält sich wie ein kleiner separater Bildschirm.
Fahrnetz	—(WINDOW)—[x1]—(,)—[y1]—(,)—[x2]—(,)—[y2]— —(,)—[Code]—

Erläuterung	x_1, y_1 *Koordinate* Diese Koordinaten legen die linke obere Ecke des Textfensters fest. x_2, y_2 *Koordinate* Diese Koordinaten legen die rechte untere Ecke des Textfensters fest. *Code* Mit Hilfe eines Codes kann festgelegt werden, ob das Fenster gelöscht werden soll oder nicht. Es gilt:

Code	Wirkung
1	Löschen des Fensters.
0	Keine Löschung des Fensters.

Wird kein Code angegeben, ist standardmäßig der Codewert $\emptyset$ voreingestellt.

Beispiel	Es soll ein Fenster im rechten unteren Bildschirmbereich des 40 Zeichen/Zeile Bildschirms wie folgt definiert werden.

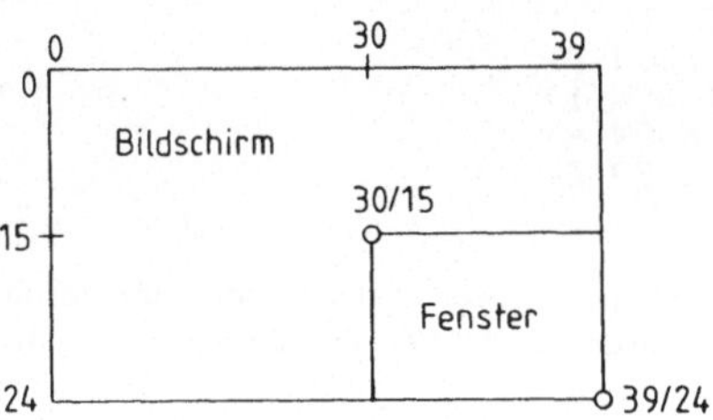

Das Fenster soll bei der Definition außerdem gelöscht werden.

Das Programm lautet:

```
10 PRINT""
20 WINDOW 30,15,39,24,1
30 PRINT "FENSTER 1"
40 WINDOW 0,0,39,24
50 LIST
```

Hierbei ist:

Anw.nr.	Erläuterung
1$\emptyset$	Löschen des Bildschirms.
2$\emptyset$	Setzen des im Bild angegebenen Fensters.
3$\emptyset$	Ausgabe des Textes „Fenster 1" im definierten Fenster.
4$\emptyset$	Um wieder den gesamten Bildschirm zur Ausgabe nutzen zu können, wird der gesamte Bildschirm als neues Fenster definiert (ohne Löschung).
5$\emptyset$	Ausgabe des Programmbeispiels im neu definierten Fenster (ganzer Bildschirm).

15.12.2 BASIC-Funktion RWINDOW

Schlüsselwort	RWINDOW (nur im C128-Modus)
Aufgabe	**Mit Hilfe der Funktion RWINDOW können die Parameter des definierten Bildschirmfensters ermittelt werden.**
Fahrnetz	——(RWINDOW)——((——[Code]——() ——
Erläuterung	Folgende Codes können angegeben werden:

Code	Funktion
$\emptyset$	Ermittlung der Zeilenzahl des Bildschirmfensters.
1	Ermittlung der Spaltenzahl des Bildschirmfensters.
2	Ermittlung des Bildschirmmodus ($4\emptyset$ bzw. $8\emptyset$ Spalten/Zeile).

| Beispiel | Das Beispielprogramm der Anweisung WINDOW wird wie folgt durch die Anweisungen 32, 34 und 36 ergänzt: |

```
10 PRINT""
20 WINDOW 30,15,39,24,1
30 PRINT "FENSTER 1"
32 PRINT RWINDOW(0)
34 PRINT RWINDOW(1)
36 PRINT RWINDOW(2)
40 WINDOW 0,0,39,24
50 LIST
```

Durch die zusätzlichen Anweisungen werden im vorher definierten Bildschirmfenster alle Parameter des Fensters ausgegeben. In diesem Falle sind dies:

9

9

$4\emptyset$

d.h. das Fenster hat 9 Zeilen und 9 Spalten auf dem 40 Zeichen/Zeile-Bildschirm.

15.13 Joystick und Paddle-Anweisungen

15.13.1 BASIC-Funktion JOY

Schlüsselwort	JOY (nur im C128-Modus)
Aufgabe	**Mit Hilfe der Funktion JOY können die Stellungen des JOY-Sticks ermittelt werden.**
Fahrnetz	──(JOY)──((── [Code] ──)──
Erläuterung	Der Code kennzeichnet einen der beiden JOY-Stick Eingänge wie folgt:

Code	Joy Stick Eingang
1	1
2	2

Die ermittelten Werte sind:

Code 1	Code 2	Stellung des Joysticks
0	128	Mittelstellung
1	129	vorn
2	130	rechts vorn
3	131	rechts
4	132	rechts hinten
5	133	hinten
6	134	links hinten
7	135	links
8	136	links vorn

Code 1 gilt, wenn der *Feuerknopf nicht gedrückt* ist.
Code 2 gilt, wenn der *Feuerkopf gleichzeitig gedrückt* ist.

Beispiel	1Ø PRINT JOY (1) Legt man den Joystick am Eingang 1 nach vorn, so wird von der Funktion JOY der Wert 1 ermittelt und beim Ablauf des aus einer Zeile bestehenden Programms der Wert 1 ausgegeben.

15.13.2 BASIC-Funktion POT

Schlüsselwort	POT
Aufgabe	Mit Hilfe der Funktion POT kann die Position eines von vier Drehreglern (engl. paddles) ermittelt werden.
Fahrnetz	—(POT)——(( )——[Code]——( ))—
Erläuterung	Der Code kennzeichnet den jeweiligen Drehregler, dessen Position ermittelt werden soll. Es gilt:

Code	Drehregler
1	1
2	2
3	3
4	4

Die ermittelten Werte (Positionen) liegen ohne gedrücktem Feuerknopf zwischen $\emptyset$ und 255, bei gedrücktem Feuerknopf werden diese Werte um jeweils 256 erhöht.

Beispiel

Beispiel 1

```
1Ø PRINT POT (1)
```

Es wird die Position des Drehreglers 1 ermittelt und auf dem Bildschirm ausgegeben.

Beispiel 2

```
1Ø SPRITE 1,1,1
2Ø PA=POT (1)
3Ø MOVSPR 1,PA,9Ø
4Ø GOTO 2Ø
```

Hierbei ist:

Anw.nr.	Funktion
1Ø	Einschalten von Sprite 1.
2Ø	Der Variablen PA wird die aktuelle Position des Drehreglers zugeordnet.
3Ø	Der Sprite wird in Abhängigkeit von der aktuellen Position des Drehreglers bewegt.
4Ø	Rücksprung (Schleife), um jeweils die aktuelle Position des Drehreglers zu ermitteln.

15.13.3 BASIC-Funktion PEN

Schlüsselwort	PEN (nur im C128-Modus)
Aufgabe	Mit Hilfe der Funktion PEN kann der Zustand oder die Koordinate des Lichtstiftes (Lightpen) ermittelt werden.
Fahrnetz	──(PEN)──((──[Code]──)) ──
Erläuterung	Der Code führt zu folgenden Ermittlungen:

Code	Wirkung	
0	x-Koordinate	des Lichtstifes auf dem
1	y-Koordinate	Bildschirm
2	x-Koordinate	des Lichtstiftes im Textmodus
3	y-Koordinate	bei 80 Zeichen/Zeile
4	Lichtstift seit der letzten Abfrage aktiviert (1), nicht aktiviert ($\emptyset$)	

Beispiel	1$\emptyset$ PRINT PEN (2)
	Mit Hilfe dieser Anweisung wird die x-Koordinate des Lichtstiftes auf dem 80 Zeichen/Zeile Bildschirm ausgegeben.

15.14 Prozessortaktanweisungen

15.14.1 BASIC-Anweisung FAST

Schlüsselwort	FAST (nur im C128-Modus)
Aufgabe	Mit Hilfe der Anweisung FAST wird der Takt des Prozessors vom langsamen 1 MHz-Takt zum schnellen 2 MHz-Takt umgeschaltet.
Fahrnetz	──(FAST)──
Erläuterung	Der Computer arbeitet bei Einsatz der Anweisung FAST doppelt so schnell (engl. fast, d. h. schnell). Es ist dabei außerdem zu berücksichtigen, daß Text- und Grafik-ausgaben *nur* noch im 80 Zeichen/Zeile-Modus möglich sind.
Beispiel	Siehe BASIC-Anweisung SLOW.

15.14.2 BASIC-Anweisung SLOW

Schlüsselwort	SLOW (nur im C128-Modus)
Aufgabe	**Mit Hilfe der Anweisung SLOW wird der Takt des Prozessors vom schnellen 2 MHz-Takt zum langsamen 1 MHz-Takt umgeschaltet.**
Fahrnetz	——(SLOW)——
Erläuterung	Der Computer arbeitet bei Einsatz der SLOW-Anweisung nur noch halb so schnell, d. h. langsamer als vorher (engl. slow, d. h. langsam). Andererseits sind jetzt wieder Text- und Grafikausgaben im 40 Zeichen/Zeile-Modus möglich. Die FAST- und SLOW-Anweisungen können z. B. benutzt werden, um aufwendige Rechnungen (umfangreiche Programmschleifen) oder umfangreiche Grafiken schnell im FAST-Modus bearbeiten zu können. Nach Rückkehr in den SLOW-Modus können die Ergebnisse auf dem 40 Zeichen/Zeile-Bildschirm dargestellt werden.

Beispiel	Zur Demonstration dient folgendes Programm:
	
	`10 PRINT"A"`
	`20 FOR I=1 TO 5000`
	`30 NEXT I`
	`40 PRINT"E"`
	`50 PRINT"A"`
	`60 FAST`
	`70 FOR I=1 TO 5000`
	`80 NEXT I`
	`90 SLOW`
	`100 PRINT"E"`
	
	Es werden in einer ersten Programmschleife (Anw.nr. 2∅ und 3∅) 5000 *leere* Schleifendurchläufe bearbeitet. Der Schleifenanfang und das Schleifenende wird durch die Ausgabe eines A bzw. E markiert (Anw.nr. 1∅ und 4∅). Bei der normalen Geschwindigkeit werden dazu ca. 12 Sekunden benötigt. Anschließend wird der FAST-Modus eingestellt (Anw.nr. 6∅). Für die gleiche Aufgabe wie vorher (5000 leere Schleifen bearbeiten) werden nur ca. 6 sec benötigt. Man erkennt die unterschiedliche Bearbeitungszeit am deutlichsten an der Umschaltzeit der Bildschirmausgabe, die durch den SLOW-Modus (Anw.nr. 9∅) wieder in den 40 Zeichen/Zeile-Modus überwechselt.

15.15 BASIC-Anweisung MONITOR

Schlüsselwort	MONITOR (nur im C128-Modus)
Aufgabe	**Aufruf des eingebauten Maschinensprache-Monitors.**
Fahrnetz	—(MONITOR)—
Erläuterung	Mit Hilfe des Maschinensprache-Monitors können auf einfache Weise Maschinensprache-Programme erstellt, verändert, übersetzt u. dgl. werden. Wichtige Monitorkommandos sind:

Kommando	Bedeutung
A	Assemble d. h. assemblieren, übersetzen von der Assemblersprache in die Maschinensprache.
C	Compare d. h. vergleichen von Speicherbereichen (Byteweise).
D	Disassemble d. h. rückübersetzen von der Maschinensprache in die Assemblersprache.
F	Fill d. h. füllen eines Speicherbereiches mit einem Byte.
G	Go d. h. ausführen, starten eines Programms bei einer angegebenen Adresse.
H	Hunt d. h. durchsuchen eines Speicherbereiches nach einer Bytefolge.
L	Load d. h. laden einer Datei von einem peripheren Speicher in den Arbeitsspeicher.
M	Memory d. h. Anzeige eines Speicherbereichinhaltes in hexadezimaler Form.
R	Register d. h. Anzeige der Registerinhalte des Prozessors.
S	Save d. h. speichern eines Arbeitsspeicherbereiches auf einem Peripheriegerät.
T	Transfer d. h. verschieben des Inhalts eines Speicherbereichs.
V	Verify überprüfen der gespeicherten Daten zwischen Arbeitsspeicher und peripherem Speicher.
X	Verlassen des Monitors.

15.16 Maschinenspracheunterprogrammanweisungen

15.16.1 BASIC-Anweisung SYS

Schlüsselwort	SYS (im C64 und C128-Modus möglich)
Aufgabe	**Mit Hilfe der Anweisung SYS wird die Programmsteuerung an ein Unterprogramm in Maschinensprache übergeben.**
Fahrnetz	(SYS)──[Adresse]──┬──[Parameter]──(,)──┘
Erläuterung	*Adresse* Die Adresse kennzeichnet eine Speicheradresse im Bereich der ganzen Zahlen von $\emptyset$ bis 65353, bei der das Unterprogramm in Maschinensprache beginnt. Die Adresse kann auch ein arithmetischer Ausdruck sein. *Parameterliste* Die Parameterliste enthält die Parameter, die dem Maschinenspracheunterprogramm übergeben werden und von diesem ausgewertet werden. **Die Rückkehr zum BASIC-Hauptprogramm erfolgt durch den Assemblerbefehl RTS am Ende des Maschinensprache-Programms.**
Beispiel	$1\emptyset$ SYS $2 \uparrow 1\emptyset$, X, Y Die Adresse des Maschinenspracheunterprogramms ergibt sich aus dem Ausdruck $2^{10} = 1024$. Diese Art Adressenangabe ist teilweise zweckmäßig, da die Adressen binär codiert sind. Die an das Maschinensprachprogramm zu übergebenden Parameter sind die Werte von X und Y.

15.16.2 BASIC-Anweisung RREG

Schlüsselwort	RREG (nur im C128-Modus)
Aufgabe	Mit Hilfe der Anweisung RREG können die Inhalte bestimmter Register des Prozessors nach Beendigung eines mit der SYS-Anweisung aufgerufenen Maschinensprache-Unterprogramms bestimmten Variablen zugeordnet werden. Auf diese Weise können die Werte in das BASIC-Hauptprogramm übernommen werden.
Fahrnetz	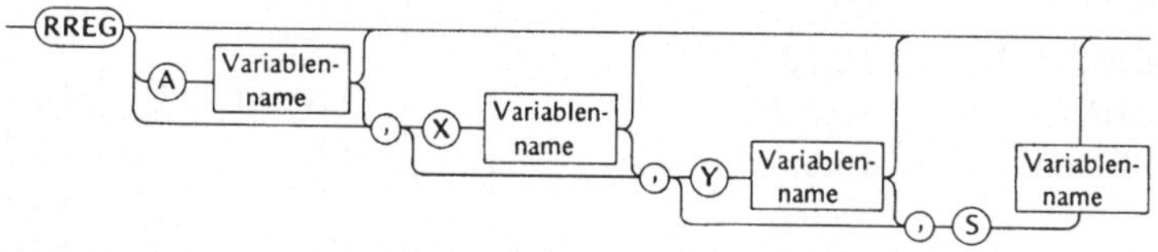
Erläuterung	Die Register des Prozessors sind die Register A, X, Y und S (z. B.: A = Akkumulator, S = Statusregister). Die folgenden Variablennamen sind die Namen, denen die Werte in den vorher angegebenen Registern zugeordnet werden. Sie können anschließend im BASIC-Hauptprogramm verwendet werden.

15.16.3 BASIC-Funktion USR

Schlüsselwort	USR (im C64 und C128-Modus möglich)
Aufgabe	Mit Hilfe der Funktion USR wird zu einem Unterprogramm in Maschinensprache gesprungen.
Fahrnetz	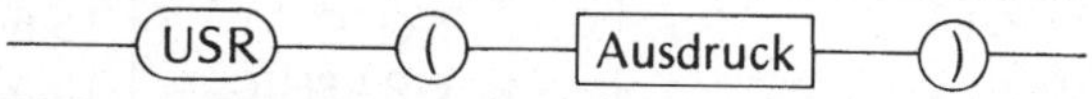
Erläuterung	Die Startadresse des Maschinensprache-Unterprogramms muß *vorher* mit Hilfe von POKE-Anweisungen in den Arbeitsspeicher mit den Adressen 785 und 786 gespeichert werden. In dem Byte mit der Adresse 785 wird der niederwertige Anteil der 16 Bit-Adresse gespeichert, in dem Byte mit der Adresse 786 wird der höherwertige Anteil der 16 Bit-Adresse gespeichert. Wurden keine Startadressen „gepoked", führt dies zur Fehlermeldung: Illegal Quantity. Der Wert des Ausdrucks (Argument der Funktion USR) wird an das Maschinensprache-Programm übergeben (aus dem ersten Gleitkommaakkumulator des BASIC-Interpreters — Startadresse 97). *Umgekehrt* kann ein Ergebnis über diesen Weg auch vom Maschinensprache-Programm an das BASIC-Hauptprogramm übergeben werden und dieses dort unmittelbar einer Variablen zugeordnet werden. Diese Werterückgabe ist mit Hilfe der SYS-Anweisung *nicht direkt* möglich, sondern nur mit Hilfe der Anweisung RREG (vgl. 15.16.2).

15.17 Alphabetische Liste aller Schlüsselwörter

Schlüsselwort	Abschnitt
ABS	15.9.1.4
AND	15.10.1
APPEND	12.13.1
ASC	15.9.5.7
ATN	15.9.2.4
AUTO	7.1
BACKUP	12.10
BANK	15.5.3
BEGIN	15.6.6
BEND	15.6.6
BLOAD	12.14
BOOT	13, 12.14, 2.1.4
BOX	16.5.5
BSAVE	12.14
BUMP	17.2.4.2
CATALOG	12.14
CHAR	16.5.11
CHR$	15.9.5.8
CIRCLE	16.5.6
CLOSE	10.6.1, 14.5.2.4
CLR	7.1
CMD	14.5.2.2
COLLECT	12.14
COLLISION	17.2.4.1
COLOR	16.3
CONCAT	12.14
CONT	7.2
COPY	12.11.2
COS	15.9.2.2
DATA	15.4.1.2
DCLEAR	12.13.1
DCLOSE	12.13.1
DEC	15.9.4.3
DEF	15.3.1
DELETE	7.1, 9.2.7
DIM	15.3.2
DIRECTORY	11.4, 12.6
DLOAD	12.7
DO	15.6.9
DOPEN	12.13.1
DRAW	16.5.4

Schlüsselwort	Abschnitt
DS	15.7.6
DSAVE	12.4
DS$	12.13.2, 15.7.6
DVERIFY	12.5
EL	15.7.2
ELSE	15.6.4, 15.6.5
END	25.8.2
ENVELOPE	18.7
ER	15.7.3
ERR$	15.7.4
EXIT	15.6.9
EXP	15.9.1.2
FAST	15.14.1
FETCH	15.5.4
FILTER	18.4.1
FN	15.3.1
FOR	15.6.8
FRE	15.5.8
GET	15.4.1.5
GET#	10.6.1
GETKEY	15.4.1.6
GO64	2.1.4
GOSUB	15.6.10, 15.6.12
GOTO	15.6.3, 15.6.5, 15.6.7
GRAPHIC	16.5.2
GSHAPE	17.3.5
HEADER	11.3
HELP	7.1
HEX$	15.9.4.2
IF	15.6.4, 15.6.5
INSTR	15.9.5.9
INPUT	15.4.1.4
INPUT#	10.6.1
INT	15.9.4.1
JOY	15.13.1
KEY	7.1
LEFT$	15.9.5.2
LEN	15.9.5.1
LET	15.6.2
LIST	7.1, 14.5.2.3

Schlüsselwort	Abschnitt
LOAD	10.4
LOCATE	16.5.9
LOG	15.9.1.3
LOOP	15.6.9
MID$	15.9.5.4
MONITOR	15.15
MOVSPR	17.2.3
NEW	7.1, 9.2.8
NEXT	15.6.8
NOT	15.10.3
ON	15.6.7, 15.6.12
OPEN	10.6.1, 14.5.2.1
OR	15.10.2
PAINT	16.5.7
PEEK	15.5.2
PEN	15.13.3
PLAY	18.4
POINTER	15.5.7
POKE	15.5.1
POS	15.4.2.6
POT	15.13.2
PRINT	15.4.2.1, 15.4.2.2
PRINT#	10.6.1, 14.5.2.4
PUDEF	15.4.2.3
π	15.9.2.5
RCLR	16.5.14
RDOT	16.5.12
READ	15.4.1.1
RECORD	12.13.1
REM	15.6.1
RENAME	12.9
RENUMBER	7.1
RESTORE	15.4.1.3
RESUME	15.7.5
RETURN	15.6.11
RGR	16.5.13
RIGHT$	15.9.5.3
RND	15.9.3
RREG	15.6.2
RSPCOLOR	17.2.4.6
RSPPOS	17.2.4.3
RSPRITE	17.2.4.4
RUN	7.2, 12.8
RWINDOW	15.12.2

Schlüsselwort	Abschnitt
SAVE	10.3.2
SCALE	16.5.10
SCNCLR	16.5.3
SCRATCH	12.12
SGN	15.9.1.5
SIN	15.9.2.1
SLEEP	15.6.13
SLOW	15.14.2
SOUND	18.5
SPC	15.4.2.5
SPRCOLOR	17.2.4.5
SPRDEF	17.2.1
SPRITE	17.2.2
SPRSAVE	17.3.3
SQR	15.9.1.1
SSHAPE	17.3.2
ST (STATUS)	10.6.1
STASH	15.5.5
STEP	15.6.8
STOP	15.8.1
STR$	15.9.5.5
SWAP	15.5.6
SYS	15.16.1
TAB	15.4.2.4
TAN	15.9.2.3
TEMPO	18.4.2
THEN	15.6.4
TI (TIME)	15.11.1
TI$(TIME$)	15.11.2
TO	15.6.8
TRAP	15.7.1
TRON	7.1
TROFF	7.1
UNTIL	15.6.9
USING	15.4.2.2
USR	15.16.3
VAL	15.9.5.6
VERIFY	10.5
VOL	18.6
WAIT	15.8.3
WHILE	15.6.9
WIDTH	16.5.8
WINDOW	15.12.1
XOR	15.10.4

16 Farbe und Grafik

16.1 Die Farben und Farbarten des Farbbildschirms

Der Farbbildschirm bietet die Möglichkeit, die Ausgabe auf dem Bildschirm nach Wunsch farblich zu bestimmen. Hierbei sind prinzipiell folgende drei Farbarten auf dem Farbbildschirm zu unterscheiden (vgl. Bild 16.1):

- die Randfarbe
- die Hintergrundfarbe
- die Zeichenfarbe

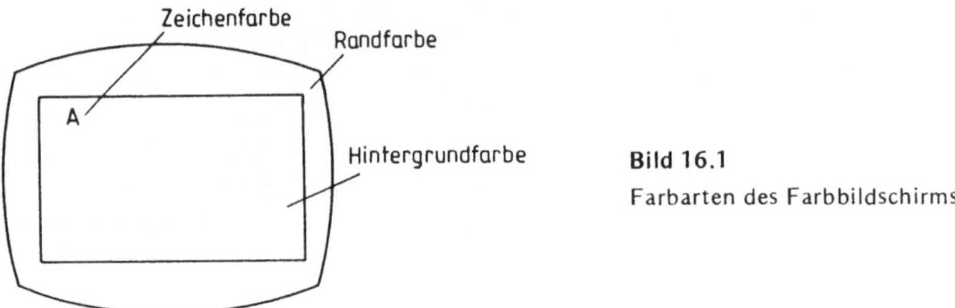

Bild 16.1
Farbarten des Farbbildschirms

Randfarbe

Der Farbbildschirm wird zur Ausgabe nicht bis zum Rand ausgenutzt. Der nicht zur Ausgabe genutzte *Rand* des Bildschirms kann in seiner Farbe verändert werden (vgl. COLOR-Anweisung Abschnitt 16.3).

Hintergrundfarbe

Der Hintergrund ist der Bereich des Bildschirms, der für die auszugebenden Zeichen bzw. Grafiken vorgesehen ist. Er kann in seiner Farbe verändert werden (vgl. COLOR-Anweisung Abschnitt 16.3). Die Hintergrundfarbe ist beim normalen Schreibvorgang auf dem Papier mit der Farbe des Papiers zu vergleichen.

Zeichenfarbe

Die auszugebenden Zeichen bzw. Grafiken müssen sich, um sichtbar zu sein, von der Farbe des Hintergrundes abheben. Den auszugebenden Zeichen können daher verschiedene Farben zugeordnet werden (vgl. COLOR-Anweisung Abschnitt 16.3). Diese Zeichenfarbe (teilweise auch Vordergrundfarbe genannt) kann beim normalen Schreibvorgang mit der Farbe des Stiftes verglichen werden, mit der man die Zeichen auf das Papier bringt.

> Die Standardfarben nach dem Einschalten des Commodore C128 sind:
>
> Randfarbe: hellgrün
> Hintergrundfarbe: schwarz
> Zeichenfarbe: weiß

Die gewünschten Farben werden nicht direkt mit dem Namen eingegeben, sondern mit Hilfe eines *Farbcodes*. Die Tabelle 16.1 zeigt die den Farben zugeordneten Codes.

Tabelle 16.1 Farbcodetabelle

Farbcode	Farbe	Farbcode	Farbe
1	schwarz	9	hellbraun
2	weiß	10	braun
3	rot	11	rosa
4	grün	12	dunkelgrau
5	violett	13	grau
6	dunkelgrün	14	hellgrün
7	blau	15	hellblau
8	gelb	16	hellgrau

16.2 Darstellungsmöglichkeiten auf dem Farbbildschirm (Bildschirmmodus)

Auf dem Farbbildschirm können unterschiedliche Dinge dargestellt werden. Es werden folgende prinzipielle Darstellungsarten unterschieden:

- Darstellung von Texten und Symbolen (Textmodus)
- Darstellung von Grafiken (Grafikmodus)

Der Computer muß auf den gewünschten Bildschirmmodus eingestellt werden. (Nach dem Einschalten ist der Textmodus eingestellt.)

16.2.1 Darstellung von Texten (Textmodus)

Es wird im Textmodus weiter unterschieden:

— Text mit 40 Zeichen/Zeile (Standardeinstellung nach dem Einschalten)
— Text mit 80 Zeichen/Zeile.

Im Textmodus können nur ganze Zeichen (Buchstaben, Ziffern und Grafiksymbole) dargestellt werden, die i.a. von der Tastatur erreicht werden. Auf die einzelnen Bildpunkte, aus denen die Zeichen aufgebaut werden, ist kein Zugriff möglich.[1]

---

[1] Vgl. Punktmatrix Anhang A1.

16.2.2 Hochauflösende Grafik mit zwei Farben

> **Bei der hochauflösenden Grafik sind auf dem Bildschirm**
>
> **— 320 Bildpunkte in der horizontalen Richtung (sog. x-Richtung) und**
> **— 200 Bildpunkte in der vertikalen Richtung (sog. y-Richtung)**
>
> **zur Ausgabe vorgesehen.**

Insgesamt enthält der Bildschirm $320 \times 200 = 64\,000$ Bildpunkte. Jeder Bildpunkt kann auf dem Bildschirm leuchten bzw. nicht leuchten oder, wie auch gesagt wird, ein- bzw. ausgeschaltet werden.

Die Information, ob ein Bildpunkt ein- bzw. ausgeschaltet ist, liefert ein Bit im *Bildschirmspeicher*.

Nimmt das Bit den Wert $\emptyset$ an, so ist kein Bildpunkt auf dem Bildschirm sichtbar (bzw. die Hintergrundfarbe).

Nimmt das Bit den Wert 1 an, ist ein Bildpunkt auf dem Bildschirm sichtbar (Bildpunkt in der gewählten Zeichenfarbe).

Wird pro Bildpunkt somit nur ein Bit vorgesehen, so bedeutet dies gleichzeitig, daß er nur zwei Farben annehmen kann.

— Wenn der Bildpunkt ausgeschaltet ist (Wert $\emptyset$), wird die Farbe des Hintergrundes ausgegeben.
— Wenn der Bildpunkt eingeschaltet ist (Wert 1), wird die Farbe des Zeichens (Zeichenfarbe, Vordergrundfarbe) ausgegeben.

Die notwendige *Kapazität* des Bildschirmspeichers ergibt sich dann aus der Anzahl der darzustellenden Bildpunkte, d.h. zu $64\,000$ Bit, d.h. ca. 8 Kbyte.

16.2.3 Niedrigauflösende Grafik mit vier Farben (Mehrfarbengrafik)

> **Bei der niedrigauflösenden Grafik werden auf dem Bildschirm**
>
> **— nur 160 Bildpunkte in horizontaler Richtung (sog. x-Richtung) zur Ausgabe vorgesehen. Dies ist eine Halbierung gegenüber der hochauflösenden Grafik.**
> **— Die Zahl der Bildpunkte in vertikaler Richtung (sog. y-Richtung) bleibt unverändert bei 200.**

Für die niedrigauflösende Grafik würden somit

$160 \times 200 = 32000$

Bit im Bildschirmspeicher benötigt. Werden jedoch 64000 Bit vorgehalten, können jedem Bildpunkt 2 Bit zugeordnet werden. In diesem Fall gibt es hinsichtlich der Farben folgende vier Kombinationen:

Bitwerte	Farbe des Bildpunktes
00	Bildpunkt mit Hintergrundfarbe (Bildpunkt nicht sichtbar)
01	Bildpunkt mit der Zeichenfarbe 1
10	Bildpunkt mit der Zeichenfarbe 2
11	Bildpunkt mit der Zeichenfarbe 3

Aus diesem Grunde spricht man von einer niedrigauflösenden Mehrfarbengrafik.

16.2.4 Mischgrafik

> Unter Mischgrafik soll hier verstanden werden, daß der Bildschirm für unterschiedliche Ausgabemoden geteilt wird.
>
> Ein Teil ist für die Ausgabe von Texten vorgesehen (Textmodus), ein anderer Teil für die Ausgabe von Grafiken (Grafikmodus).

Hinsichtlich der Grafikausgabe wird dabei weiter unterschieden:

— Hochauflösende Grafik mit zwei Farben

— Niedrigauflösende Grafik mit vier Farben (Mehrfarbengrafik).

Somit ergeben sich insgesamt 6 Darstellungsarten von Texten und Grafiken auf dem Farbbildschirm. Sie werden durch einen Code, den sog. Bildschirm-Modus, gekennzeichnet. Eine Zusammenstellung zeigt die folgende Tabelle 16.2.

Tabelle 16.2 Bildschirmmodustabelle

Bildschirm-Modus	Darstellungsart
0	Text (40 Zeichen/Zeile) — Nach dem Einschalten automatisch eingestellt.
1	Hochauflösende Grafik (320 x 200 Punkte)
2	Geteilter Bildschirm für Text und hochauflösende Grafik
3	Mehrfarbengrafik (160 x 200 Punkte)
4	Geteilter Bildschirm für Text und Mehrfarbengrafik
5	Text (80 Zeichen/Zeile)

Der gewünschte Ausgabemodus muß dem Computer mit Hilfe des Codes mitgeteilt werden, damit die entsprechende Umstellung vorgenommen werden kann. Dazu dient ein entsprechendes Kommando oder im Programm eine entsprechende Anweisung (vgl. GRAPHIC-Anweisung Abschnitt 16.5.2).

Die *Farbdarstellung* von Text und Grafik auf dem Farbbildschirm wird mit Hilfe der *COLOR-Anweisung* festgelegt, der *Bildschirmmodus* hingegen mit Hilfe der *GRAPHIC-Anweisung.*

Zunächst soll in allgemeiner Form die COLOR-Anweisung besprochen werden. Anschließend folgen Beispiele für den Einsatz der COLOR-Anweisung im standardmäßig eingestellten Textmodus (vgl. Abschnitt 16.4). Später folgt der Einsatz der COLOR-Anweisung im Grafikmodus (vgl. Abschnitt 16.5).

16.3 BASIC-Anweisung COLOR

Schlüsselwort	COLOR
Aufgabe	Mit Hilfe der COLOR-Anweisung wird die Farbdarstellung von Texten bzw. Grafiken auf dem Farbbildschirm festgelegt.
Fahrnetz	──(COLOR)──⟨Farbmodus⟩──(,)──⟨Farbcode⟩──
Erläuterung	● *Farbmodus:* Der *Farbmodus* darf nicht mit dem *Bildschirmmodus* verwechselt werden, auch wenn hier gewisse Verbindungen bestehen. Der *Farbmodus* legt z.B. fest, ob der *folgende Farbcode* eine Randfarbe, eine Hintergrundfarbe, eine Zeichenfarbe usw. kennzeichnet. Im einzelnen gilt für den Farbmodus folgender Code: **Tabelle 16.3** Farbmodustabelle <table><tr><th>Farbmodus</th><th>Farbfestlegung für</th></tr><tr><td>0</td><td>Hintergrundfarbe (40 Zeichen/Zeile)</td></tr><tr><td>1</td><td>Vordergrundfarbe im Grafikmodus</td></tr><tr><td>2</td><td>Vordergrundzusatzfarbe 1 im grafischen Mehrfarbenmodus</td></tr><tr><td>3</td><td>Vordergrundzusatzfarbe 2 im grafischen Mehrfarbenmodus</td></tr><tr><td>4</td><td>Randfarbe</td></tr><tr><td>5</td><td>Textfarbe</td></tr><tr><td>6</td><td>Hintergrundfarbe (80 Zeichen/Zeile)</td></tr></table> ● *Farbcode* Für den *Farbcode* gilt die bekannte Tabelle 16.1
	Die BASIC-Anweisung COLOR kann auch als Kommando verwendet werden.
Beispiel 16.1	Geben Sie folgendes Programm ein: 1∅ COLOR 4,3 [↵] 2∅ COLOR ∅,2 [↵] 3∅ COLOR 5,1 [↵] 4∅ PRINT "HALLO" [↵] Wird dieses Programm gestartet, (Kommando RUN), werden die Farben der Farbarten lt. Tabelle 16.3 programmgesteuert geändert. ● Der *Rand* wird rot (Farbmodus 4, Farbcode 3). ● Der *Hintergrund* im standardmäßig eingeschalteten 40 Zeichen/Zeile Modus wird weiß (Farbmodus ∅, Farbcode 2). ● Der Text HALLO (Vordergrund) wird schwarz (Farbmodus 5, Farbcode 1). Alle folgenden Textausgaben werden ebenfalls schwarz auf weiß auf dem Bildschirm ausgegeben, bis die Farben durch eine neue COLOR-Anweisung geändert werden. Geben Sie z.B. das Kommando LIST [↵] ein. Das obige Programm wird „schwarz auf weiß" aufgelistet.

16.4 Farbe und Grafik im Textmodus

In diesem Abschnitt sollen an Beispielen einige farbliche und grafische Möglichkeiten im Textmodus mit Hilfe der COLOR-Anweisung beschrieben werden.

16.4.1 Blinkender Bildschirm

Der Bildschirmbereich, auf dem Texte ausgegeben werden, soll blinken. Dazu wird die Hintergrundfarbe des Bildschirmbereiches in gewissen Zeitabständen gewechselt.

Beispiel 16.2

```
10 COLOR 4,3
20 COLOR 0,3
30 FOR T=1 TO50
40 NEXT
50 COLOR 0,2
60 FOR T=1 TO 50
70 NEXT
80 GOTO 20
```

Erläuterung

Anw. nr.	Erläuterung
1∅	Der *Rand* des Bildschirms (Farbmodus 4) ist rot (Farbcode 3).
2∅	Die Farbe des *Hintergrundes* im 40 Zeichen/Zeile Textmodus (Farbmodus ∅) ist rot (Farbcode 3).
3∅, 4∅	Eine Zählschleife ohne Schleifeninhalt (sog. Leerschleife) wird 50 mal durchlaufen. Dazu wird Bearbeitungszeit benötigt. Sie wirkt somit als Zeitschleife. Die vergangene Zeit ist die Zeit, die vor dem Wechsel zur nächsten COLOR-Anweisung (Anw. nr. 50) vergeht.
5∅	Wechsel der Hintergrundfarbe (Farbmodus ∅) von rot auf weiß (Farbcode ∅).
6∅, 7∅	Zeitschleife (siehe Anw. nr. 3∅ und 4∅).
8∅	Nach Ablauf der Zeitschleife wird durch einen Sprung zur Anweisung mit Anweisungsnummer 20 die Hintergrundfarbe wieder von weiß auf die vorher eingestellte Hintergrundfarbe rot (Farbcode 3) gewechselt. Da sich der weitere Ablauf ständig wiederholt, führt dies zum Eindruck, daß der Hintergrund bezüglich der Farbe blinkt (Wechsel der Farben zwischen rot und weiß).

Die Endlosschleife ist durch Drücken der RESET-Taste zu beenden.

16.4.2 Blinkender Text

Auf dem gelöschten Bildschirm soll ein blinkender Text ausgegeben werden. Der Weg ist folgender:

Auf dem gelöschten Bildschirm wird ein Text ausgegeben. Nach einiger Zeit wird der Bildschirm für eine gewisse Zeit gelöscht, der Text erneut ausgegeben usw.

Ein Beispiel zeigt folgendes Programm (Beispiel 16.3):

```
10 PRINT"⊐"
20 COLOR 4,3
30 COLOR 0,3
40 COLOR 5,2
50 PRINT"HALLO";
60 FOR T=1 TO 50
70 NEXT
90 PRINT"⊐"
100 FOR T=1 TO 50
110 NEXT
120 GOTO 40
```

Anw.nr.	Erläuterung
1∅	Diese Anweisung löscht den Bildschirm programmgesteuert. Der Bildschirm kann auch durch Drücken der Tasten [SHIFT] + [CLR HOME] gelöscht werden. Soll die Löschung jedoch programmgesteuert (d.h. vom Programm aus) erfolgen, wird dieser *Steuercode* mit Hilfe der PRINT-Anweisung an den Bildschirm übermittelt, indem nach der Eingabe des Schlüsselwortes PRINT und eines Anführungszeichens die Tasten [SHIFT] + [CLR HOME] gedrückt werden. Auf dem Bildschirm wird der Steuercode nicht direkt als entsprechendes Steuerzeich'en dargestellt. Der Steuercode zum Löschen des Bildschirms wird auf dem Bildschirm und Drucker als ♥ -Zeichen (Grafikzeichen) ausgegeben. Dann folgt das schließende Anführungszeichen.
2∅	Bildschirmrandfarbe rot (vgl. 16.4.1).
3∅	Bildschirmhintergrundfarbe rot (vgl. 16.4.1).
4∅	Vordergrundfarbe (Text) weiß (vgl. 16.3).
5∅	Ausgabe des Textes HALLO (entsprechend der COLOR-Anweisungen weiß auf rot).
6∅, 7∅	Zeitschleife (vgl. Abschnitt 16.4.1).
9∅	Nach Ablauf der Zeitschleife wird der Bildschirm erneut gelöscht (vgl. Anweisungsnr. 1∅).
1∅∅, 11∅	Zeitschleife.
12∅	Nach Ablauf der Zeitschleife wird zu den Anweisungen zurückgesprungen, die den weißen Text HALLO auf rotem Untergrund ausgeben usw. (Die Farbeinstellung bleibt bis zu einer Änderung bestehen).

Die Endlosschleife ist durch Drücken der RESET-Taste zu beenden.

16.4.3 Farbbalken

Auf dem Bildschirm sollen horizontale Balken in den 16 möglichen Farben ausgegeben werden.

Eine Möglichkeit besteht darin, daß „inverse Leerzeichen" auf dem Bildschirm ausgegeben werden.

Dies ist folgendermaßen zu verstehen:

Das *Leerzeichen* ist ein „leeres Zeichen", d.h. es nimmt die Hintergrundfarbe an, so daß kein Zeichen auf dem Bildschirm zu sehen ist.

Bei einer *Invertierung der Farben* wird die Zeichenfarbe gegen die Hintergrundfarbe ausgetauscht.

Das „inverse Leerzeichen" nimmt somit bei der Ausgabe auf dem Bildschirm die vorher durch eine COLOR-Anweisung vorgegebene Zeichenfarbe an.

Da ein Leerzeichen die gesamte Punktmatrix[1]) eines Zeichens auf dem Bildschirm ausfüllt, ergibt sich bei einer *Aneinanderreihung* der inversen rechteckigen Leerzeichen ein Farbbalken.

Ein Beispiel zeigt folgendes Programm (Beispiel 16.4):

```
10 FOR F=1 TO 16
30 COLOR 5,F
50 FOR I=1 TO 40
60 PRINT"▩ ";
70 NEXTI
80 NEXT F
```

Anw.nr.	Erläuterung
1∅, 8∅	In einer Schleife werden der Variablen F die ganzzahligen Werte zwischen 1 und 16 zugeordnet. Dies entspricht den Farbcodenummern der 16 möglichen Farben.
3∅	COLOR-Anweisung für die Textfarbe (vgl. Farbmodustabelle 16.3). Den Textzeichen wird somit in einer Schleife der Farbcode zugeordnet, den die Variable F einnimmt.
5∅,6∅,7∅	Schleife, die 40 mal durchlaufen wird. In der Schleife steht die Ausgabeanweisung PRINT (Anw.nr. 60). Je Schleifendurchlauf wird *ein inverses Leerzeichen* auf dem Bildschirm ausgegeben (Darstellung ▣ ␣), insgesamt somit 40 inverse Leerzeichen. Somit füllt ein Farbbalken eine Bildschirmzeile bei 40 Zeichen/Zeile. Nach Ablauf dieser Schleife wird durch die übergeordnete Schleife die Farbe gewechselt. Der Ablauf wiederholt sich. Anmerkung: Zur Invertierung von Zeichen, somit auch des Leerzeichens, muß die Taste |RVS ON| gedrückt werden. Dieses *Steuerzeichen* ist eigentlich kein darstellbares Zeichen. Auf dem Bildschirm und Drucker wird dieses Zeichen als inverses R darstellt (▣).

16.4.4 Bewegte Textgrafik

Es kann auch auf dem Bildschirm der Eindruck erweckt werden, als ob sich Zeichen auf dem Bildschirm bewegen. Dies wird z.B. dadurch erreicht, daß ein Zeichen ausgegeben wird. Dieses Zeichen wird nach einer gewissen Zeit wieder gelöscht und anschließend an der danebenliegenden Stelle wieder ausgegeben. Dieses Zeichen wird wieder gelöscht usw., an der danebenliegenden Stelle ausgegeben usw.

---

[1]) Vgl. Punktmatrix in Anhang A1.

Ein Beispiel zeigt folgendes Programm (Beispiel 16.5):

```
10 PRINT""
20 REM---------------
30 COLOR 4,8
40 COLOR 0,4
50 COLOR 5,1
60 REM---------------
70 FOR CU=1 TO 10
80 PRINT""
90 NEXT CU
100 REM---------------
110 FOR CR=1 TO 40
120 REM............
130 PRINT"  *";
140 REM............
150 FOR T=1 TO 50
160 NEXT T
170 REM............
180 NEXT CR
```

Wird dieses Programm gestartet, so sieht man links unten auf dem Bildschirm einen Stern (∗), der sich von links nach rechts über den Bildschirm bewegt.

Das Programm arbeitet folgendermaßen:

Anw.-nr.	Erläuterung
1∅	Löschen des Bildschirms (vgl. 16.4.2 Anw.nr. 1∅).
3∅,4∅,5∅	Farbeinstellungen: Rand gelb, Hintergrund grün, Zeichen schwarz.
7∅,8∅,9∅	Programmschleife, die 10 mal durchlaufen wird. In der Programmschleife wird der *Cursor* programmgesteuert mit Hilfe einer PRINT-Anweisung 20 Zeilen *nach unten* bewegt. Die Verschiebung des Cursors um 20 Zeilen ergibt sich, weil der Cursor nach der Bearbeitung einer PRINT-Anweisung an den Anfang der nächsten Zeile springt. Somit wird der Cursor bei der Bearbeitung der PRINT-Anweisung mit dem Cursorsteuerzeichen für 'Cursor nach unten' stets um zwei Zeilen nach unten bewegt. Dies führt bei 10 maliger Bearbeitung in der Schleife zu 20 Zeilen. Das nicht darstellbare Cursorsteuerzeichen wird beim Drücken der Taste ⌷↓ wie im Originalausdruck angegeben, ausgegeben (inverses Q).

11∅ bis 18∅	Programmschleife, die 40 mal durchlaufen wird.	
	13∅	Bei der erstmaligen Bearbeitung der PRINT-Anweisung wird — ein Leerzeichen (␣) und — ein Stern (∗) ausgegeben und anschließend — der Cursor um eine Position nach links bewegt (Das auf dem Bildschirm ausgegebene Cursorsteuerzeichen für 'Cursor links' ist auf dem Bildschirm ▮).
	15∅ 16∅	Dann folgt eine Zeitschleife. Während dieser Zeit wird der Stern auf dem Bildschirm ausgegeben. Anschließend wird die übergeordnete Schleife weiter bearbeitet, d. h.: Bei der nächsten Bearbeitung der PRINT-Anweisung wiederholt sich *im Prinzip* der geschilderte Vorgang, mit folgendem Unterschied für die Ausgabe: — ein Leerzeichen wird ausgegeben. Da der Cursor jedoch im vorhergehenden Schritt um eine Stelle nach links zum Stern bewegt wurde, wird der Stern an dieser Stelle gelöscht (Leerzeichen löscht Stern). — dafür wird eine Position weiter nach rechts ein Stern ausgegeben. — Der Cursor wird wieder eine Position nach links bewegt usw. — Diese Ausgabe bleibt für die Bearbeitungszeit der Zeitschleife sichtbar usw. Auf diese Weise wandert der Stern auf dem Bildschirm 40 Schritte von links nach rechts.

16.4.5 Programmgesteuerte Bildschirmsteuerung im Textmodus

Es wurde in den Beispielen schon gezeigt, wie der Cursor bzw. die Bildschirmausgabe vom Programm gesteuert werden kann, ohne Tasten drücken zu müssen. Dazu dient die PRINT-Anweisung. Nach dem Schlüsselwort PRINT und der Eingabe eines Anführungszeichens wird die übliche Steuertaste gedrückt und diese Eingabe wieder durch ein Anführungszeichen abgeschlossen. Die allgemeine Form ist:

Anw.nr. PRINT'' | Steuertaste | ''

Auf dem Bildschirm werden nach dem Drücken der Steuertasten hinter dem ersten Anführungszeichen bestimmte Grafiksymbole ausgegeben, die den Steuerzeichen zugeordnet werden können. Eine Zusammenstellung zeigt Bild 16.2.

```
10 PRINT"◰"
20 PRINT"◲"
30 PRINT"▮▮"
40 PRINT"▮◧"
50 PRINT"◪"
60 PRINT"◳"
70 PRINT"◪"
80 PRINT"▰"
```

Hierbei gilt:

Steuerzeichen in Anw.nr.	Steuertasten	Funktion
1∅ 2∅ 3∅ 4∅	↑ ↓ ← →	Cursor hoch Cursor tief Cursor links Cursor rechts
5∅	CLR HOME	Cursor Home
6∅	SHIFT + CLR HOME	Bildschirm löschen
7∅ 8∅	CONTROL + RVS On CONTROL + RVS Off	Reversmodus an Reversmodus aus

16.5 Farbe und Grafik im Grafikmodus

Wenn vom standardmäßig eingestellten Textmodus mit 40 Zeichen/Zeile zu einem anderen grafischen Modus übergegangen werden soll (hochauflösende Grafik/Mehrfarbengrafik), so muß der Computer dazu durch ein entsprechendes Kommando oder im Programm durch eine Anweisung dazu veranlaßt werden. Dazu dient das GRAPHIC-Kommando bzw. Anweisung (vgl. Abschn. 16.5.2). In den weiteren Abschnitten werden spezielle grafische Anweisungen behandelt und ihre Wirkung am Beispiel demonstriert.

16.5.1 Bildpunkte im Grafikmodus

Auf dem Grafikbildschirm ist vielfach die Lage eines Bildpunktes (engl. Pixel) anzugeben. Dafür gilt:

Die Lage eines Bildpunktes wird auf dem Bildschirm durch sog. *Koordinaten* beschrieben. Es wird eine waagerechte x-Koordinate und eine dazu senkrechte y-Koordinate unterschieden, wie es Bild 16.3 zeigt.

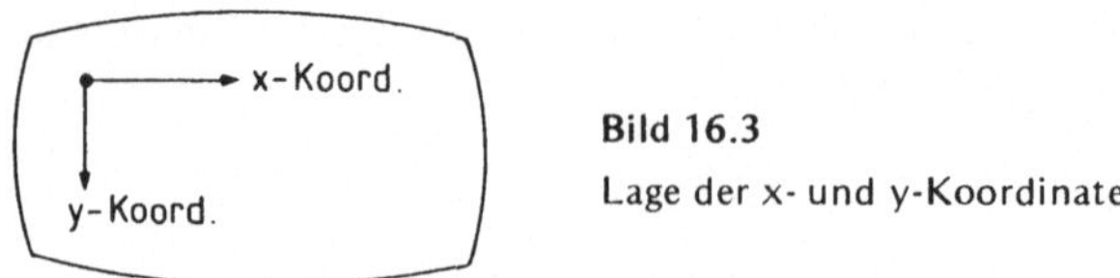

Bild 16.3

Lage der x- und y-Koordinate

Der Schnittpunkt der Koordinaten ist der Nullpunkt (Ursprung), d.h. der Ausgangspunkt zur Zählung für die Bestimmung der Lage eines Bildpunktes.

Der Wert, den die <u>x-Koordinate</u> annimmt, gibt somit im Prinzip die <u>Spalte</u> des Pixels an,

der Wert, der die <u>y-Koordinate</u> annimmt, die <u>Zeile</u> des Pixels.

- Für die hochauflösende Grafik kann die x-Koordinate die Werte 1 bis 32Ø annehmen (vgl. 16.2.2).
- Für die Mehrfarbengrafik kann die x-Koordinate die Werte 1 bis 160 annehmen (vgl. 16.2.3).
- Die y-Koordinate kann in beiden Fällen Werte zwischen 1 bis 200 annehmen (vgl. 16.2.2 und 16.2.3).

16.5.2 BASIC-Anweisung GRAPHIC

Schlüsselwort	GRAPHIC
Aufgabe	**Mit Hilfe der GRAPHIC-Anweisung wird der Bildschirmmodus (Darstellungsart auf dem Bildschirm) festgelegt.**
Fahrnetz	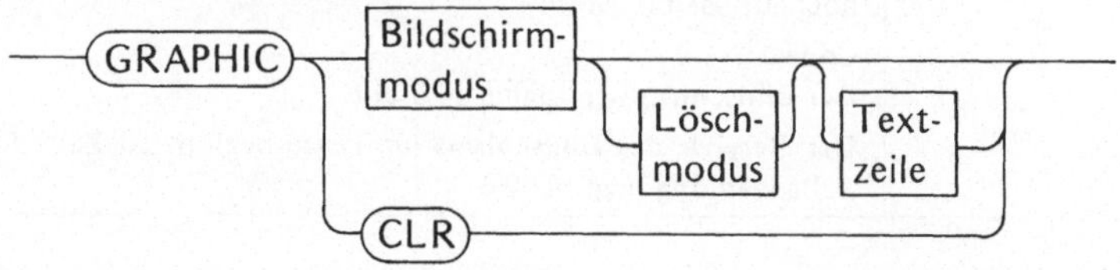 GRAPHIC — Bildschirmmodus — Löschmodus — Textzeile / CLR
Erläuterung	Die GRAPHIC-Anweisung legt mit Hilfe des Bildschirmmodus eine von 6 möglichen Darstellungsarten auf dem Bildschirm fest (vgl. Tabelle 16.2). Dazu wird, außer bei der Wahl des Textmodus, eine Speicherkapazität von 9 KByte am Anfang des BASIC-Programmspeichers für den Grafikspeicher reserviert. Dieser Speicherbereich bleibt reserviert, bis die Reservierung wieder durch die Anweisung GRAPHIC CLR aufgehoben wird. Der *Löschmodus* in der GRAPHIC-Anweisung gibt mit Hilfe eines Codes an, ob der Bildschirm beim Auftreten der GRAPHIC-Anweisung gelöscht werden soll oder nicht. Der Code ist:

Code	Löschmodus
1	Bildschirm löschen
0	Bildschirm nicht löschen

	Eine Angabe zur *Textzeile* ist nur sinnvoll bei der Wahl des Bildschirmmodus *Mischgrafik. In diesem Fall gibt die Textzeile* durch Angabe einer Zeilenzahl an, ab welcher Zeile im *Grafikmodus „Geteilter Bildschirm"* bzw. *Mischgrafik* der Bildschirmbereich zur Ausgabe von Texten beginnt (Zahl zwischen 0 und 24). Wird im Grafikmodus Mischgrafik *keine* Textzeile angegeben, ist der Wert 19 automatisch voreingestellt. Die Anweisung *GRAPHIC CLR* gibt, wie schon erwähnt wurde, den durch die Anweisung GRAPHIC reservierten BASIC-Programmspeicher wieder frei.
	Die BASIC-Anweisung COLOR kann auch als Kommando verwendet werden.
Beispiel 16.6	10GRAPHIC 2,1,12 ⏎ Code 2: Umschaltung des Bildschirms auf einen geteilten Bildschirm für Text und hochauflösende Grafik. Code 1: Der Bildschirm wird dabei gelöscht. Der Bereich des Bildschirms für Texte beginnt ab Zeile 13 (Der Beginn der Zeilenzählung liegt bei 0).

16.5.3 BASIC-Anweisung SCNCLR

Schlüsselwort	SCNCLR
Aufgabe	**Löschen des Bildschirms (engl.: screen clear).**
Fahrnetz	──(SCNCLR)──────────── └─[Bildschirmmodus]─┘
Erläuterung	Der *Bildschirmmodus* legt eine von 6 möglichen Darstellungsarten auf dem Bildschirm fest. Der Bildschirmmodus wird durch eine Codezahl symbolisiert (vgl. Tabelle 16.2 in Abschnitt 16.2.4). Wurde der Bildschirm durch die GRAPHIC-Anweisung aktiviert, kann die Angabe des Bildschirmmodus in der SCNCLR-Anweisung entfallen. Außerdem kann der Löschvorgang auch von der GRAPHIC-Anweisung aus erfolgen (Löschmodus vgl. 16.5.2).

16.5.4 BASIC-Anweisung DRAW

Schlüsselwort	DRAW
Aufgabe	**Zeichnen von Geraden zwischen beliebig vielen spezifizierten Koordinaten des Grafikbildschirms.**
Fahrnetz	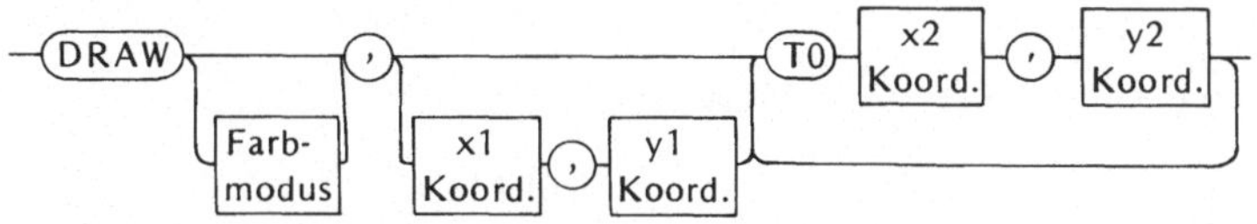 DRAW — Farb-modus — x1 Koord., y1 Koord. — TO — x2 Koord., y2 Koord.
Erläuterung	• Farbmodus Der Farbmodus darf nicht mit dem Farbcode verwechselt werden. Der *Farbmodus* spezifiziert die Farbe, in der die Linien gezeichnet werden sollen. Dem jeweiligen Farbmodus wird in der COLOR-Anweisung ein Farbcode zugeordnet (vgl. 16.3). Da die DRAW-Anweisung nur im Grafik-Modus verwendet werden kann, entfallen die Farbmodi für Texte. Somit verbleiben:

Farbmodus	Farbfestlegung für
0	**Hintergrund**
1	**Vordergrund (Farbe der Linie)**
2	**Zusatzfarbe 1**
3	**Zusatzfarbe 2**

Wird kein Farbmodus angegeben, so ist die in der COLOR-Anweisung spezifizierte Vordergrundfarbe voreingestellt (Farbmodus 1).

• Koordinate x1, y1

Der *Startpunkt* einer Linie wird durch die Koordinaten des Bildschirmpunktes x1 und y1 festgelegt.

• Koordinate x2, y2

Der *Endpunkt* einer Linie wird durch die Koordinaten des Bildschirmpunktes x2 und y2 festgelegt (vgl. 16.5.1).

Wird kein Startpunkt angegeben, gilt der Punkt als Startkoordinate, den der Grafikcursor z. Zt. einnimmt (vgl. Anweisung LOCATE). Bei einer derartigen Festlegung ist der Endpunkt einer Linie gleichzeitig der Startpunkt einer neuen Linie.

Beispiel 16.7

Aufgabe:

Zeichnen eines Rechtsecks in hochauflösender Grafik.

Es soll ein Rechteck mit folgenden x,y-Koordinaten in hochauflösender Grafik auf dem Bildschirm gezeichnet werden (vgl. Bild 16.4).

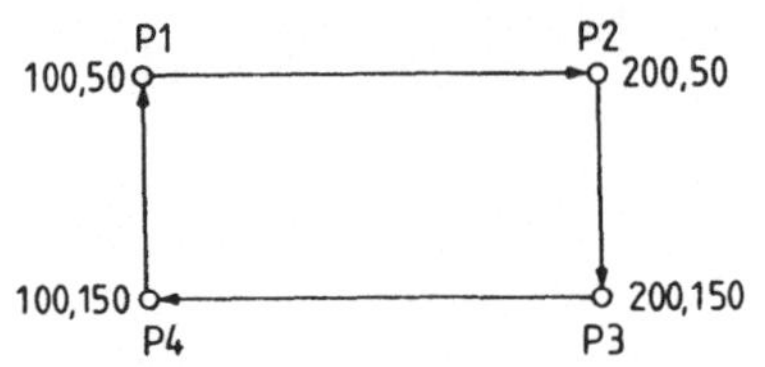

Bild 16.4

Koordinaten des darzustellenden Rechtecks

Das Programm lautet:

```
10 COLOR 0,1
20 COLOR 1,2
30 GRAPHIC1,1
40 DRAW,100,50TO200,50TO200,150TO100,150TO100,50
```

Hierbei ist:

Anw.nr.	Erläuterung
10 20	Die Hintergrundfarbe der Grafik soll schwarz sein. Die Vordergrundfarbe der Grafik soll weiß sein.
30	Als Bildschirmmodus wird die hochauflösende Grafik (320 × 200 Punkte) gewählt (Code 1). Der Bildschirm wird gelöscht (Code 1).
40	Es werden in den angegebenen Farben (Anw.nr. 10, 20) Linien von P1 zu P2, P3, P4 und wieder zu P1 gezogen. Die Koordinaten ergeben sich aus Bild 16.4.

Wird das Programm gestartet, wird das gewünschte Rechteck auf dem Bildschirm gezeichnet.

Möchte man die Farben ändern, so sind die COLOR-Anweisungen zu ändern, z. B.:

10 COLOR 0,2 Hintergrund weiß
20 COLOR 1,3 Vordergrund rot

Werden im Grafikmodus Eingaben über die Tasten gemacht, so sind diese nicht auf dem Bildschirm sichtbar (kein Textmodus eingeschaltet). Dies ist zur Kontrolle der Eingaben jedoch vielfach wünschenswert. In diesem Fall verfährt man wie folgt:

> **Der Textmodus kann wieder eingenommen werden, wenn das Kommando**
>
> **GRAPHIC** ⏎
>
> **eingegeben wird, bzw. kurz folgende Funktionstasten gedrückt werden:**
>
> F1 ⏎

Man erkennt, daß selbst die alten Angaben im Textmodus erhalten geblieben sind. Dieser Wechsel vom Grafikmodus in den Textmodus gilt, falls benötigt, für alle folgenden Abschnitte.

Beispiel 16.8

Aufgabe:

Zeichnen eines Rechtecks in Mehrfarbengrafik.

Es soll ein Rechteck mit folgenden x,y-Koordinaten in mehreren Farben auf dem Bildschirm gezeichnet werden (vgl. Bild 16.5). Die Farben sind an den Linien angegeben.

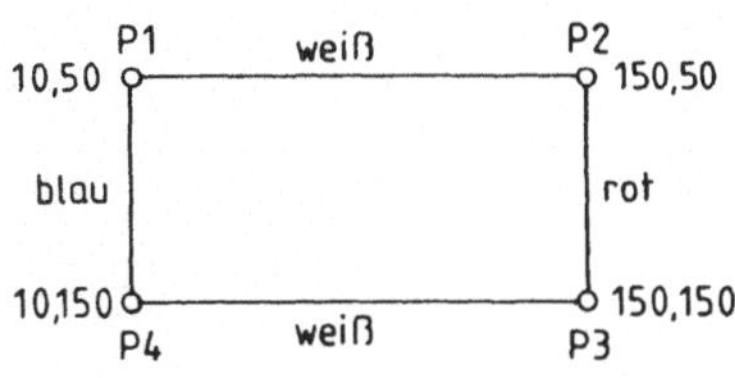

Bild 16.5

Koordinaten und Farben des darzustellenden Rechtecks

Das Programm lautet:

```
10 COLOR 0,1
20 COLOR 1,2
30 COLOR 2,3
40 COLOR 3,7
50 GRAPHIC 3,1
60 DRAW 1,10,50TO150,50
70 DRAW 2,150,50TO150,150
80 DRAW 1,150,150TO10,150
90 DRAW 3,10,150TO10,50
```

Hierbei ist:

Anw.nr.	Erläuterung
1Ø	Hintergrundfarbe schwarz.
2Ø	Vordergrundfarbe weiß.
3Ø	Zusatzfarbe 1 rot.
4Ø	Zusatzfarbe 2 blau.
5Ø	Einschalten des Bildschirmmodus für *Mehrfarbengrafik*. Löschen des Bildschirms.
6Ø	Linie von Punkt 10/50 nach 150/50 mit der Vordergrundfarbe (Code 1), die in der COLOR-Anweisung mit weiß festgelegt wurde (s. Anw.nr. 2Ø).
7Ø	Linie von Punkt 150/50 nach 150/150 mit der Zusatzfarbe 1 (Code 2), die in der COLOR-Anweisung mit rot festgelegt wurde (s. Anw.nr. 3Ø).
8Ø	Linie von Punkt 150/150 nach 10/150 mit der Vordergrundfarbe (Code 1), d.h. weiß.
9Ø	Linie von Punkt 10/150 nach 10/50 mit der Zusatzfarbe 2 (Code 3), die in der COLOR-Anweisung mit blau festgelegt wurde (s. Anw.nr. 4Ø).

Wird das Programm gestartet, wird das gewünschte Rechteck mit den gewünschten Farben auf dem Bildschirm gezeichnet.

Beispiel 16.9

Aufgabe:

Zeichnen eines aus kurzen Linien zusammengesetzten Kreises in hochauflösender Grafik.

Ein Kreis läßt sich aus *sehr vielen* Geradenstücken genügend genau nachbilden. Zur Zeichnung eines Kreises müssen dazu in kurzen Abständen die Koordinaten angegeben werden, zwischen denen eine Gerade zu zeichnen ist. Diese Koordinaten werden wegen der Vielzahl zweckmäßigerweise nicht selbst ermittelt, sondern über einen geeigneten Algorithmus vom Computer. Die Vorgehensweise zeigt Bild 16.6:

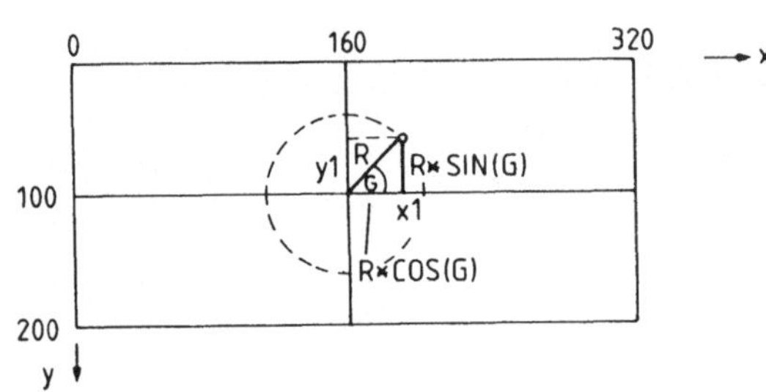

Bild 16.6

Algorithmus zum Zeichnen eines Kreises aus vielen Geradenstücken

Im hochauflösenden Grafikmodus sind in x-Richtung 320 Bildpunkte darstellbar, in y-Richtung 200 Punkte.

Der Mittelpunkt der x-Koordinate liegt somit bei x = 160.

Der Mittelpunkt der y-Koordinate liegt bei y = 100.

Möchte man einen Kreis um diesen Mittelpunkt mit dem Radius von R = 5∅ (Pixel) schlagen, so ergibt sich die jeweilige Koordinate für beliebige Winkel aus der Beziehung

$x1 = 160 + R * COS (G)$
$y1 = 100 + R * SIN (G)$

Erhöht man den Winkel G in einer Schleife jeweils um 1°, so erhält man die jeweils nächsten Koordinaten (x1 und x2). Vom vorherigen errechneten Kurvenpunkt wird zum neu errechneten Kurvenpunkt eine Gerade gezogen usw. Auf diese Weise entsteht ein Kreis.

Da in BASIC im Argument der trigonometrischen Funktionen SIN und COS nur das Bogenmaß stehen darf, gilt außerdem folgende Umrechnung:

$$\boxed{B = \frac{2\pi}{360} \cdot G}$$
   G Grad

   B Bogenmaß

Das Programm lautet:

```
10 GRAPHIC 1,1
20 X=160
30 Y=100
40 R=50
50 FOR G=1 TO 360
60 B=6.28*G/360
70 DRAW,X+R*COS(B),Y+R*SIN(B)
80 NEXT G
```

Hierbei ist:

Anw.nr.	Erläuterung
1∅	Grafikmodus für hochauflösende Grafik. Löschen des Bildschirms.
2∅, 3∅	Festlegen der Koordinaten des Mittelpunktes x,y des Kreises.
4∅	Festlegen des Radius R des Kreises.
5∅ bis 8∅	Schleife. Der Winkel G wird von 1 Grad bis 360 Grad in Schritten von jeweils 1 Grad durchlaufen.
	60: Umrechnung der Gradzahlen ins Bogenmaß.
	70: Anweisung zum Zeichnen einer Geraden zwischen zwei Kurvenpunkten eines Kreises (von der vorherigen Koordinate (Endpunkt) zur neuen Koordinate, die durch den in der DRAW-Anweisung angegeben errechneten arithmetischen Ausdruck errechnet wird..

Da keine COLOR-Anweisung angegeben wurde, wird ein weißer Kreis auf schwarzem Grund gezeichnet (Standardeinstellung). Zur Errechnung der 360 Positionen und deren Zeichnung benötigt der Computer etwas Zeit.

16.5.5 BASIC-Anweisung BOX

Schlüsselwort	BOX
Aufgabe	**Zeichnen eines Rechtecks, das gedreht und ausgemalt dargestellt werden kann.**
Fahrnetz	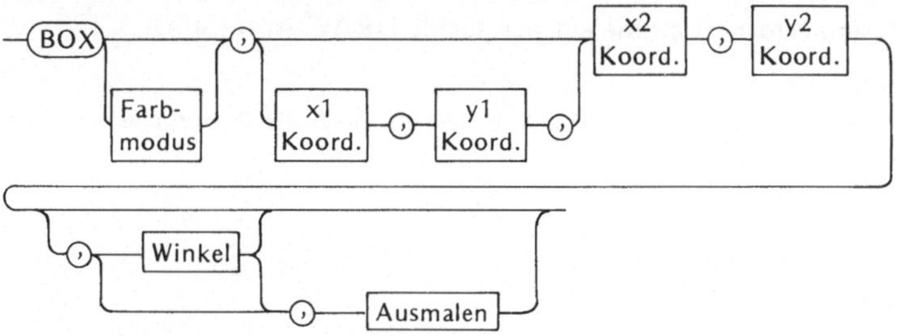
Erläuterung	Für den *Farbmodus* gilt das gleiche, was hierzu bei der Anweisung DRAW gesagt wurde. *x1, y1 Koordinate:* Sie gibt die linke obere Ecke des Rechtecks an. Wird sie nicht angegeben, gilt die aktuelle Grafik-Cusor-Position. *x2, y2 Koordinate:* Sie gibt die rechte untere Ecke des Rechtecks an. *Winkel:* Das Rechteck kann um den Mittelpunkt mit dem angegebenen Winkel im Uhrzeigersinn gedreht werden. Wird kein Winkel angegeben, so ist der Winkel 0° voreingestellt. *Ausmalen:* Soll das Rechteck in der Vordergrundfarbe ausgemalt werden, so ist der Code 1 einzugeben, ansonsten der Wert ∅. Nach dem Zeichnen des Rechtsecks ist die aktuelle Position des Grafikcursors x2, y2.

Beispiel 16.10

Es soll das gleiche Rechteck in hochauflösender Grafik in den Standardfarben gezeichnet werden, das schon im Beispiel 16.7 der DRAW-Anweisung gewählt wurde.

Der linke obere Eckpunkt P1 hatte die Koordinate 100,50. Der rechte untere Eckpunkt P3 hatte die Koordinaten 200, 150 (vgl. Bild 16.4).

Das Programm lautet:

```
50 GRAPHIC 1,1
60 BOX,100,50,200,150

READY.
```

Hierbei ist:

Anw.nr.	Erläuterung
50	Grafikmodus für hochauflösende Grafik *mit* Löschung des Bildschirms.
60	BOX-Anweisung Da keine COLOR-Anweisung vorhanden ist und in der BOX-Anweisung kein Farbmodus angegeben wurde, wird das durch die 2 Eckpunkte spezifizierte Rechteck in den Standardfarben ausgegeben, d.h. weiße Linie auf schwarzem Grund.

Es ist deutlich zu erkennen, daß die BOX-Anweisung für Rechtecke weniger Eingabeaufwand erfordert als die entsprechende DRAW-Anweisung.

Beispiel 16.11

Das Beispiel 16.10 wird so verändert, daß nur noch die Koordinate P(100,50) in der BOX-Anweisung steht.

Das Programm lautet:

```
50 GRAPHIC 1,1
60 BOX,100,50

READY.
```

Die aktuelle Grafik-Cursorposition ist nach dem Einschalten bzw. Löschen die *obere linke* Ecke P(0,0) des Bildschirms. Dies ist gleichzeitig die obere linke Ecke x1, y1 des zu zeichnenden Rechtecks.

Die in der BOX-Anweisung *angegebene Koordinate* x2, y2 ist die *untere rechte* Ecke des Rechtecks.

Beispiel 16.12

Das Beispiel 16.10 wird so verändert, daß das Rechteck um 45° im Uhrzeigersinn gedreht wird.

Das Programm lautet:

```
50 GRAPHIC 1,1
60 BOX,100,50,200,150,45

READY.
```

Beispiel 16.13

Das Beispiel 16.12 wird so verändert, daß das Rechteck in der Standardfarbe ausgemalt wird (weiß auf schwarz).

Das Programm lautet:

```
50 GRAPHIC 1,1
60 BOX,100,50,200,150,45,1

READY.
```

Beispiel 16.14

Das Beispiel 16.13 wird so verändert, daß das Rechteck in allen 16 Farben nacheinander auf gelbem Hintergrund ausgemalt wird.

Das Programm lautet:

```
10 FOR F=1 TO 16
20 COLOR 0,8
30 COLOR 1,F
50 GRAPHIC 1,1
60 BOX1,100,50,200,150,45,1
70 NEXT F

READY.
```

Hierbei ist:

Anw.nr.	Erläuterung
1∅ bis 7∅	Schleife. Der Wert der Variablen F (Farbcode) läuft von 1 bis 16.
2∅	Die Hintergrundfarbe (Farbmodus ∅) wird fest auf gelb (Farbcode 8) eingestellt.
3∅	Die Vordergrundfarbe (Farbmodus 1) wird variabel gehalten (Variable F mit den Farbcodes von 1 bis 16).
5∅	Die Grafikanweisung bleibt gegenüber Beispiel 16.13 unverändert (hochauflösende Grafik mit Löschung des Bildschirms).
6∅	Die BOX-Anweisung wurde durch Angabe des Farbmodus 1 gegenüber Beispiel 16.13 ergänzt.
7∅	Schleifenende.

Es ist zu erkennen, daß die Parameter der grafischen Anweisungen auch Variable sein dürfen (auch arithmetische Ausdrücke).

Wenn das gelbe Rechteck auf gelbem Untergrund gezeichnet wird, ist für diese Zeit auf dem Bildschirm kein Rechteck sichtbar.

Beispiel 16.15

Das Beispiel 16.14 wird so verändert, daß das Rechteck für jede der 16 Farben etwas gedreht wird.
Der Bildschirm soll während der Zeichnung der 16 Rechtecke *nicht* gelöscht werden.

Das Programm lautet:

```
10 FOR F=1 TO 16
20 COLOR 0,8
30 COLOR 1,F
50 GRAPHIC 1,0
55 W=360/16*F
60 BOX1,100,50,200,150,W,1
70 NEXT F

READY.
```

Hierbei ist:

Anw.nr.	Erläuterung
1∅ bis 3∅	Unverändert.
5∅	Die GRAPHIC-Anweisung wird im *zweiten* Parameter auf ∅ geändert (Bildschirm nicht löschen).
55	Der Winkel zur Drehung der Rechtecke wird ermittelt aus dem Winkel einer vollständigen Drehung, d.h. 360°. Dieser Winkel wird durch 16 dividiert (16 mögliche farbliche Rechtecke in 16 Lagen). Dieser Winkel wird wiederum mit dem Wert der Schleifenzählvariablen multipliziert (16 verschiedenfarbig ausgemalte Rechtecke mit unterschiedlicher Winkellage).
6∅	Der in Anweisung 55 ermittelte Winkel W wird in Form der Variablen W als Parameter für die Winkeldrehung in der BOX-Anweisung verwendet.

Beispiel 16.16

Eine optische recht ansprechende Grafik erhält man, wenn man ein kleines Rechteck bei ständiger
Drehung immer größer werden läßt. Ein entsprechendes Programm zeigt dieses Beispiel.

Das Programm lautet:

```
10 GRAPHIC1,0
30 FOR W=1 TO 360 STEP 5
40 X=X+1
50 BOX1,160+X,100+X,160-X,100-X,W
60 NEXT
```

Anw.nr.	Erläuterung
1∅	Grafikanweisung für hochauflösende Grafik *ohne* Löschung des Bildschirms.
3∅	Veränderung des Winkels von 1° bis 360° in 5° Schritten für die Drehung des Rechtecks (s. Anw.nr. 5∅).
4∅	Vergrößerung der Eckkoordinaten des Vierecks um einen Bildpunkt bei jeder Drehung von 5°.
5∅	Die Bildschirmmitte liegt beim Bildschirmmittelpunkt 160/100. Die linke obere Ecke des Rechtecks wird in Bezug zum Mittelpunkt nach links und oben um jeweils einen Punkt bei jeder Drehung um 5° verschoben. Die rechte untere Ecke wird entsprechend um einen Punkt nach rechts und unten verschoben. Durch beide Maßnahmen vergrößert sich das Rechteck bei jeder Drehung.

16.5.6 BASIC-Anweisung CIRCLE

Schlüsselwort	CIRCLE
Aufgabe	**Zeichnen von ● Kreisen, ● Ellipsen und ● Vielecken.** **Die Figuren können um einen gewissen Winkel gedreht werden und auch nur ausschnittsweise gezeichnet werden.**
Fahrnetz	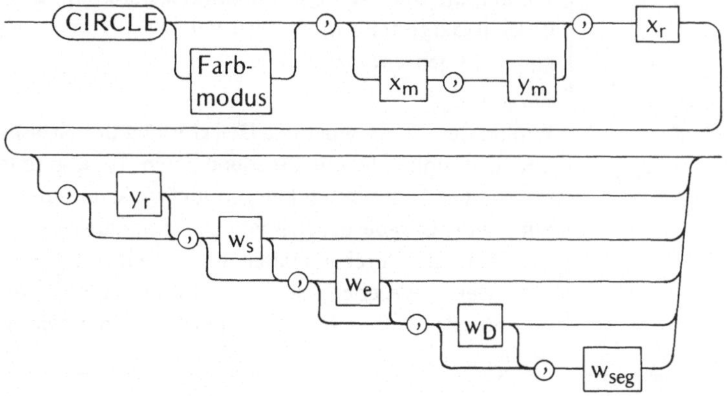 CIRCLE — Farb-modus — x_m — y_m — x_r — y_r — w_s — w_e — w_D — w_{seg}

Erläuterung	Für den *Farbmodus* gilt das gleiche, was hierzu bei der Anweisung DRAW gesagt wurde.
	Koordinate x_m, y_m Sie gibt den Mittelpunkt der zu zeichnenden Figuren an. Werden keine Mittelpunktskoordinaten angegeben, ist die aktuelle Position des Grafikcursors der Mittelpunkt.
	Koordinate x_r Radius in Richtung der x-Koordinate.
	Koordinate y_r Radius in Richtung der y-Koordinate. Wird kein Wert für y_r angegeben, wird der gleiche Wert wie für x_r angenommen (für $x_r = y_r$ ergibt sich ein Kreis).
	Winkel w_s Winkel, bei dem das Zeichnen der Figur beginnen soll (<u>S</u>tart<u>win</u>kel). Wird kein Winkel angegeben, wird für w_s der Wert $0°$ angenommen.
	Winkel w_e Winkel, bei dem das Zeichnen der Figur enden soll (<u>E</u>nd<u>w</u>inkel). Wird kein Winkel angegeben, wird für w_e der Wert $360°$ angenommen.
	Winkel w_D <u>W</u>inkel, um den die Figur im Uhrzeigersinn um den Mittelpunkt ge<u>d</u>reht dargestellt wird. Wird kein Winkel angegeben, wird die Figur nicht gedreht ($w_D = 0°$).
	Winkel w_{seg} Winkel des Kreissegmentes. Der Umfang des Kreises wird durch den Segmentwinkel in entsprechend viele Teile geteilt. Zwischen den durch den Segmentwinkel gebildeten Kurvenpunkten des Kreises wird eine Gerade gezeichnet. Der Segmentwinkel bestimmt somit die Zahl der durch Geraden dargestellten Seiten der Figur. Wird kein Wert angegeben, ist der Segmentwinkel $2°$ (d.h. im Kreis gibt es $360 : 2 = 180$ Seiten. Dies führt zu einer relativ runden Kontur des Kreises).

Beispiel 16.17

Zeichnen eines Kreises

Es soll mit Hilfe der CIRCLE-Anweisung in den Standardfarben und in hochauflösender Grafik der gleiche Kreis gezeichnet werden, der schon in Beispiel 16.9 mit Hilfe der DRAW-Anweisung gezeichnet wurde, d.h. ein Kreis um den Bildschirmmittelpunkt mit einem Radius von 50 Bildpunkten.

Das Programm lautet:

```
50 GRAPHIC 1,1
60 CIRCLE,160,100,50

READY.
```

Hierbei ist:

Anw.nr.	Erläuterung
5∅	Grafikmodus für hochauflösende Grafik *mit* Löschung des Bildschirms.
6∅	Keine Angabe des Farbmodus, d.h. Zeichnung in den Standardfarben. Weitere Angaben: $x_m = 16∅$ \} $y_m = 1∅∅$ \} Bildschirmmittelpunkt $x_r = 5∅$ Radius des Kreises

Beispiel 16.18
Zeichnung einer Ellipse

Es soll eine Ellipse in folgender Form in der Mitte des Bildschirms ausgegeben werden (vgl. Bild 16.7):

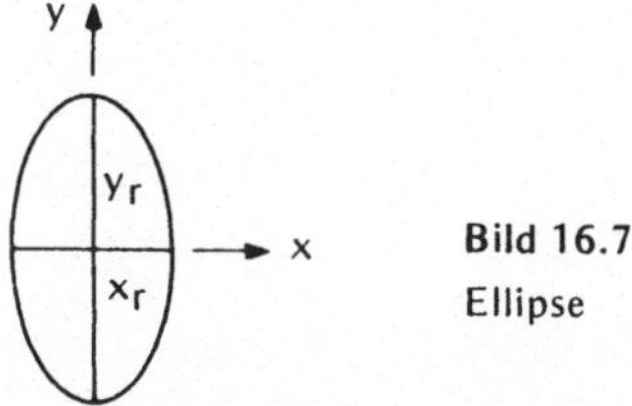

Bild 16.7
Ellipse

Für das Programm wird gewählt:

$x_r = 50$ und $y_r = 100$.

Dazu ist das Programm in Beispiel 16.17 wie folgt abzuändern:

```
50 GRAPHIC 1,1
60 CIRCLE,160,100,50,100

READY.
```

Beispiel 16.19
Zeichnung einer um einen Winkel gedrehten Ellipse.

Das Programm in Beispiel 16.18 soll so verändert werden, daß die Ellipse um 45° im Uhrzeigersinn gedreht erscheint, d.h. eine Ellipsendarstellung in folgender Form (vgl. Bild 16.8):

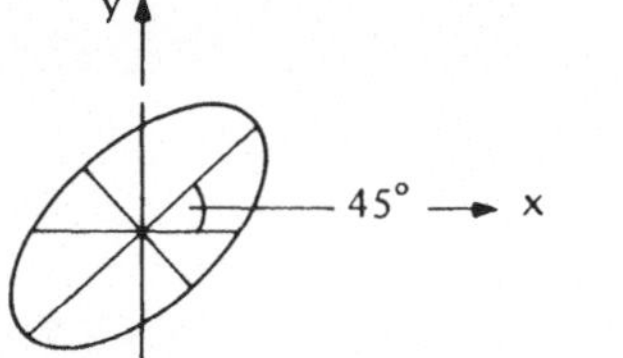

Bild 16.8
Um 45° gedrehte Ellipse

Dazu ist das Programm in Beispiel 16.18 wie folgt abzuändern:

```
50 GRAPHIC 1,1
60 CIRCLE,160,100,50,100,,,45

READY.
```

Man erkennt, daß Parameter, die nicht angegeben werden sollen, nicht angegeben werden müssen. Die trennenden Kommas sind jedoch anzugeben.

Beispiel 16.20
Zeichnung eines Teilkreises

Es soll kein Vollkreis (Winkel von 0° bis 360°) gezeichnet werden, sondern nur ein *Teil*kreis (z.B. Winkel von 0° bis 270°), wie es folgendes Bild zeigt (vgl. Bild 16.9):

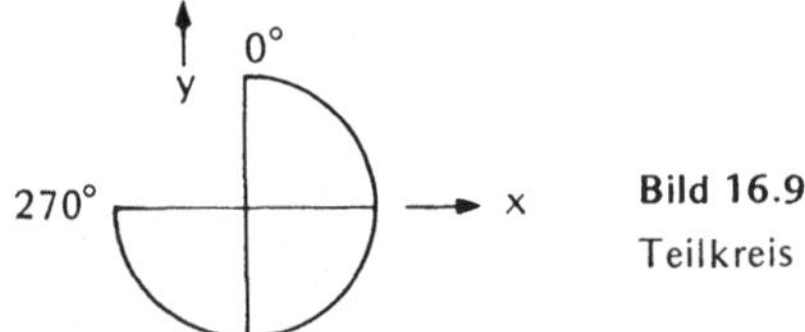

Bild 16.9
Teilkreis

Grundlage für das Programm ist der Kreis aus Beispiel 16.17. Dieses Beispiel wird wie folgt verändert:

```
50 GRAPHIC 1,1
60 CIRCLE,160,100,50,,,270

READY.
```

Der Startwinkel w_s muß nicht angegeben werden, da der Winkel von 0° standardmäßig angenommen wird.
Der Endwinkel w_e ist hingegen mit 270° anzugeben.

Beispiel 16.21
Zeichnung eines Achtecks

Es soll ein Achteck der folgenden Form gezeichnet werden (vgl. Bild 16.10):

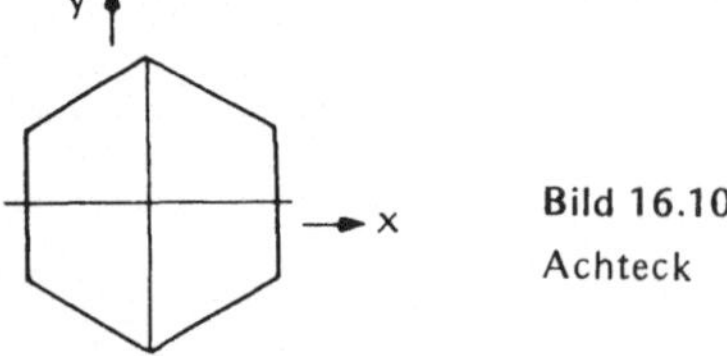

Bild 16.10
Achteck

Grundlage für das Programm ist der Kreis des Beispiels 16.17. Der Kreisumfang wird jedoch durch Teilung des Winkels des Vollkreises von 360° in acht gleichgroße Teile aufgeteilt (segmentiert).

Somit erhält man den Winkel des Kurvensegmentes wie folgt:

$$w_{seg} = \frac{360}{8} = 45°$$

Durch diese Segmentierung ergeben sich acht Punkte auf dem Kreisumfang. Verbindet man diese Punkte durch Geraden, so erhält man ein Achteck.

In der CIRCLE-Anweisung ist dazu nur der entsprechende Segmentwinkel w_{seg} anzugeben, wie es das folgende Programm zeigt, und das gewünschte Achteck wird auf dem Bildschirm ausgegeben.

```
50 GRAPHIC 1,1
60 CIRCLE,160,100,50,,,,,45

READY.
```

Beispiel 16.22
Zeichnung eines Vierecks

Es soll ein Viereck der folgenden Form gezeichnet werden (vgl. Bild 16.11):

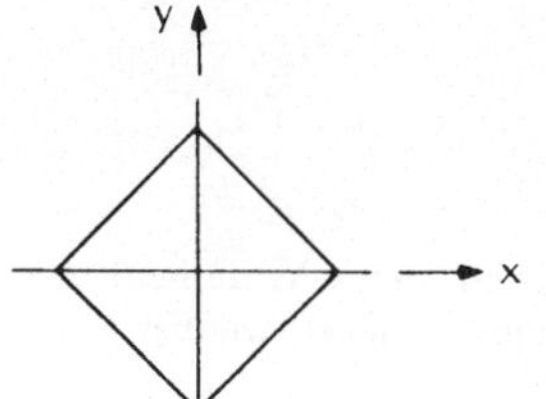

Bild 16.11
Viereck

Dazu wird von Beispiel 16.21 ausgegangen. Allerdings ergibt sich der Winkel des Kurvensegmentes zu:

$$w_{seg} = \frac{360}{4} = 90°$$

Das Programm lautet:

```
50 GRAPHIC 1,1
60 CIRCLE,160,100,50,,,,,90

READY.
```

Beispiel 16.23
Zeichnung eines Dreiecks

Es soll ein Dreieck der folgenden Form gezeichnet werden (vgl. Bild 16.12):

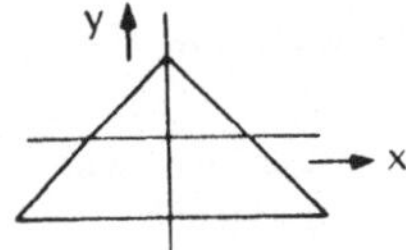

Bild 16.12
Dreieck

Dazu wird von Beispiel 16.21 ausgegangen. Allerdings ergibt sich der Winkel des Kurvensegmentes zu

$$w_{seg} = \frac{360}{3} = 120°$$

Das Programm lautet:

```
50 GRAPHIC 1,1
60 CIRCLE,160,100,50,,,,,120

READY.
```

Beispiel 16.24
Zeichnung mehrerer ineinander verschachtelter Kreise (Grafik)

Es sollen mehrere Kreise derart gezeichnet werden, daß der Mittelpunkt auf der x-Achse bei jedem folgenden Kreis nach links verschoben wird. Dabei soll gleichzeitig der Radius verringert werden.

Das Programm lautet:

```
50 GRAPHIC 1,1
55 FOR X=1 TO 45 STEP 5
60 CIRCLE,160-X,100,90-X/2
65 NEXT
```

Der Wert der Variablen x wird in einer Programmschleife schrittweise von 1 bis 45 in Schritten von 5 erhöht (Anw.nr. 55). Der Mittelpunkt des Kreises auf der x-Achse wird dadurch, vom Bildschirmmittelpunkt 160 ausgehend, schrittweise um 5 Bildpunkte verringert. Der Mittelpunkt des Kreises wird jedoch bezüglich der y-Achse nicht verändert. Auf diese Weise wandert der Mittelpunkt des vorgesehenen Kreises auf dem Bildschirm nach links.

Der Radius der Kreise verringert sich währenddessen, von 90 Bildpunkten ausgehend, bei jeder Bewegung des Kreises nach links um x/2 = 2 1/2 Bildpunkte.

Insgesamt ergibt sich dabei eine optisch recht interessante Grafik.

16.5.7 BASIC-Anweisung PAINT

Schlüsselwort	PAINT
Aufgabe	**Ausmalen eines Bildschirmbereiches mit einer wählbaren Farbe.**

Fahrnetz	(PAINT)─ Farb-modus ─, x ─, y ─, Code

Erläuterung	*Farbmodus*

Farbmodus

Für den *Farbmodus* gilt das gleiche, was hierzu bei der Anweisung DRAW gesagt wurde.

Der Code des Farbmodus bestimmt, ob der durch eine *geschlossene Linie* gekennzeichnete Bildschirmbereich in der Vordergrund-, Hintergrund- oder einer von zwei Zusatzfarben ausgemalt wird.

Wird kein Farbmodus angegeben, wird der Bereich in der Vordergrundfarbe ausgemalt.

x, y Koordinate

Die x, y-Koordinate gibt den Punkt an, bei dem mit dem Ausmalen der Bildschirmfläche begonnen wird.

Wird keine Koordinate angegeben, wird die aktuelle Grafikcursorposition als Startpunkt zum Ausmalen der Bildschirmfläche angenommen.

Wichtig ist, daß die auszumalende Fläche *vollständig* durch eine Linie umrahmt ist. Ist nur eine kleine Öffnung im Rahmen vorhanden, wird der *ganze* Bildschirm angemalt.

Code

Der Code bestimmt zusätzlich, ob die Farbe des Vorder- oder Hintergrundes zum Ausmalen gewählt wird.

Code	Farbe
0	Vordergrundfarbe
1	Hintergrundfarbe

Die PAINT-Anweisung ist insbesondere sinnvoll für Figuren, die mit Hilfe der CIRCLE-Anweisung bzw. der DRAW-Anweisung gezeichnet wurden. Die BOX-Anweisung besitzt hingegen einen eigenen Parameter zum Ausmalen des Rechteckes.

Beispiel 16.25

Es soll vom Beispiel 16.17 der CIRCLE-Anweisung ausgegangen werden. Die Kreisfläche soll bei hochauflösender Grafik mit den Standard Hinter- und Vordergrundfarben ausgemalt werden (in der hochauflösenden Grafik stehen nur 2 Farben zur Verfügung).

Das Programm wird wie folgt um die PAINT-Anweisung ergänzt:

```
50 GRAPHIC 1,1
60 CIRCLE,160,100,50
70 PAINT,160,100

READY.
```

Als Startposition zum Ausmalen wird der Mittelpunkt des Kreises gewählt (vgl. Anw.nr. 70).

Beim Starten des Programms wird zunächst der Kreis gezeichnet. Anschließend wird der Kreis ausgemalt. Es wird zunächst, ausgehend von der Kreismitte, die rechte Kreishälfte ausgemalt. Anschließend folgt die linke Kreishälfte. Die Farben des Vorder- und Hintergrundes sind die Standardfarben, d.h. der Hintergrund ist schwarz, der Vordergrund, d.h. in diesem Fall der auszumalende Kreis, hellgrün.

Beispiel 16.26

Die Farben sollen geändert werden. Dies ist möglich mit Hilfe der COLOR-Anweisung. Dies zeigt das folgende Programm:

```
10 COLOR 0,3
20 COLOR 1,7
50 GRAPHIC 1,1
60 CIRCLE,160,100,50
70 PAINT,160,100

READY.
```

In der Anweisung mit der Anweisungsnummer 1Ø wird rot als Hintergrundfarbe festgelegt.

In der Anweisung mit der Anweisungsnummer 2Ø wird blau als Vordergrundfarbe festgelegt.

Ansonsten bleibt das Programm von Beispiel 16.25 unverändert.

Beim Ablauf des Programms wird ein ausgemalter blauer Kreis auf rotem Hintergrund gezeichnet.

16.5.8 BASIC-Anweisung WIDTH

Schlüsselwort	WIDTH	
Aufgabe	**Veränderung der Strichstärke für die darauf folgenden Grafik-Anweisungen.**	
Fahrnetz	──(WIDTH)──[CODE]──	
Erläuterung	Code	Wirkung
	1	Einfache Strichstärke (normale Strichstärke).
	2	Doppelte Strichstärke.

Beispiel 16.27	Es soll wieder von Beispiel 16.17 der CIRCLE-Anweisung ausgegangen werden (Kreis in hochauflösender Grafik um den Bildschirmmittelpunkt in einfacher Strichstärke).
	
	Das Programm wird ergänzt durch eine Anweisung, die die Strichstärke verändert. Anschließend wird in der veränderten Strichstärke mit Hilfe einer CIRCLE-Anweisung ein Kreis gezeichnet, der einen etwas größeren Radius besitzt als der vorherige Kreis. Das veränderte Programm lautet:
	
	`READY.`
	
	`50 GRAPHIC 1,1`
	`60 CIRCLE,160,100,50`
	`70 WIDTH 2`
	`80 CIRCLE,160,100,55`
	
	`READY.`
	
	Auf dem Bildschirm zeigt sich, daß der größere Kreis in größerer Strichstärke gezeichnet wird als der kleinere Kreis.	

16.5.9 BASIC-Anweisung LOCATE

Schlüsselwort	LOCATE
Aufgabe	**Mit Hilfe der LOCATE-Anweisung kann der Grafik-Cursor auf jede beliebige Position des Bildschirms gesetzt werden.**
Fahrnetz	—(LOCATE)— x —(,)— y —
Erläuterung	Die Koordinaten werden vielfach schon in den Grafik-Anweisungen angegeben (s. DRAW, BOX, CIRCLE, PAINT u. dgl.). Falls die Angabe von Start- bzw. Endkoordinaten nicht direkt in der Anweisung möglich oder zweckmäßig ist, läßt sich der Grafik-Cursor mit Hilfe der LOCATE-Anweisung auf beliebige Bildschirmkoordinaten positionieren. Dabei ist im Fahrnetz: x die x-Koordinate und y die y-Koordinate | **Der Grafik-Cursor ist nicht sichtbar.** | Die Lage des Grafik-Cursors kann überprüft werden mit Hilfe der Funktion RDOT (s. 16.5.12).
Beispiel 16.28	1∅ LOCATE 160, 1∅∅ Bei hochauflösender Grafik wird mit Hilfe dieser Anweisung der Grafik-Cursor in die Bildschirmmitte gesetzt.

16.5.10 BASIC-Anweisung SCALE

Schlüsselwort	SCALE
Aufgabe	Änderung des Maßstabs (Skalierung).
Fahrnetz	—(SCALE)—[Code]——(,)—[x_{max}]—(,)—[y_{max}]—
Erläuterung	Bei hochauflösender Grafik sind 320/200 Bildschirmpunkte verfügbar, bei der Mehrfarbengrafik 160/200 Bildschirmpunkte. Die Koordinaten x_{max} bzw. y_{max} der SCALE-Anweisung legen einen neuen Maßstab fest. x_{max} ist der maximale Wert des Maßstabs in x Richtung. y_{max} ist der maximale Wert des Maßstabs in y Richtung. Durch eine Einführung eines Maßstabs wird die Zahl der Bildschirmpunkte auf dem Bildschirm nicht verändert, sondern nur der Maßstab. *Code:* Mit Hilfe des Codes läßt sich der neue Maßstab ein- bzw. ausschalten. Hierbei gilt:

Code	Funktion
1	Einschalten des neuen Maßstabs.
∅	Ausschalten des neuen Maßstabs auf den Standardmaßstab.

	Werden für x_{max} bzw. y_{max} keine Werte angegeben, werden für x_{max} bzw. y_{max} folgende Werte standardmäßig angenommen. $x_{max} = 1024$ und für $y_{max} = 1024.$

Beispiel 16.29	Es wird wieder von Beispiel 16.17 der CIRCLE-Anweisung ausgegangen. (Kreis in hochauflösende Grafik um den Bildschirmmittelpunkt). Das Programm wird ergänzt durch Anweisungen zur Maßstabsänderung. Zum Vergleich wird ein Kreis ohne Maßstabsänderung (ausgeschalteter Maßstab) gezeichnet. Anschließend folgt *exakt die gleiche* Anweisung zur Zeichnung eines Kreises, allerdings mit verändertem Maßstab. Das veränderte Programm lautet:
	
	`50 GRAPHIC 1,1`
	`55 SCALE 0`
	`60 CIRCLE,160,100,50`
	`65 SCALE 1`
	`70 CIRCLE,160,100,50`
	
	`READY.`
	
	Wird das Programm gestartet, wird der erste Kreis infolge der Anweisung SCALE $\emptyset$ (ausgeschalteter Maßstab) wie üblich in der Bildschirmmitte gezeichnet. Infolge der Anweisung SCALE 1 wird der zweite Kreis verkleinert in der linken oberen Ecke gezeichnet. Dies ist durch die Einschaltung des neuen Maßstabs wie folgt zu erklären:
	
	Der neue Kreismittelpunkt ergibt sich aus den Maßstabskoordinaten zu:
	
	$$x_{mz} = 160 \cdot \frac{320}{1024} = 160 \cdot 0,3125 = 50$$
	$$y_{mz} = 100 \cdot \frac{200}{1024} = 100 \cdot 0,1953 = 19,5$$
	
	Durch die Maßstabsänderung wandert der Mittelpunkt des zweiten Kreises von Punkt 160/100 zu Punkt 50/19,5. Dies ist auf dem Bildschirm oben links.
	Die Verkleinerung des Kreises erklärt sich durch folgende Maßstabsänderung des Radius:
	
	$$r_{x2} = 50 \cdot \frac{320}{1024} = 15,6$$
	$$r_{y2} = 50 \cdot \frac{200}{1024} = 9,8$$
	
	Dies zeigt, daß die Radien verringert werden und zu einem leicht elliptisch verformten Kreis führen.

	Die allgemeine Form der Maßstabsfunktionen, mit denen die Koordinaten im normalen Maßstab zu multiplizieren sind, lauten für die hochauflösende Grafik: $$f_x = \frac{320}{x_{max}}$$ $$f_y = \frac{200}{y_{max}}$$ für die Mehrfarbengrafik: $$f_x = \frac{160}{x_{max}}$$ $$f_y = \frac{200}{y_{max}}$$

16.5.11 BASIC-Anweisung CHAR

Schlüsselwort	CHAR
Aufgabe	**Ausgabe von Zeichen im Grafikmodus an wählbarer Position.**
Fahrnetz	CHAR — [Farbmodus] — , x , y , " Text " , Code
Erläuterung	Normalerweise ist eine Textausgabe im Grafikmodus nicht möglich. Mit Hilfe der CHAR-Anweisung kann jedoch in Grafiken ein Text eingefügt werden (z.B. zur Beschriftung). Dabei gilt:

Der Farbmodus

Der Farbmodus legt die Farbe fest, in der die Zeichen auf dem Bildschirm ausgegeben werden, indem man sich auf eine in einer COLOR-Anweisung spezifizierte Hintergrund- und Vordergrundfarbe bezieht (bei Mehrfarbengrafik auch auf 2 Zusatzfarben – vgl. DRAW-Anweisung).

x und y Koordinaten

Die Koordinaten geben den Punkt auf dem Bildschirm an, ab dem der Text ausgegeben werden soll. Es gelten hier nicht die Koordinaten im Grafikmodus, sondern die üblichen Koordinaten im Textmodus, d.h. z.B. im 40 Zeichen pro Zeile Betrieb:

x	Werte von $\emptyset$ bis 39 (40 Zeichen/Zeile)
y	Werte von $\emptyset$ bis 24 (25 Zeilen)

Text

Dies ist der auszugebende Text.

Code

Der Text kann normal oder invers ausgegeben werden. Zur Kennzeichnung gilt folgender Code:

Code	Betrieb
1	Inverse Darstellung
$\emptyset$	Normale Darstellung

Beispiel 16.30	Es soll wieder vom Beispiel 16.17 der CIRCLE-Anweisung ausgegangen werden (Kreis in hochauflösender Grafik um den Bildschirmmittelpunkt). Das Programm soll so ergänzt werden, daß in der Mitte des Kreises der Text "HALLO" ausgegeben wird.
	Der Bildschirmmittelpunkt liegt im Textmodus etwa bei:
	x = 20 und
	y = 12
	Um den Text HALLO in etwa in der Mitte des Kreises auszugeben, wird somit als erste Ausgabeposition für den Text, bestehend aus 5 Zeichen, die Position x = 17 und y = 12 gewählt.
	Das Programm lautet:

```
50 GRAPHIC 1,1
60 CIRCLE,160,100,50
70 CHAR,17,12,"HALLO"

READY.
```

Soll der Text invers ausgegeben werden, lautet das Programm:

```
50 GRAPHIC 1,1
60 CIRCLE,160,100,50
70 CHAR,17,12,"HALLO",1
```

16.5.12 Die Funktion RDOT

Schlüsselwort	RDOT	
Aufgabe	**Mit Hilfe der Funktion RDOT kann sowohl die aktuelle Position des unsichtbaren Grafik-Cursors als auch der Farbmodus ermittelt werden.**	
Fahrnetz	——(RDOT)—(( )—[Code]—( ))——	
Erläuterung	Code	Funktion
	0	Ermittlung der x-Position des Grafikcursors.
	1	Ermittlung der y-Position des Grafikcursors.
	2	Ermittlung des Farbmodus an der aktuellen Grafik-cursorposition

<table>
<tr><td>Beispiel 16.31</td><td colspan="2">Es wird von dem leicht modifizierten Beispiel 16.26 der PAINT-Anweisung ausgegangen. Das Programm lautet:

```
10 COLOR 0,3
20 COLOR 1,7
30 GRAPHIC 2,1,18
40 CIRCLE,160,80,50
50 PAINT,160,100
60 PRINT RDOT(0)
70 PRINT RDOT(1)
80 PRINT RDOT(2)

READY.
```

Hierbei ist:</td></tr>
</table>

Anw.nr.	Erläuterung
1∅	Hintergrundfarbe rot (Farbcode 3).
2∅	Vordergrundfarbe blau (Farbcode 7).
3∅	Grafikanweisung **1. Parameter mit dem Wert 2:** Geteilter Bildschirm für hochauflösende Grafik *und* Text. Dieser Bildschirmmodus ist notwendig, da im Grafikmodus i.a. keine Textausgabe möglich ist. Wollte man sonst die ermittelte Position des Grafikcursors sehen, müßte vom Grafikmodus in den Textmodus umgeschaltet werden (Taste F 1 + RETURN) **2. Parameter mit dem Wert 1:** Löschen des Grafikbildschirms. **3. Parameter mit dem Wert 18:** Ohne Angabe dieses Parameters wäre standardmäßig der Textbereich ab Zeile 19 voreingestellt. Da bei der Ausgabe neben den Daten auch Zeilen für die Systemmeldungen (READY usw.) benötigt werden, lassen sich im Standardfall nur *zwei* Datenzeilen ausgeben. Für die Ausgabe von 3 Werten (x, y und Farbmodus) wurde daher der Beginn des Bildschirmtextbereiches ab Zeile 18 festgelegt.
4∅	Anweisung zum Zeichnen eines Kreises um den Mittelpunkt 160/80 mit dem Radius 50.
5∅	Anweisung zum Ausfüllen des Kreises. Startposition 160/100.
6∅ bis 8∅	Die Position des Grafikcursors und des Farbmodus an der aktuellen Grafikcursorposition wird mit Hilfe der angegebenen Ausgabeanweisungen im Textteil des Grafikbildschirms ausgegeben.

Die Ausgabe lautet für dieses Beispiel:

```
16∅
1∅∅
  7
```

Dies bedeutet, daß als aktuelle Grafik-Cursorposition

x = 16∅   und   y = 1∅∅

ermittelt wurde, d.h. die aktuelle Grafik-Cursorposition ist die Position, die durch die PAINT-Anweisung festgelegt wurde.

Als Farbmodus wurde 7 ermittelt, d.h. der Punkt nimmt die Vordergrundfarbe ein, die in der COLOR-Anweisung mit blau festgelegt wurde.

16.5.13 Die Funktion RGR

Schlüsselwort	RGR
Aufgabe	**Mit Hilfe der Funktion RGR kann der Bildschirmmodus ermittelt werden, der z. Z. eingestellt ist.**
Fahrnetz	—(RGR)—(( )—[Code]—( ))—
Erläuterung	*Code* Scheinargument der Funktion. Es ist jeder beliebige Wert einsetzbar. Ein Wert *muß* jedoch eingegeben werden (i.a. Ø).

Beispiel 16.32	Es wird vom Beispiel für die Funktion RDOT ausgegangen (vgl. 16.5.12). Die Anweisungen 6Ø bis 8Ø werden ersetzt durch eine Anweisung mit der Funktion RGR. Das Programm lautet:
	
	`10 COLOR 0,3`
	`20 COLOR 1,7`
	`30 GRAPHIC 2,1,18`
	`40 CIRCLE,160,80,50`
	`50 PAINT,160,100`
	`60 PRINT RGR(0)`
	
	`READY.`
	
	Als Ergebnis wird 2 ermittelt, d.h. der Grafikmodus ist 2.
	(Geteilter Bildschirm mit hochauflösender Grafik). Dies stimmt mit dem Parameter in der Grafikanweisung überein.

16.5.14 Die Funktion RCLR

Schlüsselwort	RCLR
Aufgabe	**Mit Hilfe der Funktion RCLR kann der Farbcode ermittelt werden, der z. Z. in bestimmten Bereichen des Bildschirms für einen bestimmten Bildschirmmodus eingestellt ist.**
Fahrnetz	—(RCLR)—(( )—[Code]—( ))—
Erläuterung	Es wird die Farbe ermittelt vom:

Code	Bereich/Bildschirmmodus
0	Hindergrund im Textmodus bei 40 Zeichen/Zeile
1	Vordergrund im hochauflösenden Grafikmodus
2	Mehrfarbenmodus 1
3	Mehrfarbenmodus 2
4	Rand
5	Text (Vordergrundfarbe, d.h. Zeichenfarbe)
6	Hintergrund im Textmodus bei 80 Zeichen/Zeile

Beispiel 16.33

Es wird vom Beispiel für die Funktion RGR ausgegangen (vgl. Beispiel 16.32). Die Anweisung 6Ø wird durch drei Anweisungen mit der Funktion RCLR ersetzt, wie es das folgende Programm zeigt.

```
10 COLOR 0,3
20 COLOR 1,7
30 GRAPHIC 2,1,18
40 CIRCLE,160,80,50
50 PAINT,160,100
60 PRINT RCLR(4)
70 PRINT RCLR(1)
80 PRINT RCLR(0)
```

Die Anweisung mit der Anweisungsnummer 6Ø ermittelt die Randfarbe.

Die Anweisung mit der Anweisungsnummer 7Ø ermittelt die Vordergrundfarbe der Grafik.

Die Anweisung mit der Anweisungsnummer 8Ø ermittelt die Hintergrundfarbe.

Die Ausgabe ist:

```
14
 7
 3
```

Diesen Codes sind die Farben

hellgrün	(Rand)
blau	(Grafikvordergrund)
rot	(Hintergrund)

zugeordnet.

17 Sprite und Shape Grafik

17.1 Allgemeines

Bei der Verwendung des normalen Zeichensatzes, d. h. *im Textmodus*, lassen sich 40 Zeichen pro Zeile in 25 Zeilen ausgeben. Dies bedeutet, daß 40 * 25 = *1000 Zeichen* auf dem Bildschirm darstellbar sind.

Jedes dieser Zeichen wird auf dem Bildschirm mit Hilfe einer 8 * 8-Punkt-Matrix dargestellt, indem bestimmte Punkte dieser Matrix zum Leuchten gebracht werden, andere nicht.[1] Diese Punkte sind die eigentlichen Bildpunkte. Sie werden i. a. *Pixel* genannt. Die Gesamtzahl der Pixel ergibt sich wie folgt:

x-Achse: 40 Zeichen * 8 Pixel = 320 Pixel
y-Achse: 25 Zeilen * 8 Pixel = 200 Pixel

Diese Werte entsprechen den Werten, die vom *hochauflösenden Grafikmodus* bekannt sind. Insgesamt können hier

320 * 200 = *64000 Bildpunkte* angesprochen werden.

- Bei der *hochauflösenden Grafik* werden einzelne Bildpunkte (Pixel) angesprochen.
- Bei der *Textgrafik* und *Textdarstellung* werden *gleichzeitig* 8 * 8 = 64 Bildpunkte angesprochen.

- Bei der *Spritegrafik* und *Shapegrafik* können hingegen *gleichzeitig* 24 * 21 = *504 Bildpunkte* in der hochauflösenden Grafik angesprochen werden, im Mehrfarbenmodus 12 * 21 = 252 Bildpunkte.

Das entscheidende ist, daß eine derart große grafische Einheit (grafisches Objekt) als Ganzes *programmgesteuert* behandelt werden kann, d. h. im wesentlichen:

— es kann bewegt und
— in den Farben verändert werden.

---

[1] Siehe Punktmatrix in Anhang A1.

Der Ablauf bei der Programmierung von Sprite- bzw. Shape-Grafiken ist folgender:

- *Erzeugen* eines Sprites
- *Speichern* eines Sprites als Gesamteinheit
- *Aktivieren* des gespeicherten Sprites, um ihn auf dem Bildschirm sehen zu können
- *Bewegen* des Sprites

Diese vier Punkte sollen im folgenden näher besprochen werden.

17.2 Programmieren von Sprites

Zunächst zur Erzeugung von Sprites.

Es gibt grundsätzlich folgende drei Möglichkeiten, Sprites zu erzeugen:

- mit dem *Sprite-Editor* (vgl. Anweisung SPRDEF Abschnitt 17.2.1)
  Mit Hilfe des Sprite-Editors lassen sich die gewünschten Bildpunkte des Sprites in einer 24 * 21 bzw. 12 * 21 Matrix setzen bzw. nicht setzen.
- Mit Hilfe der Grafik-Anweisungen (DRAW, BOX, CIRCLE) in Zusammenhang mit der *SSHAPE*-Anweisung (vgl. Abschnitt 17.3.2).
- Mit *POKE*-Anweisungen (im C 64 Modus).

Die beiden ersten Möglichkeiten sind die bequemsten. Sie sollen im folgenden näher behandelt werden. Welche der beiden Möglichkeiten gewählt wird, hängt von der Form des Sprites ab. Besteht der Sprite im wesentlichen aus Linien, Rechtecken und Kreisen, so ist der Weg über Shapes eventuell einfacher (vgl. Abschnitt 17.3). Bei komplizierten Figuren ist hingegen der Weg über den Sprite-Editor günstiger. Dieser Weg soll zunächst beschrieben werden.

17.2.1 Erzeugen von Sprites mit Hilfe des Sprite-Editors

Mit Hilfe des BASIC-Kommandos bzw. der Anweisung SPRDEF kann ein Sprite erzeugt und gespeichert werden. Es gilt:

Schlüsselwort	SPRDEF
Aufgabe	Erzeugen und speichern eines Sprites.
Fahrnetz	—(SPRDEF)—
Erläuterung	Mit Hilfe des SPRDEF-Kommandos wird der Sprite-Editor eingeschaltet. Zunächst wird zur Eingabe einer Spritenummer aufgefordert. Da 8 unterschiedliche Sprites gleichzeitig vom C 128 behandelt werden können, muß eine Zahl zwischen 1 und 8 eingegeben werden, um sie voneinander unterscheiden zu können.

Folgende Befehle sind durch Drücken der folgenden Tasten beim Sprite-Editor
möglich:

Taste	Befehl
CLR-Taste:	*Löschen* des *gesamten* Sprite-Editor-Bereiches.
Cursor-Tasten ↑ ↓ → ← Home	Der *Sprite-Editor-Cursor* (+ Zeichen) wird in die angegebene Richtung bewegt. Die übliche Wiederholungsfunktion bei längerem Drücken der Tasten ist erhalten geblieben.
Zifferntasten: Taste 2	*Hochauflösende Grafik* In der hochauflösenden Grafik wird durch Drücken dieser Taste ein *Bildpunkt* an der Stelle im Sprite-Editor-Bereich gesetzt, wo z. Z. der SPRITE-Editor-Cursor steht.
Taste 1	In der hochauflösenden Grafik wird durch Drücken dieser Taste ein *Bildpunkt* an der Stelle im Sprite-Editor-Bereich gesetzt, wo z. Z. der Editor-Cursor steht.
Taste 3 und 4	*Mehrfarbengrafik* Die Tasten 1 und 2 haben im Mehrfarbenmodus die gleiche Funktion wie im hochauflösenden Modus. Zusätzlich kommen folgende Funktionen hinzu: Taste 3 : *Setzen* eines Bildpunktes in der *Zusatzfarbe 1.* Taste 4 : *Setzen* eines Bildpunktes in der *Zusatzfarbe 2.*
Tasten CTLR bzw. C = zusammen mit den Zifferntasten 1 bis 8	*Setzen* der *Vordergrundfarben* für die einzelnen Bildpunkte des Sprite.
SHIFT + RETURN	*Speichern* des entworfenen *Sprites* in dem vorgesehenen Speicherbereich für Sprites. Der gespeicherte Sprite kann anschließend von einem Programm benutzt und gesteuert werden.
RETURN	*Verlassen des Sprite-Editors.* Es wird anschließend wieder der normale Kommando- bzw. BASIC-Programm-Modus eingenommen, d. h. es können wieder BASIC-Kommandos bzw. Anweisungen eingegeben werden.

Folgende weitere Sprite-Editor-Befehle können die Arbeit erleichtern:

Taste	Funktion
M	Ein- bzw. Ausschalten des Mehrfarbenmodus für den Sprite.
A	Ein- bzw. Ausschalten der automatischen Wiederholung bei der Cursorsteuerung.
X	Vergrößern des Sprite in x-Richtung.
Y	Vergrößern des Sprite in y -Richtung.

Soll der entworfene Sprite zur Wiederverwendung *auf* **einer** *Diskette gespeichert* **werden, so ist folgendes Kommando einzugeben:**

BSAVE "Dateiname", BØ, P3584 T0 P4095

Soll dieser Sprite später wieder von der Diskette geladen werden, um z. B. in einem Programm bewegt zu werden, muß folgendes Kommando eingegeben werden:

BLOAD "Dateiname"

Das eigentliche Programm zur Steuerung des Sprites wird wie üblich gespeichert, d. h. mit den Kommandos

DSAVE "Dateiname"
DLOAD "Dateiname"

Beispiel 17.1

Entwurf eines Sprites mit Hilfe des Sprite-Editors.

Es soll folgendes Segelboot im Sprite-Editor-Bereich entworfen werden (vgl. Bild 17.1);

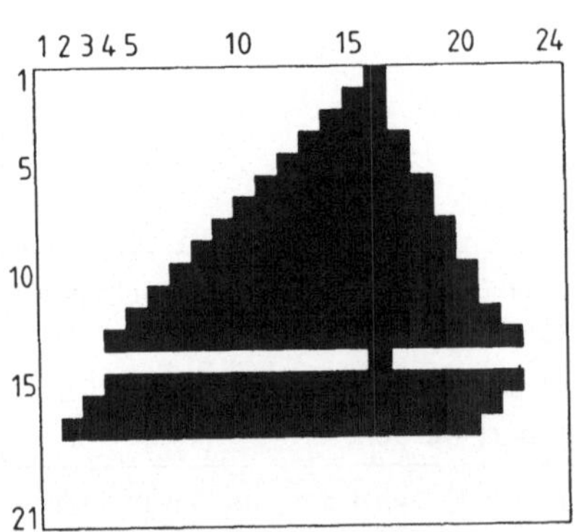

Bild 17.1
Zu entwerfender Sprite

Bild 17.1 Zu entwerfender Sprite
Die etwas eckigen Konturen sind später als Sprite nicht mehr so deutlich sichtbar, da der Sprite wesentlich kleiner als dieses Bild ist und auch wesentlich kleiner als der Sprite-Editor-Bereich (8-fache Vergrößerung).

Zur Erzeugung eines derartigen Sprites ist folgender Weg einzuschlagen:

- **Eingabe des Kommandos:**

  SPRDEF ⏎

  Es erscheint daraufhin auf dem Bildschirm oben links ein hellgrauer Bereich von 24 Spalten und 21 Zeilen. Dieser *Sprite-Editor-Bereich* ist durch einen hellgrünen Streifen vom anderen Teil des Bildschirms (schwarz) begrenzt, wie es folgendes Bild zeigt (vgl. Bild 17.2):

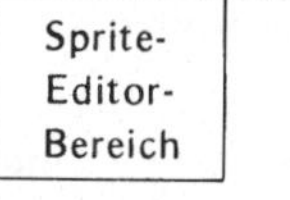

Bild 17.2

Lage des Sprite-Editor-Bereichs auf dem Bildschirm

- Im unteren Bereich des Bildschirms wird nach der gewünschten *Spritenummer* (engl. SPRITE NUMBER?) gefragt.

  Es können Ziffern zwischen 1 und 8 eingegeben werden. Geben Sie z. B. eine

  1

  ein (ohne die   RETURN -Taste zu drücken). Dadurch wird dem zu entwerfenden Sprite die Nummer 1 zugeordnet.

  In dem Sprite-Editor-Bereich erscheint ein hellgrau schwarzes Muster. In der oberen linken Ecke steht ein + Zeichen. Dieses + Zeichen ist der *Sprite-Editor-Cursor.*

- **Löschen des Sprite-Editor-Bereiches**

  Löschen Sie den Sprite-Editor-Bereich durch Drücken der Tasten

  SHIFT + CLR HOME

  Dies bedeutet, daß die obere Tastenfunktion ausgeführt wird, d. h. der Befehl CLR . Dadurch wird der gesamte Sprite-Editor-Bereich am Anfang gelöscht.

  Der Sprite-Editor-Bereich weist anschließend eine einheitliche Farbe auf (hellgrau).

- **Ein- und Ausschalten des Bildschirmmodus**

  Standardmäßig ist die *hochauflösende Grafik* eingeschaltet.

  Drücken Sie die Taste

  M

  so ist dies der Befehl zum Einschalten des Mehrfarbenmodus. Als äußeres Kennzeichen erscheinen auf dem Bildschirm zwei + Zeichen. Dies kennzeichnet die geringere Auflösung im *Mehrfarbenmodus* (es werden gleich 2 Bildpunkte gesetzt bzw. gelöscht).

  Drücken Sie erneut die Taste

  M .

  Dies ist der Befehl zum Ausschalten des Mehrfarbenmodus.

  Es wird nur noch ein + Zeichen ausgegeben. Sie sind somit wieder im hochauflösenden Modus.

- **Setzen von Punkten**

  Drücken Sie die Taste

  2

  An der Stelle, wo z. Z. der Cursor (+ Zeichen) steht, erscheint ein schwarzes Quadrat. Dies ist ein Bildpunkt des zu entwerfenden Sprites.

- **Löschen von Punkten**

  Drücken Sie die Cursor-Taste $\boxed{\leftarrow}$ und drücken Sie anschließend die Taste $\boxed{1}$.
  Der gesetzte Punkt wird gelöscht.

- **Ändern der Farbe**

  Ist der Kontrast zwischen dem standardmäßig eingestellten schwarz auf hellgrauem Grund zu ge-
  ring, kann die *Vordergrundfarbe* durch gleichzeitiges Drücken der Tasten $\boxed{\text{CTRL}}$ bzw. $\boxed{\text{C=}}$
  und der Zifferntasten $\boxed{1}$ bis $\boxed{8}$ geändert werden.
  Drücken Sie z. B. die Tasten $\boxed{\text{CTRL}}$ + $\boxed{2}$, so wird der Sprite in weißer Farbe entworfen.

- **Entwerfen des Sprite**

  Der Sprite-Editor-Cursor wird durch Drücken der Cursor-Tasten an die gewünschten Positionen
  gebracht. Durch Drücken der Taste $\boxed{2}$ läßt sich ein Punkt des Sprite setzen. Werden mehrere
  Punkte nach Zeichnung gesetzt, entsteht der Sprite, z. B. das Segelboot. Bequem ist hierbei, daß
  beim Niederhalten der Taste $\boxed{2}$ fortdauernd Bildpunkte gesetzt werden.

  Weiter werden Sie erkennen, daß am rechten Bildschirmrand eine *Kopie* des Sprite aus dem Sprite-
  Editor-Bereich in Originalgröße entsteht. Dies dient der Kontrolle.

- **Speichern des Sprite im Computer**

  Hat der Sprite das gewünschte Aussehen, muß er im Computer zur weiteren Verwendung gespeichert werden. Dies erreicht man durch Drücken der Tasten

  $\boxed{\text{SHIFT}}$ + $\boxed{\text{RETURN}}$

  Der Editor-Cursor erlischt anschließend.

- **Beenden der Sprite-Editierung**

  Wird erneut die Taste

  $\boxed{\text{RETURN}}$

  gedrückt, wird der Sprite-Editor verlassen. Der Computer befindet sich wieder im BASIC-Komman-
  do-Modus. Dies ist am Systembereitschaftszeichen

  $\boxed{\text{READY}}$

  und dem blinkenden Cursor zu erkennen,

- **Speichern des Sprite auf einer Diskette**

  Zum dauerhaften Speichern des Sprites auf einer Diskette wird das Kommando

  $\boxed{\text{BSAVE"SPR1", BØ, P3584 TO P4095}}$

  eingegeben. Die Binärinformationen des Sprite, die sich im Speicher des Computers an vorgegebe-
  ner Stelle befinden, werden anschließend auf der Diskette unter dem Namen SPR1 (Kurzform für
  Sprite 1) gespeichert.

- **Abschalten des Computers**

  Mit der Abschaltung des Computers soll demonstriert werden, daß der Sprite im Computer wirklich
  gelöscht wird und somit nur noch auf der Diskette dauerhaft gespeichert ist.

17.2.2 Aktivieren eines Sprite mit Hilfe der SPRITE-Anweisung

Der in Beispiel 17.1 erzeugte Sprite soll von der Diskette geladen und in hochauflösender
Grafik auf dem Bildschirm dargestellt werden.

Beispiel 17.2

Das folgende Programm zeigt, wie der auf Diskette gespeicherte Sprite SPR1 mit Hilfe der Anweisung
BLOAD in den Computer geladen wird. Der Bildschirmmodus wird mit Hilfe der Anweisung GRAPHIC
auf hochauflösende Grafik *mit* Löschung des Bildschirms eingestellt.

```
1Ø BLOAD"SPR1"
2Ø GRAPHIC 1,1
```

Wird dieses Programm zum Ablauf gebracht (Kommando RUN), beginnt das Diskettenlaufwerk mit dem Laden des Sprite (Laufwerksgeräusche, die rote Betriebslampe des Diskettenlaufwerkes leuchtet). Anschließend wird der Bildschirm gelöscht. Der Sprite ist, obwohl er in den Computer geladen wurde, nicht auf dem Bildschirm zu sehen.

Ein in den Computer geladener Sprite muß, bevor er auf dem Bildschirm sichtbar wird, aktiviert werden, d. h. es muß mit den gewünschten Attributen versehen werden. Dazu dient die Anweisung SPRITE.

Einzelheiten zeigt folgende Aufstellung:

Die BASIC-Anweisung SPRITE

Schlüsselwort	SPRITE	
Aufgabe	**Aktivieren eines Sprites**	
Fahrnetz	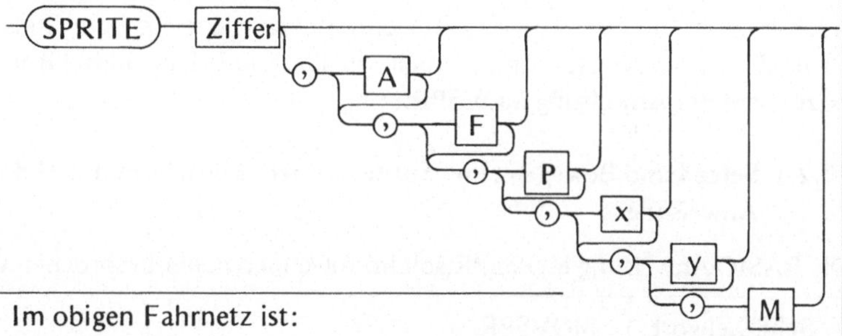 SPRITE — Ziffer — , A — , F — , P — , x — , y — , M	
Erläuterung	Im obigen Fahrnetz ist:	
	Ziffer	Ziffer des zu aktivierenden Sprite (Ziffer zwischen 1 und 8)
	A	Aktivierungscode für den gewählten Sprite 1: Sprite aktivieren Ø: Sprite inaktivieren
	F	Farbcode Farbcode für den gewählten Sprite (Zahl zwischen 1 und 16). Der Farbcode ist der gleiche, der auch für die COLOR-Anweisung gilt (vgl. Abschnitt 16.3).
	P	Prioritätscode Ø: Der Sprite soll bei Begegnung mit einem anderen Sprite *vor* diesem vorbeilaufen. 1: Der Sprite soll bei Begegnung mit einem anderen *Sprite hinter* diesem vorbeilaufen.
	x	1: Dehnen des Sprite in x Richtung. Ø: keine Dehnung des Sprite in x Richtung.
	y	1: Dehnen des Sprite in y Richtung. Ø: keine Dehnung des Sprite in y Richtung.
	M	Modus Ø: Sprite im hochauflösenden Spritemodus. 1: Sprite im Mehrfarbenmodus.

Der hochauflösende *Sprite-Modus* bzw. Mehrfarben*spritemodus* darf *nicht* mit dem hochauflösenden bzw. Mehrfarben-*Grafik-Modus* verwechselt werden.

Hochauflösende Sprites können z. B. im Mehrfarben-Grafik-Modus benutzt werden und umgekehrt.

Beispiel 17.3

Das Programm aus Beispiel 17.2 soll wie folgt um folgende SPRITE-Anweisung ergänzt werden:

3Ø SPRITE 1,1,2

d. h. der *Sprite 1* (erste 1) wird aktiviert (zweite 1) und erhält die Farbe weiß (Farbcode 2).

Zur Eingabe dieser Anweisung muß beachtet werden, daß noch der Grafikmodus eingeschaltet ist und zunächst in den Textmodus umgeschaltet werden muß. Dazu werden die Tasten F1 und RETURN gedrückt und anschließend die Anweisung eingegeben.

Dies erweiterte Programm wird durch Eingabe des Kommandos RUN zum Ablauf gebracht.

Auch jetzt ist der Sprite trotz Aktivierung noch nicht auf dem Bildschirm zu sehen. Dazu muß dem aktivierten Sprite noch ein Platz auf dem Bildschirm zugewiesen werden. Dazu dient die Anweisung MOVSPR.

17.2.3 Setzen und Bewegen eines Sprite auf dem Bildschirm mit Hilfe der MOVSPR-Anweisung

Die BASIC-Anweisung MOVSPR soll im folgenden näher besprochen werden.

Schlüsselwort	MOVSPR
Aufgabe	**Setzen und bewegen eines Sprite auf dem Bildschirm.**
Fahrnetz	—(MOVSPR)—[Ziffer]—(,)—[x]—(,)—[y]— / [±x]—(,)—[±y] / [W]—(#)—[G]

Erläuterung	Im obigen Fahrnetz ist:	
	Ziffer	Ziffer des zu aktivierenden Sprite (Ziffer 1 bis 8).
	x, y	Absolute x, y Koordinaten auf dem Bildschirm, wo der Sprite zu positionieren ist.
	±x,±y	Relative x, y Koordinaten, wo der Sprite zu positionieren ist, d. h. die x und y Koordinaten in Bezug zu den aktuellen Koordinaten, die der Sprite z. Z. einnimmt.
	W	Winkel der Bewegungsrichtung aus der Position, die der Sprite z. Z. einnimmt. Der Winkel kann zwischen 0° und 360° liegen (Gradangabe).
	G	Geschwindigkeit des Sprite auf dem Bildschirm. Es kann ein Wert zwischen Ø und 15 angegeben werden. Bei Ø steht der Sprite, bei 1 ist der Sprite am langsamsten, bei 15 am schnellsten.

Beispiel 17.4

Ergänzen Sie das Programm aus Beispiel 17.3 durch folgende MOVSPR-Anweisung:

4∅ MOVSPR 1,3∅,17∅

d.h. der Sprite 1 wird auf die Position x = 30 (nahe dem linken Bildschirmrand) und y = 170 (im unteren Bereich des Bildschirms) gesetzt.

Bringen Sie das Programm zum Ablauf (Kommando RUN), erscheint im linken unteren Bildschirmbereich das gewünschte weiße Segelschiff.

Beispiel 17.5

Das Segelschiff soll sich langsam von links nach rechts bewegen. Dazu wird das Programm aus Beispiel 17.4 durch folgende Anweisung ergänzt:

5∅ MOVSPR 1,90#1

d.h. der Sprite 1 wird aus der vorher gesetzten Position im Winkel von 90° (Waagerechte) mit der Geschwindigkeit 1 (sehr langsam nach rechts) bewegt.

Wird das Programm zum Ablauf gebracht, bewegt sich das Segelschiff wie gewünscht.

Beispiel 17.6

Möchte man das Segelboot nicht auf schwarzem, sondern blauem Untergrund bewegen (Meer), so ist die Hintergrundfarbe zu ändern. Dazu ist das Programm durch folgende COLOR-Anweisung zu ergänzen:

5 COLOR ∅,7
(Code ∅ Hintergrund, Farbcode 7 blau).

Geben Sie diese Anweisung zusätzlich ein und starten das Programm erneut, so bewegt sich ein weißes Segelschiff auf blauem Untergrund von links nach rechts.

Das vollständige Programm lautet demnach:

```
5 COLOR 0,7
10 GRAPHIC 1,1
20 BLOAD"SPR1"
30 SPRITE1,1,2
40 MOVSPR 1,30,170
50 MOVSPR 1,90#1

READY.
```

17.2.4 Weitere Sprite Anweisungen und Funktionen

17.2.4.1 BASIC-Anweisung COLLISION

Schlüsselwort	COLLISION
Aufgabe	**Die Anweisung COLLISION aktiviert bzw. inaktiviert eine Programmunterbrechung bei Kollisionen der Sprites.**
Fahrnetz	—(COLLISION)——[Code]————————— , —[Anweisungs-nummer]—
Erläuterung	*Code* Der Code definiert näher, um welche Art von Kollisionen es sich handelt, die zur Aktivierung einer Programmunterbrechung führen sollen. Es gilt:

Code	Kollisionsereignis
1	Sprite-Kollision mit anderen Sprites
2	Sprite-Kollision mit auf dem Bildschirm angezeigten Daten
3	Lichtstift (light pen) aktiv bzw. nicht aktiv

Anweisungsnummer

Die Anweisungsnummer gibt die Anweisungsnummer einer Anweisung eines Unterprogramms an, das im Fall eines Kollisionsereignisses bearbeitet werden soll. Nach der Bearbeitung des Unterprogramms wird infolge der RETURN-Anweisung ein Rücksprung vorgenommen und das Programm an der unterbrochenen Stelle fortgesetzt.

Ist *keine* Anweisungsnummer angegeben, wird die Programmunterbrechung für das angegebene Kollisionsereignis inaktiviert.

Zur Bestimmung des Sprites, der zuletzt ein Kollisionsereignis hatte, dient die BUMP-Funktion (vgl. 17.2.4.2).

| Beispiel 17.7 | ```
100   __
110   COLLISION 1, 1000
120   __
      ⋮
1000  REM TON
      ⋮
1050  RETURN
``` |

Findet in diesem Programm eine *Spritekollision mit einem anderen Sprite* (Code 1) statt, verzweigt das Programm zu einem Unterprogramm mit der Anweisungsnummer 1000. Dieses Unterprogramm dient z. B. zur Ausgabe eines Tones. Nach der Bearbeitung des Unterprogramms wird das Programm mit der Anweisung nach der Unterbrechungsstelle fortgesetzt, d. h. mit der Anweisung der Anweisungsnummer 120.
```

17.2.4.2 BASIC-Funktion BUMP

Schlüsselwort	BUMP
Aufgabe	**Die Funktion BUMP liefert eine Aussage, welches Sprite ein Kollisionsereignis hatte.**
Fahrnetz	—(BUMP)—(—[Code]—)—
Erläuterung	Die BUMP-Funktion liefert als Ergebnis eine Ziffer. (Ziffern 1 bis 8). Dies ist die Spritenummer des Sprites, der seit der letzten BUMP-Abfrage kollidiert ist. Dabei kann man zwei Arten von Kollisionen abfragen:

Eingebettete Tabelle innerhalb der Erläuterung:

Code	Kollisionsereignis
1:	Kollision mit einem anderen Sprite.
2:	Kollision mit auf dem Bildschirm angezeigten Daten (Hintergrund des bewegten Sprites).

Nach der Abfrage der BUMP-Funktion wird der Wert der Funktion auf Null gesetzt.

| Beispiel 17.8 | Vielfach möchte man aufgrund einer Kollision der Sprites verschiedene Aktionen hervorrufen. Dies ist möglich bei Verwendung einer Mehrfachverzweigung wie folgt: |

```
1000 ON BUMP (2) GOSUB 2000, 3000, 4000
```

Dies bedeutet:

Wenn drei Sprites mit den Sprite-Nummern 1,2 und 3 mit auf dem Bildschirm angezeigten Daten (Code 2 der BUMP-Funktion) kollidieren, führt dies zu Unterprogrammsprüngen (vgl. Kapitel 15). Im einzelnen gilt:

Kollidiert Sprite 1 mit angezeigten Daten, führt dies zu einem Sprung zum Unterprogramm mit der Anweisungsnummer 2000.

Kollidiert Sprite 2 mit angezeigten Daten, führt dies zu einem Sprung zum Unterprogramm mit der Anweisungsnummer 3000 usw.

17.2.4.3 BASIC-Funktion RSPPOS

Schlüsselwort	RSPPOS
Aufgabe	**Mit Hilfe der Funktion RSPPOS kann von einem vorgegebenen Sprite die aktuelle Position bzw. Geschwindigkeit ermittelt werden.**
Fahrnetz	─(RSPPOS)──(─[Code 1]──,──[Code 2]─)──
Erläuterung	*Code 1* Der Code 1 bestimmt den zu untersuchenden Sprite. Es muß an dieser Stelle die Spritenummer angegeben werden (Ziffer zwischen 1 und 8). *Code 2* Der Code 2 bestimmt, welche aktuelle Koordinate bzw. Geschwindigkeit für den durch Code 1 festgelegten Sprite ermittelt werden soll. Es gilt:

Code 2	Funktion
$\emptyset$	Ermittlung der aktuellen x-Koordinate.
1	Ermittlung der aktuellen y-Koordinate.
2	Ermittlung der aktuellen Geschwindigkeit (Wert zwischen $\emptyset$ und 15).

Beispiel 17.9

```
1Ø PRINT RSPPOS(1,Ø)
2Ø PRINT RSPPOS(1,1)
3Ø PRINT RSPPOS(1,2)
```

Hierbei gilt

Anweisungsnummer	Funktion
1Ø	Ausgabe der aktuellen x Position von Sprite 1.
2Ø	Ausgabe der aktuellen y Position von Sprite 1.
3Ø	Ausgabe der aktuellen Geschwindigkeit von Sprite 1.

17.2.4.4 BASIC-Funktion RSPRITE

Schlüsselwort	RSPRITE
Aufgabe	**Mit Hilfe der Funktion RSPRITE können von einem vorgegebenen Sprite die aktuellen Parameter ermittelt werden, die durch die SPRITE-Anweisung gesetzt wurden.**
Fahrnetz	—(RSPRITE)—(( )—[Code 1]—(,)—[Code 2]—( ))—
Erläuterung	*Code 1* Der Code 1 bestimmt das zu untersuchende Sprite. Es muß an dieser Stelle die Spritenummer angegeben werden (Ziffer zwischen 1 und 8). *Code 2* Der Code 2 bestimmt die zu ermittelnden Parameter. Es gilt:

Code 2	Funktion
Ø	Aktivierung/Nichtaktivierung des Sprite. Die Funktion liefert den Wert 1, wenn der angegebene Sprite aktiviert ist, hingegeben den Wert Ø, wenn er nicht aktiviert ist.
1	Spritefarbe Die Funktion liefert den Farbcode für den angegebenen Sprite (Wert zwischen 1 und 16 − s. COLOR-Anweisung).
2	Priorität des Sprite Die Funktion liefert den Wert Ø, wenn der angegebene Sprite Priorität über den Hintergrund hat, hingegen den Wert 1, wenn keine Priorität vorliegt.
3	Dehnung in x Richtung Die Funktion liefert den Wert 1, wenn der Sprite in x Richtung gedehnt ist, den Wert Ø, wenn keine Dehnung vorliegt.
4	Dehnung in y-Richtung Die Funktion liefert den Wert 1, wenn der Sprite in y-Richtung gedehnt ist, den Wert Ø, wenn keine Dehnung vorliegt.
5	Mehrfarbenmodus Die Funktion liefert den Wert 1, wenn für den Sprite der Mehrfarbenmodus aktiv ist, den Wert Ø, wenn dies nicht der Fall ist.

Beispiel 17.10	1Ø PRINT RSPRITE (1,1) Mit Hilfe dieser Anweisung wird der Farbcode des Sprite 1 auf dem Bildschirm angegeben.

17.2.4.5 BASIC-Anweisung SPRCOLOR

Schlüsselwort	SPRCOLOR
Aufgabe	**Mit Hilfe dieser Anweisung wird die Zusatzfarbe im Mehrfarbenmodus für alle Sprites gesetzt.**
Fahrnetz	—(SPRCOLOR)—[Farb-code 1]———, [Farb-code 2]—
Erläuterung	*Farbcode 1* Farbcode für die Zusatzfarbe 1 im Mehrfarbenmodus für alle Sprites (Wert zwischen 1 und 16). *Farbcode 2* Farbcode für die Zusatzfarbe 2 im Mehrfarbenmodus für alle Sprites (Wert zwischen 1 und 16). Der Mehrfarbenmodus ist vorher mit Hilfe der SPRITE-Anweisung einzuschalten (vgl. 17.2.2).
Beispiel 17.11	1Ø SPRITE 1,1 ,,,,, 1 2Ø SPRCOLOR 3,7 Mit Hilfe der SPRITE-Anweisung wird der Sprite 1 aktiviert und der Mehrfarbenmodus eingeschaltet. Anschließend wird mit Hilfe der SPRCOLOR-Anweisung die Zusatzfarbe 1 rot gesetzt (Farbcode 3) und die Zusatzfarbe 2 blau gesetzt (Farbcode 7).

17.2.4.6 BASIC-Funktion RSPCOLOR

Schlüsselwort	RSPCOLOR	
Aufgabe	**Mit Hilfe der Funktion RSPCOLOR kann die aktuelle Zusatzfarbe der Sprites im Mehrfarbenmodus ermittelt werden.**	
Fahrnetz	—(RSPCOLOR)—(( )—[Code]—( ))—	
Erläuterung	Mit Hilfe der SPRCOLOR-*Anweisung* kann die Zusatzfarbe im Mehrfarbenmodus der Sprites *festgelegt* werden. Mit Hilfe der *Funktion* RSPCOLOR können umgekehrt jederzeit diese Werte ermittelt werden. Es gelten folgende Codes:	
	Code	**Funktion**
	1	Ermittlung des Farbcodes der Zusatzfarbe 1 (Wert zwischen 1 und 16).
	2	Ermittlung des Farbcodes der Zusatzfarbe 2 (Wert zwischen 1 und 16).
Beispiel 17.12	1Ø PRINT RSPCOLOR(1), RSPCOLOR(2) Ausgabe der Codes der Zusatzfarben 1 und 2 eines Sprites im Mehrfarbenmodus auf dem Bildschirm.	

17.3 Shape Grafik

Shape ist das englische Wort für Gestalt, Form. Es weist somit auf eine grafische Darstellung hin.

Soll eine Grafik aus Linien (Striche, Kreise, Ellipsen usw.) aufgebaut und auf dem Bildschirm bewegt werden, wäre eine Konstruktion mit dem Sprite-Editor aufwendig. Günstiger ist folgender Weg:

- **Erzeugen eines sog. Shape durch Konstruktion einer Grafik mit Hilfe der BASIC-Anweisungen DRAW, BOX und CIRCLE.**
- **Diese binäre Bildinformation der Grafik wird einer Textvariablen zugeordnet.**
- **Die Bildinformation der Grafik (Shape) wird anschließend zum Sprite-Speicher übertragen und gespeichert.**
- **Danach kann der zum Sprite umgewandelte Shape mit Hilfe der üblichen Sprite-Anweisungen behandelt werden.**

Diese Punkte sollen der Reihe nach allgemein behandelt und an einem Beispiel demonstriert werden.

17.3.1 Erzeugen eines Shape

In einem Bildschirmbereich wird mit den BASIC-Anweisungen DRAW, BOX und CIRCLE eine Grafik dargestellt. Da diese Grafik später als Sprite behandelt werden soll, darf sie nicht umfangreicher als ein Sprite sein.

Dies bedeutet z. B. bei hochauflösender Grafik:

```
24 Bildschirmpunkte waagerecht (x-Achse)
21 Bildschirmpunkte senkrecht (y-Achse)
```

Im Mehrfarbenmodus gilt:

```
12 Bildschirmpunkte waagerecht
21 Bildschirmpunkte senkrecht
```

Um bei der Erstellung der Grafik nicht viel überlegen zu müssen, wählt man zweckmäßigerweise als Bildschirmbereich für die Grafik ein Rechteck in der linken oberen Ecke des Bildschirms mit den angegebenen maximalen Ausmaßen.

Beispiel 17.13

Es soll ein blau ausgemalter Kreis in folgendem Bildschirmbereich gezeichnet werden (vgl. Bild 17.3). Dies ist unser Shape.

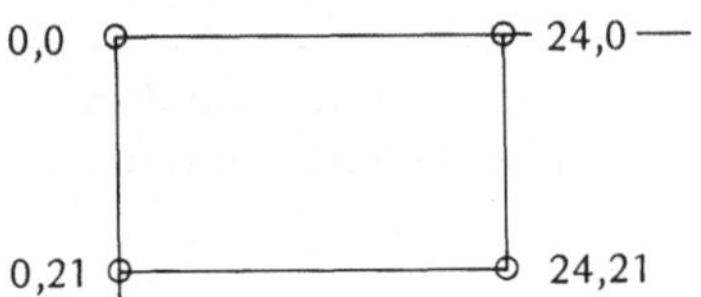

Bild 17.3 Shape-Bildschirmbereich

Der Mittelpunkt des Kreises soll in der Mitte des Shape-Bildschirmbereiches liegen, d. h. bei den Koordinaten:

$x_m = 12$ und
$y_m = 10$

Der Radius soll

$x_r = 4$

sein.

Somit ergibt sich folgendes Programm für einen blau ausgefüllten Kreis auf rotem Untergrund an der angegebenen Position:

```
10 COLOR 0,3
20 COLOR 1,7
30 GRAPHIC 1,1
40 CIRCLE,12,10,4
50 PAINT,12,10
```

Hierbei gilt:

Anweisungsnummer	Erklärung
10 20	Die Hintergrundfarbe wird rot gesetzt (Farbcode 3). Die Vordergrundfarbe wird blau gesetzt (Farbcode 7).
30	Die hochauflösende Grafik wird eingeschaltet und der Bildschirm gelöscht.
40	Der gewünschte Kreis wird gezeichnet.
50	Der Kreis wird blau ausgemalt.

Wird dieses Programm gestartet, erscheint der gewünschte Kreis in der linken oberen Ecke des Bildschirms.

Diese Grafik soll als Shape einer Textvariablen zugeordnet werden, die somit die Bildinformation binär speichert. Dazu dient die folgende BASIC-Anweisung SSHAPE.

17.3.2 BASIC-Anweisung SSHAPE

Schlüsselwort	SSHAPE
Aufgabe	**Mit Hilfe der Anweisung SSHAPE kann ein mit Figuren versehener Bildschirmbereich im Grafikmodus als binäre Bildinformation einer Textvariablen zugeordnet werden.**
Fahrnetz	──(SSHAPE)──[Textvariable]─○(,)─[x_1]─○(,)─[y_1]──○(,)─[x_2]─○(,)─[y_2]
Erläuterung	*Textvariable* Angabe einer Textvariablen, die eine Grafik eines Bildschirmbereichs als Binärinformation aufnehmen soll. *x_1, y_1-Koordinaten* Linke obere Ecke des zu übertragenden Bildschirmbereichs. *x_2, y_2-Koordinaten* Rechte untere Ecke des zu übertragenden Bildschirmbereichs. Wird keine Angabe gemacht, gilt die aktuelle Grafik-Cursor-Position. Da Zeichenketten in BASIC maximal 255 Zeichen lang sein dürfen, ist dadurch auch der übertragbare Bildschirmbereich begrenzt. Zur Abschätzung des möglichen Bildschirmbereichs gilt folgendes: Ein Zeichen besteht aus 8 Bit. Somit kann eine Zeichenkette $255 * 8 = 2040$ Bit aufweisen. Eine hochauflösende Grafik darf daher nicht mehr Bildpunkte aufweisen, d. h. für den Bildschirmbereich gilt: $\lvert x_1 - x_2 \rvert * \lvert y_1 - y_2 \rvert \leqslant 2040$ d. h. z. B., daß ein Bildschirmbereich bis zu $45 * 45$ Punkten aufweisen kann. Ist der Bildschirmbereich zu groß gewählt, wird die Fehlermeldung STRING TOO LONG ERROR ausgegeben.

Beispiel 17.14

Das vorangegangene Beispiel 17.13 wird durch folgende Anweisung ergänzt:

60 SSHAPE B$,1,1,24,21

Der der Textvariablen B$ zuzuordnende Bildschirmbereich mit seiner Grafik hat die Koordinaten

1,1 (linke obere Ecke)
24,21 (rechte untere Ecke)

Wird dieses erweiterte Programm gestartet, ergibt sich äußerlich keine Veränderung. Die nicht sichtbare Veränderung besteht darin, daß die Bildschirminformation des angegebenen Bereiches jetzt der Variablen B$ zugeordnet ist. Diese Bildschirminformation kann nun mit Hilfe der SPRSAVE-Anweisung in den Sprite-Speicher übertragen werden.

Dies zeigt der folgende Abschnitt.

17.3.3 BASIC-Anweisung SPRSAVE

Schlüsselwort	SPRSAVE
Aufgabe	**Mit Hilfe der SPRSAVE-Anweisung kann eine als Zeichenkette gespeicherte Bildinformation im SPRITE-Speicher abgelegt werden.** Die Bildinformation kann dann anschließend wie ein Sprite behandelt werden, d. h. die SPRITE-Anweisungen und Funktionen können auf die erstellte SHAPE-Grafik angewendet werden. Umgekehrt besteht die Möglichkeit, ein Sprite aus dem zugeordneten Speicherbereich einer Textvariablen zuzuordnen. Anschließend kann dieses SPRITE wie ein SHAPE behandelt werden.
Fahrnetz	SPRSAVE → Ziffer → , → Text-variable / Text-variable → , → Ziffer
Erläuterung	*Ziffer* Die Ziffer gibt die Nummer an, die der Sprite einnimmt bzw. einnehmen soll. *Textvariable* Textvariable, die die binäre Bildinformation aufnimmt bzw. aufnehmen soll. Im oberen Zweig des Fahrnetzes wird der Sprite mit der angegebenen Kennziffer der folgenden Textvariablen zugeordnet. Im unteren Zweig des Fahrnetzes wird die binäre Bildinformation, die der Textvariablen zugeordnet ist, einem Sprite mit der angegebenen Ziffer zugeordnet.

Beispiel 17.15

Das Beispiel 17.14 wird durch folgende Anweisung ergänzt:

7Ø SPRSAVE B$,1

Die in der Textvariablen B$ gespeicherte Bildinformation wird im Speicherbereich für Sprite 1 gespeichert. Nun können auf diesen Sprite 1 die bekannten Sprite-Anweisungen angewendet werden.

17.3.4 Bewegung des Shapes

Beispiel 17.16
Es werden die Bewegungen des Sprites aus Beispiel 17.4 und 17.5 übernommen. Das Programm aus
Beispiel 17.15 wird somit wie folgt ergänzt:

```
8Ø SPRITE 1,1,7
 9Ø MOVSPR 1,3Ø,17Ø
1ØØ MOVSPR 1,9Ø#1
```

Hierbei ist:

Anweisungsnummer	Erläuterung
8Ø	Aktivierung des Sprite 1 mit der Farbe blau (Farbcode 7).
9Ø	Bewegen des Sprite 1 zum Punkt x = 30 und y = 170.
1ØØ	Bewegen des Sprite 1 vom vorher festgelegten Anfangspunkt unter einem Winkel von 90° mit der Geschwindigkeit 1.

Das vollständige Programm lautet:

```
10 COLOR 0,3
20 COLOR 1,7
30 GRAPHIC 1,1
40 CIRCLE,12,10,4
50 PAINT,12,10
60 SSHAPE B$,1,1,24,21
70 SPRSAV B$,1
80 SPRITE 1,1,7
90 MOVSPR 1,30,170
100 MOVSPR 1,90#1
```

Shapes lassen sich nicht nur durch die Sprite-Anweisung MOVSPR auf dem Bildschirm bewegen, sondern auch durch die Anweisung GSHAPE, die im folgenden Abschnitt besprochen wird.

17.3.5 BASIC-Anweisung GSHAPE

Schlüsselwort	GSHAPE
Aufgabe	**Mit Hilfe der Anweisung GSHAPE kann eine in einer Textvariablen gespeicherte Bildinformation auf dem Grafikbildschirm an einer bestimmten Stelle ausgegeben und somit bewegt werden.**
Fahrnetz	—(GSHAPE)—[Textvariable]——(,)—[x]—(,)—[y]—(,)—[Code]—
Erläuterung	*Textvariable* Textvariable, der eine binäre Bildschirminformation eines Bildschirmbereichs zugeordnet ist. *x, y-Koordinate* Koordinate der linken oberen Ecke des Bildschirmbereichs, bei der der linke obere Eckpunkt der in der Textvariablen gespeicherten Bildschirmgrafik dargestellt werden soll. *Code* Folgende Codes sind möglich:

Code	Funktion
Ø	Abbildung, so wie gespeichert.
1	*Invertierte* Abbildung der gespeicherten Grafik (Tausch von Vordergrund- und Hintergrundfarbe).
2	*Überlagerung* der gespeicherten Grafik mit der auf dem Bildschirm vorhandenen Grafik in Form eines *logischen ODER* der Bildpunkte.
3	*Überlagerung* der gespeicherten Grafik mit der auf dem Bildschirm vorhandenen Grafik in Form eines *logischen UND* der Bildpunkte.
4	*Überlagerung* der gespeicherten Grafik mit der auf dem Bildschirm vorhandenen Grafik ohne diese zu verändern (insbesondere keine Löschung von Bildpunkten).

18 Musik und Tonerzeugung mit dem Commodore C 128

Der Commodore C 128 bietet die Möglichkeit, Töne über das angeschlossene Fernsehgerät auszugeben. Diese Möglichkeit dient vor allem zum

- Programmieren von Musikstücken bzw. zum
- Erzeugen von Klangeffekten.

    Die Klangeffekte werden gern benutzt, um den

    — Benutzer bei der Arbeit mit dem Computer aufmerksam zu machen, zu warnen (falsche Bedienung) u.dgl. oder aber
    — Bildschirmausgaben mit Klängen zu untermalen
      (z.B. bei richtigen Ergebnissen erklingt eine fröhliche Melodie, bei falschen Ergebnissen eine traurige Melodie).

Sinn der folgenden Abschnitte ist es, den prinzipiellen Weg zu zeigen, wie Töne mit Hilfe des Computers erzeugt werden.

Da nicht davon ausgegangen werden kann, daß musikalische Kenntnisse vorhanden sind, soll zunächst kurz in die Notenschrift eingeführt werden. Unter zu Hilfenahme dieses Abschnittes lassen sich dann später auf einfache Weise Musikstücke von der Notenschreibweise in ein entsprechendes BASIC-Musikprogramm umsetzen.

18.1 Einführung in die Notenschrift

- Liniensystem der Noten
  Noten werden in einem Liniensystem von fünf Linien geschrieben (vgl. Bild 18.1).

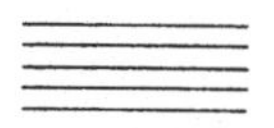

Bild 18.1 Liniensystem der Noten

- Notenschlüssel
  Am Anfang des Liniensystems steht der Violinschlüssel oder Baßschlüssel (vgl. Bilder 18.2 und 18.3):

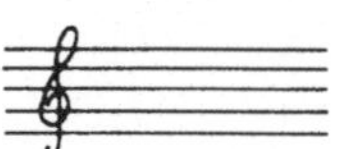

Bild 18.2 Violinschlüssel

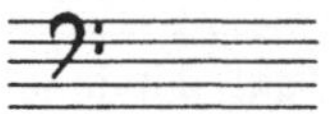

Bild 18.3 Baßschlüssel

● Noten
Die Noten geben im Liniensystem augenfällig die Tonhöhe und die Tondauer an. Ihnen
werden innerhalb sog. Oktaven Buchstaben zugeordnet. Für die Noten im Violinschlüssel gelten für die meist benutzten ein- bzw. zweigestrichenen Oktaven folgende Noten
(vgl. Bild 18.4):

● Die Werte der Noten (Tondauer):
    ○ Ganze Note
    ♩ Halbe Note
    ♩ Viertel Note
    ♪ Achtel Note

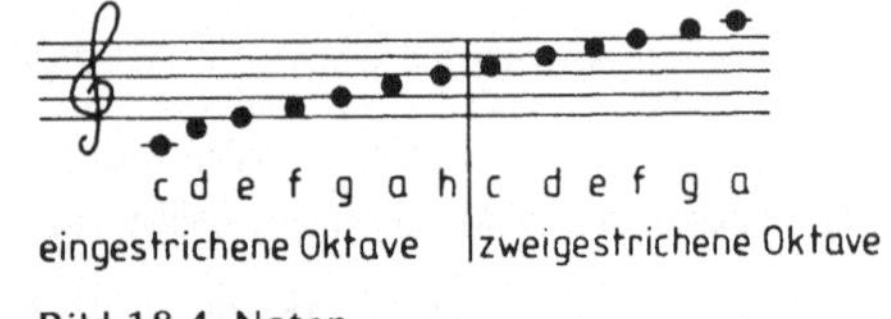

Bild 18.4 Noten

● Die Oktaven von unten nach oben:
    1. Subkontra Oktave
    2. Kontra Oktave
    3. Große Oktave
    4. Kleine Oktave
    5. eingestrichene Oktave
    6. zweigestrichene Oktave
    7. dreigestrichene Oktave
    8. viergestrichene Oktave

Die sieben Noten

    c d e f g a h

wiederholen sich zyklisch in ihrer Reihenfolge in den einzelnen Oktaven.

Die Oktaven legen somit die relativen Tonhöhen der sieben Noten fest.

● Die Werte der Pausen (vgl. Bild 18.5):

Ganze Halbe Viertel Achtel
Pause Pause Pause   Pause

Bild 18.5 Pausen

● Takt:
Jedes Musikstück wird in Abschnitte geteilt. Sie werden Takte genannt. Die Takte wer-
den durch *Taktstriche* voneinander getrennt. Der Takt wird ebenfalls am Anfang des
Liniensystems der Noten angegeben. Es bedeutet z.B.:

C	4/4 Takt, d.h. in jedem Takt sind vier Viertel enthalten.
$\frac{3}{4}$	3/4 Takt, d.h. in jedem Takt sind drei Viertel enthalten.

Dies soll zur Einführung genügen.

Beispiel 18.1

Sie sollen in den folgenden Abschnitten am Beispiel des bekannten Kinderliedes

"Summ, summ, summ, Bienchen, summ herum"

befähigt werden, aus vorgegebenen Noten ein BASIC-Musikprogramm zu erstellen.
Die Noten dieses Beispiels zeigt Bild 18.6.

Bild 18.6 Noten des Kinderliedes ,Summ, summ, summ, Bienchen summ herum' *mit* zusätzlicher
Buchstabenangabe (vgl. Bild 18.4).

18.2 Mehrstimmige Musik

Die meisten Mikrocomputer besitzen mehrere *Tongeneratoren*. In der Musik spricht man
dabei von *Stimmen* (z.B. beim Spielen auf dem Klavier mit *zwei* Händen). Sie sind i.a.
völlig unabhängig voneinander und können gleichzeitig eingesetzt werden.

Der Commodore C128 besitzt z.B. insgesamt die Möglichkeit, dreistimmig Töne zu
erzeugen.

Da sich die Programmierung der einzelnen Tongeneratoren im Prinzip nicht unterscheidet,
wird die Programmierung von Musik nur am Beispiel eines einzelnen Tongenerators
demonstriert.

18.3 Klangeinstellung der Tongeneratoren

Der Klang eines Tones hängt im wesentlichen von folgenden Eigenschaften ab:

- Tonhöhe (Frequenz des Tones)
- Tondauer (Länge des Tones)
- Lautstärke
- Anschlag und
- Klangfarbe

Zur Klangeinstellung müssen die Tongeneratoren des Computers die Möglichkeit bieten,
die Tonhöhe, die Tondauer, die Lautstärke, die Klangfarbe und den Anschlag programmgesteuert einstellen zu können.

Insbesondere die Klangfarbe und die Art des Anschlags sind dafür verantwortlich, daß das
Gehör unterschiedliche Musikinstrumente unterscheiden kann. Sie spielen somit neben
den elementaren Einstellungen der Tonhöhe, Tondauer und Lautstärke eine wichtige
Rolle und müssen somit einstellbar sein.

Zum Einstellen der gewünschten Eigenschaften dienen i.a. dem jeweiligen Tongenerator
zugeordnete *Register*. Dies sind Speicher, in denen man für den Tongenerator die gewünschte Tonhöhe, Tondauer, Lautstärke usw. ablegt.

Mit Hilfe geeigneter Anweisungen werden die Werte in den entsprechenden Registern gespeichert.

- Zum Spielen definierter *Tonfolgen* (Musikstücke) dient dabei in erster Linie die Anweisung PLAY.
- Zum Erzeugen von *Ton-* und *Klangeffekten* dient hingegen in erster Linie die Anweisung SOUND.

Die Arbeitsweise dieser Anweisungen soll in den folgenden Abschnitten näher besprochen werden.

18.4 BASIC-Anweisung PLAY

Schlüsselwort	PLAY
Aufgabe	**Programmierung von Tonfolgen (Musikstücken).**
Fahrnetz	──(PLAY)──(")──[Zeichenkette]──(")
Erläuterung	Die Zeichenkette enthält im *wesentlichen* die Abfolge der Noten des Musikstückes in Form von Buchstaben, aber auch die Angaben bezüglich Lautstärke, Zahl der Stimmen und gewählter Oktave.

Noten N

Die Noten kennzeichnen die Tonhöhe eines Tones.

Die Noten wiederholen sich zyklisch in ihrer Reihenfolge in den einzelnen Oktaven. Daher sind zur Kennzeichnung der relativen Tonhöhen innerhalb einer Oktave nur sieben Noten notwendig. Diese werden wie folgt mit Großbuchstaben angegeben:

C D E F G A B

Dies deckt sich mit der in der Musik üblichen Angabe bis auf den Buchstaben B. Hier gilt:

Das B steht für die Note h.

Oktaven O

Die jeweilige Oktave, die die relative Tonhöhe aller sieben Noten festlegt, wird durch den O-Befehl eingestellt.

Der O-Befehl hat folgende Syntax:

On

Der O-Befehl steht vor allen Noten, die in dieser Oktave liegen. Hierbei ist n eine Ziffer zwischen ∅ und 6. Diese Ziffer legt die Oktave fest, die für alle folgenden Noten in der Zeichenkette gilt, bis eventuell die Oktave geändert wird.

Die Oktaven O4, O5 und O6 sind die gebräuchlichen Oktaven. Voreingestellt ist der Wert 4.

> **Stimme V**
>
> Es muß mindestens einer der drei Tongeneratoren (Stimme) zur Ausgabe der Töne bestimmt werden.
>
> Es können aber auch gleichzeitig mehrere Stimmen mit unterschiedlichen Tonfolgen gesetzt werden.
>
> ---
>
> **Der V-Befehl hat folgende Syntax:**
>
> | Vn |
>
> Hierbei ist n eine Ziffer zwischen 1 und 3 für die drei Tongeneratoren (Stimme). Der V-Befehl gilt ebenfalls für <u>alle</u> folgenden Noten in der Zeichenkette (bis zu einer eventuellen Änderung).
>
> ---
>
> **Lautstärke U**
>
> Es muß die Lautstärke für alle Töne festgelegt werden. Dazu dient der U-Befehl.
>
> ---
>
> **Der U-Befehl hat folgende Syntax:**
>
> | Un |
>
> Hierbei ist n eine Ziffer zwischen $\emptyset$ und 9. Voreingestellt ist hier der Wert 9 (höchste Lautstärke). Der U-Befehl gilt für <u>alle</u> folgenden Noten in der Zeichenkette (bis zu einer eventuellen Änderung).
>
> ---
>
> Die mittlere Lautstärke liegt zwischen 5 und 7.

Für *einfache* Fälle ergibt sich folgende Syntax für die Programmierung von Musik:

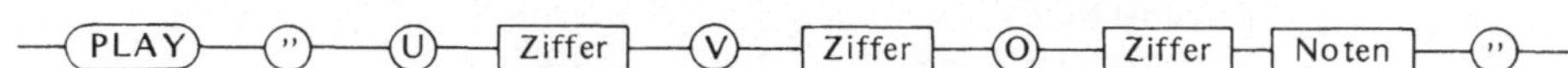

Beispiel 18.2

Es soll die Tonleiter gespielt werden. Dazu dient folgendes Programm:

```
1Ø PLAY"U7V1O4CDEFGABO5C"
```

Es wird somit mit der Lautstärke 7 mit der 1. Stimme in der Oktave 4 die Tonleiter gespielt. Der oben abschließende Ton (hohes C) gehört schon zur nächsten Oktave und wird durch ein vorangestelltes O5 in der höheren Oktave gespielt (O5 wurde *nur zur Kennzeichnung* unterstrichen. Dies ist im eigentlichen Programm nicht der Fall).

● **Einstellung der Notenwerte**

Durch entsprechende Parameter *vor* den jeweiligen Noten lassen sich diese in der
PLAY-Anweisung wie folgt variieren:

Noten-parameter	Bedeutung für die folgenden Noten (die Parameter gelten bis zur nächsten Änderung)
W	ganze Note
H	halbe Note
Q	viertel Note
I	achtel Note
S	sechzehntel Note
•	punktierte Note (Hälfte des jeweiligen Notenwertes)
#	Note um Halbton höher
$	Note um Halbton tiefer
"R"	Pause (Ton wird gehalten)
M	Warten, bis die z.Z. spielende Musik beendet ist.

Beispiel 18.3

Note im Programm	Erläuterung
WC	Ganze Note c
HD	Halbe Note d
QE	Viertel Note e
IF	Achtel Note f
SG	Sechzehntel Note g
.A	Punktierte Note a
#B	Note h um Halbton höher
$C	Note c um Halbton tiefer

Diese Notenparameter lassen sich auch kombinieren, wenn es um Tondauer und Tonhöhe
geht.

Beispiel 18.4

Note	Erläuterung
.HC	Punktierte halbe Note c.
Q#D	Viertel Note d um einen Halbton höher.
I$E	Achtel Note e um einen Halbton tiefer.

Beispiel 18.5

Es soll das in Abschnitt 18.1 beispielhaft angegebene bekannte Kinderlied „Summ, summ, summ, Bienchen, summ herum" (Beispiel 18.1) mit Hilfe der PLAY-Anweisung programmiert werden. Laut Bild 18.6 ergibt sich folgende Tabelle:

Noten	Notenwert	Code in der PLAY-Anweisung	Fortsetzung der Noten	Notenwert	Code in der PLAY-Anweisung
g	1/2	HGF	e	1/4	EFGE
f	1/2		f	1/4	(Notenwerte
e	1/1	WE	g	1/4	s. vorher)
d	1/4	QDEFD	e	1/4	
e	1/4		d	1/4	-DEFD
f	1/4		e	1/4	(Notenwerte
d	1/4		f	1/4	s. vorher)
c	1/1	WC	d	1/4	
e	1/4	QEFGE	g	1/2	HGF
f	1/4		f	1/2	
g	1/4		e	1/1	WE
e	1/4		d	1/4	QDEFD
d	1/4	DEFD	e	1/4	
e	1/4	Notenwert Q)	f	1/4	
f	1/4	gilt noch vom	d	1/4	
d	1/4	vorherigen Takt)	c	1/1	WC

Die Tabelle ist entsprechend der Reihenfolge der Noten von oben nach unten und von links nach rechts zu lesen.

Dieses Stück soll mit der Lautstärke 7 mit der 1. Stimme in der Oktave 5 gespielt werden. Es ergibt sich folgendes Programm:

```
50 PLAY"U7V1O5HGFWEQDEFDWCQEFGEDEFDEFGEDEFDHGFWEQDEFDWC"
```

Es ist ersichtlich, daß in der PLAY-Anweisung die Codierung des Musikstückes für das Programm aus einer Zeichenkette besteht (max. 255 Zeichen).

● **Voreingestellte Klanghüllkurven**

Außerdem läßt sich in der PLAY-Anweisung das *Klangbild* mit Hilfe voreingestellter Klanghüllkurven bestimmen.

Dazu dient der Parameter Tn. Hierbei ist n eine Ziffer zwischen Ø und 9. Die folgende Tabelle zeigt die Zuordnung der Parameter zu voreingestellten Klangbildern.

Parameter Tn	Klangbild
Ø	Klavier (*voreingestellt*)
1	Akkordeon
2	Zirkusorgel
3	Trommel
4	Flöte
5	Gitarre
6	Cembalo
7	Orgel
8	Trompete
9	Xylophon

Das einfache Syntaxidagramm ist bei Angabe des Klangbildes wie folgt zu ergänzen:

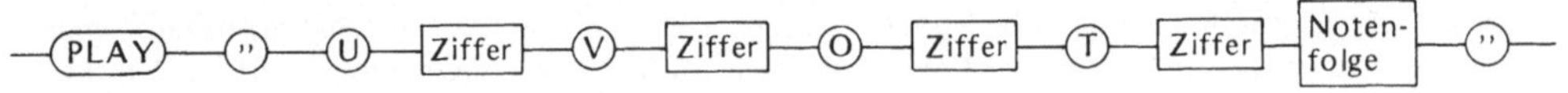

Beispiel 18.6

Das vorhergehende Beispiel 18.5 wird um den Parameter T1 für das Akkordeon ergänzt.
Es ergibt sich folgendes Programm:

```
50 PLAY"U7V105T1HGFWEQDEFDWCQEFGEDEFDEFGEDEFDHGFWEQDEFDWC"
```

- **Einsatz individueller Klangfilter**

  Anstelle der voreingestellten Klanghüllkurven lassen sich auch *individuelle* Parameter
  zur Einstellung von Klangbildern mit Hilfe von Klangfiltern angeben. Dies geschieht
  programmgesteuert mit Hilfe der FILTER-Anweisung (vgl. Abschnitt 18.4.1). Diese
  vor dem Einsatz in der PLAY-Anweisung zu definierende Filterfunktion kann in der
  PLAY-Anweisung ein- bzw. wieder ausgeschaltet werden. Dazu dient in der PLAY-
  Anweisung der Parameter Xn. Es gilt:

Paramter Xn	Bedeutung
1	Vorher definierte Filterkurve einschalten.
Ø	Eingeschaltete Filterkurve wieder ausschalten.

Bei *individueller* Klangfiltergestaltung tritt der Parameter X üblicherweise an die Stelle
des Parameters T im Syntaxdiagramm, der bekanntlich *voreingestellte* Klanghüllkurven
beschreibt.

18.4.1 BASIC-Anweisung FILTER

Schlüsselwort	FILTER
Aufgabe	**Mit Hilfe der Anweisung FILTER können die Parameter von Klangfiltern gesetzt werden, die die erzeugten Töne beeinflussen.**
Fahrnetz	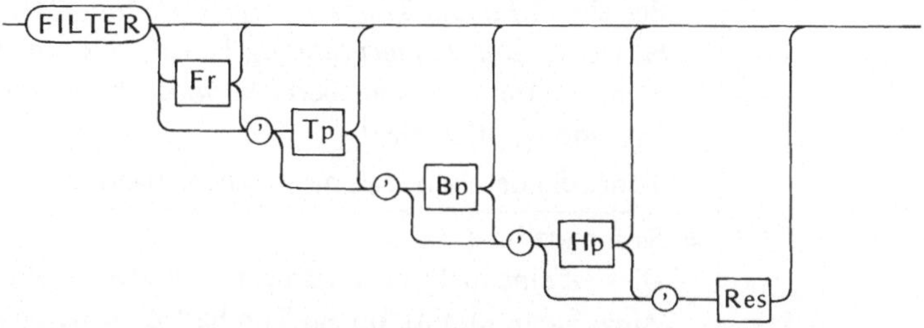 FILTER — Fr — Tp — Bp — Hp — Res
Erläuterung	Ein Ton besteht im allgemeinen aus einer Vielzahl von Schwingungen (Frequenzen). Man spricht von einem Frequenzband. Teile dieses Frequenzbandes können durch Filter gedämpft werden. Dadurch ändert sich die Klangfarbe.
	Es gibt im Prinzip folgende drei Filtertypen: • Tiefpaß 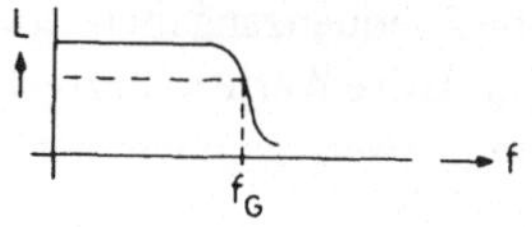 Bei einem *Tiefpaß* werden *tiefe Töne* in der Lautstärke L *unverändert* durchgelassen, hohe Töne hingegen gedämpft. (Die Lautstärke wird verringert.) Die Frequenz, die bei einem *bestimmten Abfall* der Lautstärke vorhanden ist, ist die sog. *Grenzfrequenz* f_G. Töne, die den Tiefpaß passieren, klingen tief, dumpf und voluminös.
	• Hochpaß 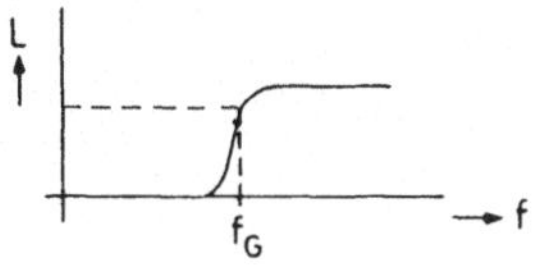 Bei einem *Hochpaß* werden die *hohen Töne* in der Lautstärke *unverändert* durchgelassen, die tiefen Töne hingegen gedämpft. (Die Lautstärke wird verringert.) Die Frequenz, die bei einem bestimmten Abfall der Lautstärke vorhanden ist, ist die sog. *Grenzfrequenz* f_G. Töne, die den Hochpaß passieren, klingen hoch, spitz und dünn.

- Bandpaß

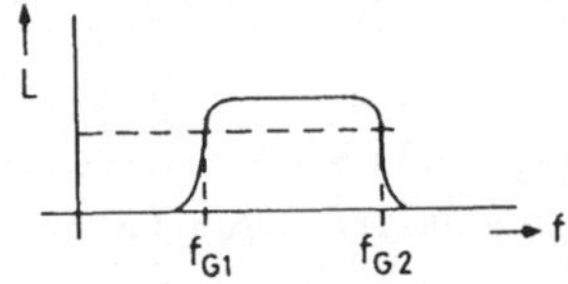

Bei einem *Bandpaß* werden nur Töne innerhalb eines *Frequenz-bereiches ungehindert* durchgelassen, alle anderen werden ge-dämpft. Der Frequenzbereich wird durch die Grenzfrequenz f_{G1} und f_{G2} festgelegt.

Töne, die den Bandpaß passieren, klingen hohl.

- Resonanz
Dies ist eine mehr oder weniger große Überhöhung einer Schwingung. Sie bestimmt, ob ein Ton hart oder weich klingt.

Diese genannten Parameter lassen sich mit Hilfe der Anweisung FILTER festlegen.

Es gilt im Fahrnetz:

- Frequenz Fr
Dies ist die Grenzfrequenz der Filter. Die Werte sind ganzzahlig und liegen zwischen $\emptyset$ und 2047.

Diese Werte sind keine Frequenzangaben, sondern nur Bereichs-ausgaben von Werten (relative Werte in bezug zu den Frequenzen). Die tatsächlichen Frequenzen ergeben sich etwa aus der Gleichung:

f = 6 * Bereichswert.

- Tiefpaß Tp
Ein- bzw. ausschalten des Tiefpasses.
- Hochpaß Hp
Ein- bzw. ausschalten des Hochpasses
- Bandpaß Bp
Ein- bzw. ausschalten des Bandpasses.

Für alle Filter gilt:

1	Einschalten des Filters
$\emptyset$	Ausschalten des Filters

- Resonanz Res
Die Werte sind ganzzahlig und liegen zwischen $\emptyset$ und 15.

Die Filter lassen sich nicht nur einzeln einschalten. Es sind beliebige Kombinationen möglich.

Beispiel 18.7

Es soll das Beispiel 18.1 (Spielen der Tonleiter) mit Hilfe der Anweisung FILTER verändert werden, um die Unterschiede bei unterschiedlichen Filtereinstellungen hören zu können. Dazu dient folgendes Programm:

```
10 PRINT"MENUE"
20 PRINT"====="
30 PRINT"1 KEIN FILTER"
40 PRINT"2 TP"
50 PRINT"3 BP"
60 PRINT"4 HP"
70 INPUT"WAHL";Z
80 ON Z GOTO 100,200,300,400
100 PLAY"U7V104X0CDEFGABO5C"
110 GOTO 600
200 FILTER 300,1,0,0,10
210 GOTO 500
300 FILTER 1000,0,1,0,10
310 GOTO 500
400 FILTER 2000,0,0,1,10
500 PLAY"U7V104X1CDEFGABO5C"
600 END
```

Anweisungs-nummer	Erläuterung
1Ø bis 7Ø	Menü mit Wahl des Filtertyps, um die Änderung schnell vornehmen zu können (möglichst direkter akustischer Vergleich der Änderung).
1ØØ	Tonleiter ohne Filter (Filter ausgeschaltet: XØ, siehe PLAY-Anweisung).
2ØØ	Tonleiter mit Tiefpaß Grenzfrequenz 3ØØ. Dieser Wert ist keine Frequenzangabe, sondern ein Teil des angebbaren Bereiches von Ø bis 2047[1] und somit ein relativer Wert. Der Wert 3ØØ liegt im unteren angebbaren Bereich. Es werden beim Tiefpaß überwiegend tiefe Frequenzen durchgelassen.
3ØØ	Tonleiter mit Bandpaß Grenzfrequenz 1ØØØ (etwa die angebbare Bereichsmitte).[1]
4ØØ	Tonleiter mit Hochpaß Grenzfrequenz 2ØØØ (oberer angebbarer Bereich).[1] Es werden überwiegend hohe Frequenzen durchgelassen.
5ØØ	Tonleiter mit eingeschaltetem Filter (X1, vgl. PLAY-Anweisung).

[1] Die tatsächliche Grenzfrequenz f_G ergibt sich in etwa aus der Gleichung $f_G \approx$ Bereichswert $* 6$.

18.4.2 BASIC-Anweisung TEMPO

Schlüsselwort	TEMPO
Aufgabe	**Mit Hilfe der Anweisung TEMPO wird das Spieltempo festgelegt.**
Fahrnetz	──(TEMPO)──│ Ganze Zahl │──
Erläuterung	Die Noten können unterschiedlich lange gehalten werden. Diese Dauer kann mit Hilfe der Anweisung TEMPO festgelegt werden, indem die nachfolgende Zahl verändert wird. Diese Zahlen, die zwischen 0 und 255 liegen können, bestimmen nur eine *relative* Dauer. Die tatsächliche Dauer liegt bei ca. $$\text{Dauer} \approx \frac{20}{\text{angegebene ganze Zahl}} \text{ Sekunden}$$ Wird kein Wert angegeben, so ist der Wert 8 voreingestellt.

Beispiel 18.8	Das Tempo des Liedes aus Beispiel 18.5 soll verändert werden. Geben Sie dazu zusätzlich die folgende Anweisung ein:
	 `10 TEMPO 30`
	 Das Lied wird wesentlich schneller gespielt.
	 Das gesamte Programm lautet:
	 `10 TEMPO 30`
	 `50 PLAY"U7V10ST1HGFWEQDEFDWCQEFGEDEFDEFGEDEFDHGFWEQDEFDWC"`

18.5 BASIC-Anweisung SOUND

Schlüsselwort	SOUND
Aufgabe	**Programmieren von Geräuschen und Klangeffekten.**
Fahrnetz	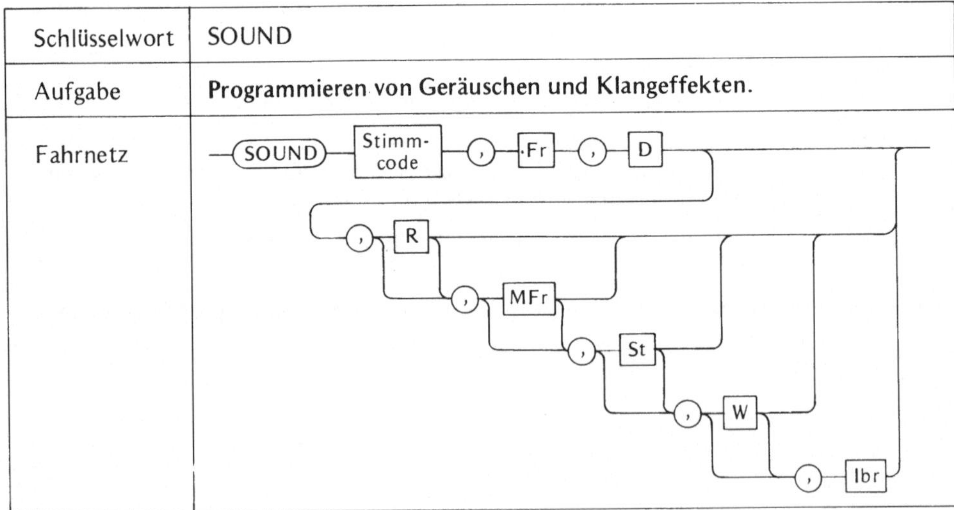

| Erläuterung | • *Stimmcode* |
| | Angabe des gewünschten Tongenerators. Es sind folgende Code-werte möglich: |

Code	Bedeutung
1	Tongenerator 1 (Stimme 1)
2	Tongenerator 2 (Stimme 2)
3	Tongenerator 3 (Stimme 3)

• *Frequenz Fr*

Angabe der Frequenz des Tons. Die möglichen Parameterwerte liegen zwischen $\emptyset$ und 65535, die Frequenzen zwischen ca. $\emptyset$ und 4 KHz.
Angegeben wird ein ganzzahliger Parameterwert.

• *Dauer D*

Angabe der Tondauer. Die möglichen Parameterwerte liegen zwischen $\emptyset$ und 32767. Dies sind Rechenzeittakte. Die tatsächliche Dauer eines Tons in Sekunden ergibt sich aus dem gewählten Parameterwert, der durch $6\emptyset$ zu dividieren ist.

Diese drei Kenngrößen *müssen* immer angegeben werden.

Die im Syntaxdiagramm folgenden Parameter *können* angegeben werden, müssen es aber nicht.

Man erkennt ferner, daß die SOUND-Anweisung nur *einen* Ton kennzeichnen kann. Eine längere Tonfolge wäre aufwendig zu programmieren. Somit wird diese Anweisung vorzugsweise für Klangeffekte benutzt, bei der *wenig* Töne benötigt werden, die aber eventuell häufig in einer Programmschleife variiert und wiederholt werden.

Der Vorteil der SOUND-Anweisung ist die Beeinflussung des einzelnen Tons über Parameter, die im folgenden beschrieben werden.

• Richtung R
Angabe der Richtung der Klangstufen.

Folgende Möglichkeiten sind vorhanden:

Code	Bedeutung
$\emptyset$	Zunehmende Klangstufen (Schwingungszahl bzw. Frequenz steigt).
1	Abnehmende Klangstufen (Schwingungszahl bzw. Frequenz sinkt).
2	Oszillierende Klangstufen (schwingt zwischen zwei Frequenzwerten hin und her).

Wird kein Wert angegeben, ist der Code $\emptyset$ voreingestellt.

- Maximalfrequenz MFr
  Angabe der Maximalfrequenz für anschwellende Klangeffekte.

  Der *Parameterwert* liegt zwischen $\emptyset$ und 65535. Dies ist nicht die absolute Frequenz (vgl. Pkt. Frequenz Fr).

  Wird kein Wert angegeben, ist der Wert $\emptyset$ voreingestellt (keine anschwellende Klangeffekte).

- Stufe St
  Angabe der Zeitdauer für gestufte Klangeffekte.

  Der *Parameterwert* liegt zwischen $\emptyset$ und 32767. Dies ist nicht die absolute Zeitdauer (vgl. Pkt. Dauer D).

- Wellenform W
  Angabe der gewünschten Wellenform.

  Der Parameterwert liegt zwischen $\emptyset$ und 3 und hat folgende Bedeutung:

Code	Bedeutung	Form
$\emptyset$	Dreieck	
1	Sägezahn	
2	Rechteck	
3	Rauschen	

Durch die Wahl der Wellenform des Tongenerators kann man den Oberwellenreichtum des Tones bestimmen und somit seine Klangfarbe.

Oberwellen sind Frequenzvielfache zur Grundwelle eines Tons, die bei bestimmter Wellenform zusätzlich erzeugt werden.

Das Dreieck enthält weniger Oberwellen als der Sägezahn bzw. das Rechteck.

Das Rauschen enthält alle möglichen Oberwellen in etwa gleicher Stärke. Diese Oberwellen können durch die Wahl von Filtern (s. Anweisung FILTER) noch variiert werden.

- Impulsbreite Ibr
  Wählt man als Wellenform das *Rechteck*, so ist außerdem die Impulsbreite anzugeben, d.h. die Breite des Impulses im Vergleich zur Periodendauer, während der der Tongenerator ein- bzw. ausgeschaltet ist.

  Mögliche Werte liegen zwischen $\emptyset$ und 4095. Bei einem Wert von 4095/2 ist die Impulsbreite so groß wie die Impulspause.

Beispiel 18.9

```
1Ø FOR FR =Ø TO 65535
2Ø SOUND 1,FR,1
3Ø NEXT   FR
```

In dieser Programmschleife wird ein Ton mit dem Tongenerator 1 erzeugt.
Die Frequenz des Tons durchläuft *alle* möglichen Werte.
Die Tondauer ist extrem kurz (Wert 1).
Der Wert Ø konnte nicht gewählt werden, da sonst der Ton gehalten wird.

Beispiel 18.10

Es soll mit zwei Tongeneratoren gearbeitet werden. Bei einem soll die Tonhöhe steigen, beim anderen abfallen. Das obige Programm wird entsprechend geändert.

```
10 FOR FR=700 TO 1000
20 SOUND 1,FR,1
30 SOUND 2,1000-FR,1
40 NEXT FR
```

Das Geräusch erinnert an ein Flugzeug.

18.6 BASIC-Anweisung VOL

Schlüsselwort	VOL
Aufgabe	**Mit Hilfe der Anweisung VOL kann die Lautstärke eingestellt werden. Dies ist insbesondere für die SOUND-Anweisung wichtig. Sie kann aber auch für die PLAY-Anweisung verwendet werden, obwohl dort schon eine Angabe der Lautstärke in der Zeichenkette möglich ist.**
Fahrnetz	──(VOL)──┤ Ganze Zahl ├──
Erläuterung	Die ganze Zahl kann zwischen Ø und 15 liegen. Die kleinste Lautstärke ist 1, die größte 15. Der Wert Ø schaltet die Tonausgabe aus. Die Lautstärke gilt *gleichzeitig* für *alle* Tongeneratoren.

18.7 BASIC-Anweisung ENVELOPE

Schlüsselwort	ENVELOPE
Aufgabe	Mit Hilfe dieser Anweisung kann eine Klangfarbe (Hüllkurve) gewählt werden, die bestimmten Musikinstrumenten zugeordnet ist. Diese kann mit Hilfe von Parametern noch nach Wunsch verändert werden.
Fahrnetz	ENVELOPE — Code — , An — , Ab — , Ha — , Au — , W — , Ibr
Erläuterung	*Code* Codenummer der Hüllkurve (Klangbild des Instruments)

Code	Instrument
0	Klavier
1	Akkordeon
2	Zirkusorgel
3	Trommel
4	Flöte
5	Gitarre
6	Cembalo
7	Orgel
8	Trompete
9	Xylophon

Die Hüllkurven für diese Instrumente sind voreingestellt und können mit dem Parameter T in der PLAY-Anweisung gewählt werden.

Die standardmäßig angenommenen Werte für An, Ab, Ha, Au, W und Ibr können nun jedoch mit der Anweisung ENVELOPE individuell verändert werden. Es gelten im einzelnen für die Parameter der Anweisung ENVELOPE folgende Wertebereiche:

- Anschlagzeit   An (Wert: 0 bis 15)
- Abschwellzeit Ab (Wert: 0 bis 15)
- Haltezeit   Ha (Wert: 0 bis 15)
- Ausklingzeit   Au (Wert: 0 bis 15)
- Wellenform des Tongenerators W

Code	Wellenform
Ø	Dreieck
1	Sägezahn
2	Rechteck
3	Rauschen
4	Ringmodulation

- Impulsbreite Ibr (Wert: Ø bis 4095)
  Sie ist *nur* für *Rechteck*wellenformen anzugeben.

Werden bestimmte Werte nicht angegeben, so gelten die *standardmäßig* spezifizierten Parameter wie folgt:

Code	An	Ab	Ha	Au	W	Ibr
Ø	Ø	9	Ø	Ø	2	1536
1	12	Ø	12	Ø	1	
2	Ø	Ø	15	Ø	Ø	
3	Ø	5	5	Ø	3	
4	9	4	4	Ø	Ø	
5	Ø	9	2	1	1	
6	Ø	9	Ø	Ø	2	512
7	Ø	9	9	Ø	2	2048
8	8	9	4	1	2	512
9	Ø	9	Ø	Ø	Ø	

19 Anhang

19.1 Anhang A1: Glossarium

Adresse

Die Speicherplätze des Arbeitsspeichers sind durchnumeriert. Die Zahl, die die Position eines Speicherplatzes im Arbeitsspeicher angibt, ist die *Adresse* des Speicherplatzes. Mit Hilfe einer Adresse kann man *wahlfrei* in dem durch die Adresse gekennzeichneten Arbeitsspeicher Daten (Informationen) speichern bzw. umgekehrt wieder auf diese Daten zurückgreifen.

A/D-Wandlung

Viele Signale liegen in *analoger* Form vor, d.h. zu jedem beliebigen Zeitpunkt kann eine beliebige *Amplitude* vorhanden sein. Computer können nur *digitale* (binäre) Signale verarbeiten, d.h. Signale mit nur zwei Amplitudenstufen. Um dennoch analoge Signale mit Computern verarbeiten zu können, müssen analoge Signale in digitale Signale gewandelt werden. Dazu dienen sog. Analog-Digital-Wandler, kurz A/D-Wandler.

Akkumulator

Schreib-Lese-Speicher im Mikroprozessor selbst. Hier können während der Verarbeitung Daten ohne Transport zum Arbeitsspeicher zwischengespeichert werden. Dieser Speicher ist durch BASIC nicht direkt ansprechbar.

Akustikkoppler

Ein Akustikkoppler ist ein Gerät, das elektrische Binärinformationen des Computers in ein akustisches (hörbares) Signal umwandelt, um es über einen normalen Telefonanschluß über weite Entfernung übertragen zu können.

Entsprechendes gilt für den umgekehrten Weg. Hörbare Binärinformationen aus dem Telefon werden durch den Akustikkoppler in digitale elektrische Signale umgewandelt, die der Computer weiter verarbeiten kann.

Mit Hilfe des Akustikkopplers können somit Computer über das Telefonnetz Informationen austauschen.

Algorithmus

Ein Algorithmus ist eine Folge von Bearbeitungsschritten zur Lösung einer Aufgabe.

ALU

ALU ist eine Abkürzung für engl.: Arithmetic Logic Unit, d.h. dies ist eine Einheit, die arithmetische und logische Operationen ausführen kann. Diese Einheit ist im Prinzip das Rechenwerk des Computers.

Alphanumerische Zeichen

Unter alphanumerischen Zeichen versteht man die Menge aller *alphabetischen* Zeichen (Buchstaben) und *numerischen* Zeichen (Ziffern). Vielfach werden auch die Sonderzeichen dazugerechnet.

Anweisung

Befehl (siehe Befehl).

Array

Array ist der englische Begriff für ein zweidimensionales Feld, d.h. einem Feld, das aus einer bestimmten Anzahl von Zeilen und Spalten besteht.

In der Mathematik spricht man auch von einer Matrix.

Austesten

Ein erstelltes Programm wird ausgetestet, um eventuelle Fehler zu finden.

Basis

Die Basis in einem Zahlensystem ist die Zahl der verwendeten Zeichen im Zahlensystem.

Das Binärsystem hat die Basis 2 (Ziffer $\emptyset$ und 1).

Das Dezimalsystem hat die Basis 1$\emptyset$ (Ziffer $\emptyset$ bis 9).

Baud

Diese Einheit der Nachrichtentechnik gibt Auskunft über die Schrittgeschwindigkeit der Informationsübertragung, d.h. über die Anzahl der Bits, die in einer Sekunde übertragen werden (bps = bit per second). Die Einheit wird i.a. mit Bd abgekürzt.

BCD

Dies ist eine Abkürzung für den englischen Begriff binary coded decimal, d.h. Binäre Codierung von Dezimalzahlen. Jede Ziffer von $\emptyset$ bis 9 wird mit Hilfe von 4 Binärziffern codiert.

Befehl

Ein Programm setzt sich aus *elementaren* Befehlen zusammen, die das Steuerwerk einer DVA *direkt* ausführen kann (Maschinencode). Die ausführbaren Funktionen des Steuerwerkes führen zu einem festen Befehlsvorrat, der jedoch je nach ausführbaren Funktionen von DVA zu DVA unterschiedlich sein kann.

Die Befehle, die das Steuerwerk einer DVA „versteht", sind immer in folgende allgemeine Gruppen zusammenfaßbar:

— Transfer-Befehle

   Transfer-Befehle *transferieren* (bewegen) Daten zwischen Registern[1] des Steuerwerkes, von diesen Registern zu den Speicherzellen des Arbeitsspeichers und umgekehrt.

---

[1] Vgl. Anhang A1.

— Arithmetische Befehle
  Arithmetische Befehle führen *arithmetische Rechnungen* aus. Dazu gehören Additions-
  und Subtraktionsbefehle.

— Logische Befehle
  Logische Befehle führen *logische Rechnungen* aus, wie z.B. logische UND- und ODER-
  Verknüpfungen und Vergleichsbefehle.

— Verzweigungsbefehle
  Verzweigungsbefehle bieten die Möglichkeit, den linearen Programmablauf mit Hilfe
  von programmierten *Verzweigungen* verlassen zu können. Dazu gehören z.B. unbedingte
  und bedingte Sprungbefehle.

Der grundsätzliche Aufbau der Befehle ist bei allen Prozessoren gleich. Sie bestehen aus
dem eigentlichen *Befehlscode* (Operationscode) und dem *Operanden*. Der Operationscode
gibt an, *was* gemacht werden soll, d.h., aus ihm werden die Steuerinformationen entnommen. Der Operand gibt an, *womit* z.B. der Operationscode etwas ausführen soll, bzw. *wie*
er etwas ausführen soll. Allgemeiner gesagt, der Operand gibt eine Zusatzinformation zur
Befehlsausführung durch den Prozessor. Der Operationscode besteht bei 8bit-Prozessoren
aus einem Byte, der Operand im allgemeinen aus weiteren ein bis zwei Byte.

Bildschirmeditor

Der Editor ist ein Hilfsprogramm, das zur Erstellung und Änderung von Dateien dient
(z.B. auch für Programme). Beim Bildschirmeditor wird die zu ändernde Stelle mit Hilfe
des Cursors auf dem Bildschirm gekennzeichnet.

Binärziffer

Unter einer Binärziffer (engl. binary digit) versteht man eine Ziffer aus einer Menge von
zwei Ziffern (daher binär). Diese beiden Ziffern werden mit $\emptyset$ und 1 bezeichnet. Sie lassen
sich in einer digital arbeitenden Datenverarbeitungsanlage durch unterschiedliche Spannungspegel (z.B. $\emptyset$ Volt und +5 Volt) physikalisch einfach darstellen. Durch unterschiedliche Folgen derartiger Binärziffern können unterschiedliche Steuersignale dargestellt
werden. Siehe auch Bit.

Bit

Ein *bit* ist eine Abkürzung für binary digit, zu deutsch: Binärzeichen[1], d.h. es ist ein Zei-
chen aus einer Menge von zwei möglichen Zeichen. Beispiele sind: Punkt oder Strich im
Morsealphabet, zwei festgelegte Spannungspegel H (High = hoch) oder L (Low = tief), die
Ziffer $\emptyset$ oder 1.
Das Bit ist die kleinste Speichereinheit einer DVA. Alle zu speichernden Zeichen müssen
mit Hilfe der Binärzeichen verschlüsselt werden. Das Bit ist daher im Speicher selten
direkt adressierbar und somit nicht manipulierbar, sondern nur eine feste Menge von Bits
(Codes, z.B. der ASCII-Code, siehe Anhang A 2).

---

[1] Siehe Anhang A 1.

Größere Einheiten von bits sind:

2^4 bit =   8 bit = 1 byte
2^{10} bit = 1024 bit   = 1 Kbit (1 K̲ilob̲it̲)
2^{10} byte = 1024 byte = 1 Kbyte (1 K̲ilob̲yt̲e̲)

Bitsignifikant

Jedem Bit eines Byte (8 Bit) ist eine besondere Bedeutung zugeordnet.

Boolesche Algebra

Verknüpfung von Wahrheitswerten über Boolesche Operatoren. Das Ergebnis ist wieder ein Wahrheitswert (wahr bzw. falsch, mathematische Darstellung i.a. $\emptyset$ bzw. 1).

Bus

Verbindungsleitung, über die die Komponenten eines Computersystems Daten austauschen.

Byte

Siehe Bit.

CAE

Abkürzung für engl.: Computer Aided Education, d.h. computerunterstützte Ausbildung.

CAL

Abkürzung für engl.: Computer Aided Learning, d.h. computerunterstütztes Lernen.

CAM

Abkürzung für engl.: Computer Aided Manufacturing, d.h. computerunterstütztes Fertigen.

CAD

Abkürzung für engl.: Computer Aided Design, d.h. computerunterstütztes Entwerfen.

Chip

Halbleiterscheibe, auf der eine sog. integrierte Schaltung untergebracht ist.

Computergeneration

Klassifizierung der Computerentwicklung.

CP/M

Abkürzung für engl.: Control Program for Microprocessors, d.h. Betriebssystem für Mikrocomputer (de facto Standard Betriebssystem für 8 Bit Mikroprozessoren).

CPU

Abkürzung für engl.: Central Processing Unit, d.h. zentrale Prozessoreinheit. In einem Mikrocomputer ist die CPU der Mikroprozessor selbst.

Cursor

Der Cursor ist eine Lichtmarke auf dem Bildschirm eines Mikrocomputers, der die Stelle kennzeichnet, an der das nächste Zeichen ausgegeben wird. Er ist rechteckig oder ein Strich, teilweise blinkend und kann über Cursor-Tasten gesteuert werden.

Datei

Unter einer Datei versteht man eine Folge von Buchstaben, Ziffern und Sonderzeichen, die für den Benutzer eine Einheit bilden. Somit kann man für die Gesamtmenge der Zeichen (Daten[1])) einen Namen vergeben, unter dem diese Zeichenmenge *gespeichert* werden kann bzw. umgekehrt wieder aus dem Speicher geholt werden kann.

Wie diese Zeichenmenge *physikalisch* auf bzw. in dem Speicher gespeichert wird, zum Beispiel zusammenhängend oder nicht, ist für den Benutzer nicht wichtig, denn die Datei bildet eine *logische* Einheit. Beispiele von Dateien sind: Programme, Rechnungsdaten, Standardbrieftexte usw. Aus dem Gesagten wird das Kunstwort „Datei" verständlich, das Elemente der Worte „Daten Kartei" enthält.

Daten

Mit Daten bezeichnet man Zeichen und Zeichenfolgen (Buchstaben, Ziffern und Sonderzeichen). Sie haben eine Bedeutung und geben somit eine Information.

Datenfluß

Der Datenfluß beschreibt den Weg, den die Daten nehmen sollen, z.B. zu externen Geräten, wie Bildschirm, Drucker, Kassettenlaufwerk, Diskettenlaufwerk usw. Der Weg wird vielfach durch eine Adresse gekennzeichnet.

Dienstprogramm

Dienstprogramme nennt man Programme, die dem Anwender häufig benötigte Dienste anbieten (z.B. Editor).

DOS

Abkürzung für engl.: Disk Operating System, d.h. Diskettenbetriebssystem. Dies ist ein Programmpaket, das den Betrieb mit Diskettenlaufwerken organisiert.

E/A

Abkürzung für Ein-/Ausgabe.

Editieren

Erstellen bzw. korrigieren von Programmen, Texten und Daten.

Editor

Ein Programm, das das *Editieren* ermöglicht.

EEPROM

Abkürzung für engl.: Electrical Erasable Programable Read Only Memory, d.h. *elektrisch* löschbarer und programmierbarer Lesespeicher.

EPROM

Abkürzung für engl.: Erasable Programable Read Only Memory, d.h. löschbarer und programmierbarer Lesespeicher. Die Daten im Speicher sind durch ultraviolettes Licht löschbar. Anschließend können neue Daten gespeichert werden.

---

[1]) Vgl. Anhang A1.

Firmware

Software im Hardware-Nur-Lese-Speicher (ROM).

Funktionstaste

Taste der Tastatur, der eine bestimmte Funktion zugeordnet ist.

Grafik

Mit Grafik bezeichnet man alle Darstellungen auf dem Bildschirm bzw. dem Plotter, die *nicht* aus der Darstellung von Textzeichen und grafischen Zeichen bestehen, wie z.B. das Zeichnen von Geraden und daraus zusammengesetzten Darstellungen.

Grafikcursor

Der Grafikcursor hat für die Grafiken dieselbe Bedeutung wie der (Text)-Cursor für Textzeichen, d.h. er kennzeichnet den Punkt, an dem der nächste Grafikpunkt auf dem Bildschirm ausgegeben wird. Allerdings wird der Grafikcursor i.a. unsichtbar gehalten, damit die Grafik nicht gestört wird.

Grafikmodus

Zur Verarbeitung von Texten bzw. Grafiken muß häufig auf den entsprechenden Modus (Betriebsart) umgeschaltet werden. Teilweise ist aber auch die gleichzeitige Verarbeitung von Texten und Grafiken möglich.

Grafiktablett

Ein Grafiktablett ist ein Tablett, auf dem eine Zeichnung angebracht werden kann. Die Koordinaten der Zeichnung können über die Koordinaten des Tabletts in digitaler Form an den Computer zur Weiterverarbeitung übertragen werden.

Grafische Zeichen

Grafische Zeichen sind Zeichen des Zeichenvorrats, die zwar keine Textzeichen darstellen, sondern besondere grafische Formen, die aber wie Textzeichen behandelt werden können.

Hard Copy

Kopie der Bildschirmausgabe auf Papier.

Hardware

Als Hardware bezeichnet man alle Geräte und Geräteteile, die zu einem Computersystem gehören.

Hexadezimalzahl

Siehe Anhang A2.

Höchstwertiges Bit

Das höchstwertige Bit steht bei einer Binärzahl am weitesten links.

IEEE-488

Diese Abkürzung kennzeichnet eine Norm für eine Computerschnittstelle zum Anschluß von externen Geräten.

Informationstechnik
Unter Informationstechnik wird die Technik verstanden, die sich mit der Anwendung der Datenverarbeitung beschäftigt.

Integrierte Schaltung
Eine integrierte Schaltung ist eine elektronische Schaltung, die auf einem einzigen Halbleiterplättchen (Chip) untergebracht ist.

Interaktiv
Dialog zwischen dem Anwender des Programms und dem Programm selbst. Die Handlungen des Anwenders bestimmen den weiteren Ablauf des Programms.

Interface
Englischer Ausdruck für Schnittstelle, Übergangsstelle zwischen zwei Bereichen. Häufig sind Anpassungsmaßnahmen an der Schnittstelle notwendig (sog. Interfaceschaltungen).

Iteration
Eine Iteration ist ein sich wiederholender Vorgang. Sie kann durch eine Programmschleife beschrieben werden.

Kbit
Siehe Bit.

Kbyte
Siehe Bit.

Lader
Zum Laden von Programmen und Betriebssystemen wird nach dem Einschalten des Mikrocomputers ein sog. Lader benötigt. Dieses Ladeprogramm ist i.a. in einem ROM gespeichert und ist somit nach dem Einschalten sofort betriebsbereit.

Lichtschrift/Lichtgriffel/Lichtstift/Lightpen
Der Computer erkennt die Position des Lichtgriffel auf dem Bildschirm. Der Lichtgriffel ist somit ein Hilfsmittel, um z. B. ohne Tastatur Werte in den Computer einzugeben, zum Zeichnen von Grafiken oder zum Auswählen von Menüpunkten. Dazu wird der Lichtstift auf die gewünschte Position auf dem Bildschirm geführt. Ist die Position erreicht, wird eine Taste betätigt. In diesem Moment werden die Werte, die der Bildschirmposition zugeordnet sind, zum Computer übergeben. Diese können anschließend durch ein Programm ausgewertet werden.

Auf diese Weise kann man mit dem Lichtstift
- Informationen auf dem Bildschirm kennzeichnen oder
- Daten von grafischen Objekten eingeben.

LISP
Abkürzung für engl.: LIST PROCESSING LANGUAGE, d.h. Programmiersprache zur Listenverarbeitung. Sie wird überwiegend im Bereich der künstlichen Intelligenz eingesetzt.

LOGO

Einfach erlernbare höhere Programmiersprache (grafikorientiert).

LSI

Abkürzung für engl.: Large Scale Integration, d.h. Großintegration. Bei der Großintegration werden immer mehr elektronische Bauelemente auf einem Chip untergebracht (integriert).

Maschinencode/Maschinensprache

Programmiersprache, die der Computer ohne Übersetzung direkt versteht.

Menü

Ein Menü ist eine Liste der Möglichkeiten, von denen der Anwender das gewünschte wählen kann.

Modem

Unter einem Modem wird ein Gerät verstanden, das eine Anpassung von einer Signalform zu einer anderen Signalform vornimmt. Diese Umformung nennt man Modulation.

Da i.a. zwei Übertragungsrichtungen erforderlich sind, ist auch eine entgegengesetzte Umformung notwendig, die sog. Demodulation. Dies besagt in Kurzform auch der Begriff Modem (Modulation/Demodulation). Meist werden Binärsignale in frequenzmodulierte Signale umgewandelt und umgekehrt (vgl. Akustikkoppler).

Monitor

- Anderes Wort für Bildschirm.
- Elementares Betriebssystem, das zumindest das Laden weiterer Programmteile ermöglicht.

Netzwerk

Das Netzwerk verbindet Computer zu einem Computerverbund. Hierbei gibt es prinzipiell unterschiedliche Möglichkeiten, wie z.B. sternförmige Netze, ringförmige Netze usw.

Niederwertigstes Bit

Das niederwertigste Bit steht bei einer Binärzahl am weitesten rechts.

Optische Zeichenerkennung

Mit Hilfe eines optischen Systems werden gedruckte oder handgeschriebene Zeichen in für den Computer lesbare Daten umgewandelt.

Off Line

Ein Gerät, das zwar mechanisch über eine Leitung mit dem Computer verbunden ist, aber nicht elektrisch, ist „nicht auf der Leitung" (engl.: Off Line). Das Gerät kann weder Daten vom Computer empfangen noch zum Computer senden.

On Line

Ein Gerät, das mechanisch und elektrisch mit dem Computer verbunden ist, ist „an der Leitung" (engl.: On Line). Das Gerät kann vom Computer Daten empfangen und zum Computer senden.

Paddle

Englisches Wort für Drehregler.

Periphere Geräte

Geräte, die extern an den Computer angeschlossen werden.

Pixel

Leicht veränderte Abkürzung für engl.: picture element, d.h. Bildelement. Ein Pixel ist das kleinste Bildelement (Bildpunkt) eines Grafikbildschirms, auf das bei der Programmierung zugegriffen werden kann.

Plotter

Ein Plotter ist ein mechanisches Ausgabegerät zum Zeichnen von Grafiken mit hohem Auflösungsvermögen unter Kontrolle eines Mikrocomputers.

Port

Ein Port ist eine Schnittstelle zum Computer, von der aus Daten in den Computer eingegeben bzw. vom Computer ausgegeben werden können.

Portabilität

Unter Portabilität versteht man die Übertragbarkeit von Programmen auf unterschiedliche Computersysteme.

Puffer (Speicher)

Ein Puffer ist ein Zwischenspeicher, der vorübergehend Daten aufnimmt. Er dient i.a. zur Geschwindigkeitsanpassung unterschiedlich schneller Geräte (z.B. zwischen Kassettenrekorder und Zentraleinheit).

Punktmatrix

Mit Hilfe einer Punktmatrix (in einem Rechteck angeordnete Punkte) lassen sich durch Auswahl bestimmter Punkte beliebige Zeichen Darstellen.

Ein Beispiel für die Darstellung der Ziffer 3 aus einer 8×8 Punktmatrix zeigt das nebenstehende Bild.

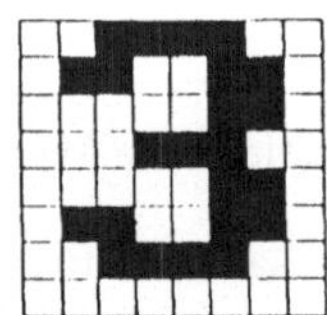

RAM

RAM ist eine Abkürzung für den englischen Begriff R̲andom A̲ccess M̲emory. Im Deutschen spricht man von *Schreib-Lesespeichern* mit wahlfreiem Zugriff. RAMs haben heute eine Kapazität von z.B. 256 Kbit. Hierzu ist eine Fläche von ca. $25\,mm^2$ erforderlich. Auf dieser Fläche sind ca. 10^6 Bauelemente untergebracht. Der Leistungsbedarf eines solchen Speicherbausteins liegt bei ca. 3 Watt.

Register

Register sind *kleine schnelle Zwischen*speicher. Sie befinden sich im Zentralprozessor (CPU), um Daten oder Speicheradressen während der Verarbeitung kurzfristig zwischenzuspeichern. Der Zugriff der CPU auf Daten im Register ist schneller als auf Daten im Arbeitsspeicher. Da Register recht aufwendig sind, ist die Zahl der Register recht klein.

Rekursion

Eine Rekursion ist ein sich wiederholender Vorgang. Sie kann durch eine Programmschleife beschrieben werden.

RF-Modulator

Dieser Modulator dient zur Anpassung des Binärsignals des Computers an das Videosignal eines Fernsehgerätes, so daß die Signale des Computers über den RF-Modulator an den Antenneneingang des Fernsehgerätes gelegt werden können. Auf diese Weise läßt sich ein Fernsehgerät als Bildschirm nutzen.

ROM

ROM ist eine Abkürzung für den englischen Begriff R̲ead O̲nly M̲emory. Im Deutschen spricht man von „nur lesbaren Speichern" (Festwertspeicher). ROMs sind Speicher, deren Inhalt später nicht mehr geändert werden kann. Daher sind sie besonders geeignet für Programme, die längere Zeit unverändert bleiben, wie z.B. Programme für Betriebssysteme von Computern, Steuerungen von externen Geräten und dgl.

ROMs sind wegen der nicht notwendigen Adressierung (siehe RAM) sehr schnell.

RS 232 C

Diese Abkürzung kennzeichnet eine Norm für eine Computerschnittstelle zum Anschluß von externen Geräten.

Schleife

In einer (Programm)schleife werden Anweisungen so lange wiederholt ausgeführt, bis eine bestimmte Bedingung erfüllt ist, die zum Verlassen der (Programm)schleife führt.

Schlüsselwort

Schlüsselworte sind charakteristische Worte für Kommandos zur Bedienung des Computers bzw. für Anweisungen innerhalb eines Programmes.

Schnittstelle

Zugängliche Ein- und Ausgänge zum Anschluß an andere Geräte.

Schreib-Lese-Speicher

Siehe RAM.

Scrolling

„Rollen" des Bildschirminhaltes. Eine neue Ausgabezeile wird in der untersten Bildschirmzeile ausgegeben. Es rücken alle Zeilen um eine Zeile nach oben. Der Inhalt der obersten Bildschirmzeile verschwindet. Beim Listen von Programmen, Texten usw. sieht es so aus, als ob der Bildschirminhalt wie auf einer Papierrolle nach oben „gerollt" wird.

Serielle Schnittstelle

Bei einer seriellen Schnittstelle zum Anschluß von externen Geräten werden die Daten (Bits) zeitlich nacheinander übertragen. Ein Beispiel ist die genormte RS 232-Schnittstelle. Im Gegensatz dazu steht die Parallelschnittstelle, bei der i.a. 1 Byte (8 Bit) gleichzeitig übertragen wird.

Soft Key
Vom Anwender programmierbare Taste.

Software
Programme.

Speicherbelegungsplan
Im Speicherbelegungsplan ist niedergelegt, wie der Arbeitsspeicher genutzt wird, z.B. wird
der Adressenbereich angegeben, wo sich der „Bildschirmspeicher" befindet u.dgl.

Steckmodul
Firmware, die über einen Stecker direkt an den Computer angeschlossen werden kann.

Strichcode
Code aus einer Kombination verschieden dicker Striche. Dieser Code kann mit einem
Lesestift (Schwachstromlaser) gelesen und vom Computer ausgewertet werden.

Syntaxfehler
Bei einem Syntaxfehler werden die Schreibregeln für Kommandos bzw. Anweisungen
verletzt. Sie werden i.a. vom Computer erkannt und gemeldet.

Terminal
Eine Einheit aus Ein- *und* Ausgabegerät, i.a. Tastatur und Bildschirm, aber auch Tastatur
und Fernschreiber.

Tongenerator
Baustein in der Systemeinheit, der Töne bzw. Geräusche erzeugt.

Typenrad-Drucker
Drucker mit hoher Schreibqualität, da die Zeichen von einem Typenrad gegen ein Farbband geschlagen werden.
Im Gegensatz dazu steht der Matrix-Drucker, bei dem einzelne Nadeln einer Punktmatrix
gegen das Farbband geschlagen werden. Die Zeichen erreichen daher nicht die Qualität
des Typenrad-Druckers.

Überschreiben
Wenn der Inhalt des Arbeitsspeichers durch die Aufnahme neuer Daten die alten Daten
löscht, spricht man von einem Überschreiben.

Verarbeitungsgeschwindigkeit
Die Verarbeitung von Befehlen[1] geschieht nicht in einem einzigen Verarbeitungsschritt,
sondern in mehreren Zyklen[1]. Die Zeit, die für einen Zyklus benötigt wird, ist eine wichtige Größe für die *Verarbeitungsgeschwindigkeit* der DVA.

---

[1] Vgl. Anhang A1.

Wahrheitstabelle

Die Wahrheitstabelle zeigt alle Möglichkeiten einer logischen Verknüpfung in einer Art Liste (Tabelle).

Zoll

Zoll ist ein Längenmaß (engl.: inch). Als Kennzeichen für das Zollmaß wird i.a. das Zeichen " verwendet. 1 Zoll entspricht 2,54 cm.

Zyklus

Unter einem *Befehlszyklus* (engl.: instruction cycle) versteht man den Zyklus zur vollständigen Verarbeitung eines Befehls, d.h. den Verarbeitungsvorgang an sich. Die dazu benötigte Zeit ist die Befehlszykluszeit. Der Befehlszyklus wird unterteilt in mehrere *Operationszyklen* (Teile des Befehlsverarbeitungsvorgangs). Diese Operationszyklen sind weiter unterteilt in sog. *Operationsschritte*. Dies ist die kleinste Arbeitseinheit innerhalb eines Befehlszyklus.

19.2 Anhang A2: Der ASCII-Code

Jedes Zeichen im Zeichenvorrat des Mikrocomputers wird intern im Mikrocomputer in Form einer bestimmten Folge von Nullen und Einsen dargestellt, d.h. in Form eines zweiwertigen Codes (Werte $\emptyset$ und 1). Die Zuordnung der Nullen und Einsen zu den verschiedenen Zeichen kann nach unterschiedlichen Gesichtspunkten erfolgen. Daher gibt es unterschiedliche Codes. Einer der meist benutzten Codes zur Darstellung der üblichen Zeichen des Zeichenvorrates ist der 7-Bit-ASCII-Code[2]. Mit ihm lassen sich $2^7 = 127$ Zeichen codieren.

> Die Zeichen des Zeichenvorrats werden im Mikrocomputer durch einen 7-Bit-ASCII-Code dargestellt.

Beispiel 19.1

Der Buchstabe A wird im ASCII-Code dargestellt durch den Code:

$\quad$ A → 1$\emptyset\emptyset\emptyset\emptyset\emptyset$1

Da die 7-stellige Binärzahl für den menschlichen Gebrauch vielfach unhandlich ist, wird in ASCII-Code-Tabellen ein einfacherer Code benutzt.

Es bietet sich an:

● Das Hexadezimaläquivalent

$\quad$ Der 7-Bit-ASCII-Code wird vorn um ein $\emptyset$-Bit ergänzt. Die so entstandene 8-Bit-Codierung wird in zwei 4-Bit-Codegruppen aufgeteilt. Für jede 4-Bit-Gruppe wird die entsprechende *Hexadezimalzahl* angegeben (Hexadezimaläquivalent des ASCII-Codes). Dies hat den Vorteil, daß auch umgekehrt vom Hexadezimaläquivalent leicht wieder auf den zugehörigen Binärcode geschlossen werden kann.

---

[1] Vgl. Anhang A1.

[2] ASCII ist eine Abkürzung für: American Standard Code für Information Interchange.

Der Hexadezimalcode wurde in Abschnitt 4.2.1 ausführlich besprochen, so daß hier nicht näher darauf eingegangen wird.

Beispiel 19.2

Das Hexadezimaläquivalent des Buchstabens A im ASCII-Code ergibt sich wie folgt:

Die ASCII-Codierung des Buchstabens A ist:

1000001

Ergänzung der 7 Bit um ein Null-Bit am Anfang:

01000001

Aufteilung der 8 Bit in zwei 4-Bit-Gruppen:

0100 0001

Zuordnung der zugehörigen Hexadezimalzahl zu jeder 4-Bit-Gruppe:

0100 → 4 Hex

0001 → 1 Hex

Das Hexadezimaläquivalent für den Buchstaben A ergibt sich somit zu:

A → 41 Hex

- **Das Dezimaläquivalent**

  Angabe der zur Binärzahl (ASCII-Code) zugehörigen Dezimalzahl, dem sog. Dezimaläquivalent.

  Die Umwandlung von Binärzahlen in Dezimalzahlen und umgekehrt wird im Anhang A3 näher beschrieben, so daß an dieser Stelle darauf verzichtet wird.

Beispiel 19.3

Der Buchstabe A wurde im ASCII-Code durch den Binärcode 1000001 dargestellt. Das zugehörige Dezimaläquivalent ist:

$$A \rightarrow 1000001_{\text{binär}}$$
$$= 1*2^6 + 0*2^5 + 0*2^4 + 0*2^3 + 0*2^2 + 0*2^1 + 1*2^0$$
$$= 65_{\text{dez.}}$$

Wie dieses Beispiel zeigt, läßt sich der Buchstabe A durch das Dezimaläquivalent 65 repräsentieren.

Entsprechend lassen sich alle üblichen Zeichen durch ein Dezimaläquivalent, d.h. durch eine Dezimalzahl zwischen 0 und 127, darstellen. Die folgende Tabelle zeigt die (Hexa)-dezimaläquivalente des ASCII-Codes für die üblichen Zeichen.

> **Zur einfacheren Handhabung des ASCII-Code durch den Menschen wird der ASCII-Code i.a. nicht in Form des 7-stelligen Binärcodes verwendet, sondern in Form des zugehörigen Dezimaläquivalentes bzw. Hexadezimaläquivalentes.**

Vielfach wird auch noch das 8. Bit zur Codierung von Grafiksymbolen herangezogen, so daß $2^8 = 256$ Zeichen codiert werden können.

Der ASCII-Code mit den Dezimaläquivalenten 0 bis 31 kennzeichnet keine darstellbaren Zeichen des Zeichenvorrats, sondern Steuerzeichen. Sie werden daher an dieser Stelle nicht angegeben.

Normaler ASCII-Zeichensatz
(Dezimaläquivalente von 32 bis 95)

ASCII-Code			
Hexadezimal-äquivalent	Dezimal-äquivalent	Zeichen	Bedeutung
20	32	SP	Space (Leerzeichen)
21	33	!	Exclamation point (Ausrufungszeichen)
22	34	"	Quotation mark (Anführungszeichen)
23	35	#	Number sign (Nummernzeichen)
24	36	$	Dollar sign (Dollarzeichen)
25	37	%	Percent sign (Prozentzeichen)
26	38	&	Ampersand
27	39	'	Apostroph
28	40	(	Left parenthesis (linke Klammer auf)
29	41	)	Right parenthesis (rechte Klammer auf)
2A	42	*	Asterisk (Stern)
2B	43	+	Plus-Zeichen
2C	44	,	Komma
2D	45	—	Minus-Zeichen
2E	46	.	Punkt
2F	47	/	Schrägstrich (slash)
30	48	0	
31	49	1	
32	50	2	
33	51	3	
34	52	4	
35	53	5	10 Ziffern
36	54	6	
37	55	7	
38	56	8	
39	57	9	
3A	58	:	Doppelpunkt (colon)
3B	59	;	Semikolon
3C	60	<	Kleiner-(less) Zeichen
3D	61	=	Gleichheitszeichen (equal)
3E	62	>	Größer- (greater) Zeichen
3F	63	?	Fragezeichen (question mark)
40	64	@	At-sign (At-Zeichen)

ASCII-Code		Zeichen	Bedeutung
Hexadezimal-äquivalent	Dezimal-äquivalent		
41	65	A	
42	66	B	
43	67	C	
44	68	D	
45	69	E	
46	70	F	
47	71	G	
48	72	H	
49	73	I	
4A	74	J	
4B	75	K	
4C	76	L	
4D	77	M	
4E	78	N	Großbuchstaben
4F	79	O	
50	80	P	
51	81	Q	
52	82	R	
53	83	S	
54	84	T	
55	85	U	
56	86	V	
57	87	W	
58	88	X	
59	89	Y	
5A	90	Z	
5B	91	[	Eckige Klammer auf (Left bracket)
5C	92	£	Pfundzeichen
5D	93	]	Eckige Klammer zu (Right bracket)
5E	94	↑	Hochpfeil
5F	95	←	Linkspfeil

Den Dezimaläquivalenten 96 bis 255 sind größtenteils die grafischen Symbole zugeordnet, die auch auf den Tasten zu finden sind. Dies ist kein normaler ASCII-Standard. Aus diesem Grunde sollen sie hier nicht tabellarisch aufgeführt werden. Einen einfachen Weg, die Zuordnung zu finden, bietet das folgende Programm:

Die den Dezimaläquivalenten 36 bis 127 und 160 bis 255 zugeordneten Zeichen, die auch die Grafikzeichen enthalten, lassen sich auf dem Bildschirm ausgeben und betrachten, wenn man folgendes Programm eingibt und zum Ablauf bringt:

```
1Ø PRINT"♥"
2Ø FOR I = 36 TO 127
3Ø PRINT I; CHR$(I),
4Ø NEXT I
5Ø STOP
6Ø FOR I = 16Ø TO 255
7Ø PRINT I; CHR$(I),
8Ø NEXT I
```

Startet man das Programm mit RUN ⏎ , werden neben den Dezimaläquivalenten von 36 bis 127 die zugehörigen ASCII-Zeichen ausgegeben.

Dann wird der Programmlauf abgebrochen, um diese Zeichen in Ruhe betrachten zu können (Meldung: Break in 5Ø).

Möchte man die nächsten Zeichen ausgeben, gibt man das Kommando

CONT ⏎

Es werden nun die ASCII-Zeichen mit ihren Dezimaläquivalenten von 16Ø bis 255 aufgelistet.

Möchte man das „Scrollen" der ersten Zeichen in der Bildschirmausgabe verhindern, um auch die ersten Ausgaben in Ruhe zu betrachten, muß die Taste NOSCROLL gedrückt werden. Durch erneutes Drücken der Taste NO SCROLL wird mit der Ausgabe fortgefahren.

Die nicht berücksichtigten Dezimaläquivalente enthalten weitgehend Steuerzeichen (Farbumschaltung, Cursorbewegung, Bildschirmlöschung usw.), die die Ausgabe der Zeichen nur stören würden.

19.3 Anhang A3: Umwandlung von Zahlen

19.3.1 Umwandlung von Binärzahlen (Dualzahlen) in Dezimalzahlen

— Binärzahlen besitzen nur zwei Werte, dargestellt durch die Ziffern: Ø und 1.
— Die Stellenwerte der Ziffern in einer Binärzahl sind Potenzen von 2.

Einige Potenzen von 2 zeigt die folgende Tabelle:

$2^0 = 1$	$2^8 = 256$
$2^1 = 2$	$2^9 = 512$
$2^2 = 4$	$2^{10} = 1024$
$2^3 = 8$	$2^{11} = 2048$
$2^4 = 16$	$2^{12} = 4096$
$2^5 = 32$	$2^{13} = 8192$
$2^6 = 64$	$2^{14} = 16384$
$2^7 = 128$	$2^{15} = 32768$

Tabelle der ersten 16 Potenzen von 2

Die ausführliche Schreibweise der Binärzahl läßt sich mit Hilfe der Stellenwerte wie folgt angeben:

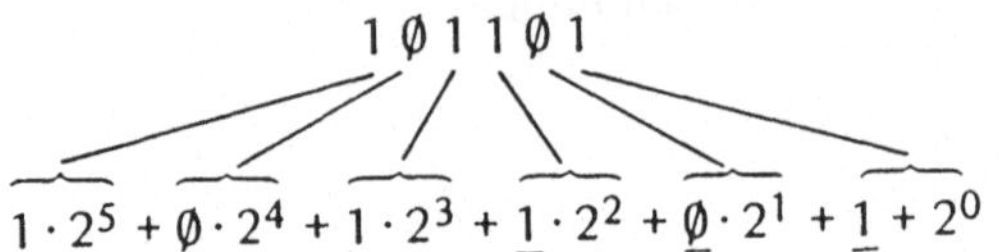

Binärzahl ohne Stellenwerte

$$\underline{1} \cdot 2^5 + \underline{\emptyset} \cdot 2^4 + \underline{1} \cdot 2^3 + \underline{1} \cdot 2^2 + \underline{\emptyset} \cdot 2^1 + \underline{1} + 2^0$$

Binärzahl mit Stellenwerten

Jeder Binärziffer ist in einer Binärzahl ein Stellenwert zugeordnet, der mit der Binärziffer zu multiplizieren ist. Den kleinsten Stellenwert bekommt die am weitesten rechts stehende Binärziffer zugeordnet. Der Stellenwert steigt nach links um jeweils eine Potenz.

Rechnet man den obigen Ausdruck, der die Stellenwerte enthält, aus, so erhält man das Dezimaläquivalent, d.h. die zur Binärzahl gehörende Dezimalzahl.

Für das oben angeführte Beispiel ergibt sich:

$$32 + \emptyset + 8 + 4 + \emptyset + 1 = 45_{dez}.$$

19.3.2 Umwandlung von Dezimalzahlen in Binärzahlen (Dualzahlen)

Mit Hilfe der Tabelle der Potenzen von 2 lassen sich Dezimalzahlen auch in Dualzahlen umwandeln. Dazu wird geprüft, welche Zweierpotenzen in der Dezimalzahl enthalten sind. Die entsprechenden Stellen der Dualzahl erhalten eine 1, die übrigen eine $\emptyset$.

Beispiel:
Umwandlung der Dezimalzahl 89_{dez} in eine Dualzahl.

$$
\begin{array}{rl}
 & 89 \\
 & -\,64 \quad \hat{=}\, 2^6 \\
\hline
\text{Rest} & 25 \\
 & -\,16 \quad \hat{=}\, 2^4 \\
\hline
\text{Rest} & 9 \\
 & -\,8 \quad \hat{=}\, 2^3 \\
\hline
\text{Rest} & 1 \quad \hat{=}\, 2^0.
\end{array}
$$

Somit ergibt sich die Binärzahl (Dualzahl) entsprechend der vorhandenen bzw. nicht vorhandenen Potenzen zu:

Potenzen	2^6	2^5	2^4	2^3	2^2	2^1	2^0
Binärzahl	1	$\emptyset$	1	1	$\emptyset$	$\emptyset$	1

Sachwortverzeichnis